人大代表履职与人大工作教程
Rendadaibiao Lüzhi yu Renda Gongzuo Jiaocheng

人大代表审查预算教程

孟庆瑜 张永志 谢兰军 编著

中国民主法制出版社

基 础 篇

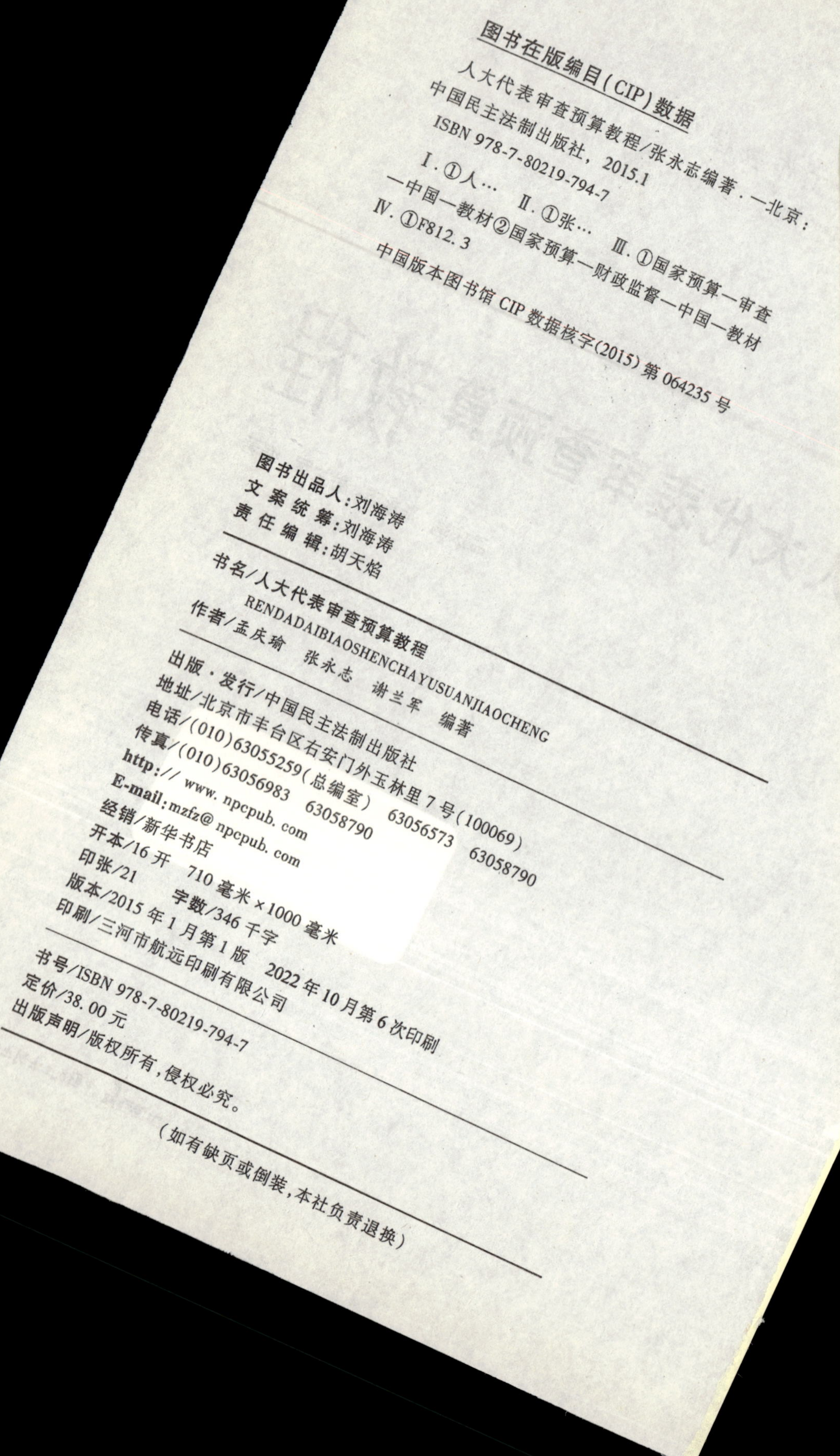

图书在版编目(CIP)数据

人大代表审查预算教程/张永志编著.—北京：中国民主法制出版社，2015.1
ISBN 978-7-80219-794-7
Ⅰ.①人… Ⅱ.①张… Ⅲ.①国家预算—审查—中国—教材②国家预算—财政监督—中国—教材
Ⅳ.①F812.3
中国版本图书馆CIP数据核字(2015)第064235号

图书出品人:刘海涛
文案统筹:刘海涛
责任编辑:胡天焰

书名/人大代表审查预算教程
RENDADAIBIAOSHENCHAYUSUANJIAOCHENG
作者/孟庆瑜 张永志 谢兰军 编著

出版·发行/中国民主法制出版社
地址/北京市丰台区右安门外玉林里7号(100069)
电话/(010)63055259(总编室) 63056573 63058790
传真/(010)63056983 63058790
http://www.npcpub.com
E-mail:mzfz@npcpub.com
经销/新华书店
开本/16开 710毫米×1000毫米
印张/21 字数/346千字
版本/2015年1月第1版 2022年10月第6次印刷
印刷/三河市航远印刷有限公司

书号/ISBN 978-7-80219-794-7
定价/38.00元

背　景　篇

实 务 篇

附录二 | 宪法、预算法及与预算相关的法律、法规和规章选编

专栏目录

引　言
公共需求　财政　公共财政

在日常的工作和生活中，我们谈到预算，通常就要联系到财政，有时连在一起使用称作财政预算，有时替代使用。二者的联系非常密切，但如果进行深入分析，二者还是有一定的区别。对于财政，静态地看，它是政府履行职能的物质基础，有的将其称作"钱袋子"；动态地看，它又是以政府为主体进行的一种分配活动，包括筹集收入和安排支出等。政府预算则是使用和控制"钱袋子"、进行分配活动的核心工具和主要载体，是财政的核心内容。因此，在谈预算之前，有必要先简要说明一下与财政有关的几个基本问题。如什么是财政、财政有哪些职能、什么是公共财政等，并简要介绍一下我国财政改革的简要情况，为理解预算制度和审查预算提供一个大的背景。

一、公共需求源于人类的社会化生活

从人类社会产生伊始，人类作为一个具有社会性的群体，在维持个人的生存和发展，产生并通过资源配置满足个体性需求的同时，为了维持社会（群体）的生存和发展，也产生了通过资源配置满足社会性（群体性、公共性）需求的内在要求，即与个性需求相对应的公共需求。因此，在某种程度上，可以说，人类只要有社会化生活就必然有公共需求。

什么是公共需求？所谓公共需求，是相对于私人个别需求而言的，它是指一个群体（如部落、氏族公社、社会）作为一个整体或以整个社会为单位而提出的需求。如原始社会村落的防御设施，当今社会由政府提供的国防、公安、外交、司法、义务教育、公共卫生等，都是典型的公共需求。相反，建立在个人或家庭基础上，以个人或家庭为单位提出的需要，如衣、食、住、行等，则基本上属于个体或私人需求。

为了满足这种公共需求，就需要相应的组织来履行相应的公共职能、提供相应的公共产品。但是，在人类社会不同的发展阶段，由于生产力发展水平不同，人类所获取和支配的资源规模不同，人类社会所采取的组织形式不同，因此，公共需求的范围和性质有所不同，所采取的满足公共需求的方式或者提供公共产品的方式也就不同。大量的历史事实证明，在出现阶级之前，原始公社是满足公共需求的主体；在阶级和国家出现之后，国家则承担起了满足公共需求的职能。

二、财政与国家密不可分

财政[①]一词既是翻译外文的舶来品，又有中国特定的背景和社会文化特色。它指在国家存在的所有时期的国家或政府的分配活动，而不仅仅只限于市场经济下的财政。现代国家财政是为了实现国家职能和满足社会公共需要，借助各级政府的预算收支，对一部分社会产品进行集中性分配。财政在实体经济和社会生活中的表现，是政府的一系列收入分配活动。政府一般通过税收、收费、公债和罚没收入等形式从初次分配和再分配中取得收入，并通过财政支出进行再分配。政府为了顺利实现这些分配活动，还制定了一系列的税务、会计制度等。财政是国家履行公共职能、提供公共产品的主要工具。财政与国家密切相关，财政是国家或者政府的财政。国家或者政府能够成为提供公共产品的主体，主要取决于满足公共需求所需要调动的资源规模和性质只有政府能够做得到。老百姓之所以能够接受由国家以强制手段征调资源——征税、劳役等，除了国家的强制力之外，也因为他们理解这些资源是保证社会存在和发展所必需的，符合他们最基本的利益，如果缺乏公共资源的保障，最终也会影响个体的生存和发展。当然，这种资源的征调不能超过合理的限度，不能危及个体的生存和发展，否则就会引起老百姓的反抗，最终危及政府或者国家的存续。因此，财政

① 对于财政存在着不同的认识。如有的学者认为，人类社会的财政出现和发展就其渊源可追溯至原始公社时代。认为财政是以社会权力中心为主体的（在国家存续期间的社会则是以国家为主体的）、“以财控政、以财行政”的分配关系。广义财政在现象形态上指的是人类社会发展各阶段以社会性的权力中心为主体的理财活动，包括国家出现之前的原始财政、国家出现之后的国家财政，以及将来国家消亡之后的公共权力中心的财政。

作为国家或者政府履行公共职能的重要工具,天然地具有公共性。只不过在不同的发展阶段、不同的国家,其公共性的覆盖范围有所不同。历史表明,在奴隶社会就出现了国家财政收支活动。当时,国家的生产资料基本上属于统治者(皇帝或国王)所有,统治者个人的财务收支活动与国家的财政收支活动不进行严格区分,统治者(皇帝或国王)可以任意支配国家资财。在封建制度下,一些国家国王的收入主要有两个来源,一部分来自国王自己的领地;另一部分来自诸侯的进贡,国王通常无权直接对诸侯的领地进行征税。如我国秦朝以前,周代的"九贡"就是国家财政的主要来源。因此,有的称其为王权财政。

三、公共财政是与市场经济相适应的财政

公共财政①译自"Public Finance"一词,为西方发达国家所首先使用,仅指市场经济下的财政。由于西方的公共财政理论是与市场经济相伴而生并发展起来的,公共财政本身是不断变化的,所以西方并未对其做太多规范性的描述。而我国公共财政制度改革是在计划经济向市场经济转轨过程中进行的,是在西方市场经济发展相对成熟与公共财政理论比较完善的情况下进行的。公共财政制度作为改革的方向,探讨明确其内涵、特征、职能范围等则是非常必要的。

尽管目前对于公共财政尚未形成完全统一的规范性定义,但以下几点基本已成共识:公共财政是指在市场经济条件下,以政府为主体从社会上取得收入(以税收收入为主体)、并将收入用于满足社会公共需要而进行的收支活动。公共财政的核心,是满足社会公共需要,其本质要求是由公众参与决策、参与管理、参与监督。公共财政所强调的是财政分配的公共性导向和分配机制中的公共决策性质,其职能定位或供给目标应当是公共产品,公共性是其根本特征。

公共财政主要承担以下职能:

第一,资源配置职能。公共财政的资源配置职能是指政府将一部分社会资源集中起来形成财政收入,再通过财政支出活动为社会提供公共产品和服务,引导社会资金流向,弥补市场缺陷,最终实现全社会资源配置效率的最优化。一是调节社会资源在政府部门和非政府部门之间的配置,主要体现为调整财政收入在国内生产总值中的比重。公共财政配置资源的范围,决定于政府职能的范围。财政收入占国内生产总值比重的大小要与政府履行职能的财力需要相适应。二是在政府部门内部配置资源。主要是根据不同时期政府职能的变化,

① 张馨1999年认为,封建社会末期,西欧在从自然经济向市场经济转变的过程中,其财政经历了一个脱胎换骨,顺应市场要求而全面转型的过程。实现了从家计财政向公共财政的转化,从而使财政具有了"公共性",形成了既能为市场提供强有力的服务,又能够避免损害市场的公共财政模式。

通过调整财政支出结构,将财政资金有重点地用于满足各种社会公共需要。如当前我国应加大对以改善民生为重点的社会领域的投入。三是对非政府部门的资源配置发挥引导作用。对某些需要发展的产业,在市场机制难以引导社会资金投入时,财政可通过税收优惠等手段,引导、鼓励、支持其发展。

第二,收入分配职能。公共财政的收入分配职能是指政府通过财政收支活动对不同社会成员、不同群体之间的收入分配进行调节,以实现收入分配公平的目标。市场经济条件下,因市场经济主体提供的生产要素种类不同、数量不同、禀赋不同及竞争条件存在差异等,使得不同经济主体取得的收入存在差异。如果这种收入差异过分悬殊,且长期得不到改善,将会影响经济社会的健康协调发展,这就需要财政对收入的分配和再分配进行调节。一是在初次分配中处理好居民收入、企业收入和政府收入的关系,使分配比例科学合理。二是在再分配过程中,充分利用税收、财政转移支付和公共支出等制度,改善、解决初次分配中难以解决的公平问题。如,通过征收个人所得税,调节个人的收入差距;通过开征石油开采企业的特别收益金,调节部分企业的利润水平;通过社会保障支出、救济支出和补贴支出等,使每个社会成员维持基本的生活和福利水平;通过对困难地区的财政转移支付,逐步缩小区域间的财力差异。需要注意的是,财政在行使收入分配职能实现收入公平分配的同时,应尽可能不损害经济运行的效率。

第三,稳定经济职能。公共财政的稳定经济职能是指通过制定、实施特定的财政政策,实现较高就业水平、物价基本稳定和经济平稳、持续、健康增长等目标。在经济发展的不同时期或阶段,根据宏观经济发展形势,采取不同的财政政策,利用发债、调整税率、增减财政补贴等手段,实现社会总供给和总需求的基本平衡,保持国民经济的持续健康发展。当社会总需求不足、经济下行、失业增加时,政府应采取扩张性财政政策,增加财政支出,同时(或)减少税收,以刺激总需求的扩大,增加或保持就业。如,1998 年我们在亚洲金融危机和国内有效需求不足的大背景下实施的积极财政政策,保持了国民经济的快速增长,促进了社会事业发展。相反,1993 年我们在投资需求过度扩张、经济运行中出现严重过热态势和通货膨胀的大背景下,实施了适度从紧的财政政策,使国民经济成功实现了"软着陆",经济过热现象逐步消除,经济保持了健康发展的态势。近年来,我们又根据经济发展的态势,适时地将积极的财政政策调整为稳健的财政政策,以防止经济增长由偏快转向过热等。

四、我国的公共财政改革

基于公共财政的"公共性"这一根本特征,我们可以首先用"公共化"来概括我国财政改革的进程和方向。准确地讲,我国财政改革的目标是建立与社会主义市场经济相适应的公共财政体制。我国将建立公共财政体制作为财政改革的目标，是随着社会主义市场经济体制不断完善、国民经济不断发展和财政改革不断深化而逐步明确和确立起来的。1998年底，中央领导同志首次提出要“建立公共财政基本框架”之后，建立公共财政的要求相继被写入党和国家的重要文件中。党的十六届三中全会提出要“健全公共财政体制”；十六届六中全会提出要“完善公共财政制度，逐步实现基本公共服务均等化”；党的十七大提出要“围绕推进基本公共服务均等化和主体功能区建设，完善公共财政体系”；党的十八大报告提出“加快改革财税体制，健全中央和地方财力与事权相匹配的体制，完善促进基本公共服务均等化和主体功能区建设的公共财政体系”；十八届三中全会提出“财政是国家治理的基础和重要支柱，科学的财税体制是优化资源配置、维护市场统一、促进社会公平、实现国家长治久安的制度保障。必须完善立法、明确事权、改革税制、稳定税负、透明预算、提高效率，建立现代财政制度，发挥中央和地方两个积极性”。由此可以看出，我国公共财政改革与建设的进程和取得的进展。

需要说明的是，在我国推进财政体制改革，建设公共财政制度，并不是否定我国计划经济条件下的财政具有公共性，而是不断调整扩展财政的覆盖范围，不断增强其公共性。正如有的学者将我国财政制度改革的轨迹描述为由“国有制财政＋城市财政＋生产建设财政”向“多种所有制财政＋城乡一体化财政＋公共服务财政”的跃升①。我国的财政体制改革的着力点：以满足全社会公共需要作为主要的目标和工作重心；以提供公共产品和公共服务作为满足公共需要的基本形式；以公民权利平等、政治权力制衡前提下规范的公共选择作为决策机制；在管理和运行上是以现代意义的具有公开性、透明度、完整性、事前确定、严格执行、追求绩效和可问责的预算作为基本管理制度等。我国公共财政制度框架的构建，应当包括以下五个方面：一是界定以保证公共需要为核心的公共财政职能；二是建立以公共支出为重点的公共财政支出体系；三是规范以税收收入为主，以制度化收费为辅的法定的公共财政收入体系；四是构建以保证国民经济稳定、协调、健康发展为目标，综合运用预算、税收、投资、国债、补贴等财政政策和手段的宏观财政调控体系；五是构建以实现社会效益和宏观经济效益

① 所谓从国有制财政走向多种所有制财政，是指财政的覆盖范围不再以所有制分界，而是跃出国有部门的局限，延伸至包括国有和非国有在内的多种所有制部门。财政活动的立足点，由主要着眼于满足国有部门的需要逐步扩展至满足整个社会的公共需要。所谓城市财政走向城乡一体化财政，是指财政的覆盖范围不再以城乡分界，而跃出城市区域的局限，延伸至包括城市和农村在内的所有中国疆土和所有社会成员，财政收支的覆盖面，由基本限于城市里的企业与居民逐步扩展至包括城市与农村在内的所有企业与居民。所谓由生产建设财政走向公共服务财政，是指财政支出跃出生产建设支出的局限，延伸至包括基础设施建设、社会管理、经济调节和改善民生等所有公共服务事项。财政支出的主要投向，由专注于生产建设领域逐步扩展至整个公共服务领域。

的最大化为目标，以财政收支为中心，以财政法律法规为依据，以规范化的制度和信息技术为手段的公共财政管理体系[①]等。

（一）我国公共财政建设取得的初步成效

为适应市场经济发展要求，近些年来，我国财政改革不断深化，公共财政建设取得了初步成效。

一是公共财政理念逐步深入人心。中央提出并积极推进公共财政建设，公共财政提供的公共产品和服务不是只面对某一部分人，不是只面对传统的财政供养人口，而是面向所有的公民。这反映了我们党在新的历史时期执政理念的提升和创新，反映了政府职能的转变和公共服务职能的加强。从实践来看，近年来公共财政开始走入群众生活，公共产品和公共服务已经走入农村，走入弱势群体，公共财政政策不仅走入公有制经济，也走入了非公有制经济。总之，公共财政理念的提出和公共财政的实践活动，得到了人民群众的广泛认同和衷心拥护。

二是财政收入分配秩序逐步规范，财政的法制化进程逐步加快。随着财税改革的深化和民主法治建设的推进，全社会税收法制观念逐步增强，依法治税环境得到改善，税制结构日趋完善，税收征管手段普遍加强，征管效率稳步提高，税收公平积极推进。现在，税收收入占财政收入比重达到了90%左右，税收已经成为财政的主要收入来源。同时，非税收收入也已经实现纳入预算管理。

三是财政支出结构不断优化，“公共性”支出比重明显提高。1979—2006年，经济建设支出占财政支出的比重大幅度下降，由60.1%下降到26.6%，下降了33.5个百分点。教育、科技、公共卫生、社会保障和农业等民生支出的比重大幅提高。1995—2011年，国家财政性教育经费占国内生产总值的比重有明显上升，从2.3%提高到3.9%，2012年国家财政性教育经费支出为2223692元，占GDP的比例达到4.28%；同期，公共财政预算教育经费占财政支出的比例从15.1%提高到16.1%。特别是从2006年开始，农村义务教育全面纳入公共财政保障范围，从2008年秋季学期起，还免除了城市义务教育阶段学生学杂费。全国财政科技支出，从2002年的816亿元增加到2012年的5600亿元，年均增长近22%；全国财政科技支出占国内生产总值的比重从2002年的0.7%提高到2012年的1.1%，全国财政科技支出占全国财政支出的比重由2002年的3.7%提高到4.5%。全国财政社会保障支出和“三农”支出也大幅提高。

四是财政政策成为宏观调控的重要手段，发挥着重要作用。1992年，党的十四大明确建立社会主义市场经济体制的改革目标之后，政府宏观调控更加注重运用财政和货币手段。财政政策成为主动调控经济的重要手段，发挥了重要

① 彭红斌、李昕．中国公共财政知识读本．北京：人民出版社，2009：8.

作用。如 1998 年为应对亚洲金融危机可能对我国的影响实行的积极财政政策、2005 年为防止经济过热而实行的稳健财政政策等,都是根据对经济发展形势的判断,未雨绸缪,主动实施的。同时,财政调控也实现了由单一调控方式向多种调控方式的转变。根据市场经济发展要求,财政调控主要通过国债、税收、补贴、转移支付等多种政策工具和预算来实现。财政调控政策更加注意与货币政策的协调配合。

(二)我国公共财政制度进一步改革的方向

我国的公共财政制度改革,无论从理念还是在具体制度建设方面都取得了初步成效。特别是公共财政的理念已经深入人心,并成为制度建设的核心目标。但在实践中,还需要进一步充分凸显财政的“公共性”,需要科学清晰地界定和规范政府和财政的职能,划清与市场的界限,需要进一步紧紧围绕为公众提供公共产品和公共服务,调节收入分配、稳定宏观经济、规范维护市场秩序等,合理安排和控制财政支出。

同时,公共财政作为与市场经济相适应的、以向社会提供公共产品和公共服务为主要职能的财政,是政府凭借国家政权,为实现其社会职能、满足社会公共需要而参与社会总产品的分配和再分配的经济活动与经济关系[①],是与市场经济相适应的一种财政类型或模式。而与社会主义市场经济相适应的公共财政本质上就是民主财政、法治财政。因此,我们在关注公共财政的公共性特征的同时,需要进一步关注公共财政所应当具有的其他两个重要特征,即民主性和法治性。因此,建设民主财政、法治财政也是我国公共财政建设和进一步改革的重要方向。

1. 建设民主财政

民主是公共财政的基础。公共财政所要求的财政民主就是人民通过一定的方式对重大财政事项享有决定权。由于在现代社会,人民行使国家权力的机构多为人民选举产生的议会或者代表大会,这就要求一国的重大财政事项须经议会或者代表大会同意才能付诸实施,即重大财政事项必须经过议会或者代表大会审查批准。议会或者代表大会作为受公民委托行使国家权力的代议机构,应当拥有财政事项的决策权。民主性实质上是公共性的内在要求。基于公共产品需求的公共性,以满足社会公共需要为基本着眼点的财政收支,同全体社会成员的利益息息相关。不仅财政收入需要来自于全体社会成员,财政支出也要用于事关全体成员福祉的事项,即公共财政应当是真正地“取之于民,用之于民”。对于如何收取和支配公共财政资金,人民应当拥有最终的决定权,其决策过程应当是一个充分体现公众意愿的公共选择过程,即实现公共财政决策的民主性。一方

---

① 刘树成. 现代经济词典. 南京:凤凰出版社、江苏人民出版社,2005:59、288.

面体现在财政的收支安排要充分倾听不同利益阶层的呼声和要求，另一方面要充分发挥代议机构在决策过程中的作用，使财政安排充分反映各阶层的利益诉求。由此也证明了，财政预算不仅是一种经济计划、经济活动，同时也是一项重大的政治决策活动，如果排斥财政民主，拒绝人民对重大财政事项参与决策，实际上就剥夺了人民在政治上的参与管理国家事务的权力。财政民主要求人民享有对重大财政事项的决定权，也是实现财政活动公共性的重要程序保障。

财政决定权的行使需要法律作保障。我国宪法和有关法律确立了财政民主原则，具体表现为重大财政事项由人民代表大会审查决定，财政税收方面的基本制度由全国人民代表大会及其常务委员会制定法律。但由于在实践中，预算的编制和审批还不够科学规范、预算的完整性和约束性还存在缺陷、政府财政决策程序不够规范、民众参与度不够高、执行过程和实施效果的透明度还有待提高，财政民主还需要进一步充分体现。为此，必须改变我国长期计划经济条件下所形成的财政是政府行政性财政、是计划指令性财政，政府在各项财政决策中起决定性作用的思维惯性。按照建立社会主义公共财政体制的目标要求，按照建立现代财政制度的要求，公共财政必须以财政民主作为指导原则，必须满足人民的公共需要，必须体现人民的意愿并受到人民的制约；公共财政下的财政权力不再依附于行政权力，必须源于人民的授权，必须在授权范围内接受人民的监督。偏离了财政民主、偏离了人民对财政的决定权和监督权，就无法建立公共财政。

2. 建设法治财政

法治是民主的保障，公共财政同时也是法治财政，法治化是公共财政的内在要求和基本特征。要实现法治化，必须坚持财政法定主义。财政法定主义实际上是财政民主的一种实现形式，它有利于在更高层次上实现财政民主。从历史演变来看，财政法定主义最初是以税收法定主义的形式出现的。随着财政职能的扩张，财政法定主义的范围不断扩展，要求以法律来规范其他财政收支形式。即财政分配关系需要法律调整、财政收支行为必须严格法定、财政分配中的公平与效率需要法律平衡、财政的统一性必须有法律权威的保障，违反财政法律关系的行为需要承担相应的法律责任。

财政法定之法，从本质上看应当仅仅指由议会或者代表大会（最高国家权力机关）所制定的法律；法定是指财政行为必须满足合法性要件，必须得到法律的明确许可或立法机关的明确授权，政府的自由裁量权只能在法律允许的范围内合理地行使。财政法定原则的具体要求体现在：(1)财政权力（权利）法定，其目的在于督促政府在法定的权力范围内行事，防止超越职权和滥用职权的现象发生，同时也是为了明确财政关系中利益分配的法律界限，保护财政相对人的合法权益。(2)财政义务法定，义务的种类、构成要件、具体内容、衡量标准等要由法律作出规定,特别是涉及相对人财产权利方面的义务,必须事先设置严格的法律条件。财政主体只需承担法律明确规定的义务。(3)财政程序法定,主要包括财政立法程序、财政行政程序、财政监督程序和财政司法救济程序等。程序法定的目的在于保障财政权力在法定的框架内有效运作,保障财政行为的透明度、公正性和规范性。(4)财政责任法定,责任机制是一种督促财政主体依法行使权力、切实履行财政义务的保障机制。

由于法律规定的内容通常涉及财政活动的普遍规则,对所有的财政主体和财政行为具有普遍的约束力,因此,财政法定主义更为适合现代社会条件下纷繁复杂的社会实践,便于掌控财政活动的宏观秩序。法律所具有的规范性、稳定性和可预测性有利于协调各阶层的利益关系。我国《立法法》第 8 条规定,财政、税收基本制度只能由全国人民代表大会及其常委会制定法律。这一规定确立了我国的财政法定主义,对财政立法具有普遍的约束力。但是从立法实践来看,在我国财政领域,内容最为复杂和庞大的还是政策性文件和部门规章,国务院制定的行政法规次之,制定的法律更少。大量的政策性文件有的是对现行法律法规的解释和补充,有的是对立法空白的填补,有的是修改和突破现行法律的规定,与财政法定主义的本质要求有相当大的距离。因此,我国的财政实践必须从政府主导性财政、政策主导性财政,转变为法律主导性财政,才能适应社会主义市场经济体制的要求。

五、公共财政与政府预算

预算是公共财政的运行机制或基本制度框架。政府预算制度是公共财政的重要组成部分,有的称其为财政的基本制度,有的称为核心制度。从公共财政的历史来看,公共财政制度是在政府预算制度的建立、发展和完善过程中逐步形成和进一步发展的;对现实中的公共财政运行而言,是先有预算后有政府财政活动的,建立具有法律效力的预算规范是建立公共财政的基础。因此,我国财政制度的公共化改革,应当以政府预算制度改革为核心。

从预算的角度看,财政法定则体现为预算的法定性,也就是财政收支依照法律规定或者立法机关通过的预算执行是基本的行为规范。财政收入的方式和规模或者财政支出的方向和数量必须建立在法制的基础上,都必须先有法律的规定或立法机关批准。无论是哪一种形式、哪一种性质的收入,都必须依照法律的规定征收;无论是哪一类性质、哪一类项目的支出,都必须依照由国家权力机关通过的具有法律效力的年度预算来安排。全部的政府收支必须纳入预算,由权力机关审查批准,由权力机关监督执行,预算必须公开接受社会公众的监督。

基础篇

在介绍如何审查预算之前，首先了解一下政府预算的产生、发展以及预算的概念、功能、类型等基本知识，是非常必要的。因此，作为基础篇，主要由两章内容构成，第一章政府预算的产生与发展，主要介绍政府预算的产生，预算制度的发展历程，从历史演变的角度，揭开预算的神秘面纱，了解政府预算与议会的不解之缘；把握我国政府预算制度的发展演变历程，明确我国政府预算制度建设所处的历史方位。第二章，预算的概念与现代公共预算的特征，从多视角让我们来认识和把握预算，并了解其本质特征，了解公共预算的基本原则和主要类型。为审查预算打下良好的知识基础。

第一章
政府预算的产生与发展

第一节　预算与议会的不解之缘

预算一词源于英文"Budget",原意是"皮包、皮袋或布袋",因为在早期的英国,财政大臣到议会提请审批财政法案时,总是携带一个装有财政收支账目的大皮包。时间长了,人们习惯于用"皮包"代指政府预算,将这一词汇译为政府预算。

现代政府预算产生于资本主义社会时期,是在资产阶级与封建统治阶级的斗争中逐渐确立的。从世界范围来看,现代政府预算制度最早起源于英国。英国也是资本主义发展最早、议会制度形成最早的国家。现代议会制度的形成与预算制度的演进密不可分。英国被称为现代议会之母,而预算制度又是议会形成的主要推动力。预算从萌芽、产生到发展、成熟无不伴随着议会机构及制度相应的萌芽、形成和发展。历史地看,预算与议会有着天然的不解之缘。

一、预算在英国的产生与演变

英国国家的历史是从盎格鲁-撒克逊时期开始的。诺曼征服后,建立了区别于欧洲大陆的封建制度,为英国财政税收及预算法律制度的发展奠定了国家制度基础。在中世纪时,国王的收入可分为两部分:一是国王依靠全国最大封建领主身份征收的封建特权收入,主要包括王室领地收入、王室法院司法收入、封建协助金和事件金收入、王室森林收入等;二是国王依靠其全王国总首领的身份,在遇到诸如战争等紧急情况而前述收入不足以应付时,向全国臣民征收的财政收入,包括丹麦金、犁头税、免服兵役税、动产税等。诺曼征服后所确立的封建制度,其实质是在封君和封臣之间建立起了一种契约关系,双方的税收征纳关系构成了该契约的重要内容。根据税收契约,国王基于分封土地而获得取得一般财政收入的权利,而封臣也有义务提供上述收入。但是,超出契约范围的财政收入,则必须得到纳税人的同意。“国王靠自己的收入生活”和“税收同意”成为重要的原则。

12 世纪初,英格兰经历了严重的通货膨胀,王室财政陷于极度的困难之中。约翰王仍然不断扩军备战,进行无休止的财政榨取,使得国王与贵族之间的矛盾不断激化,从而导致贵族领主的反抗。这场对抗以英王约翰被迫于 1215 年 6 月 19 日签署《大宪章》而告终。尽管《大宪章》是一个典型的封建法和习惯法文献,但其意义极其深远:一是确立了“法律至上,王在法下”的原则,这一原则成为英国宪法政治的基础;二是向国王宣告国民有被协商权,并明确规定国王必须召开由若干贵族组成的会议,为议会制度的形成奠定了基础;三是首次将“非赞同毋纳税(兵役免除税和协助金)”和“无代表权不纳税”等原则以法律形式确立下来。

到 13 世纪,王室财政收入的绝大部分来源于新开征的动产税和关税等税种。税收作为“共同需要和共同利益”及“共同同意”原则在此时产生,并在国王和贵族的税收斗争中逐步发展。税收已不再被视为王室私事,而成为国家公共事务,英国税制完成了由封建性向国家性的转变。在与国王的斗争中产生的议会,代表着王国的“共同利益”和“共同同意”,因而从其产生之日起,就展开与国王的课税权斗争,并最终在 1295 年(模范议会)取得胜利,议会课税权得以建立。

英法百年战争(1337—1453 年)为议会权力的增强创造了客观条件。战争带来的额外开支使英国君主不得不在政治上和经济上更加依赖议会的支持。急剧膨胀的军费需求,迫使君主们频繁地要求议会给予其财政授权。期间,议会逐渐分为上、下两院。下院的形成使纳税人与君主的税收关系进一步发生变化,意味着议会是由纳税人选出的代表,而不是由国王指定的人选所组成的机构。这一时期,议会对税收的控制范围逐步扩大,下院获得了财政授权的动议权。英法百年战争刚刚结束,两大贵族集团——约克家族和兰开斯特家族便展开了历时 30 年(1455—1485 年)的“玫瑰战争”。许多在战争中反对国王的大贵族被剥夺爵位，而失去上院议员的资格，上院议员人数大大减少。而国王为了巩固自己的统治地位，特别注意向世人表明，他得到了全民的拥护。

都铎王朝时期(1485—1603 年)，除了亨利七世善于开源节流，维持了王室财政的独立性外，其他君主都入不敷出。为解决财政困境，国王总会或多或少地依赖于议会的支持，才能获得所需的财政资金，并需要做出妥协以回报议会的拨款举动。因此，在这一时期逐步形成“王在议会”的宪政原则，并出现了“议会至上”的萌芽，议会尤其是下院的政治地位得到提高，议会下院进一步加强了对政府预算权的控制。

17 世纪，斯图亚特王朝的詹姆士一世和查理一世实行专制统治，在税收问题上都与议会发生过激烈的冲突。1642 年，以克伦威尔为首的议会军最终打败王党军，处死了国王查理一世，议会宣布成立“共和国”。而克伦威尔时期的政府仍然没有摆脱这种命运。斯图亚特王朝复辟后，詹姆斯二世的专制主义统治最终导致了议会发动“光荣革命”。1689 年 2 月，议会召开全体会议，发布《权利法案》，作为新国王登基的条件。该法案明确规定了议会是英国最高的立法机关以及议会权力高于王权的原则，并再次否定国王的征税权，规定必须定期召开议会会议。议会的最高权力终于以成文法的形式固定下来。从威廉三世开始，所有国家重大事务的最终决定权为议会而非国王所有。对公共预算的形成也产生了至关重要的影响：不仅使议会控制政府财政的范围扩大，如逐步实现了对国王个人支出的监管，确立了国王年俸与国家支出相分离的制度，还使下院进一步扩大了相对于上院的财政控制优势，并逐渐占据了支配性地位。经过四百多年的议会与国王的斗争，议会终于完成了对政府预算权力的初步控制。英国公共预算的雏形大体形成。

光荣革命之后，英国逐步建立起君主立宪政体，议会对政府财政的控制范围进一步扩大，逐步囊括对国王个人支出的监管、将王室年俸中的私人支出与国家支出分离，将大部分的王室世袭收入转为由议会征收和拨付。1789 年议会通过了《联合王国统一基金法》，建立了“统一基金”(是政府在英格兰银行的公共账户名称)，由此，政府的所有收入均纳入统一基金，所有的支出均由统一基金支付。同时把全部财政收支统一在一个文件中，从此有了正式的预算文件。至 19 世纪初，确立了按年度编制和批准预算的制度，即财政大臣每年提出全部财政收支的一览表，由议会审核批准。1848 年通过的“博林提案”要求所有的政府部门都必须不折不扣地向议会呈送年度的全部收支预算。1854 年通过的《公共收入统一基金支用法》实现了对所有收入和支出的控制。1861 年，议会重新组建了具有超党派性质的“公共账户委员会”，加强了议会对财政的控制。

1866年,议会通过了《国库与审计部法》,建立总审计长制度,设立国库审计部和职业审计员,对议会负责,监督政府按指定用途使用经费。实现了议会对预算权的完全控制。奠定了英国现代预算制度的主体框架。

二、现代政府预算制度在英国产生的原因分析

现代预算制度能够首先在英国产生,有的认为存在一定的偶然性,然而如果认真分析,又会发现存在着一定的历史必然性。这种必然性体现为当时处于封建时期而又具有自身特点的英国,其特定的文化传统与法律习惯中的"王在法下"和共同协商等原始民主制度,在自身发展和其他因素的共同作用下,促成了现代政府预算制度的形成。

一是对"法在王上,权在法下"的习惯法[①]的传统信仰。当时在欧洲包括英国,习惯法是法律的重要组成部分。王低于法律、受法律的限制是习惯法的重要原则。为防止这一原则被破坏,包括《大宪章》在内的一系列重要的成文法律文件都对此进行了反复强调。为限制王权奠定了坚实的基础,也为民主的萌发提供了土壤。

二是英国封建制度下特有的契约精神。源于习惯和基于封君与封臣力量对比所形成的特定封君与封臣间的关系,不是一种单向的支配与服从关系,而是一种契约关系,有学者将其说成"就像一种婚姻契约"。作为契约双方分别享有某些确定无疑的权利,同时相互负有相应的义务。尽管双方的权利义务不是平等的,但却是对等的。这保证了封臣独立的人格和对自身权利特别是财产权利的维护。正是由于对契约精神的坚持,决定了无论是英王直接征税,还是通过议会征税,都是通过谈判、提出一定的条件为代价实现的。

三是原始的协商民主机制的发展。英国在盎格鲁-撒克逊时期就存在"贤人会议"的组织,由国王、领主和教会贵族组成,决定一些重大事情;《大宪章》规定的由二十五个贵族组成的委员会、《牛津条款》规定的设置一个十五人(主要由贵族组成)永久会议,后来又出现了大议会(早期的议会),随着阶层

---

① 在当时的英国人看来,由习惯演变而来的习惯法是千百年来社会约定俗成的产物,是世代先人生活智慧的结晶,它先于国家和政府而存在,具有外在于和超越于一切现世权威的自主性和神圣性。它们只能被人们发现,而不能被制定或改变。习惯法对于全体社会成员都具有约束力,即使贵为国王,也不能置身其外或者凌驾其上。当时英国人留下了一首法律赞歌:"法律高于国王的尊严。我们认为法律是光亮。没有光亮,人们就会误入歧途。如果国王不要法律,他就会误入歧途——有了法律,就会国泰民安,没有法律就会国家动乱。法律这样说:依靠我,国王才能统治;依靠我,制定法律的人才能受到公正的对待。国王不可以改变确定的法律,他只可以按照法律激励和完善自身。依法者存,违法处亡。"(见《英国税收法律主义历史源流》第66页)。

的不断扩大发展演变为议会。这种议事组织演变的过程,也是民主范围不断扩大的过程,如逐步加入商业阶层、工业阶层等。从 19 世纪开始在民众抗争的冲击下,随着选民范围的不断扩大①,最终完成了向现代民主制度的转变。伴随着民主范围的不断扩大,民主的形式也由直接民主完成了向代议制民主的转变。

四是英国社会控制国王税收权的传统。这一传统集中体现在“非同意不纳税”这一原则性理念中。最初这种传统只是习俗、惯例,依靠斗争来维持。经过封建贵族与国王的斗争,《大宪章》第一次以法律的形式确认了“非同意不纳税”的原则。它意味着财政权开始从国王手中向议会性质的机构和社会公众手中转移,标志着公共预算制度在英国漫长形成过程的开始,具有里程碑式的意义。正是这一原则的维持和扩大推动了英国现代公共预算制度的形成。

正是由于以上几方面因素的有机共同作用,导致了英国议会的形成和预算制度的产生。预算制度产生的过程,反映了包括税收权力、预算权力在内的财政权控制的变化过程。这个过程由税收开始,“非同意不纳税”原则或理念的存在,使得当国王需要增加税收时,必须征得纳税人的同意(当时主要是封建贵族),纳税群体不允许国王单方面变更契约,增加税收或者征收新税;而必须借助会议协商机制,国王通过变更契约增加税收的代价是让渡部分公共权力;随着税收的增加,纳税群体的范围在扩大,纳税群体的增加导致了政治资源分配制度的变化,享有民主权利的个体数量和阶层在增加,纳税能力的差异导致了政治资源分配的变化。从议会发展的视角来看,此时的议会以确立其职责为目的,最先要求对国工的课税权进行一定的限制,即要求国干在取得财政收入开征新税或者增加税负时,必须经议会的同意和批准。经过长期斗争,终于取得了课税、修改税法和批准税收提案的权力,使议会控制了税收权。

议会控制税收权之后,将重点转向了控制财政支出上,要求政府各项财政收支必须先做计划,经过议会审查后才能执行,财力的动用还要受议会的监督,从而限制了封建君主的财政权。1640 年资产阶级革命后,英国的财政权已经受到议会的完全控制。议会核定的国家财政法案,政府必须遵照执行。在财政收支执行过程中,还要接受监督。财政收支的结果,还必须报议会审查。1688 年,议会进一步规定王室年俸由议会决定,国王的私人支出与政府的财政支出区分

① 1830—1832 年实行第一次议会改革,改革选区制度,选民人数由 40 万增加到 60 万,但仍然不足全体成年选民的 5%。1867、1883 年继续进行议会改革,选民人数增加 200 多万,仍不过成年选民的 8%,占人口半数的妇女仍然不是选民。直到 1918 年和 1928 年两次颁布新选举法,才最终实现了不分性别、财产等资格的成年公民选举制。

开来,不再混淆。1689年通过的《权利法案》重申规定,财政权永远属于议会;君主、王室和政府机关的开支都有一定的数额,不得随意使用。政府机关和官员在处理国家的财政收支上,都规定有其责任和权限,必须遵守一定的法令和规章。之后,议会采取了一系列措施以改善和加强对政府支出的控制,这些措施主要包括:逐步形成系统的拨款制度[1]、逐步取消"非拨款支出"[2]以及实施支出责任制度[3]等,逐步实现了对政府支出的控制。

综上所述,英国议会对财政权的控制是以控制部分税收权为切入点开始的,大体经历了由部分税收——军费支出——全部税收——拨款——支出责任制度——王室年俸——王室收入制度——年度收支计划报告——审计制度,逐步推进并最终完成。以国王和王国财政压力的释放和纳税群体财产权利的维护为诱导,纳税群体通过民主机制建立维护自身权利的长效机制。这样就形成了公共权力的代理人和委托人之间长久的契约关系。代理人通过公共财政机制取得公共资金为委托人提供公共服务,委托人通过民主机制控制代理人的行为,确保代理人服务于自身的利益。这也就是英国财政预算制度生成的原理和本质。英国政府预算制度的形成历史,也就是议会产生和发展并控制君主"钱袋",取得预算控制权的斗争史。因此,议会就是为控制财政权或者预算权而产生的,并在与国王争夺控制权的过程中最终取得胜利,控制预算成为议会重要的基本的职能。

第二节　政府预算制度在美国的发展

继政府预算制度在英国确立之后,法国、美国等其他资本主义国家深受英国政府预算制度的影响,先后建立了政府预算制度。

---

① 拨款实际上是议会为了特殊目的而建立起来的某一专项基金,议会可通过收入授权和规定支出的用途,直接限制和约束君主的行为。但是议会对军事支出和民用支出的控制存在着很大差别。议会始终保持着对军事开支的严格控制,但对民用支出经历了一个由宽松到严格再到完全控制的过程。

② 是指政府的各个收入和支出部门,无需经议会批准而有权用其收入抵补的支出部分。意味着这部分财政收支完全脱离了议会的控制。直到1854年,通过《公共收入统一基金支用法》,才实现了对非拨款支出的完全控制。

③ 与拨款制度同时产生,狭义的支出责任是指行政当局向议会或针对议会的调查提交关于预算支出的说明与解释。广义的支出责任是指行政当局就预算支出对议会负责,不仅要提交关于支出情况的说明便于调查,而且还包括议会对预算支出的批评,对于非授权支出的或超额支出的制裁等。到1822年,财政大臣开始提交关于政府财政的指导方针和财政计划等给议会,支出责任中已经包含财政计划收入、计划支出以及预期的盈余或赤字等内容。

一、美国现代预算制度的建立

(一)美国政府预算制度的孕育

美国在建国之前,属于英国在北美的殖民地,受英国民主和议会制度的影响。因此殖民地时期的美国预算制度中有许多英国的烙印。一是北美殖民地预算中的议会基础。早期每个北美英属殖民地都有总督和议会,议会也采用两院制,上院称为参事会,下院称为议会,政府的基本结构都仿照英国。北美殖民地对于议会制度的移植使得殖民地具备了与英国政府较量的强大武器,经过斗争,殖民地议会获得众多财政控制权,如提出财政议案的权力、决定税收的权力、控制政府开支的权力等。而这些权力构成了殖民地预算的核心内容。二是受英国议会对抗国王取得胜利后所形成的"强立法、弱行政"的权力结构影响,"强立法、弱行政"也体现在美国殖民地时期及建国后一定阶段的公共预算中。在殖民地时期,总督是政府首脑,是英王在殖民地的代理人。起初总督拥有较大的权力①,议会通过斗争不断扩大自己的权力,斗争的焦点集中在控制财政权上,后来议会逐渐获得了监督政府财政开支、任命司库官的权力,有些殖民地的议会还掌握了任命征税官、税务检察官、监督官等权力。三是基于英国"非同意不纳税"的理念,形成了"无代表不纳税"的理念。在殖民地的预算中,政府要征税,需要经过殖民地议会同意,也就是只有由他们自己选举产生的议会才有资格向他们征税。"无代表不纳税"其本质在于控制,通过控制政府征税来控制政府支出,进而控制整个政府的行为,以维护殖民地人民的利益。从这个意义上讲,殖民地预算已经孕育着现代公共预算的因子。

(二)政府预算的初建

美国在1765年提出了"没有代表不纳税"的口号,1773年由茶税引起了"波士顿茶案",由于英国的镇压导致了美国独立战争的爆发,最后美国取得独立。1789年美国宪法获得通过,确立了立法、行政、司法三权分立的政治体制,奉行分权制衡原则。最初仿照英国建立了预算制度,美国宪法将征税权也授予了国会,并且规定国会拨款通过之后才能从财政部(国库)提取资金。国会通过建立负责预算决策问题的专门委员会②、增加单项法案削减行政部门的自由裁

---

① 有权任命县级行政司法长官、治安官及其他行政官员,有权召集或者拒绝召集议会,宣布议会休会和解散议会,对议会法案有否决权等。上院(参事会)协助总督工作,上院还时常操纵下院的选举等。下院在与总督和上院的较量中还不足以占优势。

② 在19世纪前半叶,建立了众议院的筹款方式方法委员会和参议院的财政委员会,1865年,两院又分别设立了拨款委员会,对收入和支出分别进行控制。至1885年国会建立了八个独立的拨款委员会来管理拨款。

量权等措施加强对财政事务的控制，在预算过程中居于主导地位。当时，政府部门直接向国会委员会递交支出需求报告，而不用通过总统审核。由于最初采取的是总和预算形式，各个部门只提供预算收入和预算支出的总额给议会，议会对各政府部门的拨款也只是一个总数，没有收支分类，也没有明细科目。这种预算缺乏透明度，议会无法对政府部门的支出行为进行有效监管，政府预算支出存在普遍的浪费和腐败现象。20 世纪初，出现了多起国会议员通过拨款等形式为地区或公司牟利并收受贿赂的舞弊案件①，加上连年的赤字，在社会公众的强大压力下，彻底的预算制度改革得以推行，开启了进步时代的预算改革②。

（三）现代政府预算制度的形成

改革首先从地方政府的市政预算改革开始，最终成果体现在 1921 年国会通过的《预算和会计法案》中。该法案真正开启了美国现代公共预算的历史，使“进步时代”引入的公共预算概念得以制度化确认并形成现代公共预算制度。该法案授权总统代表整个行政部门编制并向国会提交下一财政年度的预算，将预算编制和执行工作交给以总统为首的行政部门负责。主要内容还包括：财政部下设预算局③，作为总统的助手，帮助总统承担预算管理责任；对总统向国会提交的预算信息内容进行了详细规定④，这些规定已经成为永久性的美国法典

---

① 美国向预算国家转型，基本上是在“进步时代”（1880—1920 年）完成的，那时的美国腐败横行，灾难频频，社会矛盾异常尖锐。在财政领域，美国的地方政府被普遍认为是极度腐败的。当时市政府的雇员发工资都是现金支付，也没有账。城市维修工程没有开支记录，市政府也没有公共财产记录，公有资产的流失屡见不鲜。当时贪污受贿最严重的领域包括土地批租、公共服务（如清洁、垃圾处理的发包）、公共工程（如街道、交通体系、下水道等基础设施建设的发包）、政府采购（如市立医院、济贫院的采购）。正如学者所言：“美国财政制度既杂乱又低效，藏污纳垢，完全不对民众负责。就收入而言，那时的税种极多，凡是想象得出的名目都可用来向民众征税。但那么多税种却无法使国家汲取足够的财政收入。就支出而言，那时还没有现代意义上的预算。每一个政府部门自己争取资金，自己掌控开支。一级政府并没有一份详尽而统一的预算。这样，民众和议会都无法对政府及其各部门进行有效的监督，为贪赃枉法留下无数机会。”总之，当时美国的财政支出混乱不堪。

② 改革首先从地方政府的市政预算改革开始。1908 年，纽约市推出了美国历史上第一份现代预算，只包括市政府主要四个部门的分类开支计划，到 1913 年，预算文件从 1908 年的 122 页增加到 836 页。1910 年，俄亥俄州首先立法，赋予州长预算编制和提交权。到 1920 年，44 个州采取了某种形式的预算改革，到 1929 年，每个州都成立了预算办公室。联邦政府在 1909 年成立了由克利夫兰领导的调查团，提出的报告建议建立由总统领导的程序。为 1921 年《预算和会计法案》奠定了基础。

③ 各政府部门必须遵从预算局发布的有关预算管理的要求，向预算局提供他们的支出预计和有关支持信息，预算局对各部门的所有支出提议进行审查整理。1939 年，通过重组法，将预算局转移至总统行政办公室，1970 年，尼克松总统授予预算局更多的管理责任，并命名为管理和预算办公室。

④ 总的方面主要包括对既定财政年度中的支出、拨款和收入预计。细节方面包括：要求的拨款和被提议的收入措施，预算年度和当前年度的收支估计，当年年度的拨款、负债水平，过去、现在和预计的国库财政状况以及有关政府财政状况的其他信息。总统需要解释他将如何处理盈余和赤字，同时，也可以要求额外拨款。

的一部分；在国会设立审计署，对各政府部门的进行独立审计。《预算和会计法案》的通过标志着美国现代行政预算制度的建立。这个法案成为美国联邦政府预算制度的立法基础，并为联邦预算提供了一个稳定的制度框架。总统和行政机构的预算权力得到加强之后，根据经济社会发展和公众对政府改革的要求，为了提高政府的效率，进行了多种预算形式的改革，预算成为政府实现自己政治理想、政策目标的有力工具。

随着越南战争的持续和水门事件的发生，总统的领导权逐步受到挑战。1974 年 7 月通过的《国会预算和扣押法案》使国会重新加强了对预算的控制力度，平衡了国会和行政部门在预算管理中的力量对比。之后国会又通过《1985 年平衡预算和紧急赤字法》《1990 年预算执行法案》《1993 年综合预算调整法案》《1997 年平衡预算法案》等，在试图解决联邦政府庞大预算赤字的同时，也起到了对总统预算权的约束作用。为了避免因总统与国会在预算方面的争议和冲突影响整个预算的执行，平衡国会在预算方面的权力（不仅可以审议总统所提交的预算草案，而且可以自由增加或减少支出计划与经费额度，甚至可以自行起草预算案），从 1997 年起，国会赋予总统对于预算的部分否决权（按原有法律，总统对国会的预算不能部分否决）。

分权、制衡是美国宪法确立的重要原则。从美国现代预算制度建立的过程可以看出，围绕预算控制权，国会与总统（行政机构）在不同的阶段，其所处的地位也发生过相应的此消彼长的变化，但最终还是走向了均衡。具体来讲，在建国之初，美国不存在规范意义上的公共预算，总统没有任何实质的预算权力，国会在形式上完全支配了美国的预算过程；“进步时代”作为美国现代公共预算的奠基时代，引入了现代公共预算概念，1921 年会计与预算法案提升了总统的预算权力，奠定了现代预算制度中国会与总统分享预算权力的基本框架；随着预算权力开始从国会（立法部门）向总统（行政部门）转移，以及其后的一系列后续改革，行政部门在技术和权力上得到了双重提升，以至于行政部门在与立法部门的预算权力较量中占据了优势。但立法部门通过各种政治策略、政治过程和政治原则来与行政部门周旋、博弈；《1974 年国会预算与扣留控制法案》在扩大国会预算权力的同时，并未改变总统的预算权能，随后的一系列预算改革使立法与行政部门在预算权力和技术上逐渐走向均衡，国会与总统之间预算权力处于互动与对弈状态，这是与“美国式”民主最为接近的一种预算权力结构。随着上世纪 90 年代开始的新绩效预算运动的兴起，新绩效预算的分权与参与理念使更多的主体（基层单位与管理者、传媒、公众、社会团体等）实质性地参与到公共预算中来，对预算权力格局产生了新的影响，但并没有改变这种基本的预算权力分配格局。即国会拥有对预算的控制权，通过审查批准总统提交的预算甚至自己编制预算和控制拨款，以控制行政权。

二、美国政府预算编制方式的改革

在加强总统和行政部门的预算权力的同时，总统也通过一系列的改革创新措施，不断加强行政系统内部控制，以提高行政效率。自1921年现代政府预算制度确立后，在总统的主导下，美国在不同时期尝试过多种不同的预算编制方式。先后实行过五种预算模式：分项排列预算模式、绩效预算模式、规划—计划—预算模式、零基预算模式和新绩效预算模式。

（一）分项排列预算（line-item budgeting）

分项排列预算是美国最早出现的具有现代管理理念的预算管理模式。1921年新的政府预算制度确立之后，联邦政府开始编制分项排列预算。面对日益扩大的政府职能和公共事务，政府与议会注重将预算视作一种资金管理手段，将资金管理与项目联系起来，以保证支出优先顺序确定能得到足够的资金支持。这种管理模式以预算支出的若干特定目标为核心，采用分项排列的方法依次列出特定目标的预算资金，由拨款机构予以拨付。在分项排列预算中，政府运转所需要的各项支出被明确归属到各个政府单位。每个项目所需资金按年度确定。例如：

专栏1—1　分项排列预算表

汉尼坪郡部门社区服务（1980预算年度）

编号	内容	1979年预算数	1979年执行数	1980年需求数
个人服务（8000）				
8002	经常性薪金	1586573	1673696	1763765
8004	暂时性薪金	14137	25000	24000
8006	加班工资	11117	12000	13000
8008	见习工资			
……				
8048	长期丧失劳动能力保险	14694	15308	11789
8052	人寿保险	1456	1422	1489
8054	健康保险	70401	80619	77388
8060	FICA	82649	91050	102421
8062	PERA	106810	111275	104828

续表

编号	内容	1979 年预算数	1979 年执行数	1980 年需求数
8064	MERA		2658	2951
8070	补充养老金	13236	13789	11851
8072	失业补助	6915	3400	3600
8074	工人的补偿	4872	4872	5424
8080	其他个人服务	10000	10000	10700
	小计	1960102	2082331	2173536
商品 (8100)				
8102	办公用品	38557	43000	49000
8103	复印	22181	15000	16500
8104	电影和摄影	33900	25000	27500
8110	一般用品	6000	2000	2200
8120	食物和饮料		500	500
8130	衣服和织品			
8134	厨房用品			
8140	医疗用品			
8150	劳务			
	小计	100638	85500	95700

摘自【美】托马斯·D·林奇著:《美国公共预算》,中国财政经济出版社,2002 年,第 37 页。

分项排列预算的特点:一是按预算单位编制预算。预算编制基础是单位,政府所需的各项支出明确归属到政府的各个单位。二是采用按管理要素的支出分类方式。各种支出均采用人头性经费和业务性经费分开的方式。三是编制方式整齐划一。

分项排列预算的优点:一是编制方法简单。可以采用基数法管理,可以进一步使预算支出项目明细化,便于对预算执行过程进行控制。二是将预算支出与相应的公共项目联系起来,从而使预算效率大大提高。三是有利于体现政治领域的渐进性和均衡性。

分项排列预算的缺点:一是无法控制行政机构和人员的膨胀。二是不利于克服政府支出膨胀。三是预算的分配与效率脱节。四是助长了政府行为的短视化。

(二)绩效预算(旧)

1949 年,由第一届胡佛委员会(1947—1949 年)倡导的绩效预算①模式是指:"基于政府职能、业务与项目所编的公共预算……绩效预算注重一般性质与重大工作的执行或服务的提供,而非着眼于人员、劳务、用品、设备等实物的取得。该预算最重要的任务是工作或服务的成就,及该项工作或服务将支付的若干成本。"①绩效预算要求各个政府部门对其任务和工作做出描述性说明,对于负责实施的规划要求阐明目标,并采用具体的预算标尺——包括生产能力、工作量和成果——进行描述,希望通过这样的描述把对预算过程的监控从注重投入(Input)转移到注重产出(Output)上来。

专栏 1—2　胡佛委员会绩效预算模型

医疗保健(资料来源:胡佛委员会　1949 年)

摘要:这笔总额为 43648008 美元的拨款主要分配给:对日均 28696 名病患和受伤者进行护理,34 所医院的维护和运转,2 个药品供应站,2 个药品仓库,6 个医药学校,11 个研究所,432 项其他陆上医疗活动,对非海军机构人员进行培训,护理 1859 名有死亡可能的病人;资助岛上的政府——6 所医院,80 多个诊所床位,培训本地从业人员。特殊项目如下:

1. 医疗和牙科护理——为平均 232485 名海上职员提供医疗技术和牙科护理,为 4 艘于 1948 年服役的海军潜艇提供基本的医疗设施　2822923 美元

2. 陆上医疗和牙科护理　48419168 美元

3. 对死亡人员的护理——为 1948 年估计的 1859 名死者提供服务、供给、交通设备　50270 美元

4. 对医疗机构人员进行培训　2645347 美元

5. 医疗和牙科研究——提供 328 个民用工作岗位,并为运作和维护 6 所研究机构和 5 个区域性研究单位提供 1948 年所需的日常用品和设备　2519742 美元

6. 医疗和牙科供给体系　936396 美元

7. 岛上的政府　10463 美元

8. 行政管理部——为管理医疗和急救部门的行政管理部门提供 550 个民用工作岗位,并安排 1948 年度所需的差旅、电话、电报、日常供给和设备开支　432100 美元

---

① Performance Budget,简称 PB,又称为功能预算、活动预算和项目预算等。绩效预算是着眼于政府部门工作表现与管理成效的编制方法,其目的是试图将项目信息与资源信息加以综合考虑。

1948 年拨款申请总额　　　　　　　　　　648008 美元

资料来源:【美】托马斯·D·林奇著:《美国公共预算》,中国财政经济出版社,2002 年,第 38 页。

专栏 1—3　绩效预算项目分析

高速公路工程项目成本效益分析　　　　单位:万美元

方案	效益 B	成本 C	B-C	B/C	(B-C)/C	次序
A	40000	20000	20000	2.0	1.0	2
B	19000	15000	4000	1.3	0.3	4
C	12000	10000	2000	1.2	0.2	5
D	12500	5000	7500	2.5	1.5	1
E	45000	30000	15000	1.5	0.5	3
F	12500	12500	0	1.0	0	6
G	27000	30000	-3000	0.9	-0.1	7

绩效预算在 1949 年首先在国防部开始实施,联邦政府 1950—1951 财政年度的预算是按照绩效预算编制的第一个预算。绩效预算的操作程序理论上并不复杂,其做法是:先按照政府职能如经济、国防、教育等进行分类;再将这些不同的职能分由不同的部门协作实施,使每个部门都有自己的方案或者计划;最后各计划可以从最终产品成本及目的来衡量和评估其业绩,并确定所需资金。总体上看,绩效预算取得的进展有限,在国会的反对下,没有得到全面推行。但其理念引起了许多国家的关注并在预算中部分体现。

绩效预算的优点:可以反映政府活动可达到的预期效果。推动了预算从关注机构向关注规划、从关注投入到关注绩效的转变。

难以推行的原因:一是各部门差异大,不具有可比性,绩效指标的设计、工作量的统计、成本—收益分析,都需要进行大量繁重复杂的工作。二是许多社会效益强的政府活动和项目很难用量化的指标评价。三是传统的会计系统与绩效预算的编制不适应。四是给行政部门与国会的关系协调造成了困难。行政部门在其承诺某种具体的绩效标准时,期望得到一笔总的拨款,而国会为了加强对预算支出的控制,希望逐笔审核拨款,而不是给予一次性拨款。

(三)规划—项目(计划)—预算模式(PPB)

1960 年前后,规划—项目(计划)—预算模式(PPB)被提出并得到运用。它以计划为中心,利用成本—收益分析方法,把目标规划、计划制定与预算编制融为一体,成为一种旨在增进政府预算执行效果的"方案导向型"预算管理模式。规划—项目(计划)—预算模式强调预算与政府的五年或长期计划联系,客观上强化了行政首长的预算权。1961 年,美国国防部全面推行了这一模式,随后约翰逊总统于 1965 年将这一模式向所有政府部门推广,各级地方政府也纷纷仿效。至 1971 年,美国联邦政府中有 25 个以上的机构,州政府中有 10 个州采用过这一预算模式。1971 年尼克松总统宣布正式停用这一预算制度。

规划—项目—预算的基本思路:一是规划,是指全面的、长远的发展计划。通过对备选方案的比较确定实现目标所需要采取的适当行动,包括制定关于支出机构业务活动方向的长期和短期目标,以及实现这些目标的相应策略。二是项目,是指对实际想达到的目标拟定更具体的项目方案,当年的支出都要落实到具体的支出项目上。三是预算,是指将具体的项目方案纳入正式合法的预算体系中。四是系统(制度),是指这种预算模式是一个将长期规划、短期支出计划与年度预算安排有机结合的完整的系统。

这种预算模式的优点:将长期规划、多年期预算或者滚动预算与年度预算结合起来,有利于克服政府行为的短期化;通过成本效益分析,择优选择具体方案,有助于提高预算的绩效。

这种预算模式的缺陷:理论设计过于理想化,在实施中出现了大量的不确定性,由于资料分析困难、预算编制过程烦琐和计算负担过重等问题,导致实施成本过高。同时也忽视了决策中政治因素的影响,没有取得与国会的合作,拨款委员会仍然要求用传统的分项排列预算方法进行拨款,其决策指导思想仍然是渐进主义模式。

(四)零基预算

零基预算模式是在上世纪 70 年代后期发展起来的,这一模式最初由美国德州仪器公司于 1969 年创立,1973 年由时任州长的吉米·卡特在佐治亚州推行并取得一定成效,随着卡特当选美国总统而在全国得到推广。零基预算一反公共预算上的"渐进主义"传统,它不按上年度的"渐进增量"(即在上一年度预算基数基础上按一定比例逐步递增)来考虑预算,而是对每个部门的工作任务及工作量重新进行全面审核,然后再确定各部门的支出预算。1981 年,里根就任总统后,宣布联邦政府取消零基预算编制方法。

零基预算是指在预算编制时,一切从零开始,该花多少钱,钱用在哪些方面,与上一年度预算无关。也就是不看过去,只看未来,看新的预算年度有多少事要做。然后,对这些要做的事情不管新旧重新评估,依据事情的轻重缓急统筹考虑。

零基预算一般经过以下程序:一是确定决策单位及其目标任务。这里的决策单位与我们的预算单位不同,可以是一个支出项目、一个机构的次级单位或者一个机构等,它指的是需要钱的地方、部门、项目、活动等。对于决策单位没有硬性规定,取决于编制预算的层次。如对省、市、县的总预算来说,其决策单位就是各个局、处等。对一个具体的职能部门而言,如假定城市交通管理局有两项职能,交通管理、预防性巡逻,则可以将两项职能确定为两个决策单位。二是为决策单位制定支出项目的决策包,又称一揽子决策,就是根据要完成的任务,根据不同的水平,制定出多种不同的可供选择的方案。三是对各种方案进行排序。既对所有方案按轻重缓急进行优先顺序排序,又要根据预计支出水平确定哪些方案能够分配到资金。最后,按照优先顺序配置资金,编制详细的政府预算。

零基预算的优点:强调参与性管理,预算由基层预算单位开始从下至上逐级建立起来;强调预算资源分配应当建立在全面比较和科学分析的基础上;具有一定的操作性,一揽子决策通过后可转换为单一预算模式;提高了决策过程的透明度。

零基预算的缺陷:忽视了中长期规划工作;编制复杂,需要耗费大量的人力;编制过程中存在诸多的不确定性,要求决策者面对浩如烟海的方案,能够慧眼识珠,准确排序,给推广造成了困难;面临许多政治和法律上的约束。

专栏1—4　美国地方政府零基预算编制范例

山城黎巴嫩市自1976年开始使用零基预算编制方法,现已成为美国财政教科书介绍零基预算编制方法的范例。

零基预算编制方法的编制程序如下:

(1)确定各部门(单位)的决策单元(Decision Unit,一般以一个能独立核算的项目或工作为一个决策单元)。

(2)从最低层操作水平开始,逐级向上确定该决策单元提供的服务水平,以及相应需增加的支出成本。

(3)部门对各自的决策单元按轻重缓急进行排序,并提出各决策单元下一财政年度应达到的服务水平。

(4)政府对所有部门的决策单元进行排序,并确定决策单元的服务水平。

(5)根据对下一年度的收入预测,确定各部门下一财政年度的决策单元,即工作量。

(6)议会审批。

山城黎巴嫩市公共事务局(Public Works)2001预算年度确定的一个决策单元。

决策单元名称:垃圾回收

决策单元工作描述:该项工作包括回收全市13000多户居民的生活垃圾,维修和清理公园、商业区垃圾桶,按照州有关法律对垃圾进行循环使用处理。

以往年度支出情况:1999年实际支出1164993美元,2000年预算安排1124000美元。

2001年服务水平选择:(见下表)

服务水平	需增加的成本(美元)	成本合计(美元)	2000年水平选择	2001年建议选择
1	1,119,870	1,119,870	√	
2	40,000	1,159,870		√
3	18,000	1,177,870		

服务水平描述:

水平1(目前提供的水平):每周从路边回收一次垃圾,两周循环处理一次垃圾,包括报纸。居民也可以同回收单位签合同,按时回收后院的垃圾。

水平2:按规定时间清除和处理家庭危险废物。

水平3:每天从路边清除所有垃圾。

摘自财政部网站。

(五)新绩效预算

20世纪80年代以来,由石油危机引发的经济和财政危机,导致公众对政府公共管理水平的严重不满。为此美国进行了以建设高效率政府为目标的政府改革,绩效预算改革作为政府改革的重要内容,被冠之为"新绩效预算"。与旧的绩效预算所不同之处在于,新绩效预算不仅注重产出(Output),而且更加注重效果(Outcome)。新绩效预算有三个特点:一是绩效评估的精确化;二是放权,项目管理者成为绩效责任人;三是把预算当作改善业绩的手段。新绩效预算模式作为美国克林顿时期"再造政府"运动的一个重要配套措施而不断得到支持和推广,并进而成为遍及欧美各主要发达国家的主流公共预算管理模式。

1993年,美国国会通过了《政府绩效和成果法案》以及保证其实施的法律。国会将该法案的目标确定为:加强美国公众对政府的信心,提高政府活动和服务的水平,提供有关政府活动的更为客观的信息,以加强国会的决策制定。该法案明确要求:(1)联邦政府各部门详细说明其任务和预期的成果,制定多年期的战略计划以及每一财政年度的绩效计划目标，建立明确的绩效目标。(2)总统预算办公室在各部门年度绩效计划的基础上编制总体的年度绩效计划，作为总统预算的一部分，各部门的预算安排应与其绩效目标相对应，并提交给议会审议。(3)联邦政府机构须向总统和议会提交年度绩效报告，评估为实现上述目标所做工作的绩效，对实际绩效结果与年度绩效目标进行比较，年度绩效报告必须在下一个财政年度开始后的 6 个月内提交。(4)赋予项目预算管理者适当的管理权限，使项目管理者对项目的运行及实际绩效承担更加明确、具体的责任，并动用绩效信息来对预算项目进行修订。[①]

根据该法案，各政府机构在编制预算，提出预算支出要求的同时，必须制定出一套能综合反映部门业绩、便于考评的绩效指标。并明确由总统管理与预算办公室和财务总监理事会共同指导该法案的实施。该法案采取了先试点，然后逐步推广的办法。总统预算与管理办公室从 14 个主要联邦政府部门选取了 70 个试点项目，涵盖了政府职能的各个方面。要求联邦政府各部门在 1997 财年年底之前，必须明确战略计划编制程序，并制定出具体的战略计划。从 1999 财政年度开始到 2000 年 3 月 31 日止，各个联邦部门必须提交其年度绩效计划给总统和国会。

1993 年的《政府绩效与结果法案》是美国推行政府绩效评估的纲领性文件。简言之，该法案强调联邦政府有责任精明地使用资源并实现项目目标，要求政府部门制订计划并自行考核计划的实施情况，并基于考核情况做出是否进一步拨款的决定，并把绩效情况通报国会和向公众公开。这标志着国会对行政部门的监督开始转到“绩效”和“结果”上来。这个法案作为美国政府绩效管理的基本法律，以国家财政预算改革作为切入点，全面规定了立法目的、战略规划、年度绩效计划、年度绩效报告、管理责任等内容，并着重鼓励行政管理中的放权与减少程序控制。《政府绩效与结果法案》是美国联邦政府由上至下的，对历次预算管理制度革新的立法性总结。

通过以上对美国政府预算形式演化的考察，可以看出预算形式变化的背后，体现的是预算功能导向的转变。这种转变主要体现在由强调控制向通过加强管理与计划进而提高绩效转变。对预算绩效的追求与关注成为了发达国家预算制度发展的新趋势。这也标志着发达国家在经过长期的不断完善预算控制制度，实现了有效的内部和外部控制之后，其预算制度已经发展到逐步扩大支出机构的自主性和能动性，提高工作效率，提高预算的绩效的新阶段。

---

① 彭建．政府预算理论演进与制度创新．北京：中国财政经济出版社，2006：204.

第三节　政府预算制度在其他国家及当代的发展

一、政府预算制度在其他国家的发展

政府预算制度在英国美国发展的同时,也很快在当时的其他资本主义国家(目前的发达国家)发展起来。既形成了一些共同的做法,也形成了一些各具特点的制度特色。主要体现在以下几方面:

(一)财政体制

在多数发达国家,负责、参与财政预算管理事务的机构由议会、政府内阁、预算编制和执行机构、专门的监督机构四部分组成,分工明确、职责清晰。预算编制和执行相互分离,主要有三种模式:一是财政部门内设预算编制和执行机构,在部门内部相对分离。如法国、德国、希腊、日本、荷兰、英国等。预算司局负责预算编制、国库司局负责预算执行。二是编制由财政部门和其他部门共同负责,一部分预算编制职能在财政部门之外,预算编制与执行在财政部门之外相对分离。如澳大利亚设有财政部和国库部,国库部负责总体的预算战略,并编制预算收入和借款预算,财政部负责编制支出预算,并负责组织预算收支的执行。三是预算编制由财政部门之外的机构独立负责,预算执行由财政部门负责,两者绝对分开。典型国家为美国。

(二)预算编制

发达国家的预算编制制度是一个涉及议会、政府及政府各个部门等利益相关各方的共同治理机制,是一个议会、政府、财政部门和政府其他部门之间的权力制衡机制,是一个广泛集纳意见、科学分析预测、反复咨询论证的决策机制。预算编制时间较长,大多数国家从预算编制到预算通过都在一年左右,有的需要更长的时间。现在多数发达国家编制3—5年的多年期预算。

(三)预算执行

议会通过的预算作为法律必须严格执行,任何人无权擅自变更、修改。形成了以国库单一账户为基础的国库集中收付制度,确保预算机构对财政资金运行实行有力的控制。同时,发达国家还设计了较为可行的自由裁量权制度。大多数国家财政预算执行都规定只能在法定的支出限额内支出。议会在预算执行的刚性方面发挥着重要作用,具体在四个方面:一是临时拨款;二是对税收、举债的控制;三是对预算调整的控制;四是定期的财政预算执行报告制度。

(四)财政预算监督体制

多数发达国家的审计机构相对于政府独立存在,独立行使对政府预算的审

计监督职权,或者直接隶属于议会,或者与议会保持紧密的工作关系。主要有四种模式:一是司法型审计,以法国为代表,审计工作由审计法院负责,审计法院具有司法权;二是立法型审计,以美国为代表,审计机构隶属于议会;三是独立型审计,以德国为代表,审计机构与政府、议会、法院并行;四是行政型审计,东欧一些国家,审计机构设在政府内部。除审计监督之外,在一些国家的财政部门内部也设有专门的财政监督机构,比如芬兰财政部内设监控处和信息处,负责财政部门内部预算执行情况的监督和控制。

二、政府预算制度在当代的发展

随着凯恩斯主义政策的形成和福利国家建设的兴起,政府支出规模和范围不断扩大,预算政策在经济生活中扮演着越来越重要的角色,有的学者将其归结为预算的政策功能。但在实践中,政府在试图解决“市场失灵”问题的同时,也产生了“政府失灵”的现象。政府行为的错位和不规范,人为地加大了预算规模,低效、无效的支出大量增加,政府行为效率严重低下。在这样的背景下,人们对预算问题的关注逐渐从“合法性”转向“有效性”。顺应这一诉求,在上世纪 80 年代兴起了预算改革运动。改革要解决的中心问题是降低成本、提高效率。即突出预算效率的价值,致力于降低公共支出成本,改进公共服务质量,提高政府运作效率。改革的主要内容包括:以效率为导向、以“简税制、宽税基、低税率”为主要内容的税制改革;以分权为取向、以“事权与责任、财力与预算权力向下级政府转移”为主要内容的财政政策;以绩效为导向的预算改革。

就 OECD 国家而言,预算改革取得了重大进展。主要体现在以下几个方面:

(一)建立中期预算框架①

采取中期预算框架是 OECD 国家预算改革的一个重要特征。建立中期预算框架的主要任务包括:一是要建立起中期可操作的财政目标,预算项目的安排要具有稳定性和可靠性,项目虽然跨年度,但政策目标要稳定,资金安排要有预算。二是要便于支出管理者制定更好的计划。这也是中期预算优于年度预算的重要特征,在中期预算框架中,支出管理者可以更好地对跨年度项目做出计划安排。建立中期预算框架要重点解决好预算详细程度、时间跨度和对年度间预算变化的调整三个问题。虽然各国在建立中期预算框架时的具体做法不同,但解决好上述三个问题是工作的重点。如在时间跨度方面,多数国家采取 3

---

① 摘自中华人民共和国财政部网站。

年计划，但也有些国家采取5年或更长的时间跨度。

建立中期预算框架的难点是经济预测。由于经济预测决定中期预算框架下的财政收入和支出预算安排，因此，经济预测是建好中期预算框架的基础。根据OECD国家经验，控制风险，做好预测的方法包括以下几方面：一是全面完整的信息披露；二是进行灵敏度分析；三是要与私人部门的分析进行比较；四是要建立独立的分析机构。此外，经济预测应采取审慎原则。加拿大及荷兰等国家在这方面已经取得一定的经验。

（二）自上而下的预算程序

在过去的预算方法中，OECD国家采用的是“自下而上”和“自上而下”相结合的预算程序，这种预算程序当前仍在发挥作用，所发生的变化是更加强调“自上而下”的预算程序。这个程序的基本特点是：事先给各部门设定支出限额。限额的设定一方面要反映政府政策的优先次序，另一方面要发挥控制部门支出“自动”增长的作用。OECD国家进行这项改革所呈现的效果是形成了更好的决策。一是各部门对自己的活动安排有更大的自主权；二是信息对称；三是更容易调整资金分配；四是减少支出部门与预算部门“玩游戏”的情况。

（三）增加预算透明度

OECD国家认为，预算透明是政府预算制度的灵魂。他们在谈到改革以前的透明度问题时有一句名言：“说有多糟就有多糟”。到80年代后期和90年代初这种情况开始有明显改观。OECD国家增加透明度改革主要致力于三个方面：一是进一步公开预算数据；二是更好地发挥立法的作用；三是更好地发挥社会公众的作用。

（四）放松对投入的控制

投入是指组织或管理人员用以实现产出或绩效的东西，包括雇员、设备或设施、日常供应品、收到的产品或服务。投入预算倾向于确定一个规划或一个部门能够获得多少资源、人员、设备或设施等。在投入预算中，一个规划或项目所花费的资金的数额往往成为主要的成绩考核指标，而且往往伴随着对投入过程控制，即如何调整投入、如何制定支出标准和财务制度。但是，政府部门和机构的宗旨并不只是为了花钱和遵守规则，各国政府一直在不同程度地设法弄清楚花了钱到底得到了什么。因此，应当更加注重结果。这项改革主要体现在以下几个方面：一是放松对公共部门的约束。其基本含义是各支出单位可以按照活动的需要自主选择投入的方式；二是改变预算拨款控制的细化程度，预算拨款不再直接控制到“工资”、“差旅费”的层次；三是将人力资源管理的功能交给各部门；四是允许支出部门自主选择公共服务设施。比如，支出单位的办公楼不再由政府直接提供，而是由支出单位从市场上选择。放松对投入的控制的最大好处是各部门和支出单位的行政长官能最有效地管理资源。

(五)注重结果绩效导向

在放松对投入控制的情况下,建立以结果为基础的预算体系,对预算结果进行评价。这是一项根本性改革,它使管理者从对“怎么做的”负责,改变为对“做了什么”负责,责任不同了。这种方法的基础是建立“成果或绩效(Outcome)”与“产出(Output)”预算编制方法,强调预算中“衡量的是什么、管理的是什么”。

产出(Outputs)是指政府部门向市民、企业或其他组织提供的产品或服务。产出预算一般是以所提供的公共产品或服务来描述公共部门的职能作用,计算这些部门提供了多少公共产品和服务。产出预算管理制度一般倾向于采用诸如数量和及时性之类的指标,并在不同程度上采用质量指标。例如,以最低限度的出错率处理了多少个受益人的申请。预算管理人员对产出的直接控制程度要低于对投入的控制,但是,这种控制程度仍然很大。一个部门即使实行绩效预算,其日常预算管理仍然要依赖产出数据。

成果或绩效(Outcomes)是指产出或政府采取的行动产生的影响或带来的后果。在绩效预算中,政府往往以公共利益、福利或安全等指标来衡量一个具体规划或职能部门应当取得的成果。例如,绩效可以是减少疾病发生率,或者取得一定的教育水平。绩效是政府介入的根本原因所在。与投入预算和产出预算管理相比,绩效预算管理的目标将会扩大。

(六)预算引入权责发生制

预算中引入权责发生制的发展非常迅速,从90年代初新西兰首先在政府财务报告和预算中采用权责发生制到现在,已经有一半多的OECD成员国在不同程度上采用了权责发生制。实行权责发生制的目标是更真实地反映政府交易的成本;为政府决策提供更有用的信息。但是,采用权责发生制也面临着一些技术上的问题,如在什么范围实行这种方法等。

从投入预算转向产出预算和绩效预算,特别是绩效预算,从本质上讲是一种预算方法的创新,这种预算方法将政府预算建立在可衡量的绩效基础上,把预算资源的分配与政府部门的绩效联系起来,强调结果和效率。对于提高政府财政支出的有效性具有非常重要的意义。实施绩效预算已经成为各国政府预算改革的发展趋势。

三、影响预算制度发展和完善的几个因素

通过前面的介绍和分析,我们可以发现,作为预算制度发源地的英国的预算制度在建立之初,坚持的是对行政国王权力的约束,强调的是议会对财政预

算权的控制;美国建立的现代预算制度,则秉承的是权力制衡,强调的是国会、总统之间在财政预算权力上的分立与平衡。虽然预算制度发展到当代更加强调效率。但作为预算制度重要内容的预算权力的配置,仍然对预算制度的演变产生发挥着重要作用。应当说,预算权力的配置,无论是控制还是制衡都构成了预算制度发展演进的基础。预算权力配置方式的不同,对预算制度的发展会产生重要影响。

通过对典型国家预算权力配置和预算制度发展状况进行分析比较,可以发现影响一个国家预算制度的一些重要因素。

一是预算理念。制度演进的动力很可能来自于新信息和新理念的输入或一段时间内对共同理念的体现和坚持,这些理念一旦被某一制度结构之下的成员接受之后,就会在既定的制度结构下产生出在原有的制度框架下不可能产生的某些新政策,新政策的固化可能导致原有制度的某些改变。理念是否先进与科学对制度建设尤其重要。从发达国家预算制度演变的历史来看,"未经同意不纳税"、"无代表不纳税"、财政平衡、利益融合、权力制衡,到后来的税收法定、预算法定、财政法定等理念,无不成为预算制度建立和完善坚持的基本原则。

二是预算权力在代议机构(议会、国会、我国的人民代表大会)与行政机构(总统、内阁等)之间的配置及制约与合作机制。从各国预算权力的配置来看,基本格局是代议机构享有审查批准和监督预算执行的权力,而行政机构享有编制预算和执行预算的权力。但在权力之间是否有相互制约机制(主要体现为否定机制和修改机制①)以及协调机制,则有很大的不同并且成为影响预算制度发展的重要因素。英国自从19世纪后半期议会预算修正权受到一定的限制后,它只具有降低行政预算资金水平的权力,不能增加或提出新的支出要求,并且议会拒绝行政部门预算提议的行为常常被看作是对政府极度不信任的表现,在这种制度安排下,议会否决行政预算的可能性就被大大降低了。而美国为防止代议机关偏离公众利益的机会主义行为,在建国初期,宪法就授予了总统审查国会通过的法案的权力,总统可以全部同意或者否决它们。以此为依据,在总统拥有对国会预算的否决权基础上,《1996年的分项否决法案》进一步授予了总统分项否决权。然而这并不意味着总统拥有裁决公共预算收支的最终权力。

---

① 无论是美国的经验还是英国议会修正权受到限制后日渐衰落的教训,还是一些通过宪政和民主改革授予代议机关预算修正权并最终在预算过程中逐步赢得了积极地位的发展中国家的实践,无不显示出具有"否决点"的权力制衡制度安排对于预算民主的重要意义。按照国际实践,代议机关的预算修正权大体上可以分为五类:不受任何限制的预算修正权、只能减少现有预算项目的修正权、可以降低支出但增加必须经过政府许可、增加的支出必须和削减的支出相匹配以及没有具体规定的情形。由于五类不同的宪政权力规定使其制度效力呈递减趋势排列,倾向于采用第一和第二种制度安排的国家占大多数。

相关法律还规定在总统实施分项否决的30天内,国会能够以简单多数通过一项不赞成总统决定的议案,否决总统通过的分项否决项目,如果总统否决了这一议案,国会能够通过参众两院的2/3多数再次驳回总统的决定。

三是代议机构预算权力配置、内部预算审查能力和程序制度建设。这对于预算审查批准的实质性具有决定性影响。从预算权力配置来看,主要有两种类型:一是两院制,二是一院制。就两院制而言,两院之间的权力配置是否均衡,是否具有良好的沟通协调协商机制又有所不同。从内部预算审查能力而言,主要看程序制度安排及有关专门委员会参与审查的程度及相关的审查机制、全体会议审查的深入程度及对预算案的决定程度;代议机构自身的技术信息资源融合能力,即辅助机构的支持能力,如代议机构自身的辅助机构建设及能力情况、审计机构对代议机构履行职责的支持情况等,最终体现为代议机构对行政机构信息、技术方面的依赖程度,如果依赖程度高,则意味着审查批准能力受到了一定的限制。

四是代议机构与作为纳税人的选民之间的联系和意见回馈及反应机制。除了基本的选举之外,作为纳税人的选民关于预算收支意见的表达渠道、代议机构的回应渠道及其相互间的信息沟通等状况均对预算审查批准能否反应公众意愿和利益具有重要影响。许多国家建立起了相应的机制,在民众参与和民意表达方面,电子化参与、民意调查、利益集团反馈、政府及代议机构听证会等技术化方式起到了重要作用;在预算通过之后的反馈机制及权利受到损害时的救济机制,如纳税人诉讼制度等。对美国国会存在的进行游说的利益集团,我们通常从负面的角度去认识。其实,从另外一个角度去观察,利益集团在民意和国会有关预算收支信息的互动及影响方面扮演了重要的角色。吸纳利益集团意见作为其制度设计的起点,在发展过程中也不断地调整规则来规范各种利益集团的行为。特别是20世纪70年代以来,随着纳税人公共意识的觉醒,一些公共利益集团的意见表达功能和决策影响作用越来越突出。如全国纳税者联盟于1969年成立初期就致力于融入联邦预算过程、独立监督、从纳税人利益出发向政府及国会传达丰富的信息等目标,在具体的影响机制上,该组织主要采取以下制度化的方式:第一,以联邦预算收支的透明度、责任性、权力均衡为中心进行专业化的分析;第二,对国会预算表决实行技术性的等级评估,全国纳税者联盟的专家按照议员对收支影响力的大小和对公益的代表程度进行"权重"分析,然后对他们的得分进行计算,通常"A"级表示该议员被认为是责任预算的强有力的支持者,之后的级别和代表性依次递减;第三,通过媒体、信函、联邦听证会等多种方式增强其研究成果对公众、国会、相关预算部门的影响力。这些制度化的机制不仅为纳税人监督政府预算专业知识和权利意识的提高提供了专业化的平台，而且对提高联邦预算的透明性、公开性起到了一定的促进作用。另外，20 世纪 70 年代进行的“阳光行动”和颁布的《信息自由法》为增强国会对社会的回应性提供了良好的制度平台。

五是预算法律制度建设的完备程度及代议机构审查预算的保障程度等。作为法律制度，其实质上是对前面所讲的理念、权力配置、程序及相关工作机制的制度化确认，赋予其法律效力并保证其执行。这主要取决于宪法对预算理念、权力配置等重要制度的规范化程度，预算法律等专门法律的完备程度、规范代议机构预算审查的程序性制度的完善程度等。除了前面讲到的具体制度设计外，审查时间的长短及保障程度对审查批准预算的质量具有决定性影响。

四、英国议会预算控制权演变的分析

英国作为现代议会制度和政府预算制度的发源地，其强调的是议会对政府预算的控制权。但随着经济社会的发展，特别是政治体制、政党制度的改变，议会对政府预算的控制权也在发生着变化。从目前的情况看，英国议会对政府预算的控制权已经与政府预算制度形成之时，不可同日而语。透过这种变化，去探讨发现导致这种变化的因素，对完善政府预算制度是有益的。

现代预算制度在英国形成之后，19 世纪 30—80 年代是议会的“黄金时期”，议会掌握着真正的实权。从议会对政府预算的控制来看，19 世纪下半叶，格莱斯顿的改革使议会的预算控制权达到了顶峰。然而，以 1867 年的第二次议会改革为分界线，包括预算控制权在内的政治权力开始由议会向政府行政部门转移。经过 1867 年和 1984 年的议会改革，随着选民的增多和政党政治的成熟[①]，到 20 世纪 60 年代，政府已经完全控制了议会。在预算权力配置方面，虽然形式上，政府和议会形成了这样一种基本权力格局：预算的编制、执行完全由政府负责，议会拥有批准预算的权力。但 19 世纪末以来，下院往往原封不动地通过政府的预算草案。这是因为，一个在议会中拥有明显多数的政府完全能够确保其预算草案按照提交时的形式通过。英国议会的预算审批权实际上已经成为一种形式。

英国议会预算审查批准权的变化，是多方面因素造成的。从理念及法律制度规定来看，其预算权力平衡原则的缺失无不加剧了行政与议会、议会内部上

① 任何人要想成为议员必须首先得到政党的支持，而议员进入议会后就必须服从于自己所在党的领袖。这样一来，议会实际上就控制在政党手中。在通常情况下，执政党在议会下院中都拥有多数席位，所以内阁和政府的提案基本上都能获得通过。

下两院预算权力关系的失衡。主要表现在：一是以多数党主导的内阁对议会宪政权力的过分削弱，使行政对议会的控制力大大加强；而议会对预算的修正权利进一步受到限制[①]。从实践来看，议会对政府提交审议的预算案进行审议后没有任何变化。二是议会机构内部两院之间的权力安排失衡。基于英国早期的议会民主传统，平民院提出预算拨款，贵族院修正或否决，但在后来的改革中发生了彻底的改变[②]，贵族院在预算审查批准方面的权力大大削弱。从议会预算审查程序安排[③]和审查能力建设方面来看，英国议会预算审查相关辩论时间较短而流于形式，二读和三读之间法定时间间隔的减少暗示着政府有关年度公共支出权的提议并没有经过实质意义上的议会委员会阶段。在这样的法律框架及程序安排下，不仅代表民意的议会及政府预算利益难以协调，而且议会内部上下两院日益失衡的权力程序安排使得相关利益诉求的融合缺乏制度化的保障。英国虽然在公共预算形成早期就建立了公共账目委员会和国家审计署专门的审查监督机构，但在议会内部，缺乏类似于美国国会预算办公室那样的信息及技术支持机构，近年来在对英国议会预算权过度衰落的争论和分析中，议会过度依赖行政部门提供预算信息的弊端已为人们所注意。从辅助资源及责任履行内容上看，美国审计总长报告的数量和质量要强于英国，并且与英国国家审计署通过议会委员会向议会下院提出建议的制度安排相比，美国审计总长有权直接向国会提出各种建议。

---

① 英国议会不能增加预算支出，可以减少预算支出。

② 从14世纪开始，上院（贵族院）就逐步失去了对税收权的控制，14世纪末15世纪初，平民院又确立了自己在供应授权上的特权，但贵族院仍会拒绝《财政法案》和大量修正《财政法案》。然而在长期形成的贵族院被剥夺了对财政预算立法的否决权之后英国预算民主开始走向终结，对其否决权的最后消除是由1909年财政大臣劳埃德·乔治提出的激进的政府改革引发的，他为了支付养老保险金和国防支出而不惜增加税收收入，贵族院对增加税收提议的财政法案表示的拒绝引起了两者之间的冲突升级，平民院被迫于1911年通过《议会法案》（the Parliament Act）给予两院财政预算一个清晰的宪政格局划分："某一财政法案如果已为下院通过，并在会议结束至少一个月前递交上院，而上院在收到后一个月内未能不作修改地通过，则除非下院反对，该法案将送呈国王，经陛下签署后成为议会的法令，而不管上院是否赞同该法案。"另外这一时期英国多数党控制的政府对下院的控制在一定程度上不可避免地加剧了议会两院之间预算权的失衡程度，"否决"的可能性进一步降低。

③ 英国预算收入与支出的审议是分别进行的，其具体程序如下：听取财政大臣的预算演说和征税动议（预算演说的时间安排是由政府来控制的），之后进行预算辩论、对筹款决议进行表决，生效的税收措施以财政法案的方式递交给下院，并由相关委员会进行审查，在这一过程中，上院、政府和反对党可以提议修正或提出新的条款；单个部门的支出也应由相关的专门委员会进行审查，但不是必须的；在辩论过程中，下院的联络委员会具有决定哪些专门委员会的报告将会在全院会议中给予辩论，最后由下院通过决议批复有关预算收支的评估状况，授权支出并伴随进行执行审计。

专栏1—5　英国议会审查批准预算的程序

英国对预算收入和支出的审查批准都要经过三读程序，从下院开始，最终由英国女王签署。具体程序如下：

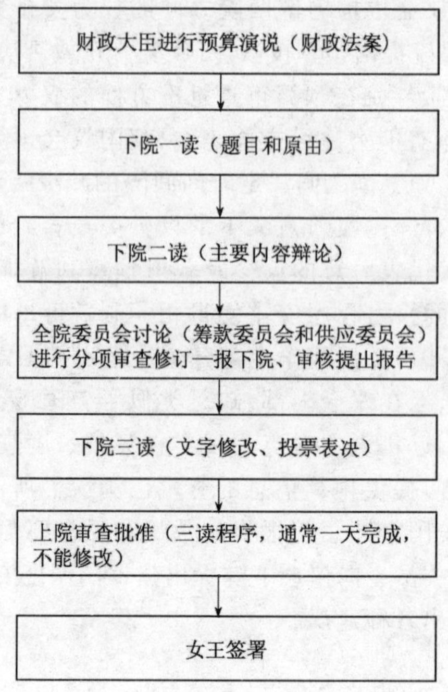

另外就美英两国与预算相关的委员会及辅助机构的统计数据来看，大量的专业机构和专业人员是美国增强国会预算民主信息的重要方式。

尽管英国20世纪70年代以来进行了一系列的程序和机构改革，但仍然很难从根本上扭转议会预算民主日渐衰落的事实。根据相关利益集团及学者提出的从宪政层面改革入手为预算民主铺平道路的建议，也反映出理念的变革对提升相关制度效力的重要性。

第四节　我国政府预算制度的建立与发展

我国的政府预算制度改革是与经济社会制度的转型和财政体制改革的宏观背景相适应的。按照我国经济社会发展的转型以及政府预算制度自身的发展变化特点，可以把新中国60多年来的政府预算制度变迁划分为三个阶段。

一、计划经济时期政府预算制度的产生与缓慢发展阶段

新中国的政府预算制度是伴随着中华人民共和国的诞生而建立的。新中国成立以后,依据《中国人民政治协商会议共同纲领》中的有关规定,中央政府着手编制1950年全国财政收支概算。1949年12月2日,在中央人民政府第四次会议上通过了《关于1950年财政收支概算编制的报告》,这是新中国的第一个财政概算,标志着新中国政府预算制度的诞生。1951年8月在统一全国财政经济工作的基础上,政务院又发布了《预算决算暂行条例》,这是我国最早的关于国家预算的专门法规,规定了国家预算的组织体系,各级人民政府的预算权,各级预算的编制、审查、核定等执行程序,决算的编制与审定程序等。1954年9月20日,第一届全国人民代表大会第一次会议通过的《中华人民共和国宪法》规定,各级政府预算由同级人民代表大会批准,这就使政府预算具备了向立法机构负责的特征。随着宪法和上述各种预算法规的颁布和实施,我国的政府预算制度初步建立起来,在筹集建设资金和促进社会主义改造方面发挥了重要作用。

新中国成立初期政府预算制度建立后,经历了20多年的缓慢发展期,这是我国传统的计划经济时期,也是我国传统的计划型财政与国家预算存在和发展的时期。在这种计划型财政下,预算只是计划的附庸,其地位和作用都不显著。预算跟着计划走,编制简单粗放,缺乏法律性、权威性和严肃性。1978年前,尽管预算活动作为政府管理活动的一部分确实存在,但由于国家政治生活的不正常,预算活动也难以正常。在这一阶段,政府预算制度出现过几次严重的挫折和失误。如1958年的"大跃进"运动中,财政的综合平衡被认为是"右倾保守",主张超预算的"积极平衡",结果造成1958年、1959年和1960年三年严重的预算赤字,赤字总额分别达到20.74亿元、56.05亿元和71.39亿元;受到三年自然灾害和"大跃进"活动的影响,1961年、1962年没有正式编制的国家预算;1966—1977年期间,由于"文革"的冲击,全国人民代表大会无法正常召开,这期间也没有正式编制的国家预算和国家决算。

这一时期的政府预算具有以下特点:在预算形式上采用单一预算,预算编制要求贯彻国民经济综合平衡原则,长期沿用基数法,预算编制采用自下而上和自上而下相结合、逐级汇总的方法,预算管理比较粗放,预算编制透明度不高,存在着非程序化和非规范化等问题。而具体到不同的部门、单位以及不同类别的支出,预算管理的方法又不尽相同。整个预算过程由行政权力主导,预算内容主要是对国有企业利税收入的匡算和对投资于国有企业的计划安排。从政府间的纵向关系看,中央政府统一编制国家预算,地方政府负

责执行统一的预算计划,各级政府制定的预算只是执行统一国家预算的分解细则。

二、体制转轨时期政府预算制度改革的起步阶段

以1978年党的十一届三中全会为标志,我国开始了全面的经济体制改革,这是一场以建立社会主义市场经济为目标的根本性变革。这一经济体制的转型也决定了我国财政模式将经历一个由计划型财政模式向市场型财政模式的转化过程,与此相适应,政府预算制度改革也开始了艰难的起步阶段。

从1979年起,政府行政部门正式恢复预算编制工作,并履行向全国人大提交国家预算报告经审议批准后予以执行的法定程序,从而在内容和程序上恢复了预算的本来面目。从1980年起,随着"分灶吃饭"财政体制改革的进行,各地方政府对本级的预算主动权越来越大,中央政府此时只起汇总地方预算作为国家预算组成部分的作用,不具有决定和修改地方政府预算指标的权力与能力。这样,原先实行的中央统一编制国家预算、各地方负责执行的做法终被放弃,从此实现了一级政府一级预算的原则。

1992年10月,党的十四大明确提出建立社会主义市场经济体制的改革目标,标志着我国的改革开放进入一个新的时期。为了建立与市场经济相适应的政府公共财政体制,强化预算管理,我国开始对传统的政府预算制度进行全面改革。第一,制定并实施《国家预算管理条例》。1991年发布的《国家预算管理条例》规定,我国国家预算采用复式预算编制方法,分为经常性预算和建设性预算,从1992年起,中央预算按复式预算形式编制。该条例的贯彻执行,对于加强预算管理,强化预算职能,发挥了重要作用。第二,颁布并实施《预算法》。1995年开始实施的《中华人民共和国预算法》对预算的基本原则、预算级次、预算体系、预算年度、预算管理职权和预算收支范围等预算基本问题以及预算编制、预算审查与批准、预算调整、决算、监督等预算环节及程序做出明确规定,对预算违法行为应承担的法律责任也做出了原则规定。这就使我国的预算制度步入了法制化轨道。第三,实施新的预算会计制度。为适应市场经济的需要,1997年,财政部出台包括《财政总预算会计制度》《行政单位会计制度》《事业单位会计制度》和《事业单位会计准则(试行)》在内的新的预算会计制度,并于1998年1月起在全国范围内统一实施。第四,完善预算外资金管理办法。国务院于1996年7月发布《关于加强预算外资金管理的决定》,将预算外资金严格定义为财政性资金,要求各政府部门及事业单位向财政部门报送预算外资金收支计划,并提出"收支两条线"的基本管理模式。与此适应,财政部先后制定了《预算外资金管理实施办法》《中央预算资金财政专户管理暂行规定》等配套文

件,从而使预算外资金的规范管理具有可操作性。此外,这一阶段部分地方政府开始实施政府预算改革创新。如安徽省、河南省、湖北省、云南省、深圳市等省市结合自身的财政预算现状,借鉴国外先进经验,突破传统的"基数法"编制预算的框架,实行零基预算改革等。

与计划经济时期的政府预算制度相比,这一阶段的政府预算制度改革是在改革开放后市场因素迅速发展的背景下进行的,改革的措施和力度都比较大,也取得了值得肯定的成效和经验。但改革总体上滞后于经济体制改革的其他方面,并未从根本上触动政府预算制度的计划经济本质,还仅仅是起步阶段。政府预算制度仍然存在着预算约束软化、预算透明度不高、预算资金效率较低等一系列问题。

三、公共财政建设时期政府预算制度改革的深化阶段

1998 年,我国政府正式提出建立公共财政基本框架,标志着财政体制深化改革进入一个新阶段。新一轮的政府预算制度改革也随之启动。1999 年 9 月,财政部在《关于改进 2000 年中央预算编制的意见》中指出,2000 年将选择部分中央部门作为编制部门预算的试点单位,细化报送全国人民代表大会预算草案的内容。这表明,预算制度改革逐渐成为财政体制改革的重点,其目标是按照公共财政的要求重新构造预算编制和执行程序。

1. 实行部门预算改革。部门预算改革解决的是财政性资金的分配问题,可以综合反映部门预算及部门所属单位全部财政资金收支状况并细化预算编制,在编制方法上可采用零基预算、滚动预算等先进的方法。在河北省部门预算编制经验的基础上,中央政府于 2000 年起在中央本级试行部门预算。安徽、浙江、海南等省和个别地区,也在中央部门预算改革前后进行了相应的改革和探索。随后,部门预算改革在中央本级和全国各地方政府部门普遍铺开。这一改革将把分散到各个部门的预算分配权逐渐集中到财政部门,从而在政府内部增强了行政控制和预算的透明度。通过多年的改革,部门预算在保证重点支出、控制一般性支出,细化基本支出和项目支出预算编制、加强预算执行管理,改革基本支出、推进定额管理,加强项目支出管理和制度建设、完善支出标准体系,加强结余结转资金管理、提高资金使用效益等方面取得了重要进展。同时,着力推进部门预算监督和预算公开透明,报送人大审议预算的部门逐渐增多,由 2000 年的 4 个部门增加到 2013 年的 98 个部门。在公开部门预算的同时,也实现了部门决算的公开,2012 年,按照国务院的要求,有 95 个部门和单位全部公开了部门预算决算。

2. 实行国库集中收付改革。在部门预算改革取得初步成效的基础上,中央政

府于2001年正式启动国库管理制度改革，并在全国逐步推广。到2005年，中央一级国库单一账户制度已在政府所有部门全面推开，地方的国库管理制度改革也在积极推动中。国库集中收付改革的目的，是在部门预算确定后，确保严格规范预算执行，提高财政资金的使用效益。政府部门通过建立一个以单一账户为核心的集中型国库管理体制，来取代分散型财政管理体制，由财政部门从外部对各个部门的支出决策和支出活动进行控制，确保财政资金运行的安全和高效。通过健全国库单一账户体系，规范财政专户管理，逐步将预算单位的实有资金账户纳入国库单一账户管理；逐步扩大改革级次和范围，完善国库集中支付运行机制，逐步扩大到县级，不断扩大中央专项转移支付国库集中支付范围，推进公务卡改革；完善收入收缴运行机制，逐步扩大非税收入收缴管理改革范围，在税收收入收缴方面，不断扩大财税库银税收收入电子缴库横向联网范围等。

3. 实行政府采购制度。2002年制定并颁布实施的《政府采购法》，在国库集中管理体制的基础上建立一个集中、透明的政府采购制度，以解决财政性资金的使用方式问题。在这之前各支出单位的采购是分散进行的，弊端非常明显。政府集中采购方式建立后，构建了以《政府采购法》为核心的法规制度体系，扩大了政府采购规模，建立了中央单位政府采购预算制度，有力确保了财政资金使用的公平、公开和效益。

4. 进行政府收支分类改革。我国原有的政府预算收支科目分类方法是计划经济时期参照苏联模式确定的，后来虽做过一些调整，但其基本分类方法一直与市场经济国家存在较大差别。自1999年起，财政部开始着手研究如何构建适合公共财政管理要求的政府收支分类体系。2004年，财政部完成新的《政府收支分类改革方案》的前期设计工作，2005年3月，开始在中纪委、科技部、水利部等中央部委和天津、河北、海南、湖南、湖北等省进行试点，并于2007年1月1日起在全国范围内正式实施。

5. 深化“收支两条线”管理改革。自20世纪90年代末，我国加大了“收支两条线”管理改革的力度。1999年颁布的《关于行政事业性收费和罚没收入实行收支两条线管理的若干规定》，对收支两条线管理办法作出了更为详细的规定。2001年，国务院转发《财政部关于深化收支两条线改革进一步加强财政管理的意见》，要求各地区、各部门深化收支两条线改革。2002年，34个中央部门已进行了深化“收支两条线”管理改革。与此同时，各地方政府也积极推行该项改革。2004年，收支两条线的管理范围、清理整顿收费项目、将政府非税收入纳入预算管理范围等方面，都取得了明显进展。

6. 初步建立政府预算体系框架。不断完善公共财政预算。按照“正税清费”原则，在清理取消不合理、不合法的非税收入项目，规范完善非税收入体系，实行依法依规征收的前提下，2009 年，全国性及中央部门和单位的行政事业性收费纳入预算管理，全部编入预算，地方审批设立并实行预算外管理的行政事业性收费大部分纳入地方预算管理，编入地方预算。2011 年，在预算外管理的所有非税收入全部纳入预算管理，彻底取消预算外资金。

完善政府性基金预算编制制度。从 2010 年起，全面编制中央和地方政府性基金预算。清理规范政府性基金项目，细化预算编制内容，提高中央政府性基金预算编制管理的统一性和规范性。提高基金预算年初到位率，推进基金预算支出项目库建设。每年定期公布全国性及中央部门和单位行政事业性收费项目目录和全国政府性基金项目目录。财政部于 2009 年发布《关于进一步加强地方政府性基金预算管理的意见》，指导和推动地方政府性基金预算编制工作。

稳步推进国有资本经营预算。2007 年 9 月，国务院颁布《关于实施国有资本经营预算制度的意见》后，中央财政开始试行国有资本经营预算制度，逐步扩大范围，不断提高企业收益上缴比例。2007 年只包括国资委监管的中央企业，2008 年增加了中国烟草总公司，2009 年增加了中国邮政集团公司，2011 年增加了教育部、农业部、文化部、国家广电总局和中国贸促会所属企业以及中国出版集团公司、中国对外文化集团公司。2012 年继续扩大范围，将工信部等 6 个中央部门（单位）所属企业纳入国有资本经营预算实施范围。中央企业资本收益提取比例在原有基础上普遍提高。中国烟草总公司税后利润收取比例提高至 20%（从 2012 年起），资源垄断性企业为 15%，一般竞争性领域企业为 10%，军工企业、转制科研院所、中国邮政集团公司及新纳入国有资本经营预算范围的企业为 5%，政策性企业免交。2010 年开始，向全国人民代表大会提交中央国有资本经营预算草案。2010 年 5 月，财政部下发《关于推动地方开展试编国有资本经营预算工作的意见》，2011 年，地方试编国有资本经营预算，2012 年，汇总编制全国国有资本经营预算。

启动社会保险基金预算试编工作。2010 年，国务院颁布《关于试行社会保险基金预算的意见》，决定在全国范围内建立统一规范的社会保险基金预算制度，开始试编全国社会保险基金预算。社会保险基金预算试编工作由财政、人力资源社会保障和卫生部门负责，三部门分工合作，按统筹层次逐级编报汇总，初步形成了从编制、审核到报送等环节相互衔接的管理机制。编报范围实现了全面覆盖。至 2012 年，社会保险法已明确的所有社会保险基金全部纳入了编制范围，即由 2010 年的五项社会保险基金（企业职工养老保险、失业保险、城镇职工基本医疗保险、工伤保险和生育保险基金），逐步扩展至新型农村社会养老保险、城镇居民基本医疗保险、新型农村合作医疗和城镇居民社会养老保险基金，确保了社会保险基金预算的完整性。编报时间大幅提前。在总结 2010 年和2011年试编经验的基础上,2012年全国社会保险基金预算报送时间为当年4月,比2010年提前了6个月。同时,不断强化预算执行管理和绩效考核。2013年开始,全国社会保险基金预算将正式向全国人大报告。

7. 积极推进预算支出绩效评价。积极推进预算支出绩效评价工作,提高财政资金分配使用效益。财政部2009年出台了《财政支出绩效评价暂行办法》,2011年出台了《关于推进预算绩效管理的指导意见》,逐步建立"预算编制有目标、预算执行有监控、项目完成有评价、反馈结果有应用"的预算绩效管理模式。着力完善预算绩效管理制度和预算绩效评价体系。不断扩大预算绩效评价范围,中央部门项目支出评价试点范围已经涵盖所有一级预算单位,继续扩大项目支出、绩效目标管理和绩效评价范围,推进部门整体绩效评价试点,探索绩效考评结果公示制度。将民生项目和具有较大经济社会影响的重大项目作为绩效评价的重点。逐步扩大上级对下级转移支付的绩效评价试点。将评价结果作为改进预算管理和以后年度编制预算的重要参考依据。

8. 加强国债管理,逐步规范地方政府举债行为。2006年,我国建立了国债余额管理制度,财政部每半年向全国人民代表大会有关专门委员会书面报告一次国债发行、兑付等国债管理活动情况。严格按照批准的国债余额限额,控制国债发行规模。逐步规范地方政府举债行为。在现行法律框架内,实行中央财政代理地方政府发债制度(2009年开始)和地方政府自行发债方式(2011年),从2009年至2011年每年发行2000亿元地方政府债券,2012年为2500亿元。其中,2011年,上海市、浙江省、广东省、深圳市地方政府自行发债229亿元,2012年289亿元。根据审计署2011年对全国地方政府性债务(省、市、县三级)进行全面审计的结果,至2010年底,各类地方政府性债务总额约为10.7万亿元。根据审计署2013年8月开始的对全国政府性债务的审计,至2013年6月底,地方(省、市、县、乡四级)政府有偿还责任的债务108859亿元,或有债务69950亿元。为了规范地方政府融资行为,防范财政风险,2010年6月,国务院发布了《关于加强地方政府融资平台公司管理有关问题的通知》。着力加强地方政府性债务管理,按照分类管理、区别对待、逐步化解的原则,继续妥善处理存量债务,落实偿债责任。进一步清理规范地方政府融资平台公司,坚决禁止各级政府以各种形式违规担保承诺。同时,把短期应对措施和长期制度建设结合起来,建立健全地方政府性债务管理制度。严格控制地方政府新增债务,建立地方政府债务规模管理和风险预警机制,把地方政府债务收支逐步分类纳入预算管理。

此外,还开展了"金财工程"建设。财政部自1999年下半年着手建立"政府财政管理信息系统"(简称GFMIS),并于2001年开始试点。2002年初,国务院将"政府财政管理信息系统"定名为"金财工程",并将其列为国家电子政务十二个重点工程之一。"金财工程"是利用先进的信息网络技术,支撑预算管理、国库集中收付以及财政经济景气预测等核心业务的政府财政综合管理信息系统,是我国财政工作信息化和财政管理现代化的必然要求。

上述各项预算制度改革的实践表明,我国1999年以来实施的各项预算改革措施相辅相成,规范了预算收支范围界定、预算编制、预算执行、预算管理、预算监督等环节,初步建立起与公共财政相适应的政府预算制度框架,并在提高预算管理水平,加强预算约束方面显现出良好效果。

四、我国政府预算制度的进一步改革

(一)党的十八届三中全会关于预算制度改革的新要求

党的十八届三中全会对预算制度改革提出了明确要求。具体包括:实施全面规范、公开透明的预算制度。审核预算的重点由平衡状态、赤字规模向支出预算和政策拓展。清理规范重点支出同财政收支增幅或生产总值挂钩事项,一般不采取挂钩方式。建立跨年度预算平衡机制,建立权责发生制的政府综合财务报告制度,建立规范合理的中央和地方政府债务管理及风险预警机制。加快建立国家统一的经济核算制度,编制全国和地方资产负债表。建立透明规范的城市建设投融资机制,允许地方政府通过发债等多种方式拓宽城市建设融资渠道。关于完善国有资本经营预算制度:划转部分国有资本充实社会保障基金。提高国有资本收益上缴公共财政比例,2020年提到百分之三十,更多用于保障和改善民生。探索推进国有企业财务预算等重大信息公开。关于完善社会保障和预算制度:健全社会保障财政投入制度,完善社会保障预算制度。制定实施免税、延期征税等优惠政策。实现基础养老金全国统筹,坚持精算平衡原则。扩大参保缴费覆盖面,适时适当降低社会保险费率。加快健全重特大疾病医疗保险和救助制度。

财政部楼部长将这些要求概括为建立完整、规范、透明、高效的现代政府预算制度。现代政府预算制度是现代财政制度的基础。预算编制科学完整、预算执行规范有效、预算监督公开透明,三者有机衔接、相互制衡,是现代预算管理制度的核心内容。根据十八届三中全会的要求,当前应重点推进以下几个方面的改革和制度建设。

一是改进年度预算控制方式。根据原预算法相关规定,我国预算审批包括收入、支出和收支平衡三个方面内容,但核心是收支平衡,而不是支出规模与政策,这在客观上容易带来预算执行"顺周期"问题。因此,《决定》明确提出,"审核预算的重点由平衡状态、赤字规模向支出预算和政策拓展。"与此同时,收入预算应从约束性转向预期性。这是我国预算审批制度的重大改革,必将有利于加强人大对政府预算的审查监督，也有利于改善政府宏观调控、促进依法治税。

二是建立跨年度预算平衡机制。预算审核重点由财政收支平衡状态向支出政策拓展后，收入预算从约束性转为预期性，预算执行结果有别于预算预期的平衡状态将成为常态，特别是年度预算赤字可能突破。要进一步严格规范超收收入的使用管理，原则上不安排当年支出。年度预算执行超赤字，要建立跨年度弥补机制。为确保财政的可持续，全国年度总赤字规模应设置一定的警戒线。为实现跨年度预算平衡，还应抓紧研究实行中期财政规划管理，增强财政政策的前瞻性和财政可持续性。

三是清理规范重点支出挂钩机制。据统计，目前与财政收支增幅或生产总值挂钩的重点支出涉及教育、科技、农业、文化、医疗卫生、社保、计划生育等7类，2012年仅财政安排的这7类重点支出即占全国财政支出的48%。支出挂钩机制在特定发展阶段为促进上述领域事业发展发挥了积极作用，但也不可避免地导致财政支出结构固化僵化，肢解了各级政府预算安排，加大了政府统筹安排财力的难度，而且不符合社会事业发展规律，容易引发攀比，甚至导致部分领域出现了财政投入与事业发展"两张皮"、"钱等项目"、"敞口花钱"等问题。这也是造成专项转移支付过多、预算无法全面公开、资金投入重复低效的重要原因。为此，《决定》明确提出，"清理规范重点支出同财政收支增幅或生产总值挂钩事项，一般不采取挂钩方式。"这有利于增强财政投入的针对性、有效性和可持续性。

四是完善转移支付制度。完善一般性转移支付的稳定增长机制。增加一般性转移支付规模和比例，更好发挥地方政府贴近基层、就近管理的优势，促进地区间财力均衡，重点增加对革命老区、民族地区、边疆地区、贫困地区的转移支付。中央出台减收增支政策形成的地方财力缺口，原则上通过一般性转移支付调节。清理、整合、规范专项转移支付项目。大幅度减少转移支付项目，归并重复交叉的项目，逐步取消竞争性领域专项和地方资金配套，严格控制引导类、救济类、应急类专项，对保留的专项进行甄别，属于地方事务且数额相对固定的项目，划入一般性转移支付，并根据经济社会发展及时清理专项转移支付项目。

五是建立政府性债务管理体系。为切实加强政府债务管理、防范和化解财政风险，《决定》提出，"建立权责发生制的政府综合财务报告制度，建立规范合理的中央和地方政府债务管理及风险预警机制。"这意味着建立在地方政府信用评级基础上地方发债的管理体制。

六是实施全面规范的预算公开制度。借鉴国际经验，从我国实际情况出发，注重顶层设计、明确实施步骤，积极稳妥地推进预算公开。逐步扩大公开范围、细化公开内容，不断完善预算公开工作机制，强化对预算公开的监督检查，逐步实施全面规范的预算公开制度。

(二)我国政府预算制度进一步改革的方向与路径

上述党的十八届三中全会关于预算制度改革的要求,主要是从预算管理的角度来提出的。根据党的十八大关于人大要加强全口径预算决算审查和监督以及十八届三中全会关于加强人大预算决算审查监督的新要求,我们认为规范有效、公开透明的预算审查监督制度也是现代预算制度的重要内容。因此,我们从加强人大预算决算审查监督的角度,从预算制度发展演变的历史轨迹中,根据我国目前预算制度所处的历史方位,提出改革的方向和路径。方向是控制与绩效并重,路径是税收法定与财政法定共同推进。

1. 改革方向——控制与绩效并重,以建立有效的外部控制机制为基础

发达国家预算制度的发展基本上遵循了“代议机构的外部责任控制——行政机构的内部效率控制——回应现代公众需求的绩效导向”这一基本过程,目前正处于以效益为导向的绩效预算发展阶段。但对绩效的追求和关注并不意味着对控制的否定和放弃。公民通过其代表机构拥有对预算的最终控制权、管理权和监督权,以及以其为核心所形成的预算制度,一直是现代民主国家遵循的基本法则,是履行预算责任的一种奠基性的制度安排。因此,代议机构对政府预算的控制权和有效控制是公共预算的基础。

我国经历了几千年皇权统治的循环,新中国成立后,基于当时的国际国内环境,选择了苏联式的计划经济体制,实行了与之相适应的被认为是管理国家财政收支的一种会计计划的“国家预算”;1978 年,改革开放引入了市场导向的制度改革,1992 年,确立了社会主义市场经济改革目标,1998 年,决定构建中国的公共财政框架,1999 年,开始推行公共预算改革(部门预算、政府采收制度及国库集中支付)提高了政府内部预算资金分配的效率和控制力度。虽然在法律上制度上也确立了代表机构对政府预算的审查批准和监督权,但实质上并没有真正发挥作用。作为现代预算制度基础的有效的外部控制机制尚未形成。因此,科学配置代议机构对政府预算的控制权、建立控制机制仍然是我国政府预算制度的首要任务。

同时,我们也应当看到,当今世界预算制度发展的方向和趋势,即预算的着力点逐步从控制为主转移到追求绩效,特别是近年来注重效率、以结果为导向的绩效预算所取得的成功,进一步明确了改革发展的方向。但是,我们也应当清楚,绩效预算是建立在完备的外部控制和高效的政府内部控制基础之上的,并且要求具备很高的技术水平,无论绩效指标的设计、工作量的统计,还是进行成本——效益分析,都需要很高的业务能力和相关的配套制度。基于一些实际条件的限制,我们不可能立即全面实施绩效预算。但是,我们的制度设计和改革不能没有绩效理念,因此,根据我国的情况,先在预算制度中引入预算绩效评价机制是可行的选择。同时,着手为绩效预算的实施逐步创造条件,构建制度

性基础，如改革政府会计核算方式、引入权责发生制，逐步探索政府绩效指标体系的制定等。因此，我国的预算制度改革方向应当是控制与绩效并重。我国的预算制度改革，应做好以下几方面的工作：

首先，在宪法确定的有关预算民主原则的指导下，完善预算权力的优化配置，将"全面性"、"严格性"、"绩效性"、"公开性"等理念，作为代议机构预算审查监督应当遵循的理念和相关制度设计的基本原则。在预算权力的配置上，坚持人大对政府预算的审查监督权这一基本宪政关系的同时，研究引入"修正权"或"修正磋商机制"的设计。无论是美国的经验还是英国议会修正权受到限制后日渐衰落的教训，还是一些通过宪政和民主改革授予代议机关预算修正权并最终在预算过程中逐步赢得了积极地位的发展中国家的实践，无不显示出具有"否决点"的权力制衡制度安排对于预算民主、预算控制的重要意义①。同时为了防止机会主义行为的发生，预算修正权的行使也要受到技术评估、公开等相应的制度化约束。审视我国的人大预算权力，无论是宪法还是《预算法》等相关法律都没有对人大预算修正权做过明确的规定，人民代表大会及其代表多数时候的表决都是全部通过，最多只能对预算提出修改建议，因缺乏法律依据，对于代表所提出的建议意见缺乏法律效力，因此无法要求具体落实。基于我国现行宪法所规定的制度框架和权力配置格局，人民代表大会与行政机关都在党的统一领导下，但具体职责方面又有明确的分工，这种职责分工在某种意义上也就是分权，如何建立相互间的协调机制非常重要。特别是对于代表提出的关于预算草案的修改意见和建议，即使不采用预算修正案的方式，也应当设计一种代表大会与政府部门的磋商修改机制，来充分反映代表的意见，使代表的意见有一个在表决前可能反映在预算草案中的渠道。

其次，提升代议机关的预算审查监督能力。发达国家预算审查的经验教训表明，在民主政治框架下，强有力的预算相关委员会和审计等辅助力量以及预算民主精神的程序化落实对于代议机关预算民主职责的履行至关重要。我国近年来这方面的改革虽然取得了一定的进展，比如各地陆续成立了代表大会财经委员会、常委会预算工作委员会等初步审查机构、预先审查机构，审计机关对预算违规和腐败现象的揭露监督力度也不断增大。但仍然存在预算相关委员会专业技术力量薄弱②、其他专门委员会对预算审查参与不足、审查监督规则缺

---

① 按照国际实践，代议机关的预算修正权大体上可以分为五类：不受任何限制的预算修正权、只能减少现有预算项目的修正权、可以降低支出但增加必须经过政府许可、增加的支出必须和削减的支出相匹配以及没有具体规定等情形。由于五类不同的宪政权力规定使其制度效力呈递减趋势排列，倾向于采用第一和第二种制度安排的国家占大多数。我国一些省级人大为地方性法规对预算草案修正权做出了规定。

② 对近六届全国人大财经委员会组成人员构成的统计分析表明，具有财政程序审计等专业背景的人员还是非常有限的，且十一届以来比以前又有所减少。

乏修改及公开机制等问题。在公共收支日益复杂的今天，由于人大内部缺乏专门的预算机构来负责收支信息的提供，指望财政部门和隶属于行政部门的审计机关提供的有限收支信息，便成了一种路径依赖行为，必将带来履行公众预算受托责任公信力不足、能力不足的挑战。因此，加强人大工作机构建设，提升为专门委员会、常委会和代表大会审查批准预算和监督预算执行的服务及业务、技术、知识支持能力，为代表大会履行审查批准预算的职责提供组织和智力保障。完善专门委员会的设置，科学配置各专门委员会在预算审查方面的职责，形成各专门委员会有效审查沟通协调和统一审议机制，加强对政府预算的分项审查和对部门预算的细化审查。完善审查机制，在政府财政部门向人大财经委员会提交预算草案进行初步审查阶段（或者其他专门各委员会参与初步审查阶段）引入规范化的听证制度和审议公开机制。需要强调的是，人大预算职责的履行并不是以削弱政府预算能力为基础的，而是在规范化的制度下，相互合作关系的发展及公共回应能力的提升。

我们强调代议机构对政府预算的控制，是履行预算责任的一种奠基性的制度安排，但是代议民主并非预算民主的全部。以代议机构预算审查监督为中心的预算民主是一个多元的责任委托和责任履行过程：它一方面涉及履行公众受托责任的代议机构预算审查监督职权的行使对于使行政部门负责来推动民主的重要性；另一方面也必须直接回应公众对责任、政策及服务绩效的现代诉求①。通过制度设计，保障公众对预算过程的有序参与非常必要。从本质意义上来说，维护以纳税人为中心的相关者利益是公共预算的应有之意。对于公共预算处于初级发展阶段的我国来说，树立一种辨证的而非完全否定的预算利益观②并内化到制度设计中去相当重要。公共利益诉求的制度化表达是较为常见的方式之一③。近年来我国政府90%左右的预算收入都来自税收，这在很大程

---

① 预算民主可以看作是由公众—代议机关—行政机关及其相关的利益集团、政党、媒体这一网络化的预算关系构成的制度网络和链条，任一链条改革的缺失或滞后都将降低预算民主制度应有的绩效。因此，从理念层面树立多纬化的预算民主概念及多元利益诉求的制度化嵌入。

② 由于预算是关系到“谁得到什么、得到多少”的利益分配活动，在预算分配决策过程相对封闭的过程中，作为纳税者的公众常常被置于决策圈之外，相应的有利于维护特定利益的制度也会在具有信息和资源优势的主体冲突与妥协中逐渐稳定下来，在这种规则和制度安排下，预算的公共性和民主性不可避免地会受到利益既得者的侵蚀，反过来利益既得者对其利益的保护又会加剧原有制度变迁的难度。美国预算民主变迁的过程展示了利益与预算民主的双重关系：一方面把利益看作预算民主制度的制度根基和原动力，另外通过制度化的融合和约束打破特定集团的预算利益垄断和对公共利益的侵蚀。这种预算民主意识带来了美国不断通过制度化改革来平衡各种利益相关者的诉求，并把行政及国会对利益集团和公众预算提议的关注设定为预算过程的一部分，同时作为纳税者的公众可以通过纳税者协会进行利益表达，或者认为相关部门的预算收支行为损害到自己利益时可以向司法部门提起诉讼。

③ 国外经常采用的另一种方式是纳税人诉讼制度。

度上引起了作为纳税人的公众对如何支出自己交纳的税收的强力关注,是否违反了“取之于民、用之于民”的民主逻辑也逐渐成为纳税者关注的要点。这就从客观上要求国家在民主制度供给方面加快步伐,把纳税人意见和需求融合进预算过程,但在具体推进过程中,纳税人利益集团的培育及预算政治制度中对其影响通道的设置也是值得关注的环节,这样不仅有利于纳税人意见的聚合,而且也能增强其利益表达和利益博弈的能力。

2. 改革路径——税收法定与预算法定共同推进

预算是国家财政的核心,预算法定实质上就是财政法定。由税收法定向预算法定转变,构建现代预算法治国家,是现代法治国家的普遍经验。有研究认为,我国目前正处于由税收国家[①]向预算国家转变的阶段。无论是税收国家还是预算国家,其核心在于税收法定和预算法定。

预算法定与税收法定一样,被确立为财政和法治的重要原则,都和议会制度紧密相联。从议会制度的历史来看,预算法定原则稍后于税收法定原则,但是“议会议定预算权,是和立法权一样,同属最重要的权限之一,在某种意义上还可以说是比立法更重要,成为议会权能的中心”[②]。其涵盖的范围进一步扩大。这一关乎议会财政权的重要原则,为当今各国监督政府财政预算收支权力提供了依据,体现了议会由控制政府收入到控制收支并重的发展,实现了财政收入法定与财政支出法定的完美结合。

改革开放以来,特别是随着社会主义法治国家建设进程的加快,我国法制建设取得了重大进展,特别是中国特色社会主义法律体系的形成,标志着我国的民主法治建设进入了新的发展完善阶段。但是,财税立法仍然是法律体系和法治建设的“短板”。与财政法定、税收法定的要求还有一定的距离,与完善社会主义市场经济体制的要求,与我国社会主义民主法制建设的要求还不完全适应。主要表现在:

一是对财税立法的特殊性认识不够,“财政法定”和“税收法定”原则在制度上还没有有效确立起来,在财税立法实践中还没有得到充分的体现。财政权和课税权是一个国家主权的体现,更关系到公民的财产权益。从财政税收立法

---

① “税收国家”这一概念被用来指称一国财政收入的绝大部分依靠税收的体制。德国学者伊森西(Issensee)对税收国家的个别特征和要件进行了总结,将其概括为“取得财政收入是税收的唯一目的”、“税收国家以国家、社会二元化为前提”、“税收国家必须遵循课税平等原则和税源保持原则”等十大要件。我国财政法学界则将税收国家的要件归纳为三点:第一,税收国家的经济基础是市场经济和公共财政;第二,税收国家的形式特征是以税收作为国家财政收入的主要来源;第三,税收国家是以法治作为保障的。由此可见,税收法定是税收国家的应有之义。

② 日本学者美浓部达吉,认为原因在于预算是运转全部国政的指南针,在大多数国家,规定议会每年开常会一次,主要也是预算以年度为周期的结果。

的国际经验来看,根据法治国家的要求,宪法应当对财税基本制度做出规定,为财税具体立法提供最高效力的法律依据。美国、日本、德国、法国等均在宪法中对财政税收基本制度做出了规定,并确定了财政法定、税收法定等原则。我国宪法和《立法法》中也有类似财税法定原则的规定,但由于相关规定不够具体完整,且在实践中贯彻落实不够,使得我国的财税立法制度不够健全和完善,财税立法权的划分和财税授权立法不够科学规范,形成了目前财税立法行政主导的局面,使得财税立法所应当具备的民主性、公开性和透明度凸显不够,不利于全面发挥发挥财政税收的职能。

二是一些基本的财政税收法律缺位的现象十分严重,国务院制定的行政法规和规范性文件起主导作用,一些涉及财政体制的重大问题还常常以决定的形式出现。规范财政活动和财政关系的基本法律,如财政基本法、财政收入支出划分法、税收基本法、财政转移支付法、国债法等,都还没有制定。公共财政的定义、目的、基本原则、构成要素、立法权等没有通过有效的法律形式予以规定,使公共财政中最基本和最重要的内容尚未从法律上得到认可。从总体上看,财政税收法律效力层级太低,直接影响了其规范性、严肃性、权威性。

三是财税立法质量不高。具体体现在:从仅有的几部税收方面的法律来看,立法过于概括、简单,缺乏可操作性。不得不授权行政部门制定大量的行政法规和规章,为行政自由裁量权留下了大量的空间。从财税立法的实际效果看,未能全面、充分、有效和均衡地发挥财政税收的职能。如税收立法未能均衡地发挥好税收组织财政收入、调控经济和调节收入分配的职能。

因此,我国目前正处于努力实现税收法定和预算法定的关键阶段。应当按照税收法定和预算法定原则的要求,同时推进财政税收立法。

党的十八届三中全会提出了“落实税收法定原则”的要求。落实这一要求,应当加快税收法律的制定,规范税收授权立法工作,推进税收法定的实现。税收法定是现代市场经济国家的典型特征,因为国家的财政收入只有依据税收法律来进行筹集,才能具有稳定性、权威性和可预期性,同时也能有效防止政府对公民财产权利的“侵害”。税收法定,从形式上看,要求税收事项必须由国家立法机关制定的法律做出规定。从内容看,要求税收的开征、停征,税收的基本要素如纳税主体、税基、税率、计税依据、税收优惠,纳税双方的权利义务、纳税程序、纳税期限等,都要由法律做出明确规定。从实践看,要求征收机关依照法律收税,纳税人依照法律规定纳税。有的将税收法定归纳为税种法定、要素法定和程序法定。其中要素法定是税收法定原则的核心内容。所谓程序法定,是指税收关系中的实体权利义务得以实现所依据的程序要素必须经法律规定,并且征纳主体各方均须依法定程序行事。我国宪法、税收征收管理法对税收法定原则有所体现。当前的首要任务是按照税收法定的要求,加快税收立法进程。

财政法定(见前面公共财政是法治财政部分)的核心是预算法定。预算法定的前提是建立起现代预算制度①,现代预算是经法定程序批准的、政府机关在一定时期的财政收支计划。它不仅仅是财政数据的记录、汇集、估算和汇报,而是一个计划。这个计划必须由行政首脑准备与提交;它必须是全面的、有清晰分类的、统一的、准确的、严密的、有时效的、有约束力的;它必须经代议机构批准与授权后方可实施,并公之于众。财政统一和有效的财政监督是两个显著的标志。所谓财政统一,是指政府的全部收支统一到国库一本账里,确保预算的全面、统一、准确、严密。所谓有效的预算监督,是指代议机构能够有效监督政府的财政收支行为,确保预算是经事先批准具有约束力的,确保预算的年度时效性和公开透明,保证政府机关严格按照批准的预算执行并接受批准机关的监督。国外构建预算国家的经验以及我国的实际情况都告诉我们,尽快实现财政统一,同时加强预算监督,是我国构建预算国家的现实途径;加快贯彻实施预算法,完善预算法治,则是我国财政体制改革和法治建设的核心课题。

① 通常认为,现代预算制度具备以下基本要件:(1)预算是一个关于未来政府支出的计划;(2)预算是一个统一的计划,包括政府所有部门的开支;(3)预算是一个详尽的计划,要列举所有项目的开支,并对它们进行分类;(4)对计划中的每项开支都要说明其理由,以便对开支的轻重缓急加以区别;(5)这个计划必须对政府的行为有约束力:没有列支项目不能开销,列支的钱不得挪作他用;(6)计划必须得到权力机构(议会)的批准,并接受其监督;(7)为了便于民众监督,预算内容和预算过程必须透明。

第二章
预算的概念与现代公共预算的特征

第一节　预算概念的历史溯源

英国被公认为现代预算的发源地,在英国,“预算”一词原先是用来描述财政大臣向议会陈述政府的钱款需求及其来源时携带到议会的皮包,以后则演变成为该皮包所装的文件,即政府提交立法机构审查批准的财政计划。在英国人看来,预算等同于财政控制,是议会借以控制国王或政府的一种财政手段。

什么是现代意义上的预算呢?在美国进步时代,纽约市政研究所的领导者 Frederick A. Cleveland 曾做过如下的界定:预算是指在一定时期内为企业或政府筹措资金而制定的计划,它必须由一个负责任的行政机构(执行机构)编制并递交给一个代议性的机构(或其他合适的被授权机构),这个代议性机构有必要在计划被执行以前对其进行批准和授权。随后,Cleveland 又做了进一步解释:首先,预算这个概念是作为一个计划,而非文件或收支表,因为预算本质上是一个特意提出并要求得到批准或否决的(收支)建议,这个建议必须附以具体细节和说明,以利于审批机构做出决定。其次,作为一个计划,预算与其他计划的不同之处在于,它是一个一定时期内为政府筹集资金的计划,而且它还必须是由一个负责任的行政机构编制并递交的。最后，这个计划还必须被递交给一个代议性机构（或其他合适的被授权机构），在执行前，代议性机构有必要对其批准或授权。Cleveland 还认为，在预算的定义中，每一个限制性的词语都充满了深刻的含义，因此在预算实践中，非常有必要作进一步的深入研究。从 Cleveland 的定义里我们已经能够解读出美国进步时代的预算改革所带来的巨大变化，它已经使进步时代的预算初步具备了现代公共预算的基本特质。

其一，计划性。计划性是现代公共预算的一个本质特性，这个计划是基于对收入与支出的估计，而且这两种估计是相互联系的，即对财政资源的筹集必须能够满足开支需求。政府的收支估计着眼于未来，并切实地服务于预算计划的制订。

其二，统一性。政府的预算必须是统一的，这表现在预算主体、过程及内容等具体方面。这一特征主要是针对美国改革前的零星预算时代预算的分散、孤立状况提出来的①。预算改革者极为反对这种分散化的预算过程和不详尽的收支估计，他们主张预算必须被置于同一主体下进行管理，所有的开支、收入及对财政形势的估计必须被作为一个制度整体，以明确的建议的形式一并提出来，而且还必须成为日后行动的基础。Cleveland 认为，能够提出明确建议的人或机构就是未来要执行这些建议的人或机构。因此，他主张作为政府财政计划的预算，必须由一个能够负责任的行政机构来制定。

其三，控制性。现代公共预算往往被作为一种对政府及政府官员的非暴力的制度控制方法。其实，早在殖民地时期的美国，殖民地议会就通过控制政府开支来维护殖民地人民的权益，建国之后延续了这一传统。但是进步时代之前的零星预算在本质上是一种总和预算，即政府各部门只将预算收入和支出的总额报给预算部门或市议会，而没有具体的收入和支出项目，因此，很难对政府行为进行评定和控制。为此，进步运动的改革者们主张用分项预算来替代总和预算，即要求所有政府部门在提交预算提案时，必须将收入和支出分门别类，并以附件的形式对每一项收入和支出作出陈述和说明，若没有代议机构或全体选民的授权，则不得支出。这样做不仅提高了资金的使用效益，而且还强化了对政府及政府官员的控制力度，提高了他们的公共责任感，如 Ceveland 所说，预算不应该仅仅是一个建议或需求，其制度性与宪政性目标在于对政府将要做的以及

① 政府各部门各自提出开支要求，财政部将其汇总并不加修改的连同收入估计递交给国会审批，而国会不直接与政府财政官员发生接触，总统也不参与预算过程，行政机关与立法机关之间由一条严格的界限隔开，原想是使它们保持各自的独立，结果却是完全孤立。这种分割的预算过程导致的结果是熟知财政收支情况、并能为其负责的行政力量被边缘化了，而主导预算过程的却是一群门外汉，就连遵从专家的原则也两次被国会否决。另外，政府各部所呈递的开支估计也是极为粗略的，并未将开支的详细内容分门别类地罗列出来。

如何去做进行控制,以使其更有责任感,并通过选民及其选出的代表对全体公众的需要做出回应。

其四,公众性或公共性。在民主社会中,主权在民,国家或社会中的任何成员都享有预算权力,但鉴于技术问题或操作上的困难,公众并不直接行使预算权力,而是将其直接或间接地授予行政机构。从这个意义上讲,预算的所有内容,无论是拨款及税收法案,还是举债,在本质上都是纳税人与行政机构之间签订的一种契约。根据契约,预算收入从纳税人处征集,代议机构或全体选民再授权行政机构,以直接或间接的形式将财政资源应用于纳税人。因此,预算具有内在的公众性,而这种公众性又是民主的本质性内涵。进步时代之前,预算的公众性特质由于其支撑制度的不健全而处于隐匿状态,人们意识不到预算的公众性,他们通常将各种预算行为作为政府的特权行为,无心也无力参与其中,所以,托克维尔所言的美国的平民式民主名不副实。而经过了进步时代的预算改革,预算从理念变为现实,而现实的发展又将预算理念广泛传播并深入人心。预算的公共性日益彰显。

其五,公开性。既然预算是公众性或公共性的,那么公众就拥有对政府为何征税、为何开销、开销多少以及如何开销等方面的知情权与监督权,而这必须建立在预算公开性的基础之上。在预算改革之前,美国政府的财政收支活动基本是不公开的,如税收法案是如何提出、如何通过的,公众不得而知;至于开支更是如此,政府各部门向立法机构提交一份下年开支的总额建议,在这个建议里并无开支的具体项目分类,而对于从立法机构获得的拨款则完全由这些部门自己掌控,对于这些拨款的具体使用情况,不仅是公众,有时就连立法机构也知之甚少。而作为公众代表的立法机构,其活动也是秘密进行,除立法机构的内部人员外,很少有人知道他们到底是如何审议并通过税收及开支草案的。威尔逊曾指出,每当国会在自私的拨款委员会的同意下大谈财政问题时,这种谈论却极少为广大会外人士所知,即使是国会中最详尽的辩论也不能引起人们真正的和积极的关心。这一事实已在财政立法过程中充分显示出来,尽管国会经常持续地、详尽地讨论财政问题,而且这些问题每重提一次就要占去众议院大量时间。但是,几乎每次都未能在公众心目中留下任何印象。正如有的学者所言,“看不见的政府必然是不负责任的政府,不负责任的政府,不可能是民主的政府。”而预算的公开,在很大程度上改变了这种状况,美国政府的财政开支状况通过预算的形式第一次展现给公众,纽约市政研究所编制的市政会计手册将预算编制的技术与过程公诸于世。纽约市政府甚至在其发给纳税人的税单上热情邀请所有纳税人来观看他们的预算展示,市政府的各部门领导用表格、图画和实例解说来向纳税人展示他们花费了纳税人多少钱、如何花费的以及下一年需要多少资金。看不见的政府变成了看得见的政府,这不仅有利于公众对政府财政行为的监督,而且也为其参与创造了条件,奠定了基础。

第二节　预算概念的多维探究

通常认为,政府预算,是一国政府为了实现其职能,在一定时期内(通常为一年),筹集所需资金以及使用这些资金的财政收支计划,这个计划须经国家的立法机构按照法定程序审查批准,并具有法律效力。为了深刻认识政府预算的内涵,我们有必要了解一下不同领域的学者从不同的角度对预算进行的多维度的分析考察。

一、不同领域学者从不同视角对预算的分析

1. 政治学视角的探究

从政治学视角看,预算是全体人民(纳税人)及其代议机构控制政府财政活动的机制。在现代社会中,纳税人具有独立的财产权利,他们担负着满足政府资金需求、提供政府财政资金的义务;同时,为了保护自己的财产权利免遭政府无节制的征收、防止所提供资金被浪费,必然要求控制政府的财政支出规模、了解政府财政支出的具体使用情况。因此,在现代政治学看来,政府预算是政府管理社会公共事务的一种工具,是以法律和政治程序保证政府收支不偏离全体人民或纳税人的利益,保障个人财产权利不受政府权力扩张侵害的一种机制和手段。从这个意义上讲,预算就是以政治决定为基础的控制政府活动的系统。改革政府预算制度,其实质就是改革政治体制,就是重新构建服务于财政资源配置的公共权力的制衡机制,构建新的政府与行政程序。

2. 经济学视角的探究

从经济学视角看,政府预算是一个非市场化的资源配置的过程。在现代经济社会中,一个国家的经济活动可以区分为两个系统:一个是以私人、企业为主体的私人部门经济活动,以盈利为目的,以市场为载体,通过价格机制、供求机制和竞争机制进行资源配置;另一个是以政府为主体的公共部门的经济活动,以履行政府职能、满足社会公共需要(非盈利)为目的,以政府预算为载体或者工具,通过法定的政治程序和公共选择机制来实现资源的配置,以弥补市场配置缺陷或对市场运行予以调控和引导为主要目标。在财政资金的具体分配方面,根据政府职能和可筹集财政资金规模,确定每年需要完成任务的优先顺序,通过编制政府预算的方式进行资金分配,决定政府的活动范围和活动方向,调

整各种利益关系,引导政府部门进行资源优化配置。

3. 管理学视角的探究

从管理学视角看,政府预算是一个重要的管理工具,是一个由多个环节组成的完整、系统的管理控制系统。因此,政府预算制度应当融合更多的现代分析与管理方法,以使政府作出的公共决策更有效果。政府及其职能部门通过对历年和当年预算信息统计数据资料的分析、处理,通过加强预算管理、改进预算方法等,可以提高政府管理社会公共事务、优化财政资金配置和使用公共资源的效率与效益。企业、居民等非政府主体,通过对公开透明的政府预算数据信息的分析,可以了解和掌握政府的收支活动及政策变化趋势,形成合理预期,积极主动地调整经济行为,增强经济活动的理性和前瞻性。

4. 法学视角的探究

从法学视角看,预算的编制、审查、批准是按照法定程序进行的过程,经法定机构批准的预算是具有法律效力的文件,对预算执行具有法定约束力。在代议制民主制度下,预算实质上是全体人民或全体纳税人通过代议制机构对政府行政权力的授予,是政府必须接受的立法机构对其作出的委托和授权,实质上是对政府权力范围的限制和约束。政府预算是一个循环运行的过程,所有参与主体的行为,整个预算过程的各个环节都必须在法律的框架下进行。强调预算法定,要求预算主体权利(权力)法定、预算主体义务法定、预算程序法定和预算责任法定等。预算法定是财政法定主义[①]在预算范畴的具体体现和重要内容。

通过了解从不同的维度和视角对政府预算进行的观察探究分析,有助于我们全面、深刻地理解政府预算的内涵和本质,树立全面、正确、科学的政府预算观。

二、从预算审查视角的分析

作为代表,从预算审查的角度来看,预算是一个重要的承担着多种职能的平台。

预算是现代国家实现国家治理的民主化、法治化和科学化、现代化的重要平台。预算不仅仅是关于收入支出的一堆数字,提交预算不仅仅是报报账;审查预算不仅仅是看看数字能否对得上。预算过程包括编制和审查批准,是决策

① 财政法定主义是指议会对于具体财政问题进行审查批准和将有关财政活动的普遍规则制定为法律,它实际上是财政民主的一种实现方式。财政法定主义实质上就是“人民主权”的形式要求,它是实现人民在财政方面基本权利的必要手段。同时,财政法定主义也是宪法法治原则的必然要求,是财政法治的制度基础。

的过程,应当成为党和国家决策的重要平台。这个过程特别是立法机关审查批准预算的过程,应当成为实现民主的过程,成为公民有序参与国家管理的民主过程。

预算是国家决策法治化的平台。按照法律的规定,预算草案只有经过立法机关批准,才具有法律效力,才能够按照执行。这个审查批准不仅仅体现在程序上,更重要的是要通过这一程序,实现对国家政策的审查,使国家政策更好地体现全体公民的意志。因此,审查的过程是审议、协商、修改、调整和完善的过程,是使最终批准的预算更好地体现全体公民意志的过程。这一过程依照法律规定的程序和形式来进行。

预算是实现国家和社会治理科学化的重要平台。预算是国家和政府政策的集中体现,预算通过收入支出等具体的数字,能够使政府的政策以数字化、数量化的形式具体体现出来。收入的数额和收入结构能够反映政府与公民、企业间的收入分配关系;支出规模和支出结构能够反映政府履行职能的重点和方向。这种数字化、数量化的政策形式是实现国家治理和管理科学化的重要平台。

第三节　公共预算的特征

对于公共预算的特征,学者们从不同的角度进行了很多研究,也进行了不同的概括。比较典型的观点认为,预算具有以下基本特征:一是预测性。指对未来一年内,政府根据国家经济发展水平,能够从社会筹集多少收入,能够在履行政府职能,保障内政、外交、国防、安全、社会、民生等方面安排多少支出方面,所进行的预先的测算。二是完整性。政府的所有收入和支出都应该纳入预算,不得在预算之外再筹集收入或安排支出。三是法治性。依法理财是现代国家财政运行的基本原则。预算必须依照法律规定编制,必须经国家权力机关批准,必须依照批准的预算执行,非经法定程序,不得改变。四是科学性。预算收支安排必须符合国家经济社会发展需要和广大民众的愿望,既要坚持"取之于民、用之于民",又要做到"取之有度、用之有节"。五是绩效性。预算资金的使用必须注重绩效,优先保障国家安全、社会稳定、公益事业和改善民生,讲求成本的控制,关注成果的取得,坚持勤俭节约、反对铺张,把钱真正用在国家发展最急需、民众要求最迫切的地方。六是民主性。预算要经由公民选举产生的代议机关(国家权力机关)批准,经国家权力机关批准的预算和决算,应当向社会公开。预算的执行接受权力机关和社会民众的监督等。

以上特征基本反映了预算的一般性特征,但作为公共预算除了具备预算的一般性特征之外,还具有或者应当具有一些新的阶段性特征。基于对发达国家公共财政预算制度的研究和学者们多角度对公共预算制度所进行的分析。我们认为,当代公共预算应当具有以下特征:公共性、民主性、政治性、法治性。

1. 公共性

公共财政预算本质上是将预算权作为一种公共权力的预算制度。纵观预算制度的演变过程,就是财政预算权由个人(国王、皇帝)向提供公共资金的社会公众逐步转移回归的过程。为了确保财政预算权这一公共权力的有效行使,在代议制民主政治制度下,议会作为公众行使民主权利的代表,控制着政府的财政权。财政重大事项交由议会审批,议会通过来自不同界别、党派议员的辩论和召开听证会等方式,集中民众的利益诉求而做出决定。坚持"非赞同毋纳税"、"无代议士不纳税"、"非经议会同意不得征税"等原则。对于支出项目的确定,议会认为有必要,就可召开听证会听取广大公众的意见。财政预算程序公开、公众参与、公众监督是财政预算公共性的内在要求和内在体现。从导向和结果看,公共财政预算是提供公共服务的预算制度。提供公共服务、满足公共需求、实现广大人民的社会福利是公共预算的主要导向和目标。财政收支坚持"取之于民,用之于民",以向社会公众提供公共服务为主;支出范围主要是保障国家机构运转、国防、教育、卫生、社会福利和城乡管理等公共支出。

2. 民主性

公共预算由国家权力机关(立法机关)审查和批准,权力机关对预算行使控制职能。公共预算活动以民主方式开展,国家权力机关能够通过民主表决等机制控制公共预算,充分反映社会公众的要求。代议机构对政府财政权的控制为公众对财政预算事务参与决策、参与管理搭建了政治框架;开放民主的决策机制,特别是通常采取的议会辩论制度、听证制度、质询制度等确保议会决策尽可能地反映不同利益阶层的诉求,尽可能地代表更多公众的意见,确保决策结果的民主性。

3. 政治性

公共预算的核心是权力主导的利益的政治分配,公共预算的运行过程是充满了公共政策方面的权力博弈的公共选择过程。预算的制定过程实质上就是政治权力发挥作用的过程。预算过程中的资源配置实际上反映了政治权力的分配。"在政治和政策过程中,无论政治家的目标是什么,预算过程都是一种政治工具。如果政治家的目标是促进经济增长,那么,预算就成为经济增长的手段。如果政治家的目标是收入分配,那么,预算就成为收入分配的发动机"。当然,科学合理的预算制度也能够对政治行为形成制约。并非所有的政治利益都可以在预算过程中如愿以偿。公共财政与公共预算背后体现着利益的权威性分配,其任何变动都会引起财政资源的重新分配与流动,不可避免地要重新调整既有的利益和权力分配格局。公共预算的形成与发展,取决于特定历史时期政治体制结构中,诸多政治利益主体的均衡利益需求,并反过来推进政府管理体制的发展与完善。

4. 法定性

公共预算活动全部纳入法治化轨道。由"人治"走向"法治"是现代财政预算制度形成的标志。一切预算活动都由法律来规范,一切预算权力(利)的配置和行使都由法律来规定、由法律来约束,按法定程序通过的预算具有法律上的权威性和约束性。法定性首先应当体现在形成完备的财政预算法律体系。在发达国家预算制度的发展史上,从英国《大宪章》《权利请愿书》《权利法案》,到美国的《独立宣言》《弗吉尼亚权利法案》,以至法国的《人权与公民权利宣言》等,都通过重要的宪法性文件来表达人民在财政方面的基本权利。大多数国家,都将预算作为宪法或宪法性法律的重要内容。从宪法到预算法、其他专项的预算法律以至一年一度经议会通过的预算法案、拨款法案等,无不对预算权力(利)的配置、预算程序、预算收入的筹集和预算支出的分配等做出了全面的规定。同时,全部财政预算活动都在法律的规范和约束下进行。议会、政府以及政府各部门在法律赋予的职权范围内各负其责、各行其职。公共预算的灵魂在于依法监督与控制行政权,立法机构通过民主方式将社会成员对公共财政活动的集体意愿上升为法律,使社会成员的意志能够约束、规范、监督政府公共财政活动,确保政府公共财政活动符合社会成员的根本利益。

第四节　公共预算的基本原则

预算原则,是设计政府预算制度和预算体系的指导思想,是一个国家进行预算立法、编制、执行等预算活动应当遵循的基本要求。预算原则通常通过预算法律制度得以体现和确认。

一、预算原则的演化

在预算制度演变发展的不同阶段,预算的原则也在发生变化。在预算理论发展史上,关于预算原则,具有代表性的主张主要有三种:即尼琪预算原则、诺马克预算原则和史密斯预算原则。尼琪是意大利财政学家,他所提出的预算原则包括六个方面的内容，即公开性、确定性、统一性[①]、总括性、分类性和年度性[②]。诺马克是德国财政学家，他所提出的预算原则包括八个方面的内容，即全面性原则、收入的非专用性原则、一致性原则、明晰性原则、准确性原则、事先批准原则、公开原则、严格性原则。尼琪预算原则和诺马克预算原则是传统预算原则的代表，其主旨在于强调预算的控制功能，从而尽量地减少政府开支[③]。瓦格纳就预算提出了六项原则，亦即预算必须具有完整性、统一性、年度性、可靠性、公开性和法律性。即财政收入和支出要全部纳入预算，不允许账外有账；预算收支科目设置要与其实际内容相一致，要让人一目了然地清楚预算收入来源和资金运用去向等内容；预算要有一定起止时期，通常为一个年度；预算所反映的情况要真实可靠，不得虚假编造，更不能肆意粉饰；预算要向全体民众公开而且要详细地公开，让民众了解国家或地区的真实的财政情况，不得以机密、内部资料或其他理由阻止民众的要求。预算由议会下属的预算编制委员会编制，经过议会审批后由政府及其财政机关执行，执行中如有重要收支调整事项须经议会批准。这些原则是与自由资本主义时期的健全财政的最高原则相一致的，其指导思想是控制预算收支，平衡预算，减轻纳税人税收负担[④]。可以说，这些学者所提出的预算原则，不仅对预算理论的深入研究作出了积极贡献，而且也对不少国家的预算立法以及预算实践产生了较大影响。

随着经济社会的发展和预算功能的变化，一些国家开始对早期的预算原则进行了修正，如 1945 年美国联邦政府预算局长史密斯提出的八项预算原则：反映行政计划原则；加强行政责任原则；以政府预算报告为依据原则；执行中的弹性原则；适度权力原则；预算程序多样化原则；适当加强行政部门的主动性原则；机构协调原则等。代表了在当时情况下，美国行政机构谋求预算主动权的一种倾向性要求，也反映了预算原则变动的 种趋势。

在我国预算制度改革和完善过程中，学者们也提出了各种预算原则，如科学性原则、完整性原则、透明性原则、绩效性原则和平衡稳健原则等。

---

① 确定性原则要求在预算编制时，应当认真收集各种相关资料，依据经济社会发展趋势，做出准确切实的预测，以谋求预算的稳定，切合实际。统一性即要求各级政府预算都要按照统一的程序、统一的预算科目、统一的计算方法和统一的口径来编制预算。

② 总括性原则要求所有财政收支都应列入预算，避免预算外收支。分类性原则要求政府收支预算应根据其性质分门别类、清晰列示，以利于公众了解政府资金安排和政府活动内容。年度性即要求各级政府预算按年度来编制，将规定的起讫期间内的政府财政收支列入政府预算。

③ 胡晓涛．国家预算的完整统一性原则及其实践意义．四川财政，2002，2.

④ 贺蕊莉．政府预算原则与完善政府预算的社会条件．现代财经，2004，4.

二、公共预算的基本原则

作为预算的基本原则，与预算原则略有不同。它应当对于具体原则具有指导和规范作用，从更高的层次上体现具体原则的内容和要求，贯穿于预算活动的全过程。基本原则更具有全面性、综合性和指导性。基于前面对公共预算本质特征和预算原则的分析，我们认为公共预算的基本原则应当包括预算民主原则、预算法定原则和预算公开原则。

（一）预算民主原则

所谓预算民主原则，是指预算不仅要反映大多数人的意愿，而且需要人民选举产生的权力机关审查批准。具体体现在：预算的编制等需要广泛听取公民的意见和建议，预算要由通过公民选举产生的代议机关审查并决定是否批准，预算的执行要接受公民及代议机关的监督，预算执行的最终结果要经过代议机关的批准和确认。

预算民主原则是公共预算的首要原则，也是公共预算基本原则的核心。之所以确立这一原则，是因为：第一，公共预算作为一个体现公民意志和维持政治均衡的过程，首先是一个民主过程。第二，预算充分体现人民的需求，符合经济社会发展客观要求的需要。在我国，一切权力属于人民，人民通过其选举产生的人民代表大会以及其他方式、途径行使管理国家事务、社会事务的权力。而审批预算是宪法等相关法律赋予人民代表大会的一项职权。无论是预算的编制还是审批，都应当切实反映人民的意愿。第三，是实现对政府财政收支行为有效监督的需要。现代民主政治从国家制度上说，主要是指代议制民主。人民在把权力委托给政府及其工作人员时，也必须强化对这种权力行使的制约与监督，这样才能保证国家行政机关及其工作人员不违背人民的意志而滥用权力。否则，就会助长其行政活动的随意性，人民的民主权利就会被这种随意性的行政活动所侵害，就根本谈不上社会主义民主。要防止滥用权力，就必须以公民的民主权利约束国家公共权力①。

（二）预算法定原则

所谓预算法定原则，是指预算的主体、主体权力（利）的配置、预算体系的构成等必须由法律事先加以规定，预算的编制、审批、执行、变更、调整、决算等整个预算过程和具体的程序等必须依照法律的规定进行。具体包括以下几层涵义：(1)预算要素法定，亦即预算的主体、内容等必须符合法律规定；(2)预算的程序法定，亦即编制、审批、执行、变更、调整、决算等整个预算过程必须依法进

---

① 蔡立辉．论依法行政与公民权利——依法行政的政治学思考．社会科学研究，1999，2.

行,且预算一经批准成为生效的法律文件,就具有法律的约束力和权威性,必须严格执行;(3)预算的责任法定,无论是预算的编制还是预算的执行,其不仅仅是政府享有的一项法定权力,同时也是政府应当履行的一项职责。如果没有依法履行,就应承担相应的法律责任。

之所以确立预算法定原则,主要是因为:第一,市场经济是公共预算产生和存在基础,市场经济是法治经济,它不仅要求市场主体行为的法治化,也包括政府行为的法治化。其中,政府财政行为的法治化最为关键。只有当政府预算以法定方式通过并以法律效力加以约束,预算才能够起到约束政府财政收支活动的作用。第二,历史地看,政府预算作为经立法程序批准的政府年度财政收支计划,最早产生于17世纪的英国,是资产阶级革命在限制封建王权方面取得的最显著成果。体现了社会公众"未同意勿纳税,未同意勿支出"的基本思想。法治性成为政府预算的真正灵魂与根本所在①。第三,预算从本质上来说,经过代议机关批准后就是法律或者具有法律效力的文件。执行部门必须按照批准的预算执行,非经法定程序不得改变。动态地看,编制、审查批准和执行预算的过程就是一项法案的形成、通过和实施过程。如在美国等一些国家,通过年度预算本身就是一个立法过程,已通过的政府预算就具有法律效力,成为政府各部门在该财政年度内安排各项支出和取得收入的法律依据。对于已通过的政府预算,未经法定程序,任何人和任何机构、组织都无权擅自改变。即使是总统也无权将既定项目的款项挪作他用,也无任何机动财力由其支配。在紧急情况下,总统需要增加支出或变更既定支出的用途,也必须得到国会的批准,否则将作为违宪对待②。

(三)预算公开原则

所谓预算公开原则,是指批准的预算、编制预算的依据以及预算的编制、审批、执行、决算整个过程都必须依法向社会公开。主要包括:预算的依据亦即编制预算所依据的背景材料、预算草案的说明、解释等必须依法公开;预算编制、审批、执行、变更、决算的过程必须公开;预算的内容即批准的预算本身必须公开。

之所以确立预算公开原则,主要是因为:第一,预算的公开透明是公共财政的本质要求。第二,公开是保障公民享有的宪法性权利——知情权的需要。知情权作为一项国际社会普遍认同的基本人权和民主权利,是建立现代民主政治的基础性权利,是民主社会的基石,也是现代法治国家的一个基本特征。没有知情权,就不可能真正实现社会主义政治文明和民主法制。公民知情权实现的必要条件之一,就是包括预算行为在内的政府行为的公开。联合国早在1946

① 王瑞. 有关预算原则问题的几点理性思考. 福建论坛(人文社会科学版),2004,6.

② 杨华柏. 美国预算怎样出台. 中国财经报,1998,5(20).

年的第一次大会上通过的第59(1)号决议宣告:"信息自由是一项基本人权,也是联合国追求的所有自由的基石。"世界上许多国家都制定了信息公开方面的法律规范,建立了完整的信息公开制度。例如美国的法律规定,联邦财政预算的形成和执行的全过程都必须公开进行①。第三,是保障人民监督权的需要。预算是公众或者代议机构通过规范、决定和控制政府行为,监督制约政府行为的有效工具和制度载体。要做到这一点,必须通过预算公开,保证社会公众的知情权,为参与权和监督权的行使奠定基础。否则,无法实施有效监督。

第五节　公共预算的分类

政府预算按照不同的标准,可以划分为不同的类别,能够为我们从不同的角度准确把握政府预算提供帮助。如根据政府级别,可以分为中央预算和地方预算;按照预算的编制时间与程序,公共预算可分为临时预算、正式预算和追加预算;按照预算的收支范围,可分为一般预算、政府性基金预算、国有资本经营预算、社会保险基金预算等;按照不同的编制形式,公共预算可分为单式预算和复式预算;按照不同的预算作用时间,公共预算可分为年度预算和中长期预算等。

一、单式预算与复式预算

根据预算编制形式的不同,可以将政府预算分为单式预算与复式预算。

1. 单式预算

单式预算又称为单一预算,是指在预算年度内,将全部政府收支编入一个预算。作为传统的预算编制方式,单式预算具有较强的综合功能,能够全面地反映当年的财政收支总体情况,有利于全面掌握政府财政状况,但不能有效地反映财政收支的结构和经济项目的效益。难以适应宏观调控和对预算进行经济分析的要求。

2. 复式预算

复式预算是指在预算年度内将全部政府收支按照经济性质或者一定的标准分类,分别汇编成两个或者两个以上的预算,以特定的预算收入来源保

① 一是须对预算过程的日程、行为主体、行为内容和行为要明确公布;二是国会各委员会的听证和审议,除极少数法律规定的情形外,都对公众全过程开放;三是所有联邦政府有关预算的正式文件都必须同时公之于众。法律上的这些规定充分保证了美国预算的公开性和透明度,便于接受公众的监督。林琳著:《从美国的预算制度看我国〈预算法〉的修订》,载《法制日报》2002年3月2日。

证特定的预算支出,并使收支具有相对稳定的对应关系。复式预算是在单式预算的基础上发展而来的。西方发达国家通常把政府预算分成经常性预算和资本性预算。经常性预算反映的是公共部门的日常收支活动,以税收作为主要收入来源,支出范围多限于满足公共部门实现社会管理职能的需要。资本性预算反映的是政府建设性投资活动,收入来源包括经常性预算的结余、各类专项建设税费、国债等,支出主要是非市场性投资。复式预算对总体情况的反映比较弱,但便于分清预算资金的来源和用途,揭示财政收支分类状况,反映财政收支结构和经济建设项目的效益,使政府预算不再受传统的收支平衡观念的束缚,有利于政府按照经济周期来安排政府资本性支出,便于对宏观经济进行调控。

目前许多国家已经不再编制复式预算。我国曾经在 1992 年试编复式预算,即分别编制经常性预算和建设性预算。根据我国预算法的规定和预算实践,我国现行的复式预算包括公共预算、政府性基金预算、国有资本经营预算和社会保险基金预算。

二、基数预算与零基预算

根据预算收支(主要是支出)编制方法的不同,可以将政府预算分为基数预算和零基预算。

1. 基数预算

基数预算是一种传统的预算编制方法,指的是财政收支计划指标在以前预算年度的基础上,按新的预算年度的经济发展情况加以调整之后确定的预算,即基数 + 增长。这是目前世界各国主要采用的预算编制方法。其优点在于,简便易行,在数据资料有限、预算管理的科学性和规范性要求不高的条件下,可满足财政决策和预算编制的需要。缺点是:收支基数的科学性和合理性难以确定,以承认既得利益为前提,使以前年度不合理的因素得以延续;基数通常带有惯性,容易造成财政收支的简单膨胀;不利于提高财政资金的使用效率。

2. 零基预算

零基预算指的是财政收支计划指标的确定,只以新的预算年度的经济社会发展情况为依据,进行测算和安排,而不考虑以前的财政收支状况,以零为基础、从零开始。根据当年经济社会发展需要和政府工作的优先顺序,结合收入预测和支出排序情况予以安排。这种预算方法的优点在于,预算分配过程不再只关注于部门新增的支出项目或者计划,不受以前年度预算资源分配格局的约束,而对其所有的预算资源需求重新提出申请、审议并确定支出的优先顺序,有利于使未来年度的预算一开始就建立在一个科学、合理的基础之上,有利于将有限的资源配置到使用效率更高的项目中,提高资金的使用效率。其缺点在于难以用于所有的预算收支项目,需要耗费大量的人力、物力、财力,影响编制效率。

三、中央预算与地方预算

根据预算的层级,即作为预算主体的政府的级别,可以将政府预算分为中央预算和地方预算。

1. 中央预算

中央预算,是中央政府预算的简称,是指中央政府的年度财政收支计划。通常是针对单一制国家而言的。而在联邦制国家则通常称为联邦预算。中央一般公共预算包括中央各部门(含直属单位)的预算和中央对地方的税收返还、转移支付预算。中央一般公共预算收入包括中央本级收入和地方按照规定上解中央的收入;中央一般公共预算支出包括中央本级支出和中央对地方的税收返还和转移支付支出。

在我国,中央一般公共预算按照其支出范围的不同,可进一步划分为中央本级预算和中央对地方的税收返还和转移支付预算。中央本级预算,是指反映中央本级收入和支出情况的预算(支出不包括对地方的税收返还和转移支付,收入不包括地方上解收入)。

2. 地方预算

通常意义上的地方政府预算是指各级地方政府的年度财政收支计划。而在我国,根据预算法第三条的规定,地方预算由各省、自治区、直辖市总预算组成,即是由所有地方政府预算所汇总而形成的预算。

作为县级以上地方各级政府,其预算又可分为本级总预算和本级预算。县级以上地方各级总预算由本级预算和汇总下一级政府总预算组成。乡级地方政府预算只有本级预算。地方各级一般公共预算包括本级各部门(含直属单位)的预算和税收返还、转移支付预算等。

四、年度预算与多年期预算

按照预算涵盖或作用的时限长短,可以将政府预算分为年度预算和中长期预算。

1. 年度预算

年度预算是指预算收支计划有效期或执行期为一年的预算。年度预算的优点在于,在编制下年度预算时,可根据当年经济社会发展水平、预算实际执行情况、下年度政府政策变化等因素，较准确地预测预算收支指标、合理配置资源、实现政府政策目标，满足社会公共需要。也便于立法机关审查批准和监督预算执行。其缺点是：对宏观经济的预测仅以一年为限，影响了预算与宏观经济的联系，限制了预算政策的宏观调控职能；对未来更长时间可能的支出增长或收入减少因素考虑不足，容易造成财政收支波动等。

2. 多年期预算

多年期预算，又可称作中长期预算或者中长期财政规划，是指预算收支安排时间超过一个预算年度的预算。中长期预算通常是一个为期 3—5 年（有些国家更长）的具有滚动性和一定约束力的预算总量框架，它为政府提供未来若干年财政年度中需要遵守的预算限额。其核心是强调自上而下的总额控制。通常通过立法机关审查但不进入批准程序，不进行审批。自上世纪 90 年代以来，已经成为健全预算管理体系，实现财政可持续发展和提高财政透明度的新型预算管理模式，已经为许多国家所采用。

在实践中，多年期预算主要有三种类型：

一是以报告年度为基年的滚动方法编制三至五年期预算，年度预算计划纳入其中。即将经过立法机关批准并付诸实施的预算年度定为财政规划的第一年，预算需要提交立法机关审议的预算年度定为第二年，后续的几个预算年度定为“纯规划年度”。对这个多年预算规划中的每一年为执行政府职能安排哪些支出、如何筹集收入，要进行具体的安排。在编制各年预算时要特别注意预算期所处的经济周期和具体的经济条件，必须对整个经济的发展情况做出预测。

二是以报告年度为中心，将年度预算予以前后扩展。这种方法就是对原年度预算在编制形式上作某些改进，如增加某些栏目和相关数据，对报告年度前后若干年的收支情况予以反映，以便体现预算收支变化的趋势。

三是在年度预算中增加某些中期因素，对某些重点项目予以重点反映。也就是在沿用年度预算的同时，注意将中期预算的因素引入年度预算的编制中，主要是在涉及某些需要多年投资才能完成的重大支出项目时，编制的年度预算不仅反映该项目一个年度所需要的拨款，还需要对多年投资（甚至整个投资期限）进行反映。

背景篇

在前面了解了预算的基本知识之后，我们还有必要了解一下，我们要审查的预算草案是如何形成的，以及我们依据什么进行审查等问题。因此，在背景篇中，分两章对以上两个问题进行介绍。通过第三章政府预算的编制，我们可以了解我国政府预算编制的过程、编制的方法、编制的依据等背景知识。通过第四章预算审查权与审查政府预算的依据，我们可以了解预算审查权的性质、权能、我国人大预算审查权的特点以及审查政府预算的主要依据等。为科学地行使对政府预算的审查权创造有利条件。

第三章
我国政府预算草案的编制

从动态过程或者从程序上划分，政府预算可以划分为预算编制、预算审查批准、预算执行、决算四个阶段。预算编制是政府预算工作的起点，也是整个预算工作程序的重要环节。预算编制的实质是处理财政部门与其他部门之间预算资金的分配关系，分配的结果必然影响各方的利益，因此，预算编制过程实质上也是各相关主体利益诉求的表达和协调的过程。由此决定了必须采取科学的编制程序。参与主体的多层次性决定了这一程序必然采取上下结合的方式。然而是自下而上还是自上而下，不同的方式会影响预算参与者的决策。通常认为自上而下的编制程序是以贯彻政府的政策意图为核心的，部门在编制时要受制于政府的战略意图或者政策意图，受到相应的控制指标的限制和约束；而自下而上的编制程序则在一定程度上是以部门利益为核心的，部门可以更多地考虑自己部门的工作重点甚至部门利益需求。如何实现二者有机结合是各国确定预算编制程序需要解决的问题。在实践中，为了解决政府机构采取何种形式和方法分配和管理公共资金，并将其有机地转化为公共产品和公共服务，满足社会公众的需要，为了处理好国家的长远利益与短期利益，以及各预算相关主体间的利益关系，形成了不同的预算编制模式①，以便建立规范的分配规则，提高政府预算分配的科学性、提高资金使用效益。

第一节 预算编制的相关规定

预算编制是政府对财政收支进行计划、做出安排的行为和过程。在公共预算制度下，编制政府预算的过程也是确立行政目标的基本决策过程，是科学、民主地协商确定政府以及各部门、单位工作目标、任务和实现途径的过程，是政府进行财政决策的过程。为加强政府预算在满足公共需要、宏观调控、资源配置和监督等方面的职能，健全国家对预算的管理，我国《宪法》《预算法》《全国人大常委会关于加强中央预算审查监督的决定》等一系列法律，以及行政法规、财政部门发布的行政规章，对我国预算编制作出了相应规定。

一、预算设置原则和国家（全国）预算组成

关于政府预算级次的设置。通常政府预算的设置遵循“一级政府、一级预算”的原则，即有一级政府，就有一级财政收支活动主体，就有一级财政；有一级财政，就要相应地建立一级预算。我国《预算法》第三条规定：“国家实行一级政府一级预算，设立中央，省、自治区、直辖市，设区的市、自治州，县、自治县、不设区的市、市辖区，乡、民族乡、镇五级预算。”基本上与政府级次相对应。但应当说明的是，预算设立的级次与预算管理级次不是同一概念，在预算级次不变的情况下，政府间预算管理的级次可以进行调整和改革，如省直管县，只是管理级次的调整，并不意味着取消地级市这一级预算级次。乡财县管并不意味着乡这一级政府预算取消。

国家预算和各级预算的组成。与我国现行的行政管理体制分为中央和地方两部分相适应，国家预算相应划分为中央预算和地方预算，即国家预算由中央预算和地方预算组成。中央预算也就是中央政府预算，是经法定程序批准的中央政府财政收支计划，其中，中央一般公共预算由中央各部门（含直属单位）预算以及中央对地方税收返还和转移支付等组成；地方预算是经法定程序批准的各级地方政府财政收支计划的汇总或总和，由各省、自治区、直辖市总预算组

① 预算编制模式从不同的角度按不同的标准可以分为不同的类型，按编制预算的结构，可分为单式预算和复式预算；按是否对预算结果进行考量，可分为投入预算与绩效预算；按照预算收支安排的依据，可分为基数预算与零基预算；按预算安排的时间跨度，可分为年度预算与多年期预算等。

成;各省、自治区、直辖市总预算,由省、自治区、直辖市本级政府预算和汇总的下一级政府总预算组成。

二、预算编制的基本要求

(一)预算年度和编制时间

1. 预算年度

预算年度也称为财政年度,是指编制和执行预算所应依据的法定时限,也就是预算收支起止的有效期限,通常为一年。我国《预算法》第十八条规定:“预算年度自公历 1 月 1 日起,至 12 月 31 日止。”可见,我国预算年度采用的是历年制。

专栏 3—1 预算年度的主要类型

预算年度主要有两种类型:历年制和跨年制。

历年制:即将公历年度的起止日期作为预算收支的起止日期,从每年 1 月 1 日起至同年的 12 月 31 日止。采用历年制的国家最多,包括我国、法国、德国、比利时、奥地利、丹麦、芬兰、希腊、冰岛、意大利、荷兰、西班牙、葡萄牙、挪威和瑞士等。

跨年制:人为地确定一个预算年度的起止日期,这一预算年度会跨越两个公历年度,即从某年某月某日起至次年相应日期的前一日止。跨年制又具体分为以下两种:一是按季度划分,如 4 月制,即从 4 月 1 日起至次年的 3 月 31 日止,采用这种预算年度的主要国家有:英国、日本、印度尼西亚、新加坡、新西兰、印度、缅甸、布丹和南非等;7 月制,即从 7 月 1 日起至次年 6 月 30 日止,主要国家有:瑞典、澳大利亚、孟加拉、巴基斯坦、埃及、苏丹、科威特、喀麦隆、肯尼亚、毛里求斯和坦桑尼亚等;10 月制,即从 10 月 1 日起至次年 9 月 30 日止,主要国家有美国、泰国等。另一种是不按季度划分,如土耳其的预算年度为 3 月 1 日起至次年的 2 月 28 日止;伊朗的预算年度为 3 月 21 日起至次年的 3 月 20 日止;埃塞俄比亚的预算年度为 7 月 8 日起至次年的 7 月 7 日止。

通常决定一个国家预算年度需要考虑的主要因素包括:每年立法机构召开会议的日期;收入的季节性对预算的影响;历史原因及风俗习惯等。

2. 预算编制的时间要求

我国预算法对预算编制的时间提出了要求。预算法第三十一条规定:“国务院应当及时下达关于编制下一年预算草案的通知。编制预算草案的具体事项由国务院财政部门部署。各级政府、各部门、各单位应当按照国务院规定的时间编制预算草案。"与我们密切相关的是向人大提交预算草案初步方案的时间。预算法第四十四条规定:"国务院财政部门应当在每年全国人民代表大会会议举行的四十五日前,将中央预算草案的初步方案提交全国人民代表大会财政经济委员会进行初步审查。省、自治区、直辖市政府财政部门应当在本级人民代表大会会议举行的三十日前,将本级预算草案的初步方案提交本级人民代表大会有关专门委员会进行初步审查。设区的市、自治州政府财政部门应当在本级人民代表大会会议举行的三十日前,将本级预算草案的初步方案提交本级人民代表大会有关专门委员会进行初步审查,或者送交本级人民代表大会常务委员会有关工作机构征求意见。县、自治县、不设区的市、市辖区政府应当在本级人民代表大会会议举行的三十日前,将本级预算草案的初步方案提交本级人民代表大会常务委员会进行初步审查。"政府在将预算草案的初步方案提请人大有关机构进行初步审查时,应当严格遵守这一时间规定。如果没有按照规定的期限如期提请审查,应当说明理由,并依法承担相应责任。

(二)编制原则:量力而行,收支平衡

我国预算法第十二条要求预算编制遵循量力而行,收支平衡的原则,即各级预算应当做到收支平衡①。预算收支平衡是国家财力平衡的关键,财力的平衡又事关国民经济持续稳定发展。收支平衡是编制国家预算所必须遵循的首要原则。预算法第三十五条规定:"地方各级预算按照量入为出、收支平衡的原则编制,除本法另有规定外,不列赤字。"需要指出的是,预算法在规定收支平衡原则的同时,也规定了"各级政府应当建立跨年度预算平衡机制。"

(三)预算体制:统一领导,分级管理

我国政府预算实行统一领导,分级管理。中央和地方各级政府预算的编制应当符合财政管理体制的规定,并按统一的收支科目、预算报表、规定的时间编制预算。中央预算由国务院编制,报全国人民代表大会审查和批准;地方各级预算由地方各级人民政府编制,报本级人民代表大会审查和批准。

(四)预算编制的依据和总体要求

我国预算法对预算编制的依据作出了明确规定,各级政府在编制预算草案时,应当严格按照预算法的规定开展预算编制工作。预算法规定的预算编制的依据包括:年度经济社会发展目标,国家宏观调控总体要求,跨年度预算平衡的

---

① 在公共预算中,对财政收支总额进行控制的规则是约束政府公共收支行为的最基本的规则之一。19世纪20至30年代,预算平衡原则一直是各国政府基本的预算原则。20世纪30年代尤其是50年代以来,凯恩斯主义的盛行以及福利国家建设的需要,发达国家纷纷放弃了预算平衡原则,导致公共支出与债务迅速膨胀,使得财政可持续性不断下降,为了解决这一问题,在80年代,总额控制问题被重新提出。一些发达国家开始集中预算决策权,其中,中期支出框架是一种比较普遍采用的支出约束方式。中期支出框架将一个自上而下的资源与支出计划过程和一个自下而上的项目预算过程结合起来。

需要,上一年预算执行情况,有关支出绩效评价结果,本年度收支预测,涉及财政收支增减的行政措施,赤字、债务规模要求等。同时还要符合国务院财政部门制定的政府收支分类科目和预算支出标准以及绩效目标管理等预算编制规定。各部门、各单位编制本部门、本单位预算草案应当根据其依法履行职能和事业发展的需要以及存量资产情况等。

预算法还对预算编制提出了一些具体要求。如预算法第三十二条规定:“各级政府依据法定权限作出决定或者制定行政措施,凡涉及增加或者减少财政收入或者支出的,应当在预算批准前提出并在预算草案中作出相应安排。”预算细化的要求,收入分为类、款、项、目,支出应当按其功能分类分为类、款、项,按其经济性质分类分为类、款,等等。

(五)关于预算收支等具体安排的要求

关于预算收入的编制,预算法第三十六条规定:“各级预算收入的编制,应当与经济社会发展水平相适应,与财政政策相衔接。各级政府、各部门、各单位应当依照本法规定,将所有政府收入全部列入预算,不得隐瞒、少列。”关于预算支出的规定,预算法第三十七条规定:“各级预算支出应当依照本法规定,按其功能和经济性质分类编制。各级预算支出的编制,应当贯彻勤俭节约的原则,严格控制各部门、各单位的机关运行经费和楼堂馆所等基本建设支出。各级一般公共预算支出的编制,应当统筹兼顾,在保证基本公共服务合理需要的前提下,优先安排国家确定的重点支出。”第三十八条关于转移支付,规定:“一般性转移支付应当按照国务院规定的基本标准和计算方法编制。专项转移支付应当分地区、分项目编制。县级以上各级政府应当将对下级政府的转移支付预计数提前下达下级政府。地方各级政府应当将上级政府提前下达的转移支付预计数编入本级预算。”第三十九条关于扶助特定地区支出,规定:“中央预算和有关地方预算中应当安排必要的资金,用于扶助革命老区、民族地区、边疆地区、贫困地区发展经济社会建设事业。”

关于是否编列赤字以及债务控制的规定,如第三十四条关于中央预算债务安排,规定:“中央一般公共预算中必需的部分资金,可以通过举借国内和国外债务等方式筹措,举借债务应当控制适当的规模,保持合理的结构。对中央一般公共预算中举借的债务实行余额管理,余额的规模不得超过全国人民代表大会批准的限额。”第三十五条关于地方预算赤字及举借债务,规定:“地方各级预算按照量入为出、收支平衡的原则编制,除预算法另有规定外,不列赤字。经国务院批准的省、自治区、直辖市的预算中必需的建设投资的部分资金,可以在国务院确定的限额内,通过发行地方政府债券举借债务的方式筹措。举借债务的规模,由国务院报全国人民代表大会或者全国人民代表大会常务委员会批准。

省、自治区、直辖市依照国务院下达的限额举借的债务,列入本级预算调整方案,报本级人民代表大会常务委员会批准。举借的债务应当有偿还计划和稳定的偿还资金来源,只能用于公益性资本支出,不得用于经常性支出。”

关于特定资金(预算费、周转金、预算稳定调节基金、结余结转资金)安排的规定,如预算法第四十条关于预备费,规定:“各级一般公共预算应当按照本级一般公共预算支出额的百分之一至百分之三设置预备费,用于当年预算执行中的自然灾害等突发事件处理增加的支出及其他难以预见的开支。”第四十一条关于预算周转金和预算稳定调节基金,规定:“各级一般公共预算按照国务院的规定可以设置预算周转金,用于本级政府调剂预算年度内季节性收支差额。各级一般公共预算按照国务院的规定可以设置预算稳定调节基金,用于弥补以后年度预算资金的不足。”第四十二条关于上一年度结余结转资金安排,规定:“各级政府上一年预算的结转资金,应当在下一年用于结转项目的支出;连续两年未用完的结转资金,应当作为结余资金管理。各部门、各单位上一年预算的结转、结余资金按照国务院财政部门的规定办理。”

(六)程序方面的要求

各级政府、各部门、各单位编制、审核、批复预算必须符合法定程序,做到程序规范。如预算法第三十二条规定,各级预算应当按照规定程序征求各方面意见后,进行编制。第三十八条规定,县级以上各级政府应当将对下级政府的转移支付预计数提前下达下级政府。在每个财政年度开始前,将预算草案全部编制完毕。

此外,先有预算,后有支出,严格按照预算支出,是我国预算制度和预算法的一项基本原则。它要求政府所有的收支活动都应当纳入预算,预算必须经过同级人大批准等。没有经同级人大批准的预算或者相关法律规定、不得进行支出。预算经过批准后,就具有了法律效力,必须严格执行,不经过法定程序,不得进行调整。

三、预算编制的基本程序

各级政府年度预算一般在上年编制。我国预算法规定,各级政府、各部门、各单位应当按照国务院规定的时间编制预算草案。国务院每年都要在分析当年经济运行基本情况、对下年经济走势做出预测的基础上,下达编制下一年预算草案的通知,明确预算编制的指导思想、重要的收支政策、预算编制办法、报送程序、期限等重要事项。财政部负责部署编制预算草案的具体事项,如修订预算科目、预算报表等,以便中央和地方预算的编制与汇总。预算草案的编制、审查批准、批复的基本程序是:

1. 对当年预算执行情况进行分析预测。主要是结合历年预算收支变化规律、当年经济发展趋势、增收节支措施落实情况等,对当年预算收支情况进行分析,做出全年收支执行情况预测。其中,财政部门要在总结本级各部门、各单位预算执行情况,以及分析当年经济走势等情况的基础上,对本级政府全年收支执行情况做出预测。

2. 拟定下一预算年度预算收支控制指标。各部门根据当年预算预计执行情况、下年国民经济和社会事业发展主要指标、部门及所属单位承担的工作职能和下年工作任务等,提出下年预算收支建议数。财政部门在本级各部门上报的收支建议的基础上,经综合平衡,拟定本级政府预算收支控制指标,经本级政府批准后,下达本级各部门。

3. 编制预算草案。各部门、各单位根据本级财政部门下达的控制指标,按规定的预算科目、报表格式等编制本部门、本单位年度预算草案,上报本级财政部门。财政部门经审核汇总,编制本级政府预算草案,上报本级政府。本级政府核准后,提请本级人民代表大会审查批准。

我国预算法规定,县级以上各级人民代表大会除审查批准本级预算外,全国人民代表大会要审查地方预算草案,县级以上地方各级人民代表大会要审查本级总预算草案。按照这一规定,县级以上各级地方财政部门在汇总编制本级预算草案时,还要汇总编制本级总预算草案,提交本级人民代表大会审查;财政部要对各省、自治区、直辖市上报的总预算审核汇总,编制地方预算草案,提请全国人民代表大会审查。

4. 预算草案的审查批准和批复。全国人民代表大会举行会议,审查中央和地方预算草案,批准中央预算。地方各级人大召开本级人民代表大会,审查本级总预算草案,批准本级预算。中央预算和地方各级政府本级预算批准后,财政部和地方各级财政部门向本级各部门批复预算,本级各部门向所属各单位批复预算。

专栏 3—2 政府预算草案的具体编制程序

政府预算草案的编制工作沿着两条主线展开,即中央预算草案的编制和地方总预算草案的编制,最后由财政部汇总成完整的中央和地方预算草案。具体步骤如下:

第一,国务院于规定的日期,向中央各部门和各省级政府下达编制下一年度预算草案的通知,提出编制预算草案的原则和要求。财政部根据国务院的指示和要求,部署编制预算草案的具体事项。

第二,中央各部门根据国务院的通知和财政部的部署,结合本部门的具体情况,提出编制本部门预算草案的要求,具体布置所属各单位编制预算草案,同时还要负责本部门所属各单位预算草案的审核,并汇总编制本部门的预算草案,于每年规定的日期报财政部审核。

第三,各省级政府根据国务院的指示和财政部的部署,结合本地区的具体情况,提出本行政区域编制预算草案的要求,层层下达;县级以上地方各级财政部门审核本级各部门的预算草案,编制本级预算草案,汇总本级总预算草案,经本级政府审定后,按照规定期限报上一级政府;省级财政部门将汇总的本级总预算草案于规定的日期报财政部。

第四,财政部审核中央各部门的预算草案,编制中央预算草案,汇总地方总预算草案,汇编中央和地方预算草案。

摘自《预算法实施条例》。

四、中央与地方财政关系——财政体制

财政体制,是确定中央政府与地方政府以及地方各级政府之间财政收支划分、预算管理职责权限的一项根本制度。其核心就是各级政府间的收入和支出划分。1994 年我国实行分税制改革后,确立了分税制财政体制。我国预算法第十五条规定:“国家实行中央和地方分税制。”分税制是在中央与地方政府之间划分税种,并以此为基础确定各自税收权限和协调财政收支关系的一种制度。到目前,中央与地方收支划分基本稳定,同时根据相关改革进展情况进行了必要的调整。其主要内容包括以下几个方面:

第一,中央与地方支出责任划分:中央主要承担国家安全、外交和中央国家机关运转所需经费,调整国民经济结构、协调地区发展、实施宏观调控所需支出,中央直接管理的社会事业发展支出。具体项目包括:国防费,武警经费,国家安全支出,外交和援外支出,中央国家机关行政管理支出,事关全国的重要基础设施建设支出,中央企业技术改造、资本金支出,支持农业生产支出,中央负担的国内外债务还本和付息支出,中央所属文化、教育、卫生、科学研究等单位的支出。

地方主要承担本地区政权机关运转所需支出,以及本地区经济、社会事业发展支出。具体包括:地方行政管理支出,地方重要基础设施建设支出,支持农业生产支出,城市建设和维护支出,地方政府所属文化、教育、卫生等事业单位支出。

第二,中央与地方收入划分:属于维护国家权益、实施宏观调控的税种为中央收入,包括:关税、海关代征增值税和消费税;铁道部门、各银行总行、保险总公司等集中缴纳的收入(包括营业税、利润、城市维护建设税);未纳入共享范围

的企业所得税（主要是中石油、中石化、工商银行、建设银行、中国银行等企业的所得税）；中央企业上缴的利润。

与经济发展直接相关的主要税种由中央与地方分享：国内增值税中央分享75%，地方分享25%；纳入共享范围的企业所得税和个人所得税中央分享60%，地方分享40%；资源税按不同的品种划分，海洋石油资源税为中央收入，其他资源税为地方收入；证券交易印花税中央分享97%，地方分享3%（主要是上海、深圳）。

适合地方征管的税种为地方收入，包括：营业税，地方企业上缴利润，城镇土地使用税，城市维护建设税，房产税，车船使用税，印花税（不含证券交易印花税），耕地占用税，契税，烟叶税，土地增值税等。

对划归地方的收入，地方政府要按地方各级政府事权再确定归属。

第三，中央对地方转移支付。预算法第十六条规定："国家实行财政转移支付制度。"财政转移支付一般指上级政府对下级政府的补助，其主要目的是为了均衡地区间的财力和实施宏观调控等政策，促进基本公共服务的均等化。在我国，中央和地方收支划分以后，为解决财力分布的纵向和横向不均衡问题，中央对地方实施转移支付。转移支付分为两类：一般性转移支付和专项转移支付。一般性转移支付由均衡性转移支付、民族地区转移支付等组成，用于弥补财政实力薄弱地区的财力缺口，地方政府可统筹安排使用，主要目的是均衡地区间财力差距，实现地区间基本公共服务能力的均等化。专项转移支付重点用于"三农"、教育、医疗卫生、社会保障和就业等领域，以实现特定的宏观政策及事业发展目标，或对中央委托地方事务、中央地方共同事务按其相应资金进行补偿，地方政府必须按规定用途使用。

第四，税收返还和地方上解。税收返还是为保障地方既得利益、顺利推进相关改革设立的，包括增值税消费税返还、所得税基数返还、成品油价格和税费改革税收返还三项。地方上解是指地方按有关法律、法规或财政体制规定上解中央的各项收入，主要包括1994年分税制改革时保留的地方原体制上解收入和出口退税专项上解收入。这是为采取渐进式财政体制改革而保留的事项。2009年，为简化中央与地方财政结算关系，中央财政将地方上解与中央对地方税收返还作对冲处理，相应取消地方上解中央收入科目。

五、政府收支分类科目

政府收支分类是按照一定的原则、方法对政府收入和支出项目进行类别和层次划分，以全面、准确、清晰地反映政府收支活动。政府收支分类科目是编制政府预决算、组织预算执行以及预算单位进行会计明细核算的重要依据，是财政预算管理的一项重要基础性工作,直接关系到财政预算管理的透明度,关系到财政预算管理的科学化和规范化,是公共财政体制建设的一个重要环节。经国务院领导批准,于2007年1月1日起正式实施现行的《政府收支分类改革方案》。

新的政府收支分类体系主要遵循三个基本原则:一是公开透明。确保按新科目编制的预算符合市场经济条件下公共财政的基本要求,既要说得明白,也要让一般老百姓看得懂。二是符合国情。既要合理借鉴国际经验,实现与国际口径的有效衔接与可比,又要充分考虑我国目前的实际情况,尽可能满足各方面的管理需要。三是便于操作。科目设计在内容和层级设计上既要充分满足管理的要求,又要尽可能简化,不能太复杂。

收支分类改革包括两个方面的内容:一是扩大收支分类范围。原来的预算科目分类范围只包括纳入预算管理的政府收支,不包括预算外收支、社会保险基金收支。改革后,政府收支分类范围包括政府预算收支、预算外收支和社会保险基金收支。分类范围较以前完整、全面。二是调整分类办法,建立新的收支分类体系。也就是将政府预算收支、预算外收支、社会保险基金收支并在一起,按新的标准分类,设置收入分类、支出功能分类和支出经济分类。其中:收入分类主要反映政府收入的来源性质,说明政府的钱从哪里来;支出功能分类主要反映政府的各项职能活动,说明政府究竟做了什么,是办了教育,还是搞了国防;支出经济分类主要反映政府支出的具体用途,说明政府的钱究竟是怎样花出去的,是付了人员工资,还是购置了办公设备。改革后的政府收支分类体系包括“收入分类”“支出功能分类”“支出经济分类”三部分。

1. 收入分类

收入分类主要反映收入的性质和来源。新的收入分类没有再按资金管理的要求分一般预算收入、基金预算收入、债务预算收入等设置科目,而是将上述收入纳入统一的收入分类体系,并具体采用了两种分类方法,一种是按收入形式分类,如税收收入、非税收入,以及税收收入下的增值税、消费税、营业税,非税收入下的行政性收费、罚没收入等,说明收入以何种方式取得;二是按来源分类,有的按所有制结构划分,如增值税下的国有企业增值税、集体企业增值税;有的按部门结构划分,如行政性收费下的文化行政性收费、公安行政性收费;罚没收入下的文化罚没收入、公安罚没收入,说明收入从哪里取得。改革后的收入分类设置了类、款、项、目四级分类科目。就类款而言,包括税收收入(23款)、社会保险基金收入(6款)、非税收入(8款)、贷款转贷回收本金收入(4款)、债务收入(2款)、转移性收入(10款)共6类53款。

2. 支出功能分类

支出功能分类主要根据政府职能进行分类,说明政府做了什么[①]。按联合国《政府职能分类》,一国财政支出的职能分类大体包括四个部分,一是一般政府服务,主要反映政府需要且与个人和企业劳务无关的活动,包括一般公共管理、国防、公共秩序与安全等;二是社会服务,主要反映政府直接向社会、家庭和个人提供的服务,如教育、卫生、社会保障等;三是经济服务,主要反映政府经济管理、提高运行效率的支出,如交通、电力、农业和工业等;四是其他支出,如利息,政府间的转移支付。收支分类改革后设置的政府支出功能分类,一方面参考了国外支出的职能分类办法,同时也考虑了我国政府职能构成和财政管理的实际需要。改革后的支出功能分类设置了类、款、项三级科目。就类款而言,设置了一般公共服务(32 款)、外交(8 款)、国防(3 款)、公共安全(10 款)、教育(10 款)、科学技术(9 款)、文化体育与传媒(6 款)、社会保障与就业(17 款)、社会保险基金支出(6 款)、医疗卫生(10 款)、环境保护(10 款)、城乡社区事务(10 款)、农林水事务(7 款)、交通运输(4 款)、工业商业金融等事务(18 款)、其他支出(4 款)、转移性支出(8 款)共 17 类 172 款。

3. 支出经济性质分类

支出经济分类主要反映政府支出的经济性质和具体用途。从形式上看,各项财政支出,虽然都表现为资金从政府流出,但最终的经济影响是存在差异的。有些表现为政府购买商品和服务,直接对社会的生产和就业产生影响,并最终影响资源配置;有些表现为资金的无偿转移,关系到收入分配,最终对社会生产

---

① 需要说明的是,支出功能项级科目没有完全按政府职能分类,而是根据预算细化和财政支出统计分析的需要,采用了四种不同的办法。一是按职能设置:如机关服务、小学教育、中学教育、高中教育、高等教育、中医医院、综合医院等。这类项级科目,着重于相关单位如机关服务中心,小学、初中、高中支出的完整反映。比如小学教育,原来用于小学教育的基本建设支出、教育事业费等都要归集在小学教育科目下,这样能完整反映某个小学的支出,便于自上而下进行统计。二是按活动设置:以全国人大机关的支出为例。全国人大机关预算分为基本支出预算,项目支出预算。对单位的基本支出,单独设置行政运行科目反映;基本支出之外的项目支出,属于专门活动的,如人大会议、代表培训、代表工作,单设人大会议、代表培训、代表工作反映,其他项目支出;未单设科目的,则设置一般行政管理事务反映。按活动设置项级科目,着重于相关单位支出的细化。如各级人大的支出,通过行政运行、人大会议、代表培训等科目反映,单位的支出被分解,比较细化,也比较透明。三是分行业设置:对企业的支出,统一按国家统计局新的《国民经济行业分类》设置。比如,在工业商业金融等事务类下的制造业下,设置了纺织业、医药制造业、非金属矿物制造业、电器机械及器材制造业等项,以与国民经济行业统计一致。四是按资金用途设置:各项专项资金和政府性基金支出,2006 年分别在一般预算支出、基金预算支出单设科目反映。为保证管理的延续,2007 年支出科目分别在相关功能分类、款下设置项级科目。如教育附加费支出,在教育类下单独设项反映;养路费支出在交通运输类下的公路和水路运输下单独设项反映。这样在汇总时,不仅教育和交通运输两个功能支出是完整的,而且将上述项级科目单独拿出来,也能够得到整个基金的收支情况。

和就业产生间接影响。支出按功能分类后再按经济分类,除了要细化预算,说明政府各项职能的具体支出差别,如是发了工资,购置低值易耗的办公用品,还是购置资本性资产外,最重要的一点,就是方便对政府的支出进行经济分析。支出经济性质分类分为类、款两级,共包括工资福利支出(7 款)、商品和服务支出(30 款)、对个人和家庭的补助(14 款)、对企事业单位的补贴(4 款)、转移性支出(2 款)、赠与(2 款)、债务利息支出(6 款)、债务还本支出(2 款)、基本建设支出(9 款)、其他资本性支出(9 款)、贷款转贷及产权参股(6 款)和其他支出(5 款),共 12 类 96 款。(具体分类见最后附录)

第二节　中央预算编制

为了更加全面准确地反映政府的政策方针、更加有利于人大审查批准预算,国务院及其财政部门认真落实全国人大审议预决算提出的各项要求,不断加强和改善预算编制工作。2000 年,国务院按照全国人大常委会的要求,实施中央部门预算改革,通过提前编制预算、延长预算编制时间,将部门所有收支纳入预算、统筹安排使用等方式,实现了“一个部门一本预算”,并向人大报送了教育部、农业部、科技部、劳动和社会保障部等四个部门的部门预算。之后报送全国人大审查的部门预算逐步增加,到 2013 年报送全国人大审议预算的部门数量达到 98 个。2007 年,经国务院批准,财政部实施了政府收支分类改革,建立了由收入分类、支出功能分类、支出经济分类三部分构成的新的政府收支分类体系。经十一届全国人民代表大会第一次会议批准,从 2008 年起,中央财政进一步改进了中央财政超收分配使用办法,年度执行中如有超收,除按法律、法规和财政体制规定增加有关支出,以及用于削减财政赤字、解决历史债务、特殊的一次性支出等必要支出外,原则上不再追加支出,均列入中央预算稳定调节基金,转到以后年度经过预算安排使用,加强了全国人大对中央财政超收安排使用的审查和监督。同时,报送人大的预算等材料也在不断调整、细化,预算报告增加了各类图、表、名词解释,预算草案逐步增加了中央农林水、科技、教育、医疗卫生、社会保障、环境保护等重点支出表,预算进一步细化。

目前,提交全国人大审议的中央预算主要包括中央财政公共预算(收入预算、支出预算、赤字及国债余额限额预算),中央财政部门预算(部分中央部门的部门预算),中央政府性基金预算、中央财政国有资本经营预算,以及社会保险基金预算情况的报告等。

一、中央财政公共预算的编制

(一)中央财政收入预算的编制

中央一般公共预算收入包括中央本级收入和地方向中央的上解收入。中央财政收入即中央本级收入,是指按现行分税制财政体制规定,划归中央财政的税收收入和非税收入,主要包括:消费税、关税等固定收入;增值税、企业所得税、个人所得税等共享收入部分,以及中央部门的行政事业性收费、罚没收入等非税收入。

中央财政收入预算中,税收收入由财政部根据上年税收收入执行情况、预算年度与税收密切相关的经济指标如工商业增加值、企业利润、进出口总额、城乡居民收入等的预计增长情况、税收政策调整等因素,在征求国家税务总局、海关总署等部门意见的基础上分税种测算、按科目编制。非税收入包括中央各部门上缴的行政事业性收费、罚没收入等项目,由财政部根据上年非税收入执行情况、当年非税收入政策调整等因素编制。

(二)中央财政支出预算的编制

中央财政支出预算包括中央本级支出预算、中央对地方税收返还和转移支付预算。

1. 中央本级支出预算编制

中央本级支出是指中央财政按现行中央政府与地方政府事权的划分,用于中央政府本级事务的支出。主要包括:国防支出,外交和援外支出,中央国家机关支出,中央负担的国内外债务付息支出,以及中央本级负担的教育、文化、医疗卫生、社会保障与就业支出等。

中央本级支出预算由财政部在中央各部门编制的部门预算的基础上,按政府支出功能分类科目汇总编制,科目一般列至款,重要的列到项。中央本级支出包括年初列入部门预算的中央财政支出,加上未列入部门预算的国债利息支出、预备费等。列入部门预算的中央财政支出,由各部门在编制部门预算时,根据部门和所属单位年度工作任务测算,经财政部审核,报国务院确定。国债利息支出由财政部按当年债务余额、利率等情况测算。预备费一般根据预算法规定,按中央本级预算支出的1%—3%设置。

2. 中央对地方税收返还和转移支付预算

中央对地方税收返还和转移支付预算由税收返还和转移支付预算构成。

(1)税收返还预算。税收返还包括增值税消费税返还、所得税基数返还、成品油价格和税费改革税收返还三项。所得税基数返还、成品油价格和税费改革税收返还基本固定,增值税消费税返还,根据相关收入的每年增长情况适当增长。财政部按以上情况测算编制每年税收返还预算。

(2)转移支付预算。一般性转移支付预算中,均衡性转移支付主要参照各地标准财政收入和标准财政支出的差额及可用于转移支付的资金规模等客观因素,按统一公式计算确定。标准财政收入主要按税基和税率分税种测算;标准财政支出则根据各地达到均等化基本公共服务水平[①]的财政支出需求,按人口、面积、地方政府规模、影响支出的客观因素以及成本差异等因素测算。

专项转移支付主要根据确定的民生政策等安排,按照集中资金、突出重点、专款专用的要求,重点用于民生领域,以及中央委托地方的事项,并向中西部地区倾斜。资金测算、分配主要依据《中央对地方专项拨款管理办法》,以及各项专款的具体管理办法,在征求主管部门和地方意见的基础上进行。多数专项转移支付按影响支出的客观因素分配到省(自治区、直辖市),由省级财政部门再向下分配并确定到具体项目。少数专项转移支付由主管部门会同财政部在专家评估、论证的基础上,确定具体项目,并分配资金。

(三)中央财政赤字及国债余额限额的确定

1. 中央财政赤字

中央财政赤字安排主要体现财政政策要求。在经济过热、通胀预期明显、需要实施从紧的财政政策时,中央预算编制要实行从紧的预算政策,严格控制财政赤字,抑制总需求;在有效需求不足、通货紧缩、需要实施积极的财政政策时,预算安排则扩大财政支出,增加中央财政赤字;在社会总需求和总供给基本平衡时则实行稳健的财政政策,预算安排则要逐步减少中央财政赤字,但又不明显缩小,做到松紧适度。

1993—1997 年在适度从紧的财政政策背景下,中央财政赤字安排 2796 亿元,年均约 559 亿元。1998—2004 年针对亚洲金融危机,国家实施积极的财政政策,中央财政赤字安排 17429 亿元,年均约 2490 亿元,是紧缩时期的 4.5 倍。2005—2008 年,实施稳健财政政策,中央财政赤字在 2004 年 3192 亿元的基础上逐步缩小,2005 年 2999.5 亿元,2006 年 2748.96 亿元,2007 年 2000 亿元,2008 年 1800 亿元。2009 年为应对国际金融危机,国家再次实施积极的财政政策,中央预算安排赤字 7500 亿元,并代地方发行地方政府债券 2000 亿元,用于扩大内需,促进经济平稳较快发展。

2. 国债余额限额

国债是重要的财政政策工具,也是连接财政政策和货币政策并使两者发挥

---

① 在市场经济条件下,公共财政提供公共物品或者服务,应当坚持基本公共服务均等化原则。所谓基本公共服务均等化,是指财政通过财政活动提供或者生产的基本公共物品或者基本公共服务的效益,应当是无差别地、一视同仁地落在每一位居民和企业身上。这种均等化的基本公共服务是政府提供的最低的统一的标准,这一标准是动态的,是随着经济社会的发展不断提高的。

合力的经济杠杆。1981年国家恢复发行国债，并对国债规模实行年度额度管理，即国债发行规模由财政部在每年第四季度根据国家财政预算收支情况测算编制下年国债发行计划，作为预算的一部分，报经国务院批准，由国务院提请全国人民代表大会审议批准。经全国人民代表大会常务委员会批准，从2006年起，我国国债管理制度由年度额度管理转变为国债余额管理，即在批准年度预算时，全国人民代表大会为当年年末国债余额规定一个限额，国务院在限额内自行决定国债发行规模、品种结构、期限结构和发债节奏。

中央财政国债余额限额等于历年中央财政赤字之和，加上发行的特种国债等政府性债务的总额。通常情况下，当年中央财政国债余额限额等于上年中央财政国债余额限额加当年中央财政赤字。因此，一旦确定了当年中央财政赤字，也就确定了当年中央财政国债余额限额。

二、部门预算的编制

我国目前的政府预算是以部门预算为基础编制的。所谓的部门预算，是指预算部门（包括政府部门、直属单位等一级预算单位）依据国家有关政策规定及其行使职能的需要，由基层预算单位编制，逐级上报、审核、汇总，经财政部门审核后提交立法机关依法审批①，涵盖部门各项收支的综合财政收支计划。部门预算既是政府预算管理的重要内容，也是人大预算审查监督的基础。根据预算法第八条的规定："各部门预算由本部门及其所属各单位预算组成。"

（一）部门预算改革成效

我国的中央部门预算改革从1999年开始，经过多年的改革取得了以下几方面的成效：

一是初步建立起与国家宏观政策及部门履行职能紧密结合的预算分配机制。中央部门预算改革改变了传统的预算资金分配机制，预算从基层预算单位编起，逐级汇总，所有开支项目落实到具体的预算单位。由于部门预算按基本支出和项目支出进行编报，因此提高了预算细化程度；部门开始注重按职能和工作计划编报预算，保证预算能够真实、全面地反映部门行使职能的需要；财政部门汇总各预算单位的预算需求，根据国家宏观经济政策、国民经济和社会发展规划确定财政支出结构上报国务院；各预算单位根据国务院确定的财政支出结构，结合部门工作任务与事业发展目标，科学、规范地分配中央财政预算资金，首先确保国家已确定的重点项目，然后安排专项业务项目，最后按照项目排

① 预算法没有明确提出部门预算必须由人大批准，由于政府预算是由部门预算组成的，多数意见认为，人大批准本级政府预算的同时，实际上等于批准了部门预算。也有的对此持不同意见。

序安排其他项目。这种新型的预算分配机制,可以确保国家重大政策的贯彻落实和部门履行职能的客观需要。

二是强化了预算约束,增强了预算的计划性和严肃性。采用传统的功能预算编制方法,很多资金年初未能及时落实到具体的支出项目上,于是资金被切块安排后,往往在预算执行中再确定支出项目,随用随批。有些部门的预算经财政部批准后,经常在执行中不断地被调整或追加,从而影响了预算的严肃性。部门预算改变了传统的"基数法"预算编制方法,将部门所有支出划分为基本支出和项目支出,分别采取定员定额和项目库管理的方式进行编制,初步实现了预算资金管理的标准化和规范化;改变了过去层层留机动的做法,减少了资金在中间环节的滞留,提高了预算的年初到位率;改变了预算外资金、各种政府性基金均由单位自行安排的传统预算编制方式,按照综合预算的要求,将预算外资金纳入预算管理或实行收支脱钩管理,加强了对预算外资金的规范管理。

三是预算编制时间与编制方式发生重大改变,预算编制的准确性进一步提高。1999 年度以前,中央各部门编制预算一般从 11 月份开始进行,预算编制时间为 4 个月;2000 年开始,中央部门从 9 月份开始编制预算,预算编制时间延长为 6 个月;2002 年开始,从 7 月份开始编制预算,预算编制时间延长为 8 个月;2004 年开始,从 5 月份即开始着手项目的清理工作,预算编制时间延长为 10 个月。预算编制时间的延长,有助于提高预算编制的准确性。

传统的功能预算采取自上而下的编制方式,部门根据财政主管部门下达的按功能分类的预算控制指标,代基层单位编制预算。部门预算改革后,中央各部门的预算从基层预算单位编起,逐级汇总,所有开支项目落实到具体的预算单位,预算层次进一步延伸,主动编制预算替代了代编预算,避免了代编预算的随意性。预算编报内容也更加符合实际。

四是预算编制的责任主体更为明确,预算真正成为部门自己的预算。中央各部门打破了过去按基数编报预算的方法,开始注重按职能、工作计划编报预算。通过填报本部门的基本支出和项目支出预算,使预算安排与本部门的工作特点紧密结合,促进了部门预算观念的增强,使中央部门预算真正成为部门自己的预算。

五是提高了预算透明度,强化了全国人大对预算的监督。新的政府收支分类的出台,能够清晰地反映政府收支的内容和方向。在向全国人大报送按功能汇总的中央财政总预算的同时,向全国人大报送部门预算的部门数量逐年增加。2000 预算年度,所有中央一级预算单位开始试编部门预算,并将农业部、科技部等 4 个部门的部门预算报送全国人大审议;2001 年,部门预算报送全国人大审议的部门增加到26个;至2013年,编制部门预算的中央一级预算单位共167个,报送全国人大审议的部门预算范围包括中共中央宣传部等98个中央部门的部门预算和中国人民银行的费用支出预算,共涉及99个中央一级预算单位。同时,报送全国人大审议的部门预算内容不断细化,中央财政用于教育、科技、医疗、社保等方面涉及人民群众根本利益的重大支出总量和结构情况均报全国人大审议,对不能列入部门预算的项目的详细安排情况,也向国务院报告并转送全国人大备案。

(二)部门预算编制要求

在每年的预算编制工作开始前,国务院及其财政部门都要就下一年度的预算编制工作做出部署,明确编制的总体要求、指导思想、总体思路、工作重点、工作流程等。下面主要介绍一下与审查工作密切相关的预算编制的基本原则、收入和支出的具体范围及编制以及具体的编制流程等。

1. 部门预算编制的基本原则

中央部门预算编制的基本原则,是在长期的预算编制工作实践中不断总结形成的,全面反映了中央部门预算编制的特点和要求,对预算编制工作具有重要的指导作用。同时,也是进行预算审查的重要内容,人大在审查政府预算时,首先要了解作为预算编制的基本原则并对其合理性、科学性做出评价,然后据此,再对中央各部门预算编制是否体现了这些原则予以审查。

专栏3—3 2013年中央部门预算编制的基本原则

中央部门预算是整个国家财政预算的重要组成部分,与国民经济和社会发展、国家宏观政策、政府施政目标以及中央部门履行职能等联系紧密,预算草案一经全国人大批准即具有法律效力,因此,中央部门预算具有很强的严肃性,中央部门在预算编制过程中,应遵循以下原则:

(一)合法性原则

部门预算的编制要符合《中华人民共和国预算法》和国家其他法律、法规的要求,充分体现党和国家的方针政策,并在法律赋予部门的职能范围内进行。具体来讲:收入方面,组织基金收入要符合国家法律、法规的规定;行政事业性收费要按财政部、国家发展改革委核定的收费项目和标准测算等。支出方面,支出预算要结合本部门的事业发展计划、职责和任务测算;对预算年度收支增减因素的预测要充分体现与国民经济和社会发展计划的一致性,要与经济增长速度相匹配;项目和投资支出方向要符合国家产业政策;支出的安排要体现厉行节约、反对浪费、勤俭办事的方针;人员经费支出要严格执行国家工资和社会保障的有关政策、规定及开支标准;日常公用经费支出要按国家、部门或单位规定的支出标准测算；部门预算需求不得超出法律赋予部门的职能。

(二)真实性原则

部门预算收支的预测必须以国家社会经济发展计划和履行部门职能的需要为依据，对每一收支项目的数字指标应认真测算，力求各项收支数据真实准确。机构、编制、人员、资产等基础数据资料要按实际情况填报；各项收入预算要结合近几年实际取得的收入并考虑增收减收因素测算，不能随意夸大或隐瞒收入；支出要按规定的标准，结合近几年实际支出情况测算，不得随意虚增或虚列支出；各项收支要符合部门的实际情况，测算时要有真实可靠的依据，不能凭主观印象或人为提高开支标准编制预算。

(三)完整性原则

部门预算编制要体现综合预算的思想。各种预算外资金要严格执行“收支两条线”管理，应将所有收入和支出全部纳入部门预算，改变预算内外资金“两张皮”的状况，取消收支挂钩的预算核定方法，对单位的预算内、外各项财政资金和其他收入，统一管理，统筹安排，统一编制综合财政预算。编制预算时，要将部门依法取得的包括所有财政性资金在内的各项收入以及相应的支出作为一个有机整体进行管理，对各项收入、支出预算的编制做到不重不漏，不得在部门预算之外保留其他收支项目。

(四)科学性原则

部门预算编制要具有科学性，主要体现在：(1)预算收入的预测和安排预算支出方向要科学，要与国民经济社会发展状况相适应，要有利于促进国民经济协调健康、可持续发展；(2)预算编制的程序设置要科学，合理安排预算编制每个阶段的时间，既要以充裕的时间保证预算编制的质量，也要注重提高预算编制的效率；(3)预算编制的方法要科学，预算的编制要制定科学规范的方法，测算的过程要有理有据；(4)预算的核定要科学，基本支出预算定额要依照科学的方法制定，项目支出预算编制中要对项目进行遴选，分轻重缓急排序，科学合理地选择项目。

(五)稳妥性原则

部门预算的编制要做到稳妥可靠，量入为出，收支平衡，不得编制赤字预算。收入预算要留有余地，没有把握的收入项目和数额，不要列入预算，以免收入不能实现时，造成收小于支；预算要先保证基本工资、离退休费和日常办公经费等基本支出，以免预算在执行过程中被不断调整。项目预算的编制要量力而行，有多少钱办多少事。

(六)重点性原则

部门预算编制要做到合理安排各项资金，本着“一要吃饭，二要建设”的方针,在兼顾一般的同时,优先保证重点支出。根据重点性原则,要先保证基本支出,后安排项目支出;先重点、急需项目,后一般项目。基本支出是维持部门正常运转所必须的开支,如:人员基本工资、国家规定的各种补贴津贴、离退休人员的离退休费、保证机构正常运行所必须的公用经费支出以及完成部门职责任务所必须的其他支出,因此要优先安排预算,不能留有缺口;项目支出根据财力情况,按轻重缓急,优先安排党中央、国务院交办的事项,符合国民经济和社会发展计划、符合国家财政宏观调控和产业政策的项目。

(七)透明性原则

部门预算要体现公开、透明原则。对于单位的经常性支出,要通过建立科学的定员定额体系,以实现预算分配的标准化。对于部门为完成特定行政工作任务或事业发展而发生的各类项目支出,要通过填报项目文本、建立项目库、科学论证、采用择优排序的方法确定必保项目和备选项目,结合当年的财力状况与财政支出重点,优先安排急需、可行的项目,从而减少预算分配中存在的主观随意性与"暗箱操作",使预算分配更加规范、透明。

(八)绩效性原则

部门预算应建立绩效考评制度,对预算的执行过程和完成结果实行全面的追踪问效,不断提高预算资金的使用效益。在项目申报阶段,要对申报项目进行充分的可行性论证,以保障项目确实必需、可行;在项目执行阶段,要建立严格的内部审核制度和重大项目建设成果报告制度,以对项目进程和资金使用情况进行监督,对阶段性成果进行考核评价;在项目完成阶段,项目单位要及时组织验收和总结,并将项目完成情况报中央部门,中央部门要将项目完成情况汇总报财政部。中央部门和财政部要将项目完成情况和绩效考评结果分别记入中央部门项目库和财政部项目库,并作为财政部以后年度审批立项的参考依据,以强化对部门预算资金使用过程的监督和使用效益的考核分析,促使预算资金的安排由"重分配"向"重管理"转变。

摘自财政部 2013 年中央部门预算编制指南。

2. 部门预算收入的编制

部门预算收入。中央部门预算由中央各部门预算组成。各部门预算则指列入部门预算的中央国家机关、社会团体和其他单位的收支预算。部门预算采用综合预算编制方法,除列入中央财政预算(公共预算、政府性基金预算、国有资本经营预算和社会保险基金预算)的收支部分之外,还包括一些其他未纳入以上四本财政预算的收支,如一些行政事业性收费、捐赠收入,以及一些事业单位的经营性收入等。因此,部门预算收支会大于中央财政预算中的中央本级的收入和支出。根据 2013 年中央部门预算编制指南,中央部门的预算收入的构成包括:

(1)上年结转:指以前年度安排、预计结转到本年度使用的资金,包括财政拨款结转资金、财政拨款结余资金、教育收费和其他资金。

(2)财政拨款收入:指由中央财政拨款形成的部门收入,不包括非本级财政拨款收入以及年初列入部门预算、执行中由中央部门直接分配给其他部门使用的财政拨款收入。按现行管理体制,财政拨款又分为公共预算财政拨款收入、政府性基金预算财政拨款收入、国有资本经营预算财政拨款收入、社会保险基金预算财政拨款收入等。

(3)上级补助收入:指预算单位从主管部门或者上级单位取得的非财政拨款补助收入。

(4)事业收入:指事业单位开展专项业务活动及辅助活动取得的收入,包括教育收费收入等。

(5)事业单位经营收入:指事业单位在专项业务活动及辅助活动之外开展非独立核算经营活动取得的收入。事业单位的经营收入必须具备以下两个特征:一是经营活动取得的收入,而不是专项业务活动及其辅助活动取得的收入;二是取得的经营收入是非独立核算的。

(6)下级单位上缴收入:指本单位所属下级单位(包含独立核算和非独立核算的,相关支出纳入和未纳入部门预算的下级单位)上缴给本单位的全部收入(包括下级事业单位上缴的事业收入、其他收入和下级企业单位上缴的利润等)。

(7)其他收入:指上述收入以外的各项收入,主要包括非本级财政拨款、事业单位的投资收益等收入。

(8)用事业基金弥补收支差额:指预计用事业基金弥补本年度收支差额的数额。只有事业单位预计收入小于支出时,才可以用事业基金弥补收支差额。

部门预算收入的测算和编制应当遵循科学合理的原则,按照项目合法合规、内容全面完整、数字真实准确的要求编制。从2011年起,除学费收入纳入财政专户实行专项管理以外,交通运输主管部门集中收入纳入政府性基金预算管理,其余中央预算外资金全部纳入公共预算管理。

3. 部门支出预算的编制

部门预算由基本支出预算和项目支出预算组成。

(1)基本支出预算。主要是为保障单位机构正常运转、完成日常工作任务而编制的年度支出计划,包括人员经费和日常公用经费两部分。基本支出预算按照综合预算、优先保障和定额管理[①]等原则,由预算单位按照单位编制人数以及基本支出定额标准,即定员定额标准编制。根据部门预算管理的有关规定,

① 基本支出预算实行以定员定额为主的管理方式,同时结合部门资产占有情况,通过建立实物费用定额标准,实行资产管理与定额管理相结合。

基本支出定员定额标准由双定额构成，即综合定额和财政补助定额。综合定额是针对综合预算而言的，是指财政部按人或物核定的部门、单位总体或某个定额项目的大口径支出标准，如财政部核定某单位在职职工人均支出水平5万元每年，人均5万元每年即为综合定额；财政补助定额是指财政部对与其有预算缴拨款关系的部门、单位按人或物核定的财政补助标准，是为了保证财政预算分配的公平、公正和规范而制定的分配标准，即财政预算分配定额，如财政部按某单位在职职工人数人均补助2万元每年，人均2万元每年即为财政补助定额。通常根据各个支出部门的性质和职能，采用分类、分档确定标准的方法。

(2)项目支出预算。项目支出预算是部门支出预算的另一重要组成部分，是中央部门为完成其特定的行政工作任务或事业发展目标，在基本支出预算之外编制的年度支出计划。包括基本建设、有关事业发展专项计划、专项业务费、大型修缮、大型购置、大型会议等项目支出。项目支出预算具有专项性、独立性和完整性等特征。项目支出预算按照综合预算、科学论证、合理排序、追踪问效等原则编制。2007年政府收支分类改革后，主要采用类别分类的方法。为了提高预算安排的科学性，为项目按照“轻重缓急”排序奠定基础，根据项目的重要性，将预算项目分为国务院已经研究确定的项目、经常性专项业务费项目、跨年度支出项目和其他项目四类。为了实现对预算项目的滚动管理，根据项目的存续时间又将预算项目分为新增项目和延续项目①。目前主要采用项目库管理的方式。项目预算由预算单位根据部门预算编制规程，在对上年预算批复项目进行清理的基础上滚动编制，即从上年预算已批复项目中，确定下年预算需继续安排的延续项目，并根据下年实际需要增加新的项目。基本支出和项目支出预算，各部门、各单位按财政部制定的《中央本级基本支出预算管理办法》、《中央本级项目支出预算管理办法》执行。

(3)项目支出绩效评价及绩效预算改革试点。我国在中央一些部门和一些地方开展了项目绩效评价和绩效预算改革的试点。绩效预算的基本理念就是根据项目预算的绩效来分配财政资金。哪个项目应当做、不应当做，应当花多少钱来做等都由该项目未来产生的绩效来确定。因此，在项目计划阶段通过对项目可能产生绩效的事先评价，评价结果成为部门和财政在进行资金分配时的重要依据。

专栏3—4　佛山市三水区绩效预算改革实例

佛山市三水区绩效预算改革，建立了事前、事中、事后全方位实施绩效评价

① 通过这种方式，在项目库中建立起预算项目年度之间的联系，为实现项目库中项目的多年度信息查询、比较分析、分年安排预算等滚动管理奠定基础。

机制。下面仅就绩效预算的编制进行介绍。即编制预算,确立绩效目标。

绩效目标是财政支出项目要达到的目标,表现为可测定和可量化的评价指标,包括社会效益和经济效益指标等。

1. 申报项目绩效目标

部门编制部门预算时,要按《佛山市三水区区直部门项目支出预算管理试行办法》规定的申报条件、程序和规范文本格式申报,同时必须明确提出项目资金的使用绩效目标和写出项目可行性报告,用附件(附表)的形式报送。

项目可行性报告包括以下内容:项目名称、项目概况、项目所要达到的预算绩效目标及可量化的数据指标、项目总投入及资金来源、项目资金的具体使用方案、项目的具体实施方案等内容。

项目可行性报告及相关资料要结合部门预算"一上"的时间,统一报送至财政局。

2. 分析论证

财政局对各部门提出的绩效目标和可行性报告进行严格审核。根据有关规定对项目支出进行必要性、可行性研究,对重大项目的社会效益和经济效益还可组织专家或者中介机构进行分析、筛选,并结合"一下"提出资金安排初审意见,为预算资金分配提供决策参考。

3. 下达目标

根据人大的批复,财政部门在"二下"下达部门预算时,明确支出项目的金额、资金性质、使用时间和绩效目标。

摘自马骏、李黎明主编《为人民看好"钱袋子"》。

(三)部门预算编制流程

中央部门预算的编制流程,可以简单概括为准备加"两上两下"五个阶段。

1. 准备阶段:时间节点为每年4至5月份,主要参与方为财政部和中央部门。主要目的是通过开展项目清理工作,前置预算编制环节,提高部门预算编制的科学性和准确性,逐步实现预算编制的滚动管理。主要工作是对本年度已经批复的项目进行清理,提出滚动列入下一年度中央部门预算的"前三类项目"和打捆项目,并下达中央部门。主要程序为,按照逐层汇总的原则,由中央部门先进行清理并将清理结果报财政部,由财政部审核确定后反馈中央部门,作为下一年度预算编制的基础。

2. "一上"阶段:时间节点为6至7月份①,主要任务是由中央部门提出下一年度预算建议数。在财政部门确定的预算原则及指导下,各支出部门组织本部

① 时间节点在具体编制工作中,可能会逐步提前。

门和下属单位编制预算，从基层预算单位编起，层层审核汇总，最后由一级预算单位审核汇编成部门预算建议数，报财政部。同时，提供相关的基础数据和相关资料，主要包括涉及基本支出核定的编制人数和实有人数，增人增编的文件，项目支出的文件依据和测算说明等。

3.“一下”阶段：时间节点为 8 至 10 月份，主要任务是确定并下达预算控制数。对中央各部门上报的预算建议数，由财政部门内部各相关职能处室对部门预算建议数进行初步审核，报预算司审核平衡，并按照规定的程序反复协商、沟通，最后由预算司汇总形成中央本级预算初步方案，报经国务院批准后，向各部门下达预算控制数。涉及有预算分配权部门的指标，由财政部相关业务司局对口联系，其分配方案并入“一下”控制数，列入相关中央部门预算，由财政部统一向中央部门下达。

4.“二上”阶段：时间节点为每年 11 月至次年 2 月，主要任务是形成下一年度中央预算和各部门预算草案。中央部门根据财政部下达的预算控制数，编制部门预算草案上报财政部。基本支出在支出经济分类科目之间由中央部门根据自身情况和财务制度规定自主编制；项目支出必须按照财政部下达的预算控制数进行编制，并对支出项目进行分解细化，落实到项目具体承担单位。财政部在对各中央部门上报的预算草案审核后，汇总成按支出功能分类编制的中央本级财政预算草案和部门预算，报国务院审批后，再报全国人大常委会预算工作委员会和全国人大财经委进行预先审查和初步审查，最后提请全国人民代表大会审议。

5.“二下”阶段：时间节点为 3 至 4 月份，主要任务是以正式文件的形式逐级批复、下达年度预算。根据预算法第五十二条的规定在全国人民代表大会批准预算后 20 日内，财政部统一向中央部门批复预算，各部门在财政部批复本部门预算之日起 15 日内，批复所属各单位的预算。中央对地方的一般性转移支付应当在全国人民代表大会批准预算后 30 日内正式下达。中央对地方的专项转移支付应当在批准预算后 90 日内正式下达。

专栏 3—5 2013 年中央部门预算编制时间安排

（一）2012 年 7 月 31 日前，各中央部门将部门预算（预算表及预算附表，详见附件 3、4）报财政部（1 份，附电子数据），其中项目申报文本只报送电子数据。

（二）2012 年 10 月 25 日前，财政部根据国务院审定的中央预算（草案）确定分部门的预算分配方案，向各中央部门下达预算控制数，其中，基本支出“一下"控制数细化到款级科目或项级科目。同时,向按经济分类编制项目支出预算试点部门发放专门的预算编制软件。

(三)中央部门根据财政部下达的预算控制数编制"二上"预算(预算表及预算附表),于2012年12月10日前报财政部(一式两份,附电子数据),提请全国人大审议的中央部门须报送一式三份。

(四)2012年12月31日前,财政部将汇编的中央预算(草案)及拟提请全国人大审议的中央部门预算报国务院审批。

(五)2013年1月15日前,财政部将国务院批准的中央预算(草案)报全国人大常委会预算工作委员会。

(六)2013年2月15日前,财政部将中央预算(草案)提交全国人大财政经济委员会。

(七)财政部自全国人民代表大会批准中央预算之日起30日内,批复各中央部门预算。各中央部门自财政部批复本部门预算之日起15日内,批复所属各单位预算。

摘自财政部关于编制2013年中央部门预算的通知

三、中央政府性基金预算的编制

政府性基金预算是对依照法律、行政法规的规定在一定期限内向特定对象征收、收取或者以其他方式筹集的资金,专项用于特定公共事业发展的收支预算。即国家通过向社会征收以及出让土地、发行彩票等方式取得收入,并专项用于支持特定基础设施建设和社会事业发展的财政收支预算,是政府预算体系的重要组成部分。编制政府性基金预算,对于提高政府预算的统一性和完整性,增强预算的约束力和透明度,更好地接受人大和社会监督,具有十分重要的意义。

(一)政府性基金预算的基本内容

目前,纳入政府性基金预算管理的资金项目包括政府性基金和参照政府性基金管理的非税收入两大类,共43项。按收入来源划分,向社会征收的政府性基金29项,包括铁路建设基金、民航基础设施建设基金、港口建设费、国家重大水利工程建设基金等;参照政府性基金管理的非税收入14项,包括国有土地使用权出让收入、彩票公益金等,其收入主要来源于国有资源、特许经营、行政性收费和国有资产。

按收入归属划分,全国政府性基金预算表中的项目,可分为中央收入(15项)、地方收入(17项)、中央与地方共享收入(11项)。按支出用途划分,政府性基金项目主要用于公路、铁路、民航、港口、水利等基础设施建设(13项)

和教育、文化、移民和社会保障等公用事业(12 项),用于城市维护建设的基金 8 项;用于生态环境建设的基金 5 项;用于其他方面的基金 5 项。非税收入用途较为广泛。

2012 年,全国政府性基金预算收入 37535 亿元,相当于同期全国公共财政收入的 32%。其中:政府性基金收入 5182 亿元,占政府性基金预算收入的 13.8%;参照政府性基金管理的非税收入 32353 亿元,占政府性基金预算收入的 86.2%,主要是国有土地使用权出让金项目收入 26692 亿元,占全部收入的 71.1%。将中央和共享收入按比例分成后计算,中央政府性基金预算收入 3318 亿元,占 8.8%;地方政府性基金预算收入 34217 亿元,占 91.2%。

(二)政府性基金预算[①]的编制原则

原来政府性基金预算的编制遵循"以收定支、专款专用、收支平衡、结余结转下年安排使用"的原则。基金支出根据基金收入情况安排,自求平衡,不编制赤字预算。当年基金预算收入不足的,可使用以前年度结余资金安排支出;当年基金预算收入超出预算支出的,结余资金结转下年继续安排使用。各项基金按规定用途安排,不调剂使用。预算法第九条规定:"政府性基金预算应当根据基金项目收入情况和实际支出需要,按基金项目编制,做到以收定支。"主要是对于一些可以统筹使用的资金,可加大统筹力度。

(三)政府性基金预算的编制流程

中央政府性基金预算由财政部在征求有关部门意见的基础上编制,经国务院批准,报全国人民代表大会审查批准。具体流程是:政府性基金使用单位按照财政部统一要求以及同级财政部门的有关规定,编制年度相关政府性基金预算,逐级汇总后报同级财政部门审核;各级财政部门在审核使用单位年度政府性基金预算的基础上,编制本级政府年度政府性基金预算草案,经同级人民政府审定后,报同级人民代表大会审查批准;财政部汇总中央和地方政府性基金预算,形成全国政府性基金预算草案,经国务院审定后,报全国人民代表大会审查批准。

四、中央国有资本经营预算的编制

我国 1995 年《预算法实施条例》规定,各级政府要编制国有资产经营预算。

---

① 1996 年国家规定,将三峡工程建设基金、民航机场管理建设费等数额较大的政府性基金纳入财政预算,实行收支"两条线管理",基金收入全额上交国库(不再上缴财政专户),实行先收后支、专款专用,在预算上单独编报,自求平衡,结余结转下年继续使用。从 1997 年开始向全国人大报告中央政府性基金收支情况。

2007年9月,国务院出台了《关于试行国有资本经营预算的意见》,要求自2008年预算年度开始编制国有资本经营预算。这是我国正式编制国有资本经营预算的开始。国有资本经营预算,是对国有资本收益作出支出安排的收支预算,是国家以所有者身份依法取得国有资本收益并对所得收益进行分配而发生的各项收支预算,是政府预算的重要组成部分。

(一)国有资本经营预算的收支范围

中央国有资本经营预算由预算收入和预算支出组成。国有资本经营预算收入是指各级人民政府及其部门、机构履行出资人职责的企业按照规定上缴的国有资本收益。中央国有资本经营预算收入反映当年企业国有资本收益预计入库数额及上年结转收入,具体包括以下项目内容:(1)利润收入,即国有独资企业按规定上交国家的税后利润;(2)股利、股息收入,即国有控股、参股企业国有股权(股份)享有的股利和股息;(3)产权转让收入,即国有独资企业产权转让收入和国有控股、参股企业国有股权(股份)转让收入以及国有股减持收入;(4)清算收入,即扣除清算费用后国有独资企业清算收入和国有控股、参股企业国有股权(股份)享有的清算收入;(5)其他国有资本经营收入;(6)上年结转收入。

中央国有资本经营预算支出主要用于:根据产业发展规划、国有经济布局和结构调整、国有企业发展要求以及国家战略、安全需要的支出,弥补国有企业改革成本方面的支出和其他支出等。中央国有资本经营预算支出具体可分为:(1)资本性支出,即向新设企业注入国有资本金,向现有企业增加资本性投入,向公司制企业认购股权、股份等方面的资本性支出;(2)费用性支出,即弥补企业改革成本等方面的费用性支出;(3)其他支出。

(二)国有资本经营预算的编制要求

2007年出台的《意见》规定,各级财政部门为国有资本经营预算的主管部门,各级国有资产监管机构及其他有国有企业监管职能的部门和单位,为国有资本经营预算单位。2011年,中央国有资本经营预算编报办法规定,财政部为国有资本经营预算的主管部门,负责编制中央国有资本经营预算草案;各中央国有资本经营预算单位,包括国资委以及其他纳入中央国有资本经营预算实施范围的中央部门和单位(以下简称"中央预算单位"),负责编制本单位所监管中央企业(以下简称"中央企业")国有资本经营预算建议草案。预算收入根据中央财政当年取得的企业国有资本收益以及上年结转收入编制;预算支出根据预算收入规模编制,不列赤字。中央国有资本经营预算收入由财政部组织中央预算单位根据中央企业年度盈利情况和国有资本收益收取办法进行测算。预算法第十条规定:"国有资本经营预算应当按照收支平衡的原则编制,不列赤字,并安排资金调入一般公共预算。”

(三)国有资本经营预算的编制流程

财政部于每年6月,向中央预算单位下发编报年度中央国有资本经营预算建议草案和中央企业支出项目计划的通知。开始编制国有资本经营预算。中央企业于每年8月底以前,将编报的国有资本经营预算支出项目计划①报中央预算单位,并抄报财政部。中央预算单位于每年9月底以前,将所编制的国有资本经营预算建议草案②报财政部。财政部对中央预算单位报送的建议草案中的支出项目,纳入财政部国有资本经营预算项目库,按轻重缓急排序,实行滚动管理;财政部根据预算收入和中央预算单位上报的国有资本经营预算建议草案,统筹安排、综合平衡后,编制中央国有资本经营预算草案,并于每年12月底以前,将中央国有资本经营预算草案报国务院审批。经国务院批准后,中央国有资本经营预算草案随同中央政府公共预算(草案)报全国人大常委会预算工作委员会和全国人大财政经济委员会审查,提交全国人民代表大会审议。中央国有资本经营预算草案经全国人民代表大会批准后,财政部在30个工作日内批复各中央预算单位;中央预算单位自财政部批复本单位预算之日起15个工作日内,批复所监管企业,同时抄报财政部备案。

五、社会保险基金预算的编制

社会保险基金预算是对社会保险缴款、一般公共预算安排和其他方式筹集的资金,专项用于社会保险的收支预算,也就是根据国家社会保险和预算管理法律法规建立的反映各项社会保险基金收支的年度计划。2010年,《国务院关于试行社会保险基金预算的意见》颁布实施,社会保险基金预算开始在全国范围内试编。至2012年试编工作取得重要进展,一是实现了编报范围的全面覆盖,将企业职工基本养老保险、失业保险、城镇职工医保、工伤保险、生育保险、城居保、新农保、城镇居民医保和新农合等所有社会保险基金纳入了试编范围。二是编制管理机制逐步健全。三是编报时间提前至4月份,编报效率大大

① 中央企业编制国有资本经营预算支出项目计划包括以下内容:项目名称及主要内容;项目承担企业基本情况;项目实施的主要目的和目标;资本性支出项目包括项目立项的依据,项目可行性分析,项目投资方案与资金筹措方案,项目实施进度与年度计划安排,项目经济效益和社会效益的分析等;费用性支出项目包括立项的必要性,项目具体的支出范围,项目资金测算依据和标准等;项目绩效考核及其有关责任的落实;项目承担企业提供的其他相关材料。以及中央国有企业经营预算表三张。

② 中央预算单位编制的国有资本经营预算建议草案包括以下内容:企业的基本情况(包括企业户数、经营状况、行业分布和企业国有资本经营状况等);预算编制的组织及企业编报情况;年度预算支出规模及分类;预算年度国有资本经营预算支出所要达到的政策目标;预算支出项目的说明及依据。以及中央预算单位国有资本经营预算表三张。

提高。

(一)社会保险基金预算的编制范围

社会保险基金预算按险种分别编制,包括企业职工基本养老保险基金、失业保险基金、城镇职工基本医疗保险基金、工伤保险基金、生育保险基金以及居民社会养老保险基金(包括城镇居民社会养老保险基金、新型农村社会养老保险基金,以及部分城乡统筹地区统一实施的城乡居民社会养老保险基金)、居民基本医疗保险基金(包括城镇居民基本医疗保险基金、新型农村合作医疗基金和部分城乡统筹地区统一实施的城乡居民基本医疗保险基金)等社会保险基金。其中几种主要社会保险基金的收支范围如下:企业职工基本养老保险基金预算:基金预算收入主要包括基本养老保险费收入、利息收入、财政补贴收入、转移收入、上级补助收入、下级上解收入、其他收入等;基金预算支出主要包括基本养老金支出、医疗补助金支出、丧葬抚恤补助支出、转移支出、补助下级支出、上解上级支出、其他支出等。

失业保险基金预算:基金收入主要包括失业保险费收入、利息收入、财政补贴收入、转移收入、上级补助收入、下级上解收入、其他收入等;基金支出主要包括失业保险金支出、医疗补助金支出、丧葬抚恤补助支出、职业培训和职业介绍补贴支出、转移支出、补助下级支出、上解上级支出、其他支出等。

城镇职工基本医疗保险基金预算:基金收入主要包括基本医疗保险费收入、利息收入、财政补贴收入、转移收入、上级补助收入、下级上解收入、其他收入等;基金支出主要包括基本医疗保险待遇支出、转移支出、补助下级支出、上解上级支出、其他支出等。

工伤保险基金预算:基金收入主要包括工伤保险费收入、利息收入、财政补贴收入、转移收入、上级补助收入、下级上解收入、其他收入等;基金支出主要包括工伤保险待遇支出、劳动能力鉴定费支出、转移支出、补助下级支出、上解上级支出、其他支出等。

生育保险基金预算:基金收入主要包括生育保险费收入、利息收入、财政补贴收入、转移收入、上级补助收入、下级上解收入、其他收入等;基金支出主要包括生育保险待遇支出、医疗费支出、转移支出、补助下级支出、上解上级支出、其他支出等。

(二)社会保险基金预算遵循的原则

关于社会保险基金预算的编制,预算法第十一条规定,应当按照统筹层次和社会保险项目分别编制,做到收支平衡。即强调了按统筹层次编制、按项目分别编制、做到收支平衡三项规定。在具体实践中,遵循以下具体原则:

1. 依法建立,规范统一。依据国家法律法规建立,严格执行国家社会保险政策,按照规定范围、程序、方法和内容编制。

2. 统筹编制,明确责任。社会保险基金预算按统筹地区编制执行,统筹地区根据预算管理方式,明确本地区各级人民政府及相关部门责任。

3. 专项基金,专款专用。社会保险各项基金预算严格按照有关法律法规规范收支内容、标准和范围,专款专用,不得挤占或挪作他用。

4. 相对独立,有机衔接。在预算体系中,社会保险基金预算单独编报,与公共财政预算和国有资本经营预算相对独立、有机衔接。社会保险基金不能用于平衡公共财政预算,公共财政预算可补助社会保险基金。

5. 收支平衡。社会保险基金预算应当坚持做到收支平衡。

(三)社会保险基金预算的编制方法

社会保险基金收入预算的编制应综合考虑、统筹地区上年度基金预算执行情况、本年度经济社会发展水平预测以及社会保险工作计划等因素,包括社会保险参保人数、缴费人数、缴费工资基数等。统筹地区人民政府应根据社会保险基金收支、财政收支等情况,合理安排本级财政对社会保险基金的补助支出。

社会保险基金支出预算的编制应综合考虑统筹地区本年度享受社会保险待遇人数变动、经济社会发展状况、社会保险政策调整及社会保险待遇标准变动等因素。社会保险待遇支出预算应根据上年度享受社会保险待遇对象存量、上年度人均享受社会保险待遇水平等因素确定,同时考虑本年度变动情况;社会保险非待遇性支出预算要严格执行社会保险政策和管理制度规定。

(四)社会保险基金预算的编制程序

全国社会保险基金预算按统筹层次由下到上逐级编报汇总。从编制、审核到报送等各个环节相互衔接,由社会保险经办机构编制、人力资源和社会保障与计划生育与卫生部门分别审核汇总、财政部门审核后,报同级人民政府或人大审批。

统筹地区社会保险基金预算草案由社会保险经办机构编制,经本级人力资源社会保障部门或者计划生育与卫生部门审核汇总,财政部门审核后,由财政和人力资源社会保障或者计划生育与卫生部门联合报本级人民政府或者人大审批。社会保险费由税务机关征收的,社会保险基金收入预算草案由社会保险经办机构会同税务机关编制。

统筹地区财政和人力资源社会保障或者计划生育与卫生部门将社会保险基金预算草案报本级人民政府或者人大审批后,报上一级财政和人力资源社会保障或者计划生育与卫生部门。省级财政和人力资源社会保障或者计划生育与卫生部门将本省(区、市)社会保险基金预算草案报本级人民政府或者人大后,报财政部、人力资源社会保障部和计划生育与卫生部。

全国社会保险基金预算草案由人力资源和社会保障部、卫生与计划生育委员会汇总编制，财政部审核后，由财政部和人力资源社会保障部、卫生与计划生育委员会联合向国务院报告，由国务院向全国人民代表大会报告。

第三节　进一步改进和完善预算编制工作

目前中央和地方预算编制的各项基础工作得到明显加强，预算编制的科学性、完整性、规范性、透明程度明显提高，但仍然存在预算体系不够完善，预算编制的基础工作依然薄弱，编制的预算依然较粗，预算编制的法制规范不够完善等方面。因此，需要进一步采取切实有效的措施，完善中央与地方预算编制工作。

健全政府预算编制体系。进一步完善一般公共财政预算的编制。按照“正税清费”原则，清理取消不合理、不合法的非税收入项目，规范完善非税收入体系，实行依法征收。规范政府性基金预算编制，继续清理政府性基金项目，严格控制设立新的政府性基金项目。进一步完善国有资本经营预算，扩大覆盖范围，逐步提高上缴比例，规范支出范围。抓好社会保险基金预算编制工作。研究建立预算有机衔接的机制。要按照各自功能和定位，科学设置政府预算。应当统筹安排使用的资金统一纳入一般公共财政预算。具有专款专用性质且不宜纳入一般公共预算的政府性基金纳入政府性基金预算。社会保险基金预算相对独立，一般公共预算要支持社会保险基金预算，国有资本经营预算部分收入可用于弥补社会保障支出。根据经济社会发展和政府宏观调控需要，加大对政府性基金预算和国有资本经营预算中可统筹使用资金的统筹调配力度，调整收支范围并通过预算编制形成资金合力。

继续深化政府收支分类改革。在明确各类预算功能定位、收支范围的基础上，结合各类预算收支特点，建立统一规范的政府收支分类体系，为各类预算编制提供基础制度保障，为编制、汇总综合预算创造条件。

进一步改进中央部门预算编制。细化基本支出和项目支出预算编制，实现预算编制全部细化到“项”级科目和落实到具体执行项目。完善定员定额标准体系，做到科学合理，符合实际。实行定员定额管理的基本支出预算，根据定额标准、机构编制、人员情况测算编报。未实行定员定额管理的基本支出预算，在上年基本支出水平基础上结合人员变化情况、实际开支水平、部门历年财政补助水平及部门履行职能的实际需要测算编制。项目支出预算必须经过充分的研究论证，并有明确的项目目标和组织实施计划，一经确定原则上不得调整。

建立重大项目支出预算事前评审机制,使项目预算做到实、细、准。加快项目支出定额标准体系和项目库建设,推动项目支出预算滚动管理,做好项目的遴选、论证、审核和排序,促进项目支出预算的规范化、程序化管理。同时,积极推进资产管理与预算编制有机结合。进一步完善相关的工作机制和工作流程,编制部门预算时充分考虑部门占有的资产及其收益情况。切实加强新增资产配置审核和资产收益管理,实现资产配置管理和处置管理的有效衔接。

研究完善政府预算编制模式。从世界范围看,政府预算编制模式在不同的历史时期经历了多次变革,而每一次变革都是作为政府改革的重要内容甚至是核心内容进行。政府预算制度改革是政府改革的核心所在,而政府预算编制模式的改革又是政府预算制度的轴心。因此,要研究完善政府预算编制模式,如在对预算支出进行绩效性评价的基础上,鼓励地方探索实施绩效预算,研究编制中长期预算,促进财政的可持续性,加强对预算体系的研究,建立科学的全口径的预算体系,进一步完善复式预算制度等。

专栏3—6 政府收支分类科目

(一)收入分类:改革后的收入分类,类、款两级科目设置情况如下:

1. 税收收入。分设23款:增值税、消费税、营业税、企业所得税、企业所得税退税、个人所得税、资源税、固定资产投资方向调节税、城市维护建设税、房产税、印花税、城镇土地使用税、土地增值税、车船税、船舶吨税、车辆购置税、屠宰税、筵席税、关税、耕地占用税、契税、其他税收收入。

2. 社会保险基金收入。分设6款:基本养老保险基金收入、失业保险基金收入、基本医疗保险基金收入、工伤保险基金收入、生育保险基金收入、其他社会保险基金收入。

3. 非税收入。分设8款:政府性基金收入、专项收入、彩票公益金收入、行政事业性收费收入、罚没收入、国有资本经营收入、国有资源(资产)有偿使用收入、其他收入。

4. 贷款转贷回收本金收入。分设4款:国内贷款回收本金收入、国外贷款回收本金收入、国内转贷回收本金收入、国外转贷回收本金收入。

5. 债务收入。分设2款:国内债务收入、国外债务收入。

6. 转移性收入。分设10款:返还性收入、财力性转移支付收入、专项转移支付收入、政府性基金转移收入、彩票公益金转移收入、社会保险基金补助收入、预算外转移收入、单位间转移收入、上年结余收入、调入资金。

(二)支出功能分类

主要支出功能科目(类、款两级科目)设置情况如下:

1. 一般公共服务。分设32款：人大事务、政协事务、政府办公厅(室)及相关机构事务、发展与改革事务、统计信息事务、财政事务、税收事务、审计事务、海关事务、人事事务、纪检监察事务、人口与计划生育事务、商贸事务、知识产权事务、工商行政管理事务、食品和药品监督管理事务、质量技术监督与检验检疫事务、国土资源事务、海洋管理事务、测绘事务、地震事务、气象事务、民族事务、宗教事务、港澳台侨事务、档案事务、共产党事务、民主党派及工商联事务、群众团体事务、彩票事务、国债事务、其他一般公共服务支出。

2. 外交。分设8款：外交管理事务、驻外机构、对外援助、国际组织、对外合作与交流、对外宣传、边界勘界联检、其他外交支出。

3. 国防。分设3款：现役部队及国防后备力量、国防动员、其他国防支出。

4. 公共安全。分设11款：武装警察、公安、国家安全、检察、法院、司法、监狱、劳教、国家保密、缉私警察、其他公共安全支出。

5. 教育。分设10款：教育管理事务、普通教育、职业教育、成人教育、广播电视教育、留学教育、特殊教育、教师进修及干部继续教育、教育附加及教育基金支出、其他教育支出。

6. 科学技术。分设9款：科学技术管理事务、基础研究、应用研究、技术研究与开发、科技条件与服务、社会科学、科学技术普及、科技交流与合作、其他科学技术支出。

7. 文化体育与传媒。分设6款：文化、文物、体育、广播影视、新闻出版、其他文化体育与传媒支出。

8. 社会保障和就业。分设17款：社会保障和就业管理事务、民政管理事务、财政对社会保险基金的补助、补充全国社会保障基金、行政事业单位离退休、企业关闭破产补助、就业补助、抚恤、退役安置、社会福利、残疾人事业、城市居民最低生活保障、其他城镇社会救济、农村社会救济、自然灾害生活救助、红十字事业、其他社会保障和就业支出。

9. 社会保险基金支出。分设6款：基本养老保险基金支出、失业保险基金支出、基本医疗保险基金支出、工伤保险基金支出、生育保险基金支出、其他社会保险基金支出。

10. 医疗卫生。分设10款：医疗卫生管理事务、医疗服务、社区卫生服务、医疗保障、疾病预防控制、卫生监督、妇幼保健、农村卫生、中医药、其他医疗卫生支出。

11. 环境保护。分设10款：环境保护管理事务、环境监测与监察、污染防治、自然生态保护、天然林保护、退耕还林、风沙荒漠治理、退牧还草、已垦草原退耕还草、其他环境保护支出。

12. 城乡社区事务。分设12款:城乡社区管理事务、城乡社区规划与管理、城乡社区公共设施、城乡社区住宅、城乡社区环境卫生、建设市场管理与监督、政府住房基金支出、国有土地使用权出让金支出、城市公用事业附加支出、国有土地收益基金支出、农业土地开发资金支出、其他城乡社区事务支出。

13. 农林水事务。分设7款:农业、林业、水利、南水北调、扶贫、农业综合开发、其他农林水事务支出。

14. 交通运输。分设4款:公路水路运输、铁路运输、民用航空运输、其他交通运输支出。

15. 工业商业金融等事务。分设19款:采掘业、制造业、建筑业、电力、信息产业、旅游业、涉外发展、粮油事务、商业流通事务、物资储备、金融业、烟草事务、安全生产、国有资产监管、中小企业事务、可再生能源、能源节约利用石油价格改革财政补贴、其他工业商业金融等事务支出。

16. 其他支出。分设5款:预备费、年初预留、住房改革支出、其他政府性基金支出、其他支出。

17. 转移性支出。分设8款:返还性支出、财力性转移支付、专项转移支付、政府性基金转移支付、彩票公益金转移支付、预算外转移支出、调出资金、年终结余。

(三)支出经济分类

支出经济分类设类、款两级,科目设置情况如下:

1. 工资福利支出。分设11款:基本工资、津(补)贴、奖金、住房公积金、提租补贴、购房补贴、福利费、社会保障缴费、伙食费、伙食补助费、其他工资福利支出。

2. 商品和服务支出。分设30款:办公费、印刷费、咨询费、手续费、水费、电费、邮电费、取暖费、物业管理费、交通费、差旅费、出国费、维修(护)费、租赁费、会议费、培训费、招待费、专用材料费、装备购置费、工程建设费、作战费、军用油料费、军队其他运行维护费、被装购置费、专用燃料费、劳务费、委托业务费、工会经费、其他商品和服务支出。

3. 对个人和家庭的补助。分设14款:离休费、退休费、退职(役)费、抚恤金、生活补助、救济费、医疗费、助学金、奖励金、生产补贴、住房公积金、提租补贴、购房补贴、其他对个人和家庭的补助支出。

4. 对企事业单位的补贴。分设4款:企业政策性补贴、事业单位补贴、财政贴息、其他对企事业单位的补贴支出。

5. 转移性支出。分设4款:不同级政府间转移性支出、同级政府间转移性支出、不同级预算单位间转移性支出、同级预算单位间转移性支出。

6. 赠与。下设2款:对国内的赠与、对国外的赠与。

7. 债务利息支出。分设6款:国库券付息、向国家银行借款付息、其他国内借款付息、向国外政府借款付息、向国际组织借款付息、其他国外借款付息。

8. 债务还本支出。下设2款:国内债务还本、国外债务还本。

9. 基本建设支出。分设9款:房屋建筑物购建、办公设备购置、专用设备购置、交通工具购置、基础设施建设、大型修缮、信息网络购建、物资储备、其他基本建设支出。

10. 其他资本性支出。分设9款:房屋建筑物购建、办公设备购置、专用设备购置、交通工具购置、基础设施建设、大型修缮、信息网络购建、物资储备、其他资本性支出。

11. 贷款转贷及产权参股。分设6款:国内贷款、国外贷款、国内转贷、国外转贷、产权参股、其他贷款转贷及产权参股支出。

12. 其他支出。分设5款:预备费、预留、补充全国社会保障基金、未划分的项目支出、其他支出。

第四章
预算审查的对象和依据

审查批准预算是代议机构的一项重要的核心预算权力。我们应当如何认识预算审查批准权力？预算审查的对象是什么？是预算草案？预算执行情况和预算草案的报告？还是预算执行情况的报告和预算草案？代表在审查预算时，根据什么进行审查。这是在履行预算审查批准职责时，需要首先明确的问题。

第一节　预算审查批准权

民主是现代社会中集体选择的基本方式，预算是实现民主的重要手段。预算本身也需要民主化改造才能达成民主载体的功效，而预算民主的核心是预算审批权，即代议机关有权审查批准预算。预算审查批准权是代议机关的一项特殊而重要的职权，其包括审查和批准两项最基本的权能。预算审查批准权，既表现为对行政机关（预算执行机关）具有一定的约束力的授权，同时其自身也受到一定的制约。预算审查批准机构的科学设置、审查批准权力的优化配置以及完备的程序是代议机关有效承担和行使预算审查批准权力的关键。

一、代议机关的预算审查批准权是民主制度的核心内容

历史证明,集体选择过程中,大行其道的是个体经由自己同意的代表参与公共事务管理的间接民主,即代议民主。但代议民主有效发挥作用需要解决好委托代理问题。为此人们赋予了代议机构多种权力:一是赋予代议机构立法权以制衡行政机关,制定法律——对行政机关有约束力的法律,要求行政机关遵守和执行,为行政权力的运行设定规则。基于此,人们通常将代议机关称为"立法机关"。但是,法律条文作为一种长期的"授权",存在着不能有效规范行政机关积极的行政行为的缺陷。二是赋予代议机关监督权、重大事项决定权和任免权等,但由于其行使范围或者时间节点上的局限性,也不能够有效地实现代议机关对行政机关的节制。而预算审查批准权由于在某些方面能够有效地弥补立法权、监督权、重大事项决定权和人事任免权在行使方面所存在的局限,在范围上涉及政府所有的职能和行为,在时间上采用年度授权甚至更为灵活的授权方式,可以有效地影响行政机关的积极行政行为,便成为代议机关有效约束行政权力的重要权力。随着预算审查批准权在实践中的不断完善,代议机关的预算审查批准权便成为民主制度的基础性安排,成为民主制度的核心内容。成为体现财政民主的重要制度载体。

二、预算审查批准权的分析

目前,对代议机关的预算审查批准权的性质还没有形成统一认识,比较流行的观点是将预算审查批准权作为重大事项决定权。其实,预算审查批准权是一种特殊的权力,其不同于立法权、重大事项决定权和监督权,它们之间存在着一定的区别。因此,它们之间的关系有必要进一步厘清。

预算审查批准权与立法权。二者区分的关键是对预算性质的判定。尽管有些国家以法律案的形式颁布预算[①],按照立法程序审查批准预算,但是预算与法律之间,除程序、名称以及规范形式等表象差异外,还有本质上的显著差异,预算不具有相同条件下反复实施的法的一般性,而是以一个年度为限、针对特定事项的具体预算仅有部分强制力,对未来事宜的规划并不一定要求完全达成。因此,预算应被视为具有类似法律效力的特殊的规范性文件,尽管可以按照立法程序进行审查批准,但在本质上预算审查批准权还不同于立

---

① 学理上,日本预算法律说就认为,预算乃是法律的一种,推而广之,预算审批权就是立法权,与日本战前通说一预算行政说相比,前者推崇代议机关在预算过程中的主导地位,也能够进一步强化预算效力,更符合财政民主主义。

法权。

预算审查批准权与决定权。二者都是实现人民当家作主、管理国家事务的有效方式,但在权力内容以及反映权力行使结果的方式方面存在差别,主要体现为“决定”和“决议”的不同。决定权是一种对事情做出实体性规定和对行为做出规范的权力;决议是一种带有批准、结论、确认、表态性的法律文件形式,为对已有文件或者事件表态或宣告,代议机关审查批准由行政机关编制和提交的预算案,形成法定预算,是对国家财政收支安排的确认与宣告,应属于决议范畴。此外,决定权的对象应为特定重大事项,包括对法律的解释、修改和补充,大政方针等原则的设定以及重大问题的具体批复等;而审查批准预算则属于法定常态事项,属于代议机关的年度性例行工作。因此,尽管一些与预算相关的事项可能表现为决定形式,例如预算调整的决定等,但是预算审查批准权与决定权还是有所不同。

预算审查批准权与监督权。代议机关的监督权是指,代议机关为保障法律、决定、决议的贯彻实施和维护人民的合法权益,防止行政、司法权力滥用,所实施的检查、调查、督促、纠正、处理等具有化解效力的强制性权力。由于预算是“反映政府活动的一面镜子”,代议机关通过预算审查即可从源头上了解政府权力运作的细节,从而遏制政府的一些不当行为,因此,国内外一些学者将预算审批权归入监督权①。但是,我们认为预算审查批准权不符合监督权的特征,监督权本质上是事中或事后行使的保障性权力,而预算审查批准却是对政府未来年度收支安排的确认,属于事前的授权性行为;同时,审查批准预算还体现为一种重要的决策权,是代议机关参与决策的重要途径和载体。具有较显著的监督权特征的预算权主要针对预算执行的监督、决算等事项。

总之,预算审查批准权是宪法和法律赋予代议机关的一项不同于立法权、决定权和监督权的特定职权。因为“预算乃行政机构的生命之源”,所以这一职权又通俗地被称为“钱袋权”,被认为是构建预算民主的核心。审查与批准预算,一方面是代议机关代表人民掌控公共财政资金的使用以及截断政府滥用权力的物质来源,从而约束政府的一种有力手段;另一方面通过代议机关对民意的表达,表明民选代表和人民对政府的信任与支持,从而保证政府权力运作的正当性和经济基础。

---

① 例如,沃伦认为创设和组织的权力、控制行政部门预算的权力及调查行政部门活动的权力是国会的传统三项监督权,学者蔡定剑则将监督权的内容分为立法监督、对法律实施的监督、对政府行为的监督、对司法的监督、人事监督以及对军事和外交的监督,对政府行为的监督则进一步分为对计划和预算的监督、对政府责任的监督。

三、预算审查批准权的具体权能

预算审查批准权具体包括哪些权能或者具体内容呢？从大的方面包括审查权和批准权基本无异议。但对更为具体的权能，如是否包括预算修正权等目前也还存在着不同的认识。从实践来看，不同政治体制的国家又有所不同。通常将核心问题聚焦在代议机关是否享有预算修正权、否决权以及修正权力的大小。

（一）关于预算修正权

对于代议机关是否享有预算修正权。从国际实践来看，目前存在不同的模式：一种是代议机关不享有直接的修正预算草案的权力，由行政机关自行修改。这种模式下，又存在不同的做法，有的以代议机关动用否决权为后盾，要求行政部门自行修改，重新提交；有的则建立在协商的基础上，由代议机关将其意见通过一定方式传达给行政机关（或者由行政机关直接听取意见），由行政机关自行决定是否修改以及如何修改，而不以否决权为后盾。另一种是由代议机关直接通过预算修正案修改预算，甚至直接编制预算，然后予以通过。我国现行宪法、法律对预算审查批准的内容没有做出明确规定，根据我国的政治体制，在实践中，除了一些省级人大在地方性法规中规定了修正权之外，多数地方往往在协商的基础上解决预算草案的修改事宜，由政府在听取人大的审议意见后，根据审议情况，对预算草案做出一些修改。

在代议机关享有预算修正权的情况下，各国通常也通过宪法或者相关法律对修正权的行使设定一些条件或者程序性限制，限制力度的强弱受到政治体制的影响。民主的核心是主权在民，属于人民的权力有赖于其所授出权力的分立制衡或通过宪法等设定限制才能使之服务于人民，至少不被滥用而伤害人民。代议机关首先是民意代表机关，但也要受到宪法的约束，特别是关于权力划分的约束，如果允许代议机关自由地修正预算，则难免会侵害行政机关的预算编制权，甚至直接干涉具体行政，以致政策失败的责任难以厘清，与责任政府趋向相违背。因此，各国对代议机关的预算修正权往往予以限制。预算修正权的限制主要包括以下情形：一是禁止增额修正，即关于增加预算支出总额的修正，一般予以禁止。这不仅基于预算平衡的考虑，还是为了预防代议机关组成人员，因受选举团体或其他方面的请托，而争相要求增加支出；二是允许减额修正，即减少或者删除某项预算支出的修正，一般予以许可，但是应当符合“同一性”原则，且不得利用预算减少或者删除而影响法定机构的运作。三是科目流用，即在预算支出总额不变的前提下，预算资金科目之间的重新安排。例如，我国预算收支分类科目体系，预算支出按照功能分类划分为类、款、项三级，“类”是最高级别的预算科目，科目流用越接近“类”，调整幅度越大，因此，各国依据各自的国情对科目间的调整从批准主体和批准程序方面做出了不同的要求。但从实践来看，科目流用的修正应由低到高开始，逐步慎重行使。对于“类”和“款”的调整应当更加慎重。此外，预算修正权的行使还会受到程序方面的限制，例如日本《国会法》规定，众议院议员 50 人以上、参议院议员 20 人以上才能提交预算修正动议，供大会讨论。在美国，由于实行的是总统制，强调三权分立和相互制衡，代议机关可以任意修改预算额度与项目，甚至可以自己编制预算；但是同时总统拥有否决权。总体来看，大多数国家通过立法限制预算修正权的行使，以符合预算“同一性”原则，即代议机关尊重行政机关对预算草案的原初判断，审批的预算与行政机关的提案保持基本的“同一性”。

（二）审查权与批准权

预算审查与批准，可以划分为审查权与批准权两项权能。通常情况下，多数国家审查与批准是融为一体的。但在某些情况下，二者又是可以分离的。如我国预算法第二十、二十一条规定，全国人民代表大会审查全国预算（全国预算由中央预算和地方预算组成）、县级以上地方各级人民代表大会审查本级总预算草案（各级总预算由本级预算和汇总的下一级预算组成），但批准的是中央预算或地方政府本级预算。预算审查与批准对象的区分，是避免旧体制下的尴尬，即上级人大和本级人大对同一预算的重复审批，如果审批结果高度一致，其中之一的审批行为便是资源浪费，如果审批结果相互冲突，效力认定便会陷入两难。但是，审查却无批准后盾，其效用值得怀疑。另一种审查而不批准的主要情形是，在编制多年期滚动预算的情况下，对多年期预算通常只审查而不进行批准，即只批准当年预算。

四、预算审查批准权的效力

代议机关经过法定程序审查并批准预算，赋予行政机关处理财政事项和为相关行政行为提供物质支持的权限。预算审批权的效力最重要的是“授权”，即授予行政机关按照预算规定的用途和限额使用财政资金的权力。因此，如果代议机关对预算予以否决或久拖不决，将直接影响行政机关的运转和政府职能的履行。在内阁制国家，如果预算案不被通过形同议会对内阁投下了不信任票，会引发倒阁或解散国会的危机。即便总统制国家，也会造成政治僵局，例如 1995 年美国共和党控制的第 105 届国会与民主党人克林顿总统围绕 1996 年预算展开的大战。2013 年，围绕增加政府债务限额所进行的预算斗争。当然，为了避免预算空白致使政府停摆，各国通常通过法律规定可选择采用下列补救措施：如可将已议定部分与无须议定部分先行交付执行；延用上年度预算的标准；通过临时预算等。但在美国，会出现政府关门的现象。

预算审查批准权的效力还表现为赋予政府预算一定的约束力,即行政机关不能擅自超越限额或变更资金用途,也不得随意放弃或者减少预算执行。但是,预算的约束力还不能等同于法律约束力。如果简单地将预算视为对行政机关设定义务,会侵害行政权的相对独立性,也有悖于行政权裁量空间扩大的趋势。预算的约束力应当按具体项目的重要性予以判定,重要的预算事项具有刚性,只有取得代议机关的同意,行政机关才可以改变相关预算的执行;而一般事项则具有弹性,行政机关可在自由裁量空间内自行决定是否执行以及如何执行相关预算。预算毕竟是对未来事项的规划,难免为了应对特殊情况而予以调整,预算调整制度的严与松也能够验证预算审查批准权效力的强与弱。我国原预算法第五十三条规定,必须提请本级人大常委会审查批准的县级以上各级政府预算的调整方案,仅是"因特殊情况需要增加支出或者减少收入,使原批准的收支平衡的预算的总支出超过总收入,或者使原批准的预算中举借债务的数额增加的部分变更"。正是由于这种规定过于宽松,在实践中产生了诱使行政机关压低预算收入预期,寻求对预算外超收收入的支配权,从而严重地弱化了预算审查批准权的效力。监督法则对预算调整的条件和程序做出了进一步的限制[①]。修改后的现行预算法对预算调整制度作了进一步的修改和完善。

代议机关享有预算审查批准权,但也不能任意行使。在实践中也会受到许多方面的制约。首先,代议机关应当尊重预算权力的配置或者分工,特别是预算过程中的权力分立与制约机制。例如,预算修正权的行使应当以不侵害行政机关的预算编制提案权为限度,预算批准决议应当为行政机关的预算执行保留适当的裁量空间等。其次,代议机关的预算审查批准应符合预算法和其他法律的有关规定。预算是特殊效力的规范性文件,在相关法律没有明确授权的情况下,不能将预算审查批准视为对相关法律的修改。遵循预算修正不得变更法律原则。最后,代议机关的预算审查批准应当遵循预算本身的规律和基本原则。诸如依据财政健全主义,审慎处理收支平衡以及债务规模、结构等,有效防范财政风险;依据预算年度性,不得表决多年期预算等。这些原则即使没有转化为法律条文,也应构成对预算审查批准权的有效约束。

最后需要说明的是,能否依据代议机关是否享有预算修正权以及修正权力所受限制的多少,来判断代议机关是否真正享有预算审查批准权力?或者这种

---

① 第17条规定,预算经人民代表大会批准后,在执行过程中需要作部分调整的,国务院和县级以上地方各级人民政府应当将调整方案提请本级人大常委会审查和批准,严格控制不同预算科目之间的资金调整,涉及农业、教育、科技、文化、卫生、社会保障等预算资金需要调减的,应当提请本级人大常委会审查和批准,并在会议审查和批准预算调整方案的一个月前,将预算调整初步方案送交本级人大财政经济委员会进行初步审查,或者送交常委会有关工作机构征求意见。

权力是否是实质性权力呢？从理论上讲，预算审查批准权作为选民赋予代议机关的一项重要职权，应当包括修正权，也应当包括不予批准的情况即否决权。只不过在不同的政治体制下，否决权的表现形式不同，在总统制国家，由于议会和总统都是由选举产生的，因此二者在理论上都是民意的代表。此时出于权力制衡的考虑，赋予否决权是必要的，特别是在民意分化严重的情况下，在实践中也确实能发挥作用。而在责任内阁制或者类似制度的国家，政府不是由选民直接选举产生的，而是由议会中占多数的政党组建的，政府对议会负责，此时代议机构的否决权实质上只是一种威慑力量，实际上很少发挥作用。

对于修正权，前面我们进行了简要分析，根据各国不同的政治体制以及文化传统，有的国家法律没有明确规定代议机关享有直接修改预算草案的权力。在实践中，通常由行政机关自行修改。我们不能以此就认为，代议机关的审查只是程序性的，而不是实质性的，还要看行政机关对代议机关意见的采纳及根据代议机关意见所进行的修改情况。行政机关如果能够非常尊重代议机关的意见，能够进行认真考虑修改或者对不能修改的情况做出认真的说明；或者如果能够建立一种磋商机制，能够使代议机关提出的意见经过磋商并视情况被政府所采纳。我们则认为，这也是预算审查批准的一种比较理想的模式，因为其也充分体现了代议机关预算审查的效果。同时，考察代议机关预算审查批准权力的大小，还应当与其他预算权力结合起来统筹考虑，如与预算执行的监督权、决算审查批准权以及对政府预算绩效的审计及问责制度等。如果能够强化对政府预算绩效的监督与问责，同样可以起到约束政府的效果。这也是预算制度发展由控制向绩效转变的发展趋势。

五、我国人大预算审查批准权的特点

我国的人民代表大会制度与西方国家的议会制度，虽然同为代议制度，具有一些共同的规律、面临一些相同的问题，但与西方国家以多党制、三权分立为特征的议会制度存在明显的不同。我国宪法明确规定，中国共产党是中国革命事业的领导核心，我国人民代表大会在行使宪法规定的国家权力时，坚持党的领导、人民当家作主和依法治国的有机统一。因此，人民代表大会在行使预算审查批准权时，也应当充分体现这一原则。

党的领导主要是政治领导，包括政治路线、重大政策方针、重大战略部署等。因此，在行使预算审查批准权的过程中，坚持党的领导，就是要审查预算草案是否充分体现了党中央关于我国经济社会发展的一些重大战略思想和战略部署、重大方针政策和发展要求等。坚持人民当家作主，就是要坚持国家的权力属于人民，发展是为了人民，发展要依靠人民。在行使预算审查批准权的过程中，坚持人民当家作主的原则，就要充分体现公共财政的基本要求，取之于民，用之于民；预算审查批准的过程作为一个公共选择的过程，要充分发扬民主，使人民的需求和偏好得到充分表达。依法治国是我国的基本治国方略。简单地说，就是一切事情都要严格依照法律的规定进行。在行使预算审查批准权时，坚持依法治国，就是不仅要在预算审查批准的程序上严格按照宪法和法律的规定进行，同时，对于预算草案的内容也要充分体现宪法和法律的原则性和具体的要求。

正是基于我国实行中国特色社会主义制度，我国的人民代表大会所享有的预算审查批准权具有一些与西方国家议会所享有的预算审查批准权不同的地方：第一，在性质上，与西方多党制、以竞选作为公共选择的重要方式，议会的预算审查批准权作为政党间斗争的工具而成为议会控制政府的制衡力量不同，我国坚持中国共产党的统一领导，国家行政机构虽然由代表大会选举产生，并对人民代表大会负责，但二者又都在中国共产党的领导下，都代表人民的根本利益，而不是代表特定的政党或者团体的利益，中国共产党统一领导和根本利益的一致性，使得代议机关与行政机关在预算权力的配置方面，更多地体现为一种“分工与制约”，虽然“分工与制约”也体现了“分权与制衡”的理念，但与西方国家强调的“分权与制衡”还是有一定的区别。因此，与修改、否决等是权力行使的具体方式一样，协商、磋商也应当是权力行使的一种方式，通过磋商、协商，使代议机关的意见能够为行政机关所接受，从而对预算草案主动做出修改，效果是一样的。因为一些国家一些具体修正案的提出，需要以政府的同意为前提条件。第二，基于我国代议机构与行政机构所代表的人民根本利益的一致性，不能简单地讲，只有人大才是人民利益的代表机关，行政机关的预算编制权和代议机关的预算审查批准权是预算决策过程中的不同阶段的权力，人大行使预算审查批准权实质上是对人民利益诉求和意愿的再发现和再选择，使人民的利益得到更加全面的体现，并不是为了与行政机关对着干或者唱对台戏。

第二节　审查批准的对象

一、审查批准的对象

代议机构审查批准的对象是什么？我们通常简单地说审查批准预算，这是毫无疑问的。但是如果具体地问，审查批准的是预算案、预算法案、拨款法案？

是预算报告？还是预算草案？则就不那么简单了。这涉及了要审查批准的预算所采取的形式。有些国家明确规定预算以预算案或者预算法案的形式提请代议机构审议,并且明确规定了预算案或者预算法案所包括的文件资料的构成等。而我国宪法和相关法律对此没有做出明确的规定。如我国宪法第六十二条规定,全国人民代表大会行使审查和批准国家的预算和预算执行情况的报告职权。地方各级人民代表大会和地方各级人民政府组织法第八条规定:县级以上地方各级人民代表大会行使审查和批准本行政区域内的国民经济和社会发展计划、预算以及它们执行情况的报告职权。预算法关于预算审查和批准方面的规定有:第四十三条,"中央预算由全国人民代表大会审查和批准。地方各级预算由本级人民代表大会审查和批准。"第四十七条,"国务院在全国人民代表大会举行会议时,向大会作关于中央和地方预算草案以及中央和地方预算执行情况的报告。地方各级政府在本级人民代表大会举行会议时,向大会作关于总预算草案和总预算执行情况的报告。"第五十二条,"各级预算经本级人民代表大会批准后,本级政府财政部门应当在二十日内向本级各部门批复预算。"另外,关于预算组成方面的规定:第三条,"地方预算由各省、自治区、直辖市总预算组成。"第八条,"各部门预算由本部门及其所属各单位预算组成。"等等。在实践中,大家在理解上存在一些不一致的地方。比如,有的认为每年的全国人民代表大会审查批准的是"政府预算报告",即中央和地方政府××年预算执行情况和××年预算草案的报告;有的认为,审查批准的应当是预算草案,报告只是关于预算草案有关情况的说明,上年预算执行情况只是本年度预算编制的基础;有的认为批准的是"一个报告""一个草案"。那么审查批准的到底是什么?是预算报告还是预算草案?

我们认为,审查批准的应当是预算卓案。预算草案应当是审查批准的对象,报告应当是对预算草案的说明,说明预算草案编制的依据以及具体收入支出安排的考虑等。如果我们采用预算案的形式,预算草案也应当是核心内容,报告相当于对草案的说明。如果从监督法把关于全国人大常委会对决算的审查批准的对象直接规定为决算草案来看,那么与之对应的应当是预算草案。从我国宪法有关规定的演变来看,1978 年宪法第二十二条第(七)项关于全国人民代表大会审查批准预算的规定为:审查和批准国民经济计划、国家的预算和决算。1975 年宪法第十七条的规定是:批准国民经济计划、国家的预算和决算。1954 年宪法第二十七条的规定为:审查和批准国家的预算和决算。可以看出在1982 年之前,宪法关于全国人民代表大会审查批准预算权力的对象均为"预算和决算"。只是从 1982 年宪法开始,才将审查对象修改为"审查和批准国家的预算和预算执行情况的报告"。因此,应当进一步研究明确审查批准的对象。

二、预算报告

政府预算报告的全称应当是“政府财政预算执行情况和预算草案的报告”，即关于上年预算执行情况和当年预算草案的报告。通常由各级政府财政部门的行政首长受本级人民政府的委托，代表本级人民政府向同级人民代表大会报告的书面文字材料。政府预算报告的主要内容可以分为三部分：一是上一年度财政预算的执行情况。包括财政收支总额及主要收支项目实际完成情况、完成预算的百分比、比上年实际完成情况的增减变化的百分比，产生变化的主要原因，以及为完成预算做的主要工作等。二是本年度预算安排情况。包括预算安排的主要政策依据、指导思想、影响财政收支增减的主要因素分析、财政收支总额以及各主要支出项目安排意见。三是完成预算的有利条件和不利因素分析，以及完成预算的主要措施等。需要说明的是，财政部向全国人民代表大会提交的预算报告，除了中央政府预算执行情况和预算草案情况之外，还包括上年度地方预算执行情况和本年度预算草案安排情况。县级以上地方政府向同级人民代表大会提交的预算报告包括本级总预算和本级预算的上年度执行和本年度预算安排的情况。同时，根据各自预算构成范围的不同，分别就公共预算、政府性基金预算、国有资本经营预算和社会保险基金预算的有关情况分别做出说明。

专栏4—1　政府预算报告的基本结构与内容

以2012年中央和地方预算执行情况与2013年中央和地方预算草案的报告为例

一、2012年中央和地方预算执行情况

（一）公共预算执行情况

总体情况：——全国财政收入与支出情况；

——中央财政收入与支出情况；

——地方财政收入与支出情况；

中央预算收支执行具体情况：

1. 主要收入项目执行情况：主要税种收入情况、出口退税情况、非税收入情况；

2. 主要支出项目执行情况：教育、科技、文化体育与传媒、医疗卫生、社会保障和就业、保障住房、农林水事务、节能环保、交通运输、国防、公共安全等支出；

3. 中央对地方税收返还和转移支付执行情况。

(二)政府性基金预算执行情况

——全国政府性基金收入和支出情况;

——中央政府性基金收入和支出情况;

——地方政府性基金收入和支出情况。

(三)国有资本经营预算执行情况

——全国国有资本经营预算收入和执行情况;

——中央国有资本经营预算收入和执行情况;

——地方国有资本经营预算收入和执行情况。

(四)落实全国人大预算决议有关情况

主要针对十一届全国人大五次会议有关决议内容,以及全国人大财政经济委员会关于政府预算报告的审查意见,报告落实有关要求、改进财政工作的有关情况。

二、2013 年中央和地方政府预算草案

(一)财政工作和预算编制的总体要求

(二)积极的财政政策的要点

(三)公共财政预算安排情况

主要指标:——中央财政收入与支出总额(包括财政赤字、国债余额限额);

——地方财政收入与支出总额;

——汇总全国财政收入与支出总额。

中央预算主要收支项目安排情况:

1. 主要收入项目安排情况:主要税种收入、出口退税、非税收入;

2. 主要支出项目安排情况:教育、科技、文化体育与传媒、医疗卫生、社会保障和就业、保障住房、农林水事务、节能环保、交通运输、国防、公共安全、一般公共服务等支出;

3. 中央对地方接收返还和转移支付安排情况;

4. 中央预算稳定调节基金情况。

(四)政府性基金预算安排情况

(五)国有资本经营预算安排情况

——社会保险基金预算安排情况①

三、完成 2013 年财政预算的工作打算

除了报告正文之外,还有预算报告附表、附图和名词解释等。这些附表包括:

附表 1:2012 年全国公共财政收入情况

附表 2:2012 年全国公共财政支出情况

---

① 2013 年首次正式编制并向全国人民代表大会报告,包括了社会保险法已经明确的各项基金。

附表3:2012年中央公共财政收入情况
附表4:2012年中央公共财政支出情况
附表5:2012年中央对地方税收返还和转移支付情况
附表6:2012年中央政府性基金收入情况
附表7:2012年中央政府性基金支出情况
附表8:2012年中央国有资本经营收入情况
附表9:2012年中央国有资本经营支出情况
附表10:2013年全国公共财政收入预算安排情况
附表11:2013年全国公共财政支出预算安排情况
附表12:2013年中央公共财政收入预算安排情况
附表13:2013年中央公共财政支出预算安排情况
附表14:2013年中央对地方税收返还和转移支付预算安排情况
附表15:2013年中央公共财政基建投资安排情况
附表16:2013年中央政府性基金收入预算安排情况
附表17:2013年中央政府性基金支出预算安排情况
附表18:2013年中央国有资本经营收入预算安排情况
附表19:2013年中央国有资本经营支出预算安排情况
附表20:2013年全国社会保险基金收入预算表
附表21:2013年全国社会保险基金支出预算表
附表22:2013年全国社会保险基金结余预算表
附表23:报告正文相关内容与《草案》页码对照关系

根据政府预算报告整理。

政府预算报告是政府财政预算总体情况的说明,通常比较精炼。但对审查预算草案非常重要。因为它提供了上年度预算的执行情况,作为本年度预算的基础,可以通过比较判断本年度预算安排及相关政策是否适当;它明确了本年度财政预算的指导思想和支出重点,可以作为审查具体项目支出的主要依据。

三、预算草案

目前,财政部向全国人民代表大会提交的预算草案,是以政府预算报告附件的形式出现的,由两个附件组成。附件一的全称是"中华人民共和国2012年全国预算执行情况、2013年全国预算(草案)",简称全国预算草案;附件二的全称是"中华人民共和国2013年中央部门预算(草案)",简称部门预算草案(分为上下两册)。其中全国预算草案包括中央预算、地方预算和汇总的全国预算,分别按照公共预算、政府性基金预算、国有资本经营预算和社会保险基金预算列示。县级以上各级政府向本级人大提交的预算草案一般包括本级总预算草案、本级预算草案,根据具体情况可包括公共预算草案、政府性基金预算草案和国有资本经营预算草案以及按照统筹层次编制的社会保险基金预算草案。部门预算草案包括提请本级人民代表大会审议的本级政府部门(一级预算单位)的预算草案。草案主要以表格的形式体现,还包括编制和依据及有关说明解释等。

(一)全国预算草案

全国预算草案是按照目前提请全国人民代表大会审议的各类预算编制的,如 2013 年全国预算草案,分为公共财政预算、政府性基金预算、国有资本经营预算等。每一部分都以预算报表及说明的形式出现,由上一年(2012 年)中央、地方及全国预算执行情况表及说明和本年度(2013 年)中央、地方和全国预算收入、支出预算表及说明组成。作为预算审查的重点应当是本年度中央政府(地方本级政府)预算收入和支出表及说明。作为全国人大代表,应当重点审查以下内容:全国公共财政收入、支出预算表,中央公共财政收入、支出预算表,以及关于预算收入、支出预算(草案)的说明;中央对地方税收返还和转移支付预算表,以及关于对地方税收返还和转移支付预算(草案)的说明;全国政府性基金收入、支出预算,中央本级政府性基金收入、支出预算表,以及关于中央本级政府性基金收入预算(草案)的说明;全国国有资本经营收入、支出预算表,中央国有资本经营收入、支出预算表,以及关于中央国有资本经营预算(草案)的说明等。

此外,全国预算草案还提供了一些汇总表和其他报表,有助于代表全面了解预算执行和安排情况。如 2013 年预算草案中,还提供了全国财政收支预算汇总表,对目前提请全国人民代表大会审查的公共财政预算、政府性基金预算、国有资本经营预算(未包括社会保险基金预算)按照收入、支出进行了汇总,并减除了重复计算的部分,有助于了解全国的财政收入和支出情况。在其他报表中,还提供了利用国外政府和国际金融组织贷款统借自还项目收支执行情况和预算表,国际金融组织贷款还贷准备金收支情况表等。

(二)部门预算草案

虽然我国预算法没有明确规定人大要单独审查和批准部门预算。但根据预算法的规定,部门预算是一般公共预算的组成部分,从实践来看,人大对部门预算的审查非常重要。这是因为:部门预算是政府预算的重要组成部分,政府预算报告和政府预算收支表通常比较简略,只细化到类或者款,即使细化到项,也很难反映政府支出的详细情况。只有通过部门预算才能完整反映出财政资金的收入和支出的全貌;只有落实到部门,才能全面了解财政资金的来源和用于哪些方面,才能对政府预算进行深入的实质性审查。

目前提交全国人民代表大会审查的部门预算草案,以 2013 年中央部门预算草案为例,主要由三部分内容构成:一是2013年中央部门预算编制说明,这一部分内容包括预算编制的总体要求和指导思想、财政支出政策、部门预算编制的基本要求和方法、报送代表大会审查的范围、报表格式说明、财政拨款指标注释的说明等。二是2013年中央部门财政拨款支出预算汇总表,是按照支出分类的21个类别,对提交代表大会审查的98个部门和其他部门的财政拨款支出进行的汇总。三是2013年中央部门预算表及指标注释。由部门的收支预算总表和财政拨款支出预算表组成。

其实在每年代表大会审查预算时,代表们对分部门的更加详细的部门预算草案关注的不够。经过十多年部门预算改革,我国已经基本形成了比较规范统一的部门预算报表体系,能够全面、完整地反映中央部门年度综合收支信息。从目前每个部门每年向全国人大工作机构提供的部门预算来看,实现了按功能分类和经济性质分类编制,预算支出细化到了"项"这一级,项目支出大部分落实到了具体项目。从2013年的预算草案来看,预算表有23张,其中主表5张、附表18张。主表主要包括:收支预算总表、收入预算表、支出预算表、财政拨款预算表、政府性基金预算收支表等。附表包括:基本支出预算表、基本支出人员经费预算表、基本支出日常公用经费预算表、项目支出预算表、基本支出政府采购预算表、财政拨款结余资金安排支出及科目调整情况表、"三公"经费和会议费支出表、中央行政事业单位住房改革支出预算表、中央行政事业单位资产存量情况表、中央行政事业单位新增资产配置预算表、教育收费收入预算表、教育收费支出预算表、中央行政事业单位资产处置收入和行政单位资产出租出借收入预算表、中央行政事业单位资产处置收入和行政单位资产出租出借收入安排支出预算表、政府性基金收入预算明细表、政府性基金支出预算明细表、政府性基金财政拨款结余资金来源及支出安排情况表、政府性基金预算政府采购表等。希望代表结合各自的工作和专业背景,加强对部门预算的审查。关注相关领域的政策及执行情况。对改进相关领域工作提出具体建议。使政府预算与部门预算有机结合。通过部门预算推进审查的深入。

第三节　审查的依据

政府预算必须符合国家有关法律、法规等预算制度的规定,必须反映国家的宏观经济政策及国民经济和社会发展的要求,符合预算的基本原则和国家预算管理的要求等。因此,在审查预算时,就需要以有关的法律、法规等的规定和政策等作为审查的依据,按照法律、法规和政策等要求进行审查。

一、有关法律和法规的规定

政府预算安排应当符合有关法律、法规的规定，这是对政府预算的最基本的要求。这里所讲的符合法律、法规的规定，主要是从实体的角度讲的。符合有关法律、法规程序性的规定是当然的要求，也是最基本的要求。相关法律法规可以分为两类：一类是预算法、预算法实施条例以及关于预算的地方性法规等，这些法律法规作为规范政府预算行为的专门性法律、法规，对预算的编制和审查等都规定了一些原则性和具体的要求。如预算法关于政府预算组成的规定、政府预算收支范围的规定，以及关于中央政府公共预算举借债务（第三十四条）、地方各级预算按照量入为出、收支平衡的原则编制，除本法另有规定外，不列赤字（第三十五条），各级预算收入的编制，不得隐瞒、少列（第三十六条），各级一般公共预算支出的编制，优先安排国家确定的重点支出（第三十七条）等。另一类是其他法律中对财政支出做出的相关规定。如《中华人民共和国农业法》《中华人民共和国教育法》《中华人民共和国义务教育法》《中华人民共和国科技进步法》均规定国家财政用于农业、教育以及科学的投入增长幅度必须高于财政经常性的增长幅度。根据上述法律要求，政府预算中用于教育、农业、科技方面的支出即成为刚性支出。当然，根据党的十八届三中全会的决定要求，需要对相关法律规定进行研究修改。但在法律修改或有其他法律做出新的规定之前，相关领域的支出增长还应当保障。

二、国家的宏观经济政策

政府预算是政府政策的反映，是政府实现政策目标的重要工具。政府的宏观经济政策是根据经济社会发展的要求制定的。在经济发展不同时期，国家采取的财政政策和货币政策是不一样的。国家宏观政策的贯彻执行依靠政府的施政纲领，政府的施政纲领确定以后，需要通过政府预算进行安排。所以预算安排应当体现出政府目标，反映国家宏观政策的走向。我国的宏观经济政策和政府的施政纲领通常体现在政府工作报告中。所以政府工作报告是审查政府预算的重要依据。

从我国每年提请全国人民代表大会审议的政府工作报告来看，通常主要包括三部分内容：一是对政府上年工作的回顾与总结；二是当年经济社会发展的总体要求、主要预期目标和宏观经济政策等；三是对当年政府工作的主要安排等。其中第二部分内容对审查当年的政府预算具有重要的作用。它反映了经济社会发展的要求，体现了政府当年的工作目标和宏观政策。因此，在审查政府预算时，一定要准确理解把握当年政府工作的目标和宏观政策取向。

专栏4—2　2013年政府工作报告中主要目标与经济政策等相关内容

今年工作的总体要求是:深入学习和全面贯彻落实党的十八大精神,高举中国特色社会主义伟大旗帜,以邓小平理论、"三个代表"重要思想、科学发展观为指导,紧紧围绕主题主线,以提高经济增长质量和效益为中心,深化改革开放,实施创新驱动战略,稳中求进,开拓创新,扎实开局,全面推进社会主义经济建设、政治建设、文化建设、社会建设、生态文明建设,实现经济持续健康发展和社会和谐稳定。

今年经济社会发展的主要预期目标是:国内生产总值增长7.5%左右,发展的协调性进一步增强;居民消费价格涨幅3.5%左右;城镇新增就业900万人以上,城镇登记失业率低于4.6%;城乡居民人均收入实际增长与经济增长同步,劳动报酬增长和劳动生产率提高同步;国际收支状况进一步改善。

实现上述目标,必须继续实施积极的财政政策和稳健的货币政策,保持政策连续性和稳定性,增强前瞻性、针对性和灵活性。

继续实施积极的财政政策。更好地发挥积极财政政策在稳增长、调结构、促改革、惠民生中的作用。一是适当增加财政赤字和国债规模。今年拟安排财政赤字1.2万亿元,比去年预算增加4000亿元,其中中央财政赤字8500亿元,代地方发债3500亿元。这主要是考虑到结构性减税的滞后效应,今年财政收入增长不会太快,但财政刚性支出增加,特别是要增加保障改善民生支出,保持对经济增长和结构调整的支持力度,适当扩大财政赤字和国债规模是必要的。同时,目前我国债务负担率相对较低,今年增加赤字后,赤字率在2%左右,总体上处于安全水平。二是结合税制改革完善结构性减税政策。重点是加快推进营业税改征增值税试点工作,完善试点办法,适时扩大试点地区和行业范围。三是着力优化财政支出结构。继续向教育、医药卫生、社会保障等民生领域和薄弱环节倾斜,严格控制行政经费等一般性支出,勤俭办一切事业。中央预算内投资主要投向保障性安居工程,农业、水利、城市管网等基础设施,社会事业等民生工程,节能减排和生态环境等领域。四是继续加强地方政府性债务管理。妥善处理债务偿还和在建项目后续融资问题,积极推进地方政府性债务管理制度建设,合理控制地方政府性债务水平。

继续实施稳健的货币政策。把握好促进经济增长、稳定物价和防范金融风险之间的平衡。

摘自2013年国务院政府工作报告。

总之,国家在一定时期的方针政策是政府编制预算和审查预算的政策依据,特别是当年国家的财政经济政策,是编制和审查预算的基本依据。政府预算应当通过预算收支范围的调整和预算收支结构的变化贯彻国家的财政政策、体现政府的宏观调控意图。这也是审查预算的重点内容之一。

三、政府当年工作的重点和政策安排

政府工作的重点和具体工作安排等，主要体现在政府工作报告、国民经济和社会发展计划报告中。因此，政府工作报告、国民经济和社会发展计划报告是审查政府预算时需要参考的依据。

如 2013 年政府工作报告对当年政府主要工作的建议如下：

（一）加快转变经济发展方式，促进经济持续健康发展

——要坚定不移地把扩大内需作为经济发展的长期战略方针，充分发挥消费的基础作用和投资的关键作用。扩大居民消费要在提高消费能力、稳定消费预期、增强消费意愿、改善消费环境上下功夫，不断提高消费对经济增长的拉动力。现阶段，投资在促进经济增长中的作用不可低估。关键在于选准方向、优化结构、提高投资的质量和效益。政府投资对社会投资具有十分重要的引导作用，必须进一步放宽民间投资市场准入条件，激发民间投资活力。

——要大力推进转变经济发展方式，加快产业结构调整。

——要顺应人民群众对美好生活环境的期待，大力加强生态文明建设和环境保护。

——要继续深入实施区域发展总体战略，促进区域经济协调发展。

（二）强化农业农村发展基础，推动城乡发展一体化

（三）以保障和改善民生为重点，全面提高人民物质文化生活水平

——千方百计扩大就业。

——完善社会保障制度。

——深化医药卫生事业改革发展。

——逐步完善人口政策。

——加强和创新社会管理。

——加强房地产市场调控和保障性安居工程建设。

——继续推进教育优先发展。

——深化科技体制改革。

——扎实推进文化建设。

政府预算还要与国民经济和社会发展计划的主要指标和主要工作相衔接。国民经济和社会发展计划是我国政府有计划地组织和管理国民经济和促进社会发展的重要手段，是国家进行国民经济宏观管理的重要工具。它规定着国民经济的预期发展速度、建设规模以及各部门之间的比例关系。特别

是国民经济和社会发展计划的主要指标是预算收支测算的基本依据。国民经济和社会发展计划所确定的国民经济发展的规模和速度决定着政府预算收支的规模和速度。税收等预算收入指标主要是根据国民经济和社会发展计划中的GDP等确定的;一些预算支出指标,如基本建设支出、教育科技文化卫生等事业发展支出,主要是根据国民经济和社会发展计划确定的发展任务确定的。政府预算与国民经济和社会发展计划的关系,实质上是财政同经济社会发展的关系。经济决定财政,财政影响经济。预算收入主要来源于国民经济各部门,预算支出又主要用于发展国民经济和社会事业的需要。政府预算的编制要以国民经济和社会发展计划为基础,国民经济和社会发展计划指标是预算收入和支出编制的重要依据。当然,政府预算并不是机械地、被动地对国民经济和社会发展计划的简单反映。国民经济和社会发展计划确定的发展规模和发展速度也要受到国家财力的制约,在制定国民经济和社会发展计划时,必须考虑国家财力的可能。即政府预算收支指标并不是简单地根据国民经济和社会发展计划进行测算,还要考虑政府预算本身的收支规律和各种主客观因素。

如2013年国民经济和社会发展计划确定的主要预期目标和重点工作等。

专栏4—3　2013年经济社会发展的主要预期目标

——经济保持平稳增长。国内生产总值增长7.5%左右。

——发展的平衡性、协调性、可持续性进一步增强。加快发展服务业,提升服务业发展质量;研究与试验发展经费支出占国内生产总值比例提高到2.05%;区域发展更趋协调,城镇化质量继续提高,城乡发展一体化扎实推进;能源资源节约和生态环境保护加强,单位国内生产总值能耗和二氧化碳排放量均下降3.7%以上,主要污染物排放量继续减少。

——价格总水平基本稳定。居民消费价格涨幅3.5%左右。

——人民生活水平进一步提高。城镇新增就业900万人以上,城镇登记失业率控制在4.6%以内;城乡居民收入实际增长与经济增长同步;社会保障制度进一步完善、保障水平稳步提高;社会事业加快发展;人口自然增长率保持在6.5‰以内;城镇保障性安居工程住房基本建成470万套、新开工630万套;在保证质量和标准的前提下,改造农村危房300万户以上。

——国际收支状况进一步改善。外贸进出口总额力争增长8%左右,低于上年预期目标,高于上年实际增速,服务贸易发展加快;利用外资结构进一步优化,对外投资稳步扩大。

同时,计划报告还明确了当年经济社会发展的主要任务和措施。如2013

年，报告提出要着力抓好十个方面的工作。

(1)加强和改善宏观调控。继续实施积极的财政政策，如2013年，财政赤字1.2万亿，比上年增加4000亿，赤字率2%左右。继续实施稳健的货币政策，广义货币供应量M_2余额预期增长13%左右。

(2)着力扩大国内需求。发挥好消费对经济增长的基础作用，社会消费品零售总额预计增长14.5%。发挥好投资对经济增长的关键作用，全社会固定资产投资预期增长18%，中央预算内投资安排4376亿元。

(3)切实做好“三农”工作。保障主要农产品稳定生产，预期粮食播种面积16亿亩以上，粮食总产量5000亿公斤以上。加强农业农村基础设施。再解决6000万人口的饮水安全问题，新建改建农村公路20万公里。促进农民持续增收，进一步提高小麦、稻谷最低收购价，平均每50公斤分别提高10元和10.7元。落实好对种粮农民的直接补贴，提高良种补贴标准，完善农资综合补贴动态调整机制，扩大农机具购置补贴规模和范围等。

(4)保持价格总水平基本稳定。

(5)加快产业转型升级。化解产能过剩矛盾。强化创新驱动，全面推进科技重大专项和创新“2020”工程；启动实施医疗器械、高端装备新材料等重大专项，推进“宽带中国”等重大信息化工程；加强交通能源建设；提升服务业发展水平，服务业增加值预期增长7.9%。

(6)积极稳妥推进城镇化。加强统筹规划，城镇化率预期达到53.37%。增强城镇综合承载能力。有序推进农业转移人口市民化。

(7)推动区域协调发展。

(8)扎实推进资源节约型、环境友好型社会建设。抓好重点领域和重点工程，城市污水处理率、城市生活垃圾无害化处理率分别达到86%和82%，万元工业增加值用水量下降5%。加快发展循环经济，加强生态环境保护，做好应对气候变化工作。

(9)进一步深化改革开放。积极推进企业改革；稳步推进价格改革；深入推进医药卫生体制改革；加快财税、金融、投资体制改革；深化收入分配制度改革；继续推进教育、科技、文化等领域改革。促进对外贸易稳定增长；提高利用外资综合优势和总体效益，非金融领域外商直接投资预期达到1130亿美元，增长1.2%；加快走出去步伐，非金融类境外直接投资预期达到887亿美元，增长15%。

(10)着力保障和改善民生。实施国家基本公共服务体系“十二五”规划；坚持实施就业优先战略和更加积极的就业政策；统筹推进城乡社会保障体系建设；切实抓好保障性安居工程建设和房地产市场调控；加快发展各级各类教育；

提高人民健康水平;大力发展文化事业和文化产业;加强和创新社会管理。

摘自《关于2012年国民经济和社会发展计划执行情况与2013年国民经济和社会发展计划草案的报告》。

四、预算原则的要求

预算原则,是政府预算制度和预算体系的指导思想,是预算立法、编制、执行等预算活动应当遵循的基本要求。预算原则通常通过预算法律制度得以体现。因此,通常情况下,严格按照法律的规定开展预算活动,也就符合了预算原则的要求。但是,由于不同的国家处于不同的发展阶段,在预算管理方面强调的重点有所不同,因此,有时预算的一些原则未必能够充分全面地在预算法律制度中得以体现。因此,在这种情况下,预算原则仍然需要作为预算审查活动的依据之一,对预算审查活动具有一定的指导作用。

在预算制度演变发展的不同阶段,预算的原则也在发生变化。如早期为多国所接受的预算原则包括:全面性原则、一致性原则、可靠性原则、严格性原则、公开性原则和年度性原则等。随着经济社会的发展和预算功能的变化,一些国家开始对早期的预算原则进行了修正,如1945年,美国联邦政府预算局长史密斯提出的八项预算原则:反映行政计划原则;加强行政责任原则;以政府预算报告为依据原则;执行中的弹性原则;适度权力原则;预算程序多样化原则;适当加强行政部门的主动性原则;机构协调原则等。代表了当时情况下,美国行政机构谋求预算主动权的一种倾向性要求,反映了预算原则变动的一种趋势。我国在预算制度改革和完善过程中,也提出了各种预算原则,如科学性原则、完整性原则、透明性原则、绩效性原则和平衡稳健原则等。其中科学性、完整性、透明性原则在现有法律制度或者预算过程中已经得到了充分的重视和体现。而绩效性原则和平衡稳健原则需要在预算活动中得到进一步体现,需要在审查预算时成为审查的重要依据。此次预算法修改,对此有所体现。

绩效性原则,简单地讲就是要求政府预算行为以最低的投入取得既定的产出,或者以既定的投入得到最多的产出。现代预算制度其实就是围绕提高效率而产生和不断发展的,实施部门预算、国库集中支付和政府采购预算等,无不基于效率的考虑。政府预算作为通过非市场机制提供公共产品、配置资源的一种方式,其目标也应当是实现资源的最有效配置。这就要求政府预算决策必须建立在对政府政策的全面评估的基础上,力求将政府因干预引起的资源配置的无效和低效降低到最小程度。充分反映社会公众的整体偏好,而不仅仅是政府自身的偏好。另一方面,还要降低政府预算决策的机会成本,要求政府在预算决策过程中充分考虑比较各实施方案的效率,做出科学理性的选择。同时，也要保证一笔预算资金交由公共部门使用能够创造出比私人部门使用更高的效益。各国开展的绩效预算改革以及我国进行的预算支出绩效评价制度改革等都体现了这一原则。在审查政府预算时，应当将绩效作为重要的依据和标准之一。

平衡和稳健原则，这里说的预算收支平衡，并非强调单一财政年度内的预算收支平衡。而是在一个经济周期内的预算整体平衡。即意味着在有些财政年度会出现财政赤字，而另外一些财政年度可能会出现财政盈余，对年度之间的财政收入可通过发行公债进行调整。这与多年期财政预算制度是紧密相联的。财政稳健原则，关注的是财政运行的安全稳健，核心在于财政风险的防控，主要体现在财政收支结构的合理组合、财政重大事项的科学决策，财政违法行为问责与救济等。稳健的财政运行，应当是经常性收支平衡、财政赤字水平合理可控、公债和收费用于特定目的并受到有效的法律规制，财政运行获得有效监督的状态。

第四节 预算草案的审查与批准

根据我国宪法、预算法和全国人民代表大会常务委员会关于加强中央预算审查监督的决定，全国人民代表大会议事规则的规定，全国人大审查预算的相关机构主要包括全国人民代表大会、全国人民代表大会财政经济委员会以及其他专门委员会、全国人大常委会预算工作委员会（工作机构）等。审查工作的主要流程可以分为审查前准备（“预先审查”）①、初步审查和代表大会的审查批准三个阶段。从预算审查批准的程序来看，代表大会审查批准预算是以初步审查为基础的。而初步审查又是以预先审查为基础的。从内容来看，以初步审查报告为基础的审查结果报告，又成为代表大会预算决议的基础。

一、审查前准备（“预先审查”）

这一阶段的工作主要由全国人大常委会预算工作委员会承担。这一阶段工作又可具体分为前期准备工作和提前介入预算编制工作。前期准备工作主

① 工作中的习惯叫法。对此还有不同意见，有的认为，不应称为“审查”，实际上是为初步审查服务的。为了做好预先审查工作，还需要做大量的准备工作。如在财政部编制中央预算和中央各部门编制部门预算草案过程中，及时了解并由财政部通报预算编制的有关情况；就经济形势、财政、税收和其他收入等情况的预测听取有关方面的意见并进行研讨；跟踪了解预算执行情况，并就预算管理、改革和政策方面的重要问题，与财政部进行沟通协商等。

要包括：就当年预算执行和下年预算安排、重要财政政策、财税改革等进行调研；提出审查工作计划和时间表；听取超收收入使用情况汇报、审计查出问题整改情况及下年度审计工作计划；研究预算审查重点等。

在每年11月底前，预算工委与财政部就预算草案编制问题进行沟通，听取财政部关于当年预算执行情况的通报和下年度预算编制情况的介绍；听取税务总局和海关部署关于当年预算收入执行情况和下年预算收入安排建议，并就有关问题交换意见。会同全国人大有关专门委员会，听取部分国务院部门关于上年部门预算执行情况和本年度部门预算安排情况的介绍，并就有关部门提出意见和建议。听取部分人大代表、受益人代表和专家对财政经济形势、预算安排和财税体制改革的意见、建议。在此基础上，对上年执行情况和本年中央预算安排提出初步分析意见，并编写相关参考资料，供财经委员会对预算草案进行初步审查时参考。同时，在实践中，预算工作委员会将对预算草案的意见和建议交财政部，并就该意见和建议与财政部进行讨论协商。财政部根据有关意见和建议对预算草案进行修改，并将修改情况及意见反馈给预算工作委员会。

初步分析意见的主要内容：对上年预算执行情况进行总结评价，指出成绩、存在的问题及原因；对当年预算草案的主要内容进行全面分析，对预算的总体安排、预算结构、重点支出的保障以及主要的政策措施进行评价；提出对预算中若干重大问题的意见和建议等。

同时，还要编写预算概览等参考材料。预算概览就是把预算草案中最主要的数据提炼出来，用图表辅以文字说明等形式直观简洁地表达出来，同时简要介绍预算草案中一些重要问题的背景和来龙去脉。供财政经济委员会进行初步审查时参考。

二、初步审查

这一阶段的工作主要由全国人大财政经济委员会在预算工作委员会的协助下进行。在大会召开的45日前，财政经济委员会会同全国人大各专门委员会，听取财政部、国家税务总局和海关部署关于上年中央和地方预算执行情况及本年度中央和地方预算草案的汇报，参考预算工作委员会提交的初步分析意见，对中央预算草案进行初步审查，提出初步审查意见。审查意见和建议汇成简报，书面送国务院和财政部。财政部根据有关意见和建议对国家预算草案再次进行修改后报国务院批准。

在初步审查过程中，财政经济委员会还要在预算工作委员会的协助下起草关于上年度预算执行情况和本年度中央预算草案的审查结果的报告。预算审查结果报告通常主要包括对上年度预算执行情况的评价、对本年度预算草案的分析意见、对本年度预算安排以及预算管理中重要问题提出的有针对性的意见建议等主要内容。最近几年,审查结果报告已经成为人大推动财税体制改革、加快部门预算管理的重要工具。国务院有关部门和地方对有关意见和建议高度重视。

三、代表大会审查批准

在每年召开的全国人民代表大会会议期间,全国人民代表大会通过多种形式①对上年度中央和地方预算执行情况和本年度中央和地方预算草案进行审议,并根据全国人大财政经济委员会的审查结果的报告,决定批准国务院提出的中央预算,批准财政部部长受国务院委托提出的关于上年中央和地方预算执行情况及本年中央和地方预算草案的报告。

① 全国人民代表大会主要采用以下几种方式进行预算草案的审查:专门委员会会议(财政经济委员会以及其他各专门委员会)、代表团会议(全团会和分组会)、主席团会议和大会全体会议(主要是进行表决批准)。

实务篇

本篇主要介绍如何审查政府预算的一些具体方法，分为三章。由于我国现行的政府预算体系由一般公共预算、政府性基金预算、国有资本经营预算和社会保险基金预算构成，涉及四本预算，内容较多，因此，分为两章先对四类预算的具体审查进行介绍，其中一般公共预算部分包括部门预算，然后再设专章对审查方法进行系统的归纳。即第五章政府一般公共预算的审查，第六章政府性基金预算、国有资本经营预算和社会保险基金预算的审查，第七章审查政府预算的方法。供代表在审查预算草案时参考。

第五章
预算审查——一般公共预算

审查和批准政府预算,是我国宪法和法律赋予人民代表大会的一项重要职权,是人民代表大会代表人民行使管理国家事务权力的重要形式。预算审查是人民代表大会批准政府预算的基础,因此,人大代表如何做好对政府预算的审查工作,对于保证党和国家大政方针的落实、满足人民的公共需求、充分发挥我国人民代表大会制度的优越性,具有十分重要的意义。既然国家和人民将审查国家预算的权力交给了人民代表大会,人民代表大会就有义务和责任认真履行好这一职责。因此,人大代表作为人民代表大会的组成人员,受人民的重托,使命光荣、责任重大,有义务和责任本着对国家负责、对人民负责、对纳税人负责的精神,认真参加人民代表大会会议,认真审查政府预算草案,发表审议意见。同时,为了提高审查预算的能力,提高预算审查质量,也需要了解掌握一些审查预算的要求和具体方法。

第一节 审查政府预算的总体要求

作为代表审查预算,首先需要准确把握预算审查的实质。预算是政府政策的反映,预算反映和规定着政府活动的范围和方向。毛泽东同志曾经指出:“国家的预算是一个重大问题,里面反映着整个国家的政策,因为它规定政府活动的范围和方向"。邓小平同志指出:"财政工作一定要有财有政,切不可有财无政。要懂得数字中有政策,决定数字就是要决定政策"。因此,预算审查不仅仅是审查各项数字是否能够对得上,规模有多大,增长率有多高,收支是否平衡等,而是要透过这些数字,把握数字背后所代表的政府的政策和政府的活动。审查政府预算是宪法和法律规定的一项重大的国家决策活动。代表参与这一国家决策活动,首先要站在国家的高度,要有全局观念、整体观念。审查政府预算作为行使宪法和法律赋予人民代表大会的一项重要职权的活动,要坚持党的领导、人民当家作主和依法治国的有机统一,紧紧围绕党和国家的工作大局,认真深入地审查政府预算,为我国经济社会发展出谋划策。坚持公共财政取之于民、用之于民的原则,划清政府与市场、社会的界限,使预算安排充分体现公共性。

因此,预算审查的总体思路是:对政府预算审查要围绕"总量、结构、效益、体制(制度与政策)"四个主要方面进行,逐步深入,最终体现为对政策、制度和体制等方面的分析判断,即通过审查中发现的具体问题,查找政策、制度和体制方面的根源,提出改革和完善政策、制度和体制的意见建议。决定或推动相关政策、制度和体制的改革与完善。使预算审查的过程成为国家重大方针政策的决策过程。

一、预算审查的总体要求

根据我国预算法、全国人大常委会关于加强中央预算审查监督的决定以及相关法律法规的规定,人大代表在审查政府预算草案时,要对政府预算草案的合法性、真实性、政策性、合理性、绩效性等进行审查。

1. 合法性审查

合法性审查,就是看政府预算的编制是否遵循了预算法等法律的要求。首先从形式和程序方面看,预算编制的形式、编制的内容、编制时间、编制的程序都要符合法律、法规的要求。收支项目的分类、收支项目的统一性等都要遵循国家法律法规的具体规定,不能随意增加或减少。同时,从预算草案的具体内容看,预算的收入和支出安排都应当符合预算法和其他法律法规的具体要求等。这些都是合法性审查的要点。

2. 完整性与真实性审查

完整性与真实性审查,就是看政府预算是否是全面、完整、真实地反映了政府和部门的一切财政收支活动,特别是随着我国政府预算体系的完善,政府预算逐步涵盖了一般公共预算、政府性基金预算、国有资本经营预算和社会保险基金预算等,政府预算收支的范围要实现全覆盖;收支数字是否有假定、估算或任意编造，是否打有埋伏，是否造了假账，除报人大审查批准的预算之外是否还有其他需要纳入预算管理的政府性收支等。

3. 政策性审查

政策性审查，就是看政府预算是否体现了当年国家经济社会发展的大政方针，是否体现了政府宏观调控目标和工作重点。政府预算主要是通过预算收支范围的调整和预算收支结构的变动来贯彻和实现党和国家的方针政策，体现政府的工作重点。

4. 合理性审查

合理性审查，就是看政府预算确定的收支总量与收支结构是否科学合理，是否与国民经济社会发展状况和发展要求相适应，是否有利于满足社会公共需求。促进国民经济协调健康、可持续发展，是否有利于改善民生，是否有利于社会的和谐稳定。

5. 绩效性审查

绩效性审查，就是对预算执行的结果和预算项目的安排，从产出及取得效果的角度进行审查，评价预算执行情况及预算项目的安排是否科学合理。

在这些总体要求的指导之下，人大代表可以从收入审查、支出审查两个大的方面入手，通过整体审查和结构性审查等方式，分别对政府预算草案和部门预算就相关具体内容再进行重点审查。

二、上年度预算执行情况的审查要求

需要说明的是，由于目前我国人民代表大会对政府预算的审查，包括两部分内容，即对上年度政府预算执行情况的审查和对本年度预算草案的审查。特别是在审议预算报告时，预算执行情况是审查的重要内容，对预算执行情况的审查是对本年度预算草案审查的重要基础。因此，首先要审查上年度预算执行情况，对上年度政府预算执行情况做出准确、全面的判断。

对上年度预算执行情况主要审查以下内容：一是落实全国人民代表大会（或者同级人民代表大会）批准的预算决议有关要求的情况，以及关于加强预算管理、推进财税改革以及完成预算措施的意见建议落实情况；二是上年度预算收支完成情况；三是财政收支平衡情况以及超收收入使用情况是否合法合规合理；四是预算收入依法征收情况以及收入结构是否合理；五是预算支出的结构是否合理、绩效如何，重点支出（主要是教育、医疗卫生、科技、农业、社会保障等）预算执行情况，重大投资项目预算执行情况；六是财政转移支付预算执行情况、结构是否合理、效果如何（对缩小地区间差距、促进基本公共服务均等化的作用）；七是政府债务规模及偿还情况；八是预算执行中发生的其他重大事项等。

三、预算草案的总体性或者综合性审查

由于我国政府预算体系是由一般公共预算、政府性基金预算、国有资本经营预算以及社会保险基金预算组成的。目前提交全国人民代表大会审查的预算包括一般公共预算草案(包括总的公共预算收支草案和国务院组成部门等有关机构的部门预算草案)、政府性基金预算草案、国有资本经营预算草案和社会保险基金预算草案(2013 年向全国人民代表大会报告,之后提请审查)等。在审查政府预算时,首先要有一个整体性的概念,先对当年政府的收支规模有一个整体性的认识,这对于全面准确把握政府收支活动、财政政策的实施情况等非常必要。例如:2013 年预算草案中所列的“2013 年全国政府收入预算表”和“2013 年全国政府支出预算表”。这两张表将全国公共财政收支、全国政府性基金预算收支和国有资本经营预算收支进行了汇总,在扣除了重复计算的部分后,基本上反映了全国政府收支的总体规模,如 2013 年全国财政收入预算为 164791.13 亿元,其中中央本级收入 64534.80 亿元,地方本级收入 100256.33 亿元;全国财政支出预算数为 177261.26 亿元,中央本级支出 24195.79 亿元,地方本级支出 153065.47 亿元。当然目前的数据还没有包括社会保险基金收入和支出。根据这些整体性数据,可以对我国政府收入的规模及在国民收入分配中的比重等进行计算,并进而对收入规模和支出规模是否适当等做出判断。

在进行总体性审查时,可以通过选用财政收入占 GDP 的比重、财政收入在国民收入分配中的比重以及财政收入的增长率与 GDP 的增长率比较等指标进行衡量。同时,还可结合财政赤字规模、赤字率,以及政府债务规模、债务负担率以及债务依存度等指标进行衡量。最终还要结合财政支出的效益情况等对财政支出做出全面的判断。

四、审查政府提出的改进措施和工作安排

审查要点:

对上年预算执行中问题的分析是否准确;

对当年的改革措施和工作安排是否可行。

政府在预算报告中,通常针对上年预算执行情况和所反映的问题,结合完成当年预算任务,提出新的一年的改革措施和工作安排。这也是预算审查的重要内容。在审查时,可以从以下两个方面入手:一是预算报告所提出来的问题,是否全面、准确地反映了预算编制、执行、管理以及体制方面的问题;二是改革的政策建议是否符合改革发展的方向、是否符合我国经济社会发展的实际要求、是否可行;工作安排是否能够保证完成当年的预算工作任务。

在此基础上，提出相应的改革和工作建议和意见。如2009年，在审查中央政府预算时，我国财政收入保持了持续快速增长，中央政府财力比较充足，但中西部地区与东部地区的财力差异仍然很大，而这种财力差异集中体现在县级财政的状况①。提出了推动建立县级最低财力保障机制，是缩小地区间基本公共服务差异的关键。这不仅符合党的十七大提出的要"完善省以下财政体制，增强基层政府提供公共服务能力"的要求，也符合我国县级政府财力与事权的现状，对于实现基本公共服务均等化是可行的。这项工作已经取得了明显成效。

第二节　对一般公共预算的审查②

一、一般公共预算的总体性审查

审查要点：

是否符合国家宏观经济、社会发展实际；

是否符合年度经济社会发展目标、国家宏观调控总体要求；

是否与国家确定的财政政策相协调。

(一)预算总体安排是否符合国家宏观经济、社会发展的实际

经济决定财政，财政受经济发展的制约，财政同时又反作用于经济。财政要服务于国家经济社会发展，同时又反作用于经济社会发展。因此，审查政府预算，首先要了解国家宏观经济发展情况和社会发展情况，以及在新的年度的发展政策和安排情况。要重点掌握经济社会发展相关指标，如国内生产总值增长率、物价水平、失业率和进出口总值增长率等。这些指标在政府工作报告、国民经济发展情况和社会发展计划草案的报告中都有反映。因此，在审查预算草案之前，先要熟悉政府工作报告、国民经济发展情况和社会发展计划草案的报告。上年预算收入的完成和当年预算的安排，都受上年经济增长情况和当年经济增长预期的制约，有关单项税收的规模和增长如增值税、消费税和营业税等的规模和增长，与经济总量规模和发展速度密切相关，

① 据初步统计，我国东、中、西部地区县级人均财政支出分别为8.72万元、4.62万元和5.31万元，东部县级人均支出水平分别相当于中、西部地区的1.89倍和1.64倍。

② 需要说明的是，从全国人民代表大会对预算的审查批准而言，批准的只是中央政府预算，对地方政府预算只进行审查，而不属于批准的范围。加之，目前地方预算草案主要是代编形成的，所以，对其进行的审查不再单独进行说明。

进口产品消费税和增值税与外贸进出口紧密相联。经济发展速度快、质量高、效益好，税收的增长也会相应提高。各项社会事业发展的预期目标都要通过预算支出予以反映和保障。因此，预算收入预计或测算要与经济发展相适应，支出安排要与经济社会发展预期目标相协调。

（二）财政政策是否符合宏观经济发展要求，预算总体安排是否与当年的财政政策相协调

在市场经济条件下，财政政策和货币政策是政府宏观调控的两大重要手段。根据国民经济发展形势要求，是采取积极的财政政策，还是从紧的财政政策或者是稳健的财政政策，这是人大预算审查工作的重要内容。财政宏观调控第一位的任务，是要使财政政策与经济发展要求相适应，促进国民经济又好又快发展。而政府预算必须要与国家的宏观经济政策相一致，直接体现财政政策的要求。财政政策确定之后，需要通过政府预算予以落实。预算收支直接体现出政府目标，也反映国家宏观政策走向。

财政政策是指一国政府为实现一定的宏观经济目标，根据经济社会发展状况，而制定的调整财政收支规模及收支平衡状况的指导原则和主要措施。它是由税收政策、支出政策、预算平衡政策、债务政策等构成的一个完整的政策体系。财政政策贯穿于财政工作的全过程，体现在收入、支出、预算平衡及赤字和债务规模等各方面。财政政策通常由财政政策目标、财政政策主体和财政政策工具三个要素构成。财政政策目标就是财政政策预期取得的效果，如经济增长的预期区间、物价上涨控制区间、新增就业规模及失业率控制区间、收入分配差距的变化等；财政政策主体，指财政政策的制定者和执行者，强调其行为的规范性对政策效果的影响；财政政策工具主要包括税收政策、公共支出政策、公共债务政策、政府投资政策、财政补贴政策等。财政政策的主要类型包括扩张性财政政策（积极财政政策）、紧缩性财政政策（适度从紧的财政政策）和中性财政政策。因此，代表在审查时，首先应根据经济社会发展的实际和发展趋势，对财政政策本身是否科学做出判断。

专栏5—1　政府财政政策的演变

政府要履行好职能，必须借助一定的财政手段，随着政府职能的变化，财政政策也发生了相应改变：

资本主义早期，政府被定位为“守夜人”、“廉价政府”，政府的职责只是在生产之外，财政活动仅限于维持政府运转，是社会财富的一种纯消费。强调只有平衡的政府预算才符合“健全财政原则”，才有利于市场经济的均衡发展。这一阶段强调的是财政平衡政策。

随着上世纪二、三十年代西方经济危机的爆发，凯恩斯的赤字财政理论大行其道，补偿性财政政策得以形成，即根据经济繁荣与萧条的更替，交替地实行紧缩与扩张的财政政策。具体操作要求财政政策逆经济周期相机抉择。在经济萧条时期，实行积极的财政政策，政府要增加开支，降低税率，形成预算赤字，以拉动社会总需求；在经济繁荣时期，政府则要压缩开支，提高税率，形成财政盈余，以减少社会的过度需求。财政预算无需年年平衡，而只需要使经济在大的周期内盈余相抵，收支基本平衡即可。但其在风光了几十年之后给西方经济带来了"滞胀"，至今没有找到解决的办法。

专栏5—2　我国财政政策实施情况回顾

1. 适度从紧的财政政策。20 世纪 90 年代，随着经济体制改革的不断推进，我国经济进入了新的快速增长期。但由于投资需求过度扩张，经济运行中出现了严重的过热态势和通货膨胀。为了保持国民经济的良性发展，遏制通货膨胀，我国政府相机抉择地实施了适度从紧的财政政策。这是我国在社会主义市场经济体制建设过程中首次运用财政政策进行宏观调控。适度从紧的财政政策不是全面从紧的政策，而是结构性从紧的政策，主要内容包括：加强税收征管，清理税收优惠政策；实行从紧预算管理，严格控制财政赤字；严格控制社会集团购买力，抑制消费的过快增长；清理压缩基本建设项目，控制固定资产投资过快增长；加大农业投入，支持企业技术进步，促进国有企业改革等。在这五年的时间里，取得了显著的反周期调节效果，为我国经济保持快速健康发展打下了坚实的基础。

2. 积极的财政政策。针对 1997 年亚洲金融危机爆发、国内经济运行中出现的有效需求不足和通货紧缩趋势等新问题做出的重大决策。政策主要内容包括：增发长期建设国债，扩大政府投资，用于基础设施建设；为国有独资商业银行发行 2700 亿特别国债，补充银行资本金；调整税收政策，停止征收固定资产投资方向调节税，提高出口退税率，恢复征收利息个人所得税，支持扩大出口，引导居民消费；调整收入分配政策，提高低收入人员基本生活保障水平、提高企业离退休人员待遇，增加机关事业单位人员工资等；加大对中西部地区的转移支付力度；规范收费制度、取消不合理、不合法收费项目，减轻社会负担。积极财政政策取得明显效果。国民经济实现快速增长，通货紧缩趋势得到明显遏制，经济结构调整加快，发展动力增强，财政实力明显增强。

3. 稳健的财政政策。也就是中性财政政策，对总需求既不扩张也不收缩的情形，是在经济总量基本平衡、物价比较稳定、但结构性问题相对突出情况下实行的一种财政政策。经过多年实施积极的财政政策,在国民经济总体情况较好并呈现加速发展的态势下,出现了部分地区和行业投资增长过快、供求结构问题比较突出等现象。2005 年,我国政府决定实施稳健的财政政策。其核心内容是"控制赤字、调整结构、推进改革、增收节支",反映了财政政策"松紧有度"的增量平衡取向,"有保有控"的结构优化取向等。2005 年预算拟安排,赤字 3000 亿元,比上年预算减少 198.3 亿元。同时为促进构建和谐社会建设,继续加大对"三农"的投入和政策支持力度,中央财政将新增转移支付资金 140 亿元。2008 年预算安排将财政赤字调减为 1800 亿元,长期建设国债发行规模调减为 300 亿元。财政赤字占 GDP 的比重下降到 0.6%。这都是贯彻中央提出实施稳健财政政策的方针的具体落实。不仅促进了经济稳定增长,而且促进了经济社会的全面协调可持续发展。

4. 再次实施积极财政政策。由美国次贷危机引发的国际金融危机,从 2008 年下半年开始对我国经济造成严重冲击,经济下滑趋势明显,有些月份财政收入甚至出现了负增长。2008 年年底召开的中央经济工作会议确定,2009 年的经济工作要把保持经济平稳较快发展作为首要任务,实施积极的财政政策和适度宽松的货币政策。积极财政政策,主要包括五个方面内容:一是扩大政府公共投资,加强重点建设;二是推进税费改革,实行结构性减税;三是提高居民收入,促进消费需求;四是优化财政支出结构,保障和改善民生;五是大力支持经济结构调整和区域协调发展,推动经济发展方式转变。

在扩大政府公共投资规模方面,2008 年至 2012 年,中央公共预算支出规模不断扩大,全国财政支出规模不断扩大,中央财政赤字规模保持在一定水平(见下表)。特别是从 2008 年四季度到 2010 年年底,为了应对国际金融危机的冲击,增加中央政府公共投资 1.18 万亿元,带动引导地方政府和社会投资 4 万亿元。2009 年以来共代理发行地方政府债券 8500 亿元。

2007—2012 全国财政支出、中央财政支出和中央财政赤字规模表(单位:亿元)

项目 年份	全国财政支出	中央财政支出	中央财政赤字	代地方发债
2007	49781.35	29579.95	2000	
2008	62592.66	36334.93	1800	
2009	76299.93	43819.58	7500	2000
2010	89575.38	48330.82	8000	2000
2011	108929.67	56435.32	6500	2000
2012	124300	64120	5500	2500

实行结构性减税政策：通过采用直接优惠（包括税收减免、降低税率等）和间接优惠（诸如投资抵免、加计扣除、减计收入、允许计提风险准备等）方式实施的减税措施累计已有70多项，涉及十几个税种，每年减税规模达数千亿元。如：从2008年10月起，对储蓄存款和证券交易结算资金利息所得暂免征收个人所得税；在2008年3月提高工资薪金所得费用减除标准的基础上，从2011年9月1日通过实施新修订的个人所得税法，将减除标准由2000元提高至3500元并调整税收级距、降低低档税率；2012年开始降低包括居民日用品在内的700多种商品进口关税，对219个蔬菜品种免征批发和零售环节增值税。2008年对企业的国债利息收入等免征企业所得税，2008年9月下调证券交易印花税税率并改为单边征收，2009年对农村信用社、农村商业银行给予营业税等优惠，支持金融保险业和资本市场健康发展；2009年以来，在全国范围内推行增值税转型改革；从2009年开始对21个服务外包示范城市的技术先进型服务企业实行企业所得税（减按15%的税率征收、职工教育经费工资总额8%以内据实扣除，超过部分结转扣除）、营业税（离岸服务外包收入免征营业税）等优惠政策，支持技术先进型服务业发展；从2009年起实施促进经营性文化事业单位转企改制、文化产业、动漫产业等发展的增值税、企业所得税等税收优惠政策，支持文化体制改革和文化事业发展；2012年分批在上海以及北京、天津、广东等9个省、直辖市（含3个计划单列市）进行营业税改征增值税试点等。

通过上面的事例可以看出，财政政策主要体现在财政收支规模的扩张和收缩、税收政策的调整、赤字和债务规模的变化等方面。而这些都需要通过政府预算予以体现。因此，在从总体上审查政府预算时，首先要审查预算安排与当年财政政策的一致性，是否体现了财政政策的具体要求。审查时主要从财政支出的总量、税收政策的调整、赤字规模的变化等几个关键数据入手。积极财政政策，通常体现为财政支出规模的扩大（绝对数额的增长和相对增长比例的提高）、实施减税措施或者扩大减税规模、增加财政赤字规模等。紧缩性财政政策与之正好相反。

二、收入安排的审查

审查要点：

预算收入是否完整；

预算收入测算是否科学；

预算收入规模是否合理；

预算收入结构是否合理。

（一）预算收入是否完整

审查预算收入是否完整，就是看政府收入是否全部都纳入了预算。我国预算法规定了一般公共预算收入的范围，包括：各项税收收入、行政事业性收费收入、国有资源（资产）有偿使用收入、转移性收入和其他收入；并要求将所有政府收入全部列入预算，不得隐瞒、少列。《国务院关于实行分税制财政管理体制[①]的决定》（1993年）对中央预算收入与地方预算收入等进行了明确划分。之后，又进行了多次调整与改革（见附录）。2007年，政府收支分类科目改革，实行新的政府收支科目。进一步明确了政府收入分类及构成，成为预算编制和审查的重要依据。党的十六届三中全会决定提出了加强政府全口径预算管理的要求，党的十八大报告进一步明确提出“人大要加强对政府全口径预算决算管理的监督”。“全口径预算决算”意味着全部的政府收入都要纳入预算，接受人大的监督。修改后的预算法对预算收入的完整性进一步做出明确规定，如第四条政府的全部收入和支出都应当纳入预算。从而为预算的完整性审查提供了更为坚实的法律依据。审查预算收入的完整性，主要看法律法规规定的预算收入类别是否齐全、有无遗漏；预算收入的来源是否符合相关法律法规关于收入划分的规定。也就是以审查收入种类的完整性为主。

在审查税收收入时，应当关注税收优惠政策的情况。特别是在某些地方为了招商引资、促进经济发展，往往出台一些变通性政策变相减免税收。因此，在审查税收收入时，要严格审查各项税收收入预测是否按法定税基和税率进行，是否存在随意调整税基或者税率或者扩大优惠政策的情况。对于非税收入，由于种类繁多，如包括专项收入（排污费收入、城市水资源费收入、教育费附加收入、水路运输管理费收入等）行政事业性收费收入、罚没收入、国有资源（资产）有偿使用收入及其他收入[②]等。在审查时，要了解各项非税收入的基本内容和征收标准，比照相关法律法规，审查非税收收入的合法性、全面性和预测的准确性。对某些非税收入变动异常的情况，可要求相关部门做出合理的解释或者说明，保证非税收入筹集的合法性、合理性。

（二）预算收入测算是否科学

政府预算应当参考上一年预算执行情况和本年度收支预测进行编制。修改后的预算法规定，各级预算收入的编制，应当与经济社会发展水平相适应。

① 分税制财政管理体制，简单地讲就是按照税种划分中央和地方财政收入的一种财政体制。其核心制度框架有两个：一是分税、分征、分管；二是实行规范的中央政府对地方政府的转移支付制度。

② 其他收入主要包括捐赠收入、动用国储棉、糖、油上交财政收入，主管部门集中收入、乡镇自筹和统筹收入，基本建设收入，免税商品特许经营收入等十多项，通常规模较小。

改变了过去要求各级预算收入的编制应当与国民生产总值的增长率相适应的规定。过去政府在编制预算时,预算收入的测算通常简单地与GDP的预期增长率相挂钩。在实践中,出现了预算收入增长率远远高于GDP增长率的现象,导致了大量的超收收入,影响了预算的严肃性。

与经济社会发展水平相适应,就是要改变过去简单地将国民生产总值的预期增长率(或者加上物价上涨指数CPI)作为预算收入的增长率的做法。由于我国预算收入主要来自于第二、三产业,实际增长比例都远远高于GDP的增长率;再加上GDP的增长是按照不变价格计算,而预算收入是按照现价计算。在CPI连年为正的情况下,预算收入肯定远远高于GDP的增长率。而政府在编制预算时,为何要将预算收入增长率测算得较低呢?除了留有余地的考虑之外,主要还是政府对超收收入的追求动机。因为之前超收收入的使用成为政府的机动财力,可以不经过人大批准而自行安排,只要向人大有关机构通报、年终向人大报告即可。因此,要促使预算收入预测逐步科学化,必须完善超收收入使用制度和预算调整制度。

如何审查预算收入测算是否科学呢?一是要全面考虑影响预算收入的各种因素,如财政政策、国内外经济形势、产业结构、进出口贸易等方面的变化对预算收入的影响。二是要求政府部门就预算收入的预测依据和预测方法等做出说明,了解预算收入的测算是否建立在科学的税收收入预测模型基础上,是否有较为科学的预测技术为基础。三是对往年预算收入安排数与实际执行数或决算数进行对比分析,看看实际执行数或者决算数与预算数的偏离度有多大,在预测方法没有改变的情况下,通过总结偏离度所呈现出的规律①,也可以对预算收入预测是否科学作出初步判断。

专栏5—3 美国州政府的收入预测

在美国,良好的收入预测包含三部分:预测的技术层面,预测的政治过程,预测的监控、修正与评估。

---

① 预算收入与决算收入的偏离度,在我国财政领域一直存在,近年来随着财政规模的持续扩大,两者偏离趋势有所加剧。从中央财政收入来看,2010年财政收入超过预算收入11.6%,2011年超过预算收入11.9%。相对于受体制和政策影响较大的非税收入而言,作为财政收入主体的税收收入理应有较小的偏离度,但实际情况并不尽然。我们比较2005—2011年的河北税收预算数与决算数发现,除了2009年受国际金融危机和政策性减收影响,税收仅增长12.2%,客观上使预决算偏离率为1%外,其他年度的偏离率都在6%以上,超过发达国家5%的正常偏差范围,2011年的预决算偏离率高达15.8%,偏离额为184.3亿元,相当于当年对科技、文化、体育和节能保护支出的总和。这么高的预决算差额背离了统筹规划的预算本义,影响了年度支出预算的安排,也给年年出现的人为追求超收、年底突击花钱提供了可能,成为近年来社会各界关注的焦点之一。之所以出现如此大的差额,除了主观上预算故意有所保留和客观经济运行状况变化以及预算年度增减收政策的出台外,对收入预测的不准确当为主要原因之一。

一、预测的技术层面

州政府的收入预测包含三步自上而下的技术过程,分别为国民经济预测,州经济预测和州财政收入预测。

第一步是国民经济预测。它涉及国民生产总值、收入水平、失业率、利率、金融市场表现、对外贸易、消费者信心水平和通货膨胀等关键数据。通常州政府从全国著名的经济预测公司购买此类数据。

第二步是州经济预测。这些预测数据同样可以来自外部专家,如向私人部门(私人银行机构)或者公共部门(如州立大学)经济学家进行购买,也可以来自州政府专门为此成立的专家小组。通常,政府部门也会对州经济做出他们自己的预测。

第三步是财政收入预测。各州通常将经济预测数据录入电脑,通过模型预测各州财政收入能力。一个好的数据库至少需要 8 到 10 年的有价值的数据。一旦数据库建立起来,就可以用统计模型进行预测。这些模型中包含了如下信息:过去几年内相似经济条件下的收入情况,影响税收收入的政策变动,消费者行为的影响因素(如:消费者信心)。实际模型根据各州收入所依赖的潜在收入来源不同而有所不同。州政府的经常性预算通常有三个主要税收收入来源:个人所得税,公司所得税和营业税。

二、政治过程和参与者

预测的政治过程和参与者,则不仅仅是为确保预测准确性,更多是保证预测的独立性和透明性。因为预算通常都源于政府部门,通常典型的收入预测政治过程遵循如下途径:首先,州长预算办公室起草包含收入预测和支出预测的预算草案,然后预算被送到立法机关审查批准,立法机关会对收入预测和支出预测进行审查。在大多数州,批准支出预测的政治过程是比较一致的,但批准收入预测的政治过程却差异较大(主要由于收入预测的重要性)。政府通过更多的政治努力来确保收入预测的透明性、独立性和无偏性。据调查,收入预测的审批流程至少发生了三个重大改变,也是三种不同的模式。第一个变化是,收入预测由专门为此目的成立的独立机构开展,预算办公室、议会均不能参与收入预测。美国有 4 个州采用这种方式。第二个变化是,在政府部门的预算办公室进行收入预测同时,立法机构也进行收入估计。存在两个并行的、相互独立的收入预测。随后双方协商出一个大家都认可的预测值,而这个预测值往往是两个测数值的平均。美国有 13 个州采用这种方式。第三个变化是,政府部门的预算办公室和立法部门从一开始就联合进行收入预测。因此,双方都清楚收入预测的前提条件以及预测过程,预测对双方来说都是透明的。这就是所谓的“协商一致预测”。美国有 22 个州采用这种方式。

从美国收入预测的政治过程可以看出,由于收入预测对新财政年度预算的重要性,大部分州都做了很多努力来保证收入预测的独立性、透明性和无偏性。至少有三十个州的立法机构,从一开始就参与到收入预测中,目的就是提高收入预测的科学性,得到可信的收入预测。由此也看出,科学性是收入预测原则的核心。

三、监控和报告

由于经济中不可预期的变化,偏差依然在所难免。预测的科学性体现在尽可能降低偏差,而不是完全排除偏差。预测值高于或者低于实际值两到三个百分点(偏差率),通常被认为是正常的。收入预测即使在预算获批后,也需要继续进行,直到该财政年度结束,这就是监控和报告。收入预测并非仅仅是个年度数字,实际上它至少由12个月度收入预测组成。这样就可以将月度收入预测值与实际值进行比较。比较的重要性表现在,首先,它为政策制定者提供尽早知道收入出现赤字或者盈余的信息。其次,它将预算过程透明化,强化政府为收入预测负责,并让公众了解财政收入是否会出现赤字或者盈余。如果出现财政赤字,政府可以让公众知道他们准备怎样削减赤字。如果出现预算盈余,政府同样可以告诉公众预算盈余有多大以及将如何支配这些盈余资金。最后,月度预测数据与实际数据的对比,还可以为政府部门准备下一财政年度的预算提供经验借鉴。因此,频繁(通常是月度)监控和报告预算收入具有多重目的,并且构成收入预测中不可分割的部分。

四、最佳实践

美国州政府预算收入预测的成功的做法包括:1. 需要政府部门直接参与到州经济预测过程中。2. 预测过程应充分利用学术经济学家和商业经济学家在州经济预测方面的专业知识。3. 作为收入预测过程的一部分,立法部门应尽最大可能参与到经济预测过程中。4. 拿到收入预测后,政府部门应了解与此预测相关的不确定性。5. 建立有助税收收入预测的组织结构,且税收收入预测单独进行。6. 保证负责收入预测的机构具备良好的预测所需的数据以及胜任预测工作的技术人员。7. 需要报告月度收入预测值、真实值以及年度预测收入、真实收入。8. 月度税收收入仅是一个快照,应认识到从短期税收收入得出结论是比较困难的。9. 收入预测以一定经济假设为前提,其适用性取决于对经济变化的修订。10. 让公众了解整个财政年度的相关财政收入信息,这些信息与预测实践保持一致。另外四项也非常重要:(1)专家意见对收入预测的作用程度,取决于他们预测是否无偏、是否经过人为策划等因素,这意味着,良好的专家组成员应该能够代表国家经济的重要部门,而且他们可以坦诚地发表意见。(2)两个相互独立的收入预测,相比一个收入预测,预测准确度更高些。(3)按正规程序将两个相互独立收入预测形成一个预测,可以进一步提高预测准确度。(4)

能够识别收入预测中使用的判断,并记录调整规模以及调整前后的预测误差。

五、美国州财政收入预测的准确性

为了评估美国各州财政收入预测的准确性,美国皮尤研究中心和洛克菲勒政府研究所进行了一项研究,调查涉及了1987—2009年23年间美国各州财政收入预测的准确性,研究报告以"州收入预测:水晶球的裂缝"为题发表。期间经过三次经济衰退,分别是1990年,2001年和2007年。根据这份报告,税收收入占各州财政收入的72%。在概括跨州或跨年度预测误差时,研究人员普遍使用中间偏差度或偏差度绝对值,而不采用平均偏差度,以避免奇异值对平均值的影响。研究发现,美国各州收入预测的准确性具有如下特点:

第一,在所研究的23年间,偏差度的绝对值,无论是高估还是低估,只有3.5%。

第二,收入预测值低于实际值的情况更普遍。在1987—2009年的23年间,有16年,绝大多数州的税收收入都被低估,偏差度达到1.5%。在经济繁荣的时候,财政收入倾向被低估,而在经济低迷时,财政收入往往被高估。

美国各州收入预测偏差度(%)表

州名称	偏差度	州名称	偏差度	州名称	偏差度	州名称	偏差度
纽约州	-2.07	威斯康星州	0.92	西弗吉尼亚州	1.55	得克萨斯州	2.62
密歇根	-1.19	新墨西哥州	0.93	马里兰州	1.6	北达科他州	2.69
罗得岛	-0.52	缅因州	1.1	科罗拉多州	1.61	北卡罗来纳州	2.76
佛罗里达州	-0.43	堪萨斯州	1.11	密西西比州	1.61	加利福尼亚州	2.85
州名称	偏差度	州名称	偏差度	州名称	偏差度	州名称	偏差度
肯塔基州	-0.2	亚利桑那州	1.23	爱达荷州	1.62	康涅狄格州	3.05
特拉华州	-0.09	夏威夷	1.29	伊利诺伊州	1.62	马萨诸塞州	3.52
宾夕法尼亚州	0.36	俄亥俄州	1.29	爱荷华州	1.75	俄勒冈州	3.81
密苏里州	0.41	弗吉尼亚州	1.34	明尼苏达州	1.94	内华达州	3.9
俄克拉荷马州	0.49	华盛顿州	1.34	路易斯安那州	1.99	佛蒙特州	5.01
田纳西州	0.49	新泽西州	1.35	阿肯色州	2.19	蒙大拿州	6.14
南卡罗来纳州	0.72	亚拉巴马州	1.45	新罕布什尔州	2.23	阿拉斯加州	10.53
南达科他州	0.72	内布拉斯加州	1.47	怀俄明州	2.39	全国平均	1.48
印第安纳州	0.88	佐治亚州	1.48	犹他州	2.56		

资料来源:**The Pew Center on the States, 2011. States' Revenue Estimating: Cracks in the Crystal-Ball. http://www.pewstates.org/research/reports/states — revenue — estimating — 85899376512。**

说明:在美国有20个州实行两年度预算,这意味着他们必须提早三年预测收入。这些州,如蒙大拿州、内华达州、北达科他州、俄勒冈州和德克萨斯州,常常偏差度高于其他州。

专栏5—4 中国省级政府的收入预测

2000—2010年各省税收收入预测偏差度

地区	偏差度(%)	地区	偏差度(%)	地区	偏差度(%)	地区	偏差度(%)
宁夏	21.09	安徽	14.08	青海	10.63	湖南	7.83
内蒙古	20.36	甘肃	13.77	北京	10.62	海南	7.32
重庆	18.18	江苏	12.14	广西	10.08	山东	5.72
山西	18.01	河南	12.01	云南	9.59	湖北	4.71
黑龙江	17.47	天津	11.89	吉林	9.43	福建	4.65
四川	15.68	上海	11.76	贵州	8.67	广东	3.39
浙江	15.58	江西	11.65	新疆	8.03		
陕西	14.61	辽宁	11.43	河北	7.93		

数据来源:历年《中国财政年鉴》数据计算。

中国各省收入预测具有如下几个鲜明的特点:

第一,收入预测的偏差度很高。从2000年到2010年,收入预测的偏差度平均为8.86%,远远超过美国各州3%的平均值。从偏差度的地区分布来看,东部地区最低,11年间平均为7.12%,中部地区次之,平均为10.63%,西部地区最高,平均为13.40%,呈现经济发展水平越高,偏差度越低的特征。如果按2000年到2010年中国地方财政收入20万亿元计算,超收金额达到1.6万亿元。反映了我国收入预算缺乏科学性,增加了公共资金监督、管理的难度。

第二,实际收入被低估一直存在,甚至成为一种惯性。从2000—2010年的收入预测来看,并没有依据经济情况而有所变化,即使在国际金融危机的2008年—2009年,实际收入依然超过预测值4.52%—5.81%。绝大多数年份的实际收入超过预测值的比例在7%—10%之间。2004年的实际收入甚至达到预测值的128.01%,超收额度为2558.46亿元。

第三,从中国省级收入预测的分布来看,所有省份无一例外地被低估。在31个省11年的收入预测数据中,只有新疆、湖北在2009年,上海在2006年的收入预测值高于实际值。而且这种超出,都属于正常范围。如:上海市2006年税收收入被高估0.33%,湖北2009年税收收入被高估0.65%,最高的高估比例发生在新疆2009年的收入预测中,也只有2.3%。与此相对应的是,税收收入被低估的比例,可以超过50%,甚至高达66%,二者形成了强烈的反差。

第四,从超收比例的省份分布看,31个省中有19个省(约占全部省份的60%)的超收比例超过10%,宁夏、内蒙古在2000—2010年间的实际税收收入超过预测值比例,甚至超过20%。低估税收收入比例在5%—10%的省份达到8个,约占31个省份的25%，只有湖北、福建、广东、西藏4个省的偏差度低于5%。

摘自《经济社会体制比较》2013年第2期，赵海利、彭军：《预算管理中的收入预测：来自美国的经验及对中国的启示》。

我们应当高度重视收入预测的科学性，特别根据十八届三中全会的决定和财税体制改革方案精神，在审查重点由收支平衡转向支出政策，逐步淡化收入任务的情况下，税收收入不再是约束性的任务指标。如何保证预测的科学性尤为重要。一方面是技术性问题；另一方面，人大也应当加强对收入预测的关注，督促政府提高预测的准确性。美国的例子为我们提供了借鉴，过去我们对收入关注不够。

(三)预算收入规模是否适当

衡量预算规模主要有两个指标：一个是财政收入规模绝对量，也就是预算的总收入，这是一个名义上的数量，看实际是增是减，还要扣除通胀因素，才能得出实际情况。另一个是财政收入规模的相对量，即通常所说的"两个比重"。一是财政收入占GDP的比重，在财政学中称为"国民经济的财政负担率"。它反映了政府和市场主体之间占有和支配社会资源的情况。这个数值越高，说明政府取得的收入越多。二是中央财政收入占全部财政收入的比重，它衡量的是中央政府集中财力的程度，一定程度上也反映了中央政府提供公共的服务和宏观调控的能力。此外，还包括财政收入规模是否与居民收入规模相协调。比如前几年，我国政府财政收入的增长幅度远远高于城乡居民收入的增长幅度，导致了居民收入在国民收入中的比重呈现不断下降趋势。说明政府财政收入的规模与居民收入的规模已经不协调。所以在"十二五"规划纲要中明确提出"提高居民收入在国民收入分配中的比重"。

财政收入规模的大小既与国家的经济发展水平、经济实力有关，也与国家所采取的分配政策密切相联。财政收入越多，意味着政府可支配收入越多，有钱好办事、钱多可以办大事，政府可以提供更多更加完善的公共产品和公共服务。但是，财政收入毕竟取之于民、取之于社会，取之过度，则弊大于利。以税收为例，如果税负过高，便会影响投资和消费增长，经济发展就会减缓甚至停滞，反过来会影响财政收入的增长。衡量一个国家财政收入规模是否合理，是否适度有两大原则，即效率和公平原则。效率原则是指财政收入规模既不过多，也不过少，既要保证初值资源充分有效利用，又能促进国民经济健康协调发展。公平原则主要指税收负担要体现量能课税的要求。

目前社会上对我国财政收入规模有两种不同意见。有的认为财政收入规模还不够大，占国内生产总值的比重还比较低，应当继续提高；另一种意见认为财政收入规模已经很大，影响了居民收入的增长，应适当压缩。存在两种不同意见的主要原因,是我国的财政收入统计口径不规范。讲财政收入比重低的一方,只将一般公共财政收入计入预算收入,而未将政府非税收入、社会保险收入、政府性基金收入、政府部门及所属单位收入等统计在内。讲财政收入比重高的一方,则将全部政府性收入,包括税收收入、非税收入、社会保险收入、政府性基金收入以及政府部门和所属单位收入等,都计算在内。解决好这个问题,需要研究明确"全口径"的范围和标准,制订统一的政府收入统计口径和标准,全面准确地统计我国政府性收入的现有规模,提出调整国民收入分配结构的财税政策,合理把握财政收入占国民收入分配的比重,逐步提高居民收入占国民收入分配的比重。各级人大代表应当高度重视国民收入分配结构调整和财税政策调整,加强调查研究,提出意见和建议。要推动财税部门转变观念,由单纯关注财政收入增长转移到关注整个国家收入,包括财政收入和居民收入增长上来。做大"蛋糕",不应当仅仅是增加财政收入,还包括增加居民收入。不努力增加居民收入,就难以实现发展由人民共享,也难以实现经济发展向消费为主拉动的转变。

专栏 5—5 财政税收规模的比较

横向比较:2007 年,我国财政税收收入增加了 31%,达到 5.1 万亿元,占 GDP 的 21%,相当于 3.7 亿城镇居民的可支配收入、12.3 亿农民的纯收入。也就是说,政府一年花的钱等于 3.7 亿个城镇居民、12.3 亿农民一年可以花的钱。政府要这么多的老百姓才能供养。2007 年,美国联邦政府的财政税收为 2.4 万亿美元,占 GDP 的 18%,相当于 8500 万普通美国人一年的可支配收入。也就是说,为了支持美国政府的开支,需要 8500 万美国人的可支配收入,这当然远比中国政府的开支需要 3.7 亿城市居民的可支配收入低。中国有 5.4 亿城镇居民、8 亿农民,加在一起,去年民间的可支配收入总共为 10.7 万亿元。也就是说,5.1 万亿元的政府财政税收约等于民间可支配收入总额的一半。相比之下,美国民间的可支配收入总量为 8.4 万亿美元,2.4 万亿美元的政府财政税收相当于民间可支配收入总量的四分之一。

纵向比较:改革之初的 1978 年,国家财政税收相当于 3.3 亿城镇居民的可支配收入、8.5 亿农民的纯收入。但那时的政府要负责城市人从摇篮到坟墓方方面面的生活开支。随着改革的进行,到 1985 年,财政税收相当于 2.7 亿城镇居民、5 亿农民的纯收入。到 1995 年,财政税收相当于 1.46 亿城镇居民的可支配收入、3.9 亿农民的纯收入。1995 年后财政税收逐年回升,到 2004 年,财政税收相当于 2.8 亿城镇居民的可支配收入、9 亿农民的纯收入。随后的三年税收规模进一步扩大,到 2007 年,政府的财政税收已经远远超过改革开放初即

1978 年时的规模,达到历史“最大”规模。

我们也可以把政府、城镇居民、农民看成中国的三大群体。那么,自 1995 年到 2007 年的 12 年里,政府财政税收年均增长 16%(去掉通货膨胀率后),城镇居民可支配收入年均增长 8%,农民的纯收入年均增长 6.2%。这期间,GDP 的年均增长速度为 10.2%。只有政府的收入以远高于 GDP 的速度在增长,城镇居民的收入增长速度次之,农民的收入增长最慢,速度远低于 GDP 的增速。从 1995 到 2007 年,去掉通胀成分后,政府财政收入增加 5.7 倍,城镇居民人均可支配收入增加 1.6 倍,农民人均纯收入仅增长 1.2 倍。

来源于价值中国网,陈志武:“中西方政府收入规模的比较”。

(四)预算收入结构是否合理

财政收入结构是指财政收入内部各组成部分和比例关系,反映的是不同收入类别、不同来源的收入之间的比例关系。在一般公共预算中,收入从大的方面可以划分为税收收入与非税收入。收入结构即税收收入与非税收入所占比重的不同,反映了政府收入的规范性程度和预算收入的稳定性和可持续性。现代国家大都以税收收入作为财政收入的绝对主要来源。从中央政府预算收入结构来看,税收收入占绝对比重且比较稳定。而从地方政府的财政收入结构来看,有的地方非税收入占比过高,而在非税收入中,又以土地出让金收入占绝对比重,形成了所谓的“土地财政”。随着政府控制的土地资源量的减少和房地产市场调控及土地房屋价格的下跌,土地出让收入难以持续。因此,在审查预算收入时,要注意审查收入结构是否合理。

1. 税收收入与非税收入的比例及各自内部的构成

审查预算收入结构,可以按照预算收入的不同层级由高到低进行。首先要审查税收收入与非税收入的比例,将非税收入控制在适当的范围内,对非税收入的快速增长应当要求相关部门做出合理的解释。尽管二者间并没有一个固定的或者公认的最优比例,但由于非税收入种类繁多,征收主体多元,容易形成超收收入,需要对非税收入的规模进行控制。政府层级越高,通常税收收入所占比例就越高,层级低的地方政府收入中,非税收入占比通常较高。在审查时,可结合多年间税收收入与非税收入间的比例进行比较的方法,一旦非税收入出现过快增长,则需要做出合理解释。其次,还可对下一层级的税收收入或者非税收入内部的结构进行审查,如直接税与间接税之间的比例;非税收入中,行政事业性收费、罚没收入与其他非税收入间的比例等。同时,目前我国非税收入项目还比较多,许多项目征收的依据是中央政府部门或者地方政府的规章或者文件,缺乏法律规范。需要在清理的基础上,依法予以规范,做到依法征收、依法使用、依法管理。

2. 经常性与非经常性收入

对收入结构进行审查,有时还需要从经常性收入和非经常性收入(一次性收入)的角度进行审查,以降低因非经常性收入急剧增加给预算收入带来的不确定性。经常性收入是按照法律法规所规定的收入征集种类和标准所形成的收入,其规模一般较为稳定;非经常性收入则是由于某些特殊情况的出现而形成的收入,其有无或者规模变动较大,对收入的稳定性影响较大。过高的非经常性收入不仅不利于未来的收入预测,也使未来的财政收入缺乏坚实的基础,产生较大的不确定性。人大在对相关收入进行审查时,可将每类收入与往年的收入预算数与收入完成数进行比较,关注那些变化较大的收入类别,当发生较大变化时,要细究原因,要求政府对变化做出解释说明,确保财政收入的真实可靠、结构合理、来源稳定。

3. 上级转移性收入与本级收入

在进行地方预算审查时,还需要审查上级转移性收入占本级总收入的比例是否合理,以判断本级政府收入的自主性。具有相对独立或者自主性较强的财政收入是地方政府独立行使职能和提供公共服务的基础。地方人大在审查预算收入结构时应当关注这一比例,逐步提高地方政府的财政独立性或者自主性。

专栏 5—6　中央政府对地方政府的税收返还

1993 年,我国在实行分税制财政体制改革时,确立了税收返还制度。目前主要包括消费税、增值税"两税"返还,所得税基数返还、成品油价格和税费改革养路费等"六费"基数返还。

增值税、消费税"两税"返还:根据《国务院关于实行分税制财政管理体制的规定》(国发〔1993〕85 号),1994 年起,我国开始实行分税制财政管理体制,将消费税确定为中央独享收入、增值税实行中央与地方 75∶25 比例分享。为保证地方既得利益,将 1993 年地方净上划中央的收入全额返还地方,并从 1994 年起,按各地上划中央增值税和消费税增长率的 1∶0.3 系数给予增量返还。

所得税基数返还:根据《国务院关于印发所得税分享改革方案的通知》(国发〔2001〕37 号)规定,中央保证各地 2001 年地方实际所得税基数,实行增量分成。2002 年中央与地方所得税按 50∶50 的比例分享;2003 年以后,中央与地方按 60∶40 的比例分享。中央因改革所得税收入分享办法增加的收入,全部用于对地方主要是中西部地区的一般性转移支付。近年来,由于部分企业改组改制等导致部分企业所得税由中央地方共享收入转变为中央独享收入,为保证各地既得利益,中央相应增加了对有关地区所得税基数返还。

成品油价格和税费改革养路费等"六费"基数返还:2009 年起,中央对地方实施成品油价格和税费改革后，取消原有的公路养路费等六项收费。为了确保改革平衡实施，保障交通基础设施养护和建设等需要，推动全国交通均衡发展。中央财政对各地因取消“六费”减少的收入给予定额返还。

税收返还通常与一般性转移支付结合起来在一起，统称税收返还与一般性转移支付。构成地方政府收入的重要组成部分。在实际处理时，通常将计算的税收返还数额与地方上解中央的预算数额，做对冲处理。

最后，需要说明的是，根据十八届三中全会精神，随着落实税收法定原则的推进，应当逐步淡化预算收入的约束性，特别是要改变目前将预算收入作为指标层层落实的做法，目前，这种将税收指标作为任务硬性完成的做法，不仅与税收法定、严格依法征收的要求存在冲突，在实践中也造成了顺周期调节的问题，即在经济下行时，一些财税部门为了完成收入任务，可能存在收“过头税”的问题，造成经济“雪上加霜”；当经济过热时，财税部门完成收入任务后又容易该收不收，造成经济“热上加热”。这既不利于依法治税，也会影响政府逆周期调控效果。因此，应当在先确定支出规模的情况下，根据对收入的测算情况，或者像有些国家那样，有针对性地对相关税收法律进行修改，通过调整税率等方式达到调整收入规模的目的，收入不足部分通过发行短期债进行弥补，或者通过赤字弥补。这涉及预算控制方式的转变，即由控制年度收支平衡向控制周期平衡转变，需要通过编制中长期预算、加强支出刚性控制，通过提高收入预测的准确性和年度调整部分收入等预算管理方法来配合和支撑这一转变的实现。

三、支出安排的审查

审查要点：

预算支出的合法性；

支出结构的合理性及科学性；

重点支出和重大投资项目预算安排的适当性与绩效性。

（一）预算支出安排的合法性

我国预算法对预算支出在预算编制部分做出了规定。如：各级预算支出的编制，应当贯彻勤俭节约的原则。各级一般公共预算支出的编制，应当统筹兼顾，在保证基本公共服务合理需要的前提下，优生安排国家确定的重点支出。在中央预算和有关地方预算中安排必要的资金，用于扶助革命老区、民族地区、边疆地区、贫困地区发展经济社会建设事业。各级政府预算应当按照本级政府预算支出额的1%—3%设置预备费以及预算周转金和预算稳定调节基金等。对于上一年的结转资金，应当在下一年用于结转项目的支出。结转结余资金按国务院财政部门的规定办理等。其他法律如教育法、农业法等对相关领域的财政投入做出了相应的规定。预算支出安排应当满足或体现这些法律规定的要求。这是审查预算支出的首要环节。

专栏 5—7 我国其他法律中有关财政支出安排的规定

一、对预算安排提出要求的法律(13 部)

1.《中华人民共和国农业法》(2002 年)

第三十八条 国家逐步提高农业投入的总体水平。中央和县级以上地方财政每年对农业总投入的增长幅度应当高于其财政经常性收入的增长幅度。

第八十六条 中央和省级财政应当把扶贫开发投入列入年度财政预算,并逐年增加,加大对贫困地区的财政转移支付和建设资金投入。

2.《中华人民共和国农业技术推广法》(1993 年)

第二十三条 国家逐步提高对农业技术推广的投入。各级人民政府在财政预算内应当保障用于农业技术推广的资金,并应当使该资金逐年增长。

3.《中华人民共和国教育法》(1995 年)

第五十四条 国家财政性教育经费支出占国民生产总值的比例应当随着国民经济的发展和财政收入的增长逐步提高。具体比例和实施步骤由国务院规定。全国各级财政支出总额中教育经费所占比例应当随着国民经济的发展逐步提高。

第五十五条 各级人民政府的教育经费支出,按照事权和财权相统一的原则,在财政预算中单独列项。各级人民政府教育财政拨款的增长应当高于财政经常性收入的增长,并使按在校学生人数平均的教育费用逐步增长,保证教师工资和学生人均公用经费逐步增长。

4.《中华人民共和国义务教育法》(2006 年)

第四十二条 ……国务院和地方各级人民政府将义务教育经费纳入财政预算,按照教职工编制标准、工资标准和学校建设标准、学生人均公用经费标准等,及时足额拨付义务教育经费,确保学校的正常运转和校舍安全,确保教职工工资按照规定发放。

国务院和地方各级人民政府用于实施义务教育财政拨款的增长比例应当高于财政经常性收入的增长比例,保证按照在校学生人数平均的义务教育费用逐步增长,保证教职工工资和学生人均公用经费逐步增长。

第四十五条 地方各级人民政府在财政预算中将义务教育经费单列。县级人民政府编制预算,除向农村地区学校和薄弱学校倾斜外,应当均衡安排义务教育经费。

5.《中华人民共和国职业教育法》(1996 年)

第二十七条　各级人民政府、国务院有关部门用于举办职业学校和职业培训机构的财政性经费应当逐步增长。

6.《中华人民共和国高等教育法》(1998 年)

第六十条　国务院和省、自治区、直辖市人民政府依照教育法第五十五条的规定,保证国家举办的高等教育的经费逐步增长。

7.《中华人民共和国科学技术进步法》(2007 年)

第五十九条　国家逐步提高科学技术经费投入的总体水平;国家财政用于科学技术经费的增长幅度,应当高于国家财政经常性收入的增长幅度。全社会科学技术研究开发经费应当占国内生产总值适当的比例,并逐步提高。

8.《中华人民共和国科学技术普及法》(2002 年)

第二十三条　各级人民政府应当将科普经费列入同级财政预算,逐步提高科普投入水平,保障科普工作顺利开展。

9.《中华人民共和国体育法》(1995 年)

第四十一条　县级以上各级人民政府应当将体育事业经费、体育基本建设资金列入本级财政预算和基本建设投资计划,并随着国民经济的发展逐步增加对体育事业的投入。

10.《中华人民共和国文物保护法》(2007 年)

第十条　国家发展文物保护事业。县级以上人民政府应当将文物保护事业纳入本级国民经济和社会发展规划,所需经费列入本级财政预算。国家用于文物保护的财政拨款随着财政收入增长而增加。

11.《中华人民共和国人口与计划生育法》(2001 年)

第十五条　国家根据国民经济和社会发展状况逐步提高人口与计划生育经费投入的总体水平。各级人民政府应当保障人口与计划生育工作必要的经费。

12.《中华人民共和国残疾人保障法》(2008 年)

第五条　县级以上人民政府应当将残疾人事业纳入国民经济和社会发展规划,加强领导,综合协调,并将残疾人事业经费列入财政预算,建立稳定的经费保障机制。

13.《中华人民共和国公务员法》(2005 年)

第七十九条　公务员工资、福利、保险、退休金以及录用、培训、奖励、辞退等所需经费,应当列入财政预算,予以保障。

(二)审查预算支出结构的合理性与科学性

支出结构包括了功能另类结构和经济性质分类结构。2007 年,我国进行了政府收支分类改革,将原来按照经费性质划分的政府支出分类改为功能分类和经济性质分类。两者从不同的角度,以不同的方式反映政府支出活动,有利于全面、完整、明细地反映政府资金的使用情况。支出功能分类反映政府职能活动,说明政府的钱到底投向了哪些领域,如是投向教育,还是投向农林水事务;经济性质分类反映政府支出的经济性质和具体用途,说明钱是如何具体花出去的,如投入学校的钱究竟是发了工资,还是买了设备或者盖了校舍。从一定意义上说,支出经济分类是对政府支出活动更为明细的反映。其中功能结构反映了政府在各职能领域的投入状况。支出结构是否合理,主要看其是否符合人民的需要,是否符合经济社会发展的需要,是否体现了党和国家的方针政策和法律法规的要求,与国民经济和社会发展计划是否协调,是否保证了重点支出。

1. 从整体上审查"类"级科目间的预算安排

从功能分类的角度来看,"类"是最高级别的科目。审查各类级科目预算支出资金所占总支出比例,可以发现整个政府支出的结构性特点,可以判断我国公共预算的"公共性"程度,可以对财政支出结构是否合理以及优化的程度做出判断。如中央财政 2013 年的财政支出基本情况及结构。

专栏 5—8　中央财政 2013 年主要支出项目安排情况

教育支出 4132.45 亿元,增长 9.3%。科学技术支出 2529.91 亿元,增长 10.4%。文化体育与传媒支出 540.54 亿元,增长 9.3%。医疗卫生支出 2602.53 亿元,增长 27.1%。社会保障和就业支出 6550.81 亿元,增长 13.9%。住房保障支出 2229.91 亿元,比上年预算数增长 5.3%,比上年执行数下降 14.3%。主要是上年预算执行中通过调整支出结构一次性增加了对城镇保障性安居工程和配套基础设施建设以及农村危房改造的投入,同时 2013 年保障性安居工程建设任务量减少。

农林水事务支出 6195.88 亿元,比上年预算数增长 12.8%,比上年执行数增长 3.3%。主要是上年预算执行中通过调整支出结构一次性增加了重大水利工程和农田水利设施建设、小型病险水库和中小河流治理等方面的投入。节能环保支出 2101.27 亿元,比上年预算数增长 18.8%,比上年执行数增长 5.1%。主要是上年预算执行中通过调整支出结构一次性增加了建筑节能、城镇污水处理设施配套管网建设等方面的投入。交通运输支出 3973.86 亿元,增长 0.1%。

国防支出 7201.68 亿元,增长 10.7%。公共安全支出 2029.37 亿元,增长 7.9%。一般公共服务支出 1350.58 亿元,增长 1.5%,增幅较低主要是落实中央有关规定,从严控制一般性支出,严格控制行政机关公用经费和项目支出。

中央对地方税收返还和转移支付安排情况。中央对地方税收返还和转移支付48857亿元，增长7.7%。其中：一般性转移支付24538.35亿元，增长14.3%；专项转移支付19265.86亿元，增长2.5%。

汇总以上各项支出，2013年中央财政用在与人民群众生活直接相关的教育、医疗卫生、社会保障和就业、保障性安居工程、文化方面的支出安排合计15712.5亿元，比上年预算数增长13.5%，比上年执行数增长9.6%；用在公共交通运输、节能环保、城乡社区事务等方面与人民群众生活密切相关的支出安排合计17150.03亿元。中央财政用于“三农”的支出安排合计13799亿元，增长11.4%。中央对地方税收返还和一般性转移支付大部分也将用于保障改善民生和“三农”方面。

图表 2013年中央公共财政预算支出结构

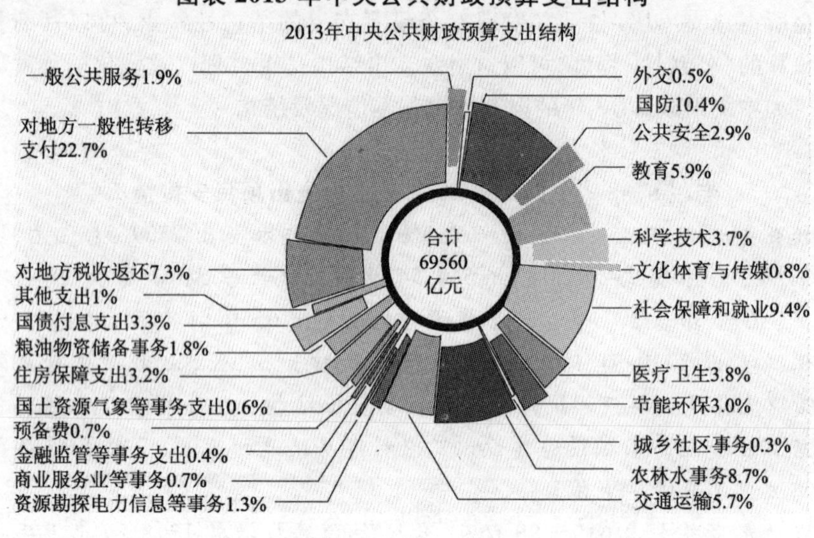

专栏5—9　专家学者对我国预算支出结构的分析

——预算支出结构未满足“公共化”

依据公共财政理论，由于“市场失灵”造成了“公共产品”有效供给的不足，为此，才需要建立起以提供“公共产品”为主要目的的公共财政，此时，作为社会管理者的政府只能以追求公共利益为己任，以满足社会公共需求为职责。反观我国目前的预算支出结构，不难发现政府财政行为的“越位”与“缺位”现象依旧凸显，财政“公共化”特征还需加强，而这种现象背后折射的其实正是我国当前市场经济建设中政府角色的“错位”。这主要体现在如下几方面：

其一，行政管理费用膨胀。行政管理费作为一种维持性支出，理应由财政提供，且随着政府职能扩大，机构逐步增多，行政支出的适当增长不可避免。但我国目前存在的突出问题是，行政管理费支出占财政支出的比例增长过快，不符合绩效管理的理念。自1986年至2010年，该比例已由10%上升到17.5%（该计算还不包括预算外行政管理费用），20多年间增长将近一倍，超出国际货币基金组织15.6%的标准，是美国10%的近两倍、法国6.5%的近三倍，成为世界上行政管理成本较高的国家之一。在如此高的行政管理成本下，我国人均负担的年度行政管理费用飙升。由于行政管理支出具有纯消费的性质，其所占份额越大，用于其他方面的公共支出必然受到挤压，且从本质上看，政府预算中的行政管理费用就是政府提供公共产品和服务的成本，教育、社会保障等投入才真正代表了基础性公共产品的产出。而成本越高，产出越低，说明政府的管理绩效越差。

其二，民生支出不足。目前，我国财政支出对于教育、医疗、社会保障等基本的民生投入仍显不足。尽管在"十一五"期间，我国公共财政总支出中用于教育、医疗卫生、社会保障和就业、文化等方面的民生支出分别达到4.45万亿元、1.49万亿元、3.33万亿元和5600亿元，比"十五"时期分别增长了1.6倍、2.6倍、1.3倍和1.4倍，但民生支出占财政支出的比例却仅为30.8%，尚未达到国际货币基金组织2000年统计的发展中国家的平均水平36.49%。以教育为例，早在1993年国务院颁布的《中国教育改革和发展纲要》就提出，到2000年财政性教育经费支出要占GDP比重的4%。但这个目标一直未实现。直至2012年，公共财政预算、政府性基金预算中安排用于教育的支出以及其他财政性教育经费的计划投入才勉强达到该标准，即便如此，该比例仍低于世界各国的平均值以及中等收入国家的最低比例。（中国财政经济出版社2007年版《国际统计年鉴：2006—2007》显示，各国教育经费支出占国内生产总值的比重，世界平均水平1991年为4.01%、2000年为4.04%、2003年为4.7%。）这些民生支出的不足，凸显了我国财政预算中公共产品供给的低效。

其三，经济建设投资过度。在我国财政预算中，经济建设支出是用于生产或基础建设方面的投资。从纵向来看，经济建设费用在财政支出中的比例已从1990年的44.36%下降到2008年的27.8%。然而这几年又有大幅度上升。从横向来看，2008年，我国经济建设支出占GDP的比重为7.4%，是经合组织国家平均水平的3倍。而且这一比例还未将国有资产经营预算中的投资支出列入其中，否则会更高。以财政部公布的2012年中央国有资本经营预算为例，在875亿元的预算支出中，与经济建设投资有关的资本性支出为744.72亿元，其中不乏中央企业兼并重组专项资金、中央企业境外投资支出、新兴产业发展支出等。可见,我国现行的财政政策仍有着浓厚的建设型财政色彩,其所投资的领域不仅涉及水、电、道路等公共项目,而且还包括一些应当由企业、私人或市场从事的经济活动。

摘自顾功耘、胡改蓉《我国预算收支结构的失衡与调整》。

在对支出结构进行判断时,还可主要从以下几个方面人手进行重点支出类别审查。

2. 审查涉及民生[①]的重点支出,保障公共需求

义务教育支出、医疗卫生支出、社会保障支出等,都是财政的公共性支出。这些支出事关国计民生,事关群众的切身利益。对这些重点支出,中央提出了明确要求。十六届六中全会提出"健全公共财政体制,调整财政收支结构,把更多财政资金投向公共服务领域,加大财政在教育、卫生、文化、就业再就业服务、社会保障、生态环境、公共基础设施、社会治安等方面的投入";十七大进一步提出,要"加大公共服务领域投入","努力使全体人民学有所教、劳有所得、病有所医、老有所养、住有所居,推动建设和谐社会。"这些公共性支出,如,农业、义务教育、科技等在法律上都做出了明确规定。这些方面与群众利益息息相关,是财政支出的重点,也是人大预算审查监督的重点。

如何审查财政的"民生性"支出?

第一,既要审查预算安排的规模,又要审查预算安排增长的比例。比如在2013年预算安排中,中央财政用在与人民群众生活直接相关的教育、医疗卫生、社会保障和就业、保障性安居工程、文化方面的支出安排合计15712.5亿元,比上年预算数增长13.5%,比上年执行数增长9.6%;用在公共交通运输、节能环保、城乡社区事务等方面与人民群众生活密切相关的支出安排合计17150.03亿元。中央财政用于"三农"的支出安排合计13799亿元,增长11.4%。由于民生和"三农"都不是单独的预算科目,缺乏精确的统计。同时相互间也存在一定的交叉。但通过预算报告中所提供的支出规模和增长比例,也大概能够反映相关领域增长的情况。但对它们在财政支出中所占的准确比例,则需要通过进一步细化的预算科目进行统计,才能得出准确的结果。

就具体民生项目的预算安排,在规模上,要审查重点支出安排是否能够满足实际需要,是否做到了足额安排。如,从2003年开始,按"多方筹资、农民自愿参加"原则,在农村逐步建立新型农村合作医疗制度,当年中央提出对参合农

---

① 需要说明的是,民生支出不是单独的预算科目,为了便于审议,将与民生和"三农"相关的支出项目综合反映出来,因而存在一些交叉重复。民生支出还有口径的问题,现在有两个层次:一是和人民群众生活直接相关的,教育、医疗卫生、社会保障、就业等;二是农业、水利、交通等基础设施以及生态环境建设与人民群众生活密切相关的支出,这些实际上也是政府提供的最基本的公共服务。

民每人补助10元。2006年和2008年，中央对每位参合农民补助标准又从10元先后提高到20元和40元。审查时，我们就要看每年的中央预算安排中，这些资金是否足额作了安排。在增长比例上，农业法、义务教育法、科技进步法等都对财政投入增长做了规定。在法律未作出修改或新规定的情况下。在审查时，要根据法律规定看预算安排的农业、教育、科技等支出的增长是否达到了法律规定的要求。特别要提出“三农”问题。我国是城乡“二元”结构特征非常明显的国家，能否让农民享受到基本的公共服务，能否逐步缩小城乡居民在公共服务上的差距，是公共财政的重要任务。因此，建立财政“三农”投入稳定增长机制，逐年加大对“三农”的投入是非常必要的。人大审查监督预算，要注意审查“三农”资金增长的比例情况，只有保持了较大幅度的增长，才可能逐步缩小城乡发展的差距。

第二，在审查增长比例的同时，要审查重点支出占财政支出比重的变化情况。农业、义务教育、公共卫生、科技、社会保障等方面，是我国经济社会发展中的薄弱环节。因此，随着国家财力的增强，应逐步加大财政投入力度，使这些重点支出占财政支出的比重逐步提高。既要从纵向的历史投入变化来进行比较，看看投入力度是否逐年加大；也通过不同国家间的横向比较，看支出结构的优化进展。如：

专栏5—10　民生支出的横向比较

据财政部长谢旭人介绍，2007年，政府在直接涉及老百姓的医疗卫生、社会保障和就业福利上的开支，总共约6000亿元，相当于财政总开支的15%，为全年GDP的2.4%，分到13亿人身上，人均461元（相当于城镇居民人均可支配收入的3%）。而在没有国有经济的美国，去年在同样三项上的开支约为15000亿美元，相当于联邦政府总开支的61%，为美国GDP的11.5%，分到3亿美国人身上，人均5000美元（相当于美国人均可支配收入的18%）。许多人说，中国还处于发展中国家阶段，所以没法跟美国以及其他市场经济国家比。这种说法站不住脚。美国去年的财政税收仅占GDP的18%，而中国5.1万亿元财政收入占GDP的20%。所以，即使不算国企收入和国有资产增值，仅财政税收，中国政府的相对收入就高于美国，没有理由在民生上的开支比例低于美国。中国政府不是没有钱花，而是没有对财政预算过程的实质监督，以至于政府钱多后更倾向于在形象工程、政府办公大楼上浪费，在高资源消耗、高环境污染又不创造就业的工业项目上投资，也当然为腐败提供了温床。

摘于中国经济网:2008年2月25日，陈志武:“中国政府规模有多大”。

第三,要审查和关注重点民生支出取得的实际效果。在审查重点支出规模和比例增长的同时,还必须对财政支出的效率和效果进行审查监督,以更好地满足社会公共需要。这就是说,财政支出既要有数量的要求,又要有质量的要求。要积极推动建立财政绩效评价制度,就重点民生项目支出开展绩效评价工作,扩大评价范围。从发展趋势看,追求政府预算管理绩效,是财政预算管理发展的方向。要引入绩效预算管理的基本理念,就是把政府投入与产出结果结合起来,把政府绩效与政府责任结合起来,使人们更加重视投入的理由和产出的结果,提高财政资金的使用效益。特别是一些民生重点支出,在财政性教育支出占国内生产总值的比例达到4%的目标之后,如何管理好用好财政资金,成为下一阶段的首要任务,也成为预算审查监督的重点。预算的审查者、预算管理者和资金使用者都要从关注预算的投入转向由预算投入所带来的实际"结果";关注实现产出的目标,关注如何更有效地提供公共产品和服务。要进一步深化部门预算改革,细化预算编制,可在部门预算中,要求就某些重大民生项目支出编制绩效预算。使教育部门的预算安排更加突出绩效,改变在预算管理中存在的重投入轻产出、重拨款轻监督、重分配轻管理、重数量轻质量、重速度轻效益的观念。可在一些重点支出领域建立由基本公共服务的受益人评价财政支出绩效的机制。如可在农村义务教育和新型农村合作医疗等方面,建立主要由受益人进行直接评价(如采取问卷调查等方式)的制度。

3. 审查行政性支出在财政支出中所占的比重,降低行政成本

比如大家比较关注的政府的行政成本问题,行政管理性支出规模等问题,可通过行政性费用占财政支出的比重以及占 GDP 的比例等来进行初步判断。也可通过相关支出增长的比例与财政支出的增长比例的差异进行比较,审查其在总体财政支出结构中所占比例的变化。还可通过行政管理服务支出弹性指标进行判断。

行政管理服务支出弹性 = 行政管理服务支出增长率/财政支出增长率

行政管理支出是以支持政府履行职能为目的的公共支出,是财政用于国家权力机关、行政管理机关、司法机关以及外交外事等机构履行国家职能所需费用的支出(广义还包括国防支出),是维持国家政权存在、保证国家机构正常运转必需的费用。具有纯公共性支出、管理性和服务性支出、消耗性支出的特性。在整个财政支出体系中,行政管理支出具有基础性的作用。任何政府在依法行使国家权力、组织和管理国家事务的职能时,都需要建立一套行政管理机构来确保其职能的实现。而为保证这套机构顺利履行职能所支出的行政管理费用也成为政府参与经济社会生活的必然结果。因此,各国法律通常明确规定,必须首先要保证政府机构运转所需要的经费。行政管理支出的合理安排,是建立

高效政权机关、充分发挥政府对经济社会职能的重要前提，也是社会资源有效配置的重要保证。但另一方面，行政管理支出毕竟是一种消耗性支出，如果其在财政支出中所占比例过高，必然会影响财政对经济建设和社会公共事务的支出。因此，必须保持适当的规模。

需要指出的是，我们通常所说的行政管理费用是旧的收支分类科目下的名称。按照新的预算收支科目，狭义的行政管理费用支出，主要集中体现在一般公共服务这一“类”级科目中，具体包括：人大事务、政协事务、政府办公厅（室）及相关机构事务、发展与改革事务、统计信息事务、财政事务、税收事务、审计事务、海关事务、人力资源事务、纪检监察事务、人口与计划生育事务、商贸事务、知识产权事务、工商行政管理事务、食品和药品监督管理事务、质量技术监督与检验检疫事务、国土资源事务、海洋管理事务、测绘事务、地震事务、气象事务、民族事务、宗教事务、港澳台侨事务、档案事务、共产党事务、民主党派及工商联事务、群众团体事务等二十多款。在这些科目之下，又具体分为行政运行、一般行政管理事务及重要行政管理专项三类项级科目[①]。如：2013 年，预算一般公共服务支出 1350.58 亿元，增长 1.5%，占中央财政支出的 1.9%，增幅较低主要是落实中央有关规定，从严控制一般性支出，严格控制行政机关公用经费和项目支出。国防支出 7201.68 亿元，增长 10.7%，占中央财政支出的 10.4%。公共安全支出 2029.37 亿元，增长 7.9%，占中央财政支出的 2.9%。外交支出 347.8 亿元，占中央财政支出的 0.5%。

4. 审查转移支付支出是否规范、适当，着力推进基本公共服务的均等化[②]

中央对地方的税收返还和转移支付是中央财政支出的重要内容，也占有相当大的比重。从类级科目来看，只包括税收返还与一般性转移支付，而专项转移支付分散在相应各“类”支出中。如 2013 年中央预算草案中中央对地方税收返还和转移支付安排情况为：中央对地方税收返还和转移支付 48857 亿元，增

---

① 凡设有专项支出科目的，如财政部的“金财”工程等，一律在相关科目反映。其余部分，基本支出统一在“行政运行”科目反映，其他一般性项目支出，在“一般行政管理事务反映”。

② 我国财政改革的目标是建立公共财政体制。公共财政的最基本目标是要实现基本公共服务的均等化。党的十七大明确提出，要把推进基本公共服务均等化作为完善公共财政体系的一项重要任务。基本公共服务是指建立在一定社会共识基础上，根据一国经济社会发展的阶段和总体水平，为维持本国经济社会的稳定、基本的社会正义和凝聚力，保护个人最基本的生存权和发展权所需要的基本社会条件。(1)基本公共服务就是保障人类生存的基本需要的服务。为了实现这个目标，需要政府及社会为每个人都提供基本就业保障、基本养老保障和基本生活等保障。(2)基本公共服务就是满足人的基本尊严和基本能力需要的服务。为了实现这个目标，需要政府及社会为每个人都提供基本的教育、文化等服务。(3)基本公共服务就是满足人的基本健康需要的服务。为了实现这个目标，需要政府及社会为每个人都提供基本的健康保障。所以，基本公共服务，也可以看作是覆盖全体公民，满足公民对公共资源最低需求和无差异需求的公共服务。

长7.7%。其中:一般性转移支付24538.35亿元,增长14.3%;专项转移支付19265.86亿元,增长2.5%;税收返还5052.79亿元。一般性转移支付占中央财政支出(69560亿)的35.3%,专项转移支付占27.7%,税收返还占7.3%。转移支付和税收返还共占中央财政支出的70.2%。

实现基本公共服务均等化的一个重要前提是财政能力的均等化,即财力的均衡化。财政转移支付制度是实现基本公共服务均等化的重要手段,特别是一般性转移支付对均衡地方财力差异具有十分重要的作用。财政转移支付的首要目标,是保证各地区基本公共服务的均等化。1994年分税制改革后,中央财政收入占全国财政收入比重稳步提高,增强了中央对地方特别是中西部地区的转移支付能力,中央财政均衡地区间财力差异的力度持续加大。从规模上看,1994—2012年,中央对地方转移支付从460亿元增加到40273.84亿元,增长了87倍。其中,一般性转移支付21482.32亿元,专项转移支付18791.52亿元。同期,中央对地方转移支付占中央财政支出比重从11.5%提高到62.7%,占地方财政收入比重从10.1%提高到37.8%。从地区分布看,中央对地方转移支付主要集中在财政相对困难的中西部地区。2007年,中央对地方转移支付中,中西部占87.1%,东部占12.9%。其中,一般性转移支付中,东、中、西部分别占6.4%、45.3%和48.3%。这说明,中央通过一般性转移支付对中西部的支持力度非常大。

对中央对地方财政转移支付的审查,可以从三个方面进行:一是转移支付规模,包括绝对数量,如每年转移支付的数额;还包括转移支付的相对比例,即财政转移支付总额占中央财政支出的比重。二是转移支付的结构,主要是一般性转移支付与专项转移支付的比例关系,因为一般性转移支付和专项转移支付的政策目标不同,对地方基本财力和均等化的影响不同。还包括各自内部的结构,如一般性转移支付内部,真正具有均等化作用的只有均衡性转移支付和革命老区、民族和边疆地区转移支付。其所占比例直接反映转移支付的政策目标是否合理。三是转移支付的效果,即在实现基本公共服务均等化方面的进展,地区差距的缩小程度等。从规模来看,随着中央财力的不断增加,转移支付也呈现不断增加的趋势;从结构来看,一般性转移支付的比重虽然也在提高,但变化不大,还应当继续调整转移支付的结构,继续进一步加大一般性转移支付的比重,相应降低专项转移支付的比重。这也是全国人大多年来在审查预算时不断关注和推进改革的问题。关于转移支付的效果,目前在审查时关注的不够,需要进一步加强。

从中央对地方财政转移支付的效果来看,随着中央对中西部地区财政转移支付力度的不断加大,在一定程度上缓解了地区间财力差异扩大的趋势。据对

2010年地方财力的分析，按总人口计算的人均财政收入，如果当年东部地区为100，在中央实施财政转移支付以前，中部地区只有34，西部地区只有42；在中央实施财政转移支付后人均财政支出，东部地区为100，中部地区达到了68，西部地区达到了90，分别上升了34和48个百分点。（财政部国库司《财政统计摘要2011》）中西部地区与东部地区的人均财力差异有所缩小，分配的均衡程度有所提高。

当前，人大要着重加强对财政转移支付的审查监督。我国现行财政转移支付制度还存在亟待解决和规范的问题，主要是一般性转移支付规模比较小，所占比重还比较低，发挥均衡地区间财力差异的能力还比较有限；专项转移支付项目设置部门多，项目资金规模小，项目管理和使用分散重复，对地方难以形成有效财力；专项转移支付分配不够透明，管理不够规范，效果不够理想。因此，人大要把加强对财政转移支付的审查监督作为重点内容。一是一般性转移支付增长规模和占财政转移支付比重的提高情况。在今后几年的预算安排中，每年的新增财力要更多地用于增加一般性转移支付，使一般性转移支付比重有个较大幅度的提高。二是规范和清理专项转移支付。严格规范新的专项转移支付的设立，确需新增的专项，要报经国务院批准。确需保留的专项，要按因素法和公式法分配，提高资金分配管理的公开透明度。督促国务院有关部门细化转移支付预算编制，使一般性转移支付落实到地区、专项转移支付落实到具体项目；三是研究将适合地方管理的专项转移支付的项目审批和资金分配工作下放给地方政府，提高资金使用管理的效率和效益。规范监督转移支付资金的使用要更多地投入民生领域。

党的十八届三中全会对转移支付制度改革提出了新的要求。完善一般性转移支付增长机制，重点增加对革命老区、民族地区、边疆地区、贫困地区的转移支付。中央出台增支政策形成的地方财力缺口，原则上通过一般性转移支付调节。清理、整合、规范专项转移支付项目，逐步取消竞争性领域专项和地方资金配套，严格控制引导类、救济类、应急类专项，对保留专项进行甄别，属地方事务的划入一般性转移支付。要结合预算审查工作，督促政府尽快改革完善转移支付制度。

5. 基于支出是否有偿，审查购买性支出与转移性支出[①]的结构

按照不同的标准可以将政府财政支出划分为不同的类别。根据政府财政支出是否具有对价性的特点，可以分为购买性支出与转移性支出。购买性支出

① 需要说明的是，这里的转移性支出是作为购买性支出的对称概念出现的，与我国政府收支分类科目中功能分类中的转移性支出和经济性质分类中的转移性支出的范围是不同的。这种分类更多的是从学理角度进行的划分。

是指政府同其他的市场主体一样,将所筹集的资金用来购买日常政务活动所需或者国家投资所需的商品和劳务,即直接从市场上购买商品和劳务的支出。购买性支出具有有偿性、等价性、消耗性的特点[①]。转移性支出是指政府将资金无偿地转移给下级政府或者企业、个人,根据主体的不同,可分为政府间的转移支付和政府对居民的转移支付。其他分类如社会保险和各种福利支出、对居民的补贴支出、债务利息支出、捐赠支出等。

政府购买性支出与转移性支出通常体现为政府支出的不同功能,如购买性支出体现着政府财政支出的资源配置性功能,而转移性支出则体现着政府财政的再分配即收入分配调节功能。两者间的比例关系,体现着政府资源配置职能与收入分配职能间结构的不同。不同的国家在不同的发展时期,政府行使职能的侧重点有所不同。从下表提供的数据看,发展中国家购买性支出占总支出的比重为61.5%,而发达国家购买性支出占总支出的比重为45.2%。以转移性支出为标准,发达国家的购买性支出与转移性支出非常接近,比率为45.2/41;发展中国家购买性支出的规模是转移性支出的近3倍(61.5/22.5)。

表　不同类型国家购买性支出和转移性支出比重对比(%)

类别	发达国家	发展中国家
购买性支出	45.2	61.5
其中　经常性支出	34.9(77.2)	50.1(81.4)
资本性支出	10.3(22.8)	11.4(18.6)
转移性支出	41.0	22.5
其中　公债利息	13.7	10.0
补助金	86.3	90.0
其他	13.8	16.0

资料来源:根据AB普莱斯特:《发展中国家的公共财政》计算而成[②]。

---

① 政府购买支出(相对于转移支出而言)具有有偿性、等价性、消耗性的特点。(1)有偿性。说"有偿性"就是指定家庭和企业获得政府部门的资金是有偿的。政府购买支出发生时,家庭和企业部门从政府手中获得资金,但同时它们必须将自己手中的商品和劳务交给政府。(2)等价性。从本质上讲,政府购买同样是一种市场行为,是市场交易的一部分,因而市场的等价交换法则必须起作用。一定价值的资金必须获得价值相等的商品和劳务。相反,转移支付则只是一个单方面的资金转移过程。(3)消耗性。这里所讲的消耗性并不是我们下面将要提到的消费性。讲消耗性是针对资金的实际使用主体而言的。说政府购买支出具有消耗性,是因为在政府购买支出活动中,资金和要素一经政府购买,它们将在政府职能的实现过程中被消耗掉。而转移支付则不同,政府将资金交给了企业和个人,尽管其后个人和企业也能形成市场需求,但并不体现政府直接对社会资源和要素的需求和消耗,而是由政府拨付给企业和个人的支出。

② 丛树海．财政支出学．北京:中国人民大学出版社,2002.

随着我国社会主义市场经济体制的不断完善,政府在资源配置方面的职能将更多地让位于市场,根据我国目前分配制度存在的问题,需要加强政府在社会分配方面的调节职能。因此,应当逐步降低购买性支出的比重,提高政府对居民的转移性支出的比重。

(三)审查重点支出与重大投资项目预算安排的适当性与绩效性

在财政资源分配中,由于财力总是有限的,想满足全部支出是不现实的,这就需要在坚持统筹兼顾的基础上确保重点。对各级政府而言,重点支出主要有三个方面:一是本年度国民经济与社会发展目标所确定的重点投入领域和项目,大多体现在每年的政府工作报告、国民经济和社会发展计划报告之中;二是经济社会中亟待解决的一些热点难点和群众当前最关心、最迫切、最直接的利益保障,如社会保障、就业、医疗卫生等;三是其他法律对支出增长有规定的。目前,这类支出比较多,其中教育、农业、科技方面的法定支出有强制性的增长比例要求。在审查政府预算时,要认真审查这些重点项目支出决策是否科学,这些重点支出是否得到保证,教育、农业、科技等重点领域财政投入的增长幅度是否达到法律规定的要求。需要说明的是,这种将财政投入的增长与GDP或者财政经常性收入增长相挂钩的方式,在一定时期对保障相关领域的投入、促进相关领域的发展是有好处的。但是这种方法本身是不科学的,特别是在没有期限、没有设定条件的情况下,时间一长会产生一系列新的问题。在实践中,有的造成了大量资金的浪费、影响其他民生领域的投入,有的通过造假等方式达到增长要求,有的为了达到增长比例要求,不敢加大投入反而影响了相关行业的发展。对这些领域的投入应当保障,但是应当建立更加科学的保障标准,如生均标准等,而不是简单地与GDP或者经常性财政收入挂钩。因此,要建立真正的、科学的、规范的法定支出。

在相关法律未进行修改的情况下,对于这类重点支出预算安排的审查,关键是准确把握所涉及的相关指标的口径。如:教育法涉及"国家财政性教育经费支出"占国内生产总值的比例(发展纲要确定为4%)、"各级人民政府教育财政拨款"的增长应当高于"财政经常性收入"的增长;科学技术进步法涉及"国家财政用于科学技术经费"的增长幅度应当高于"国家财政经常性收入"的增长幅度;农业法涉及"中央和县级以上地方财政每年对农业总投入"的增长幅度应当高于其财政经常性收入的增长幅度;等等。

其中,"财政经常性收入"是一个重要的参照标准。必须首先搞清楚财政经常性收入的范围。根据财政部2004年下发的《关于统一界定地方财政经常性收入口径的意见》(财预〔2004〕20号),地方财政经常性收入由三部分构成:一是地方一般预算收入(剔除城市维护建设税、罚没收入、专项收入及国有资产经营收益等一次性收入）；二是中央核定的增值税消费税税收返还、所得税基数返还及出口退税返还；三是中央通过所得税分享改革增加的一般性转移支付收入。其中，行政事业性收入是否剔除，由各地财政部门与人大有关部门商定。对于省级以下的地方财政，需要包括省级税收返还补助收入，以及省级财力性转移支付补助收入。

关于“各级人民政府教育财政拨款”的范围。应当仅指各级政府动用自身财力对教育的投入，不包括上级财政的补助。《中国统计年鉴》将其规定为“中央、地方各级财政或者上级主管部门在年度内安排，并计划拨到教育部门和其他部门主办的各级各类学校、教育事业单位，列入国家预算支出科目的教育经费，包括教育事业拨款、科研经费拨款、基建拨款和其他经费拨款”。

关于“国家财政性教育经费支出”的范围。我国财政性教育经费支出，按照国际通用口径，根据《中国教育经费统计年鉴》，包含预算内教育经费、各级政府征收用于教育的税费、企业办学中的企业拨款、校办产业和社会服务收入用于教育的经费等。

关于“农业总投入”的概念。目前没有一个统一的标准，对农业法中总投入的规定理解也不一致。但从全国人大常委会几次对农业法执法检查报告情况来看。县级以上各级财政对农业的总投入，首先应当仅指各级财政本级财力对农业的投入，上级财政对农业的投入不能包括在内。投入的具体范围应当包括能够提高农业综合生产能力和改善农村生产生活条件，直接带动农民增收的基础设施建设，包括农田水利建设、农业技术推广、重大动物疫病防治、农产品质量安全和检疫检测、农产品流通设施、农民培训等方面①。

四、审查财政收支的平衡状况、政府债务状况

（一）要审查财政收支的基本平衡状况，监督财政赤字的规模以及赤字占GDP的比重情况

根据我国预算法规定，收支平衡仍是各级预算应当遵循的原则，并要求地方各级预算按照量入为出、收支平衡的原则编制，除预算法另有规定外，不列赤字。平衡审查就是审查预算收支的平衡情况，其关键是要看平衡是否真实，防止虚假平衡。例如，预算确定的收入指标不切实际，执行中用挤占其他方面收入的办法实现，对应付的费用不安排或安排不足，支出留缺口等，这样形成的平衡就不是真正的、可靠的平衡，就是表面的虚假平衡。虚假平衡会使人们产生对财政状况的误解，因而比公开的赤字具有更大的危害性。近几年，经国务院

① 黄振平．人大代表如何进行预算审查与监督．北京：中国财政经济出版社，2009：101.

批准,采取了由中央财政代地方政府发行债券和地方政府自行发行债券的试点。发行的债券全部纳入预算管理。修改后的预算法对中央预算和地方预算举借债务作出了明确规定。

根据原预算法规定,中央一般公共预算中必需的部分资金,可以通过举借国内和国外债务等方式筹措,举借债务应当控制适当的规模,保持合理的结构。如2009年至2012年我国财政赤字分别为9500亿元、10000万亿元、8500亿元和8000亿元。

对财政赤字规模的审查,主要看赤字率这个指标。赤字率,是指财政赤字占国内生产总值(GDP)的比重。这个比率通常用来衡量财政风险的程度。欧盟"马斯特里赫特条约"规定,财政赤字占当年GDP比重上限不能超过3%。国际上通常将3%作为判断是否存在财政风险的指标。另一指标是国债余额占当年GDP比重,欧盟将这一指标限定为不能超过60%。2013年,我国财政预算赤字为12000亿元,占当年GDP预计数的比重约为2%。

(二)审查政府债务——防范政府债务风险[①]

在我国,目前中央政府债务管理实行国债余额限额管理制度。国债余额是指政府在以后年度必须偿还的国债价值总额,是国际上通行的衡量国债规模的主要指标。国债余额包括中央政府历年预算赤字和盈余相互冲抵后的赤字累计额、向国际金融组织和外国政府借款统借统还部分以及经立法机关批准发行的特别国债累计额。2013年年底,我国中央政府国债余额限额为91208.35亿元,占当年GDP预计数的15.3%。

尽管我国原预算法限制地方政府发行政府债券,但长期以来,各级地方政府通过各种形式举借债务筹集了大量资金,用于拉动经济增长和社会事业发展,保障和改善民生,改善基础设施和加快公共事业建设。由于近几年地方政府性债务规模增长过快,在债务举借、管理、使用、偿还等方面出现了不少问题,也引起了社会各方面的高度关注。据国家审计署审计报告,到2010年底,全国县级以上地方政府性债务余额为10.7万亿元。其中,从1979年到2008年累积的政府性债务为3.2万亿元,2009年至2010年新增加政府性债务为7.5万亿元(包括用于2008年以前开工项目的2.2万亿元)。截至2013年6月底,全国各级政府负有偿还责任的债务20.7万亿元,负有担保责任的债务2.9万亿元,

① 财政风险,是指政府未来拥有的公共资源不足以履行其未来应当承担的责任和义务,以至于经济、社会稳定与发展阶段受到损害的一种可能性。财政风险不同于财政危机。财政风险是不确定的事件,只是一种可能性。财政风险的不确定性包括了有概率分布的不确定性和无概率分布的不确定性,是难以进行预测和定量评估的。财政风险具有外部性,最终承担者是社会公众。财政风险的表现形式,首先可能是赤字不可持续;其次是债务不可持续;再次是财政不可持续。

可能承担一定救助责任的债务6.7万亿元。其中，地方政府负有偿还责任的债务10.9万亿元，负有担保责任的债务2.7万亿元，可能承担一定救助责任的债务4.3万亿元。为了防范地方政府性债务风险，必须加强地方政府债务的管理，特别是预算管理。

专栏5—11　地方政府性债务存在的主要问题

2010年，全国人大常委会组织对地方政府性债务情况开展了专题调研，发现存在的主要问题是：

1. 管理制度不够完善。地方政府性债务的举借、使用、偿还等，缺乏必要的审批程序和规模控制，举债的随意性很大，债出多门、多头管理的情况比较普遍。地方政府性债务没有纳入预算管理，也未经人大审查批准。国家有关法律明确规定政府不得为举债提供担保，但仍有不少省、市、县级政府及所属部门违规提供了担保。全国没有统一的政府性债务统计口径，难以全面、真实地反映各级政府的实际负债状况。从2010年开始，财政部、审计署、银监会等几个部门都对地方政府性债务作了统计，但相互之间差异较大。

2. 债务资金使用结构不够合理。从城市和农村使用债务情况看，地方政府性债务资金的90%以上用于城市建设项目，用于农业、水利、林业等方面建设的不到5%。从行业使用债务情况看，地方政府性债务资金主要用于市政建设和交通运输。据国家审计署统计，截至2010年底，全国地方政府性债务中，用于市政建设、交通运输和土地收储的资金共69434亿元，占已使用债务的72.3%。而用于教育、卫生、保障性住房等民生方面的资金还不到10%，用于工业、能源等方面的资金仅占1.6%。从建设项目效益情况看，地方政府性债务资金大多用于经济效益低和偿还能力差的公益性项目。从公共投资的角度看，这样安排有一定道理，但信贷资金不同于财政资金，将信贷资金财政化必然加大地方政府性债务的风险。有些公益性建设项目利用率低，回收资金少，难以如期偿还本息。有些地方要求学校、医院举借的债务，通过服务收费来偿还，实际上是增加了群众负担。

3. 偿债机制不够健全。各级地方政府比较关注通过举债加快发展，对于大量举债可能引发的财政和金融风险普遍认识不足，偿债观念相当淡薄。很多地方用政府性债务余额占地方综合财力的比重来衡量地方政府性债务的风险程度，认为“债务规模不大、风险基本可控”。实际上，真正衡量政府性债务风险的标准，是能否如期偿还债务本息。目前，地方政府的一般预算收入、中央对地方一般性转移支付与税收返还，只能用于保证地方政府履行基本职能，以及保障和改善民生的支出，难以调剂出大量财力用于偿还到期债务，很多地方没有建立偿债机制，在年度预算中也没有做出偿债安排。

4. 债务风险不容忽视。据审计报告反映,今明两年,全国各级地方政府到期需要偿还的债务共计44649亿元,约占两年全国地方一般预算收入的40%以上,地方财政不可能安排如此巨额资金用于偿还到期债务。很多地方把偿还债务的希望寄托于土地出让收入,而土地出让收入受国家政策和市场需求的制约性很强,在国家严格调控房地产价格的情况下,一些地方已经出现了土地收入下降的情况。再加上国家对土地出让收入已经规定了不少专项用途,如水利建设、保障性住房建设、农村基础设施建设、教育经费等,也必将减弱土地收入用于偿还地方债务的能力。还有不少地方寄希望于举借新债来偿还旧债,风险也很大。据国家审计署统计,2010年,全国高速公路债务的借新还旧率为54.6%。有些省、市、县的债务借新还旧率超过70%。这种方式只能是推迟偿还债务的期限,势必造成债务规模和债务风险的不断累积。一旦银行收紧银根,控制新增贷款,就必然出现政府债务违约的问题。如果银行继续增加对政府的贷款,就势必减少对企业特别是中小企业的贷款,进而影响经济社会可持续发展。

修改后的预算法第三十五条对地方政府举债作出了新的规定。明确了举债主体、限额控制、举债方式、审批程序、纳入预算、支出方向等新要求。同时第四十八条还规定除审查预算安排举借的债务是否合法、合理之外,是否有偿还计划和稳定的偿还资金来源也是审查的重点内容。

在中央政府预算报告中,都要报告中央政府债务余额,以揭示财政风险。在地方政府预算报告中,有的地方对政府债务情况进行报告。根据目前的地方政府债务状况,必须要在预算报告中报告政府债务情况,并由同级人民代表大会进行审查,以防范财政风险。在审查时,可通过以下几个指标进行衡量。

一是债务负担率。用来衡量政府债务负担程度的重要指标,是指政府债务余额与国内生产总值的比率,表明每百元国内生产总值所承担债务状况。我国中央政府2013年的债务率为15.25%(没有包括地方政府性债务)。欧洲货币联盟签订的《马斯特里赫特条约》规定的这一指标为不高于60%。西方发达国家的债务负担率均在50%以上。

二是偿债率。用来衡量政府偿债能力的重要指标,指年度债务还本付息额与当年财政收入的比率。在典型的市场经济国家,这一指标通常在10%以上。

三是债务依存度。用来衡量财政本身债务负担能力的一个指标,指年度国债发行额(举借债务额)与当年财政支出的比率。在我国,由于国债是由中央财政借用和偿还的,所以,一般与中央财政支出相比较。计算方法为:当年财政赤字(当年国债发行额 - 当年国债还本额)/中央财政支出。

除了通过以上指标审查政府债务的风险之外,还要对政府举债的合法性进行审查,对债务资金的使用方向进行审查,对偿债资金的落实情况进行审查,对政府债务的结构是否合理进行审查等。在此基础上,可对控制规范财政赤字和政府债务提出以下几项要求[①]:

第一,树立长期平衡预算的思想。财政赤字应该是反周期的,也就是说,在经济衰退时出现,在经济高增长时消失。不要在经济高速增长的时候搞赤字财政,积累大量债务。

第二,不得不实施赤字财政政策时,应该严格控制赤字规模。我们不能等到了欧盟的警戒线时再采取行动。我国改革开放前没有政府债务,为现在发债留下了余地。经过30多年的债务积累,债务规模已经相当可观,我们应防患于未然,给经济长远发展留下余地。

第三,在经济衰退、实施赤字财政政策时,要防止片面强调加大政府开支的观念,应该重视减税和民间经济发展的作用。针对当前企业尤其是民营企业困难重重,应该出台更多的减少企业税收的措施,这对刺激经济增长,解决就业和经济长远发展都有好处。

第四,要提高政府支出的效率。中国的财政赤字主要来自于政府支出的快速增加,而非税收的缓慢增长,因此,提高支出的效率十分关键。一是把资金投放到对国民经济发展和人民生活至关重要,而民营企业又不愿意或无力投放资金的领域,包括:基础设施、义务教育、医疗、扶贫等。二是优化投资量。投资过多或者过少都不利于效率的最大化。要减少公共基础设施的重复建设,使地区间公共产品提供趋于均等。三是要有长远、合理的规划。防止今天建明天拆,或者建起来后缺乏维修,很快折旧的情况发生。

第五,在发债时,要考虑到当代人和下一代人的利益分配问题。有些项目是造福于子孙后代的,甚至是现在非搞不可的,资金不足也应该借债完成。有的项目是造福于当代人的,应该依靠征税完成,不要为了当代人的利益,把债务留给后代。在制定政策时从长计议,有利于中国经济长期持续健康发展。

五、审查预算编制的细化程度和代编情况

审查要点:

整个预算草案的细化程度;

预算落实到具体部门和具体项目的情况;

预算代编情况。

详尽公开透明的预算本身就是一部“阳光法案”,将政府的所有收支及政府

① 李双林. 中国财政赤字与政府债务分析. 经济科学,2010,3.

工作放在社会公众面前,接受公众的监督。“看得见的政府”才可能是值得依赖的政府。预算的细化程度也是审查预算时的重要内容之一。只有预算细化,才能为更加深入的实质性的审查提供条件。否则,实质性审查无从谈起。预算法规定,各部门、各单位应当按照国务院财政部门制定的政府收支分类科目编制、专项转移支付应当分地区、分项目编制。预算法要求,报送各级人民代表大会批准的本级一般公共预算支出,按其功能分类应当编列到项;按经济性质分类,基本支出应当编制到款。

审查预算的细化程度,主要从两个方面入手:一是整体预算草案按照预算科目细化的程度。如目前中央政府一般公共预算草案,一般支出列到“款”级科目,教育、科学技术和农林水事务支出等重点支出细化到了“项”级科目。应当进一步推进预算的细化和公开。同时,增加和细化经济性质分类,按照经济性质分类编制预算。二是预算资金是否落实到具体部门(单位)和具体项目,年初预算到位率是否提高,代编预算的规模是否有所降低。目前,提请全国人民代表大会审查的中央政府预算草案中仍有一定规模的代编预算,如国家发改委统管的基建投资、科技部统管的科技经费、国防科工局统管的国防科研经费以及其他项目经费等仍有代编预算,没有完全细化到部门、单位和具体可执行的项目,需要在年度中分解下达后才能真正执行。在各部门的预算中也有部分代编的“打捆”项目需在执行中分解下达。对地方政府的转移支付,特别是专项转移支付不能够落实到具体项目和地区,代表对转移支付资金的审查难以开展,也影响了地方政府的预算编制的完整性、准确性。代表在审查工作中,应当严格按照预算法的规定,提出相关意见和建议,督促政府部门不断改革相关制度,推进预算的细化。

第三节 对部门预算的审查

根据预算法的规定,中央和地方各级一般公共预算包括本级各部门(含直属单位)的预算和税收返还、转移支付预算。由此可见,部门预算是政府预算的重要组成部分。从预算编制的过程来看,部门预算也是政府一般公共预算编制的基础。各部门预算又是由本部门及其所属单位预算汇总形成的,通常比政府一般公共预算要更加详细,从而为政府一般公共预算的实质性审查提供了基础。从地方来看,各级人大不断加强对政府部门预算的审查力度,通过对部门预算的实质性审查,提高了对一般公共预算的审查质量。全国人大也不断加强对中央政府部门预算的审查力度,提交全国人民代表大会的部门预算数量不断增加,2013年,已经有98个部门。中央部门预算草案包括:预算编制说明,汇总表,分部门预算表,以及相关编制说明材料。分部门预算表,由部门收支预算汇总平衡表和按照科目分列的财政拨款支出预算表组成。需要说明的是,提交全国人大的还有更加详细的部门预算,政府部门花了大量的时间和精力编制了比较详尽的部门预算,然而通过何种形式使代表能够看得到,如何对提高审查预算草案的质量发挥作用,则是需要进一步研究的问题。

在坚持对预算审查的总体要求的基础上,对部门预算的审查应当根据部门预算的特点,突出其特殊性,如预算收入是否涵盖了除财政拨款之外的所有收入来源(目前对于部门预算的收支范围还存在不同意见),支出方面体现部门职能特殊性和事业发展的项目支出及其绩效、影响基本支出的单位信息和支出标准是否准确等。

一、对汇总部门预算的总体性审查与单个部门预算的整体性审查

(一)对汇总部门预算的总体性审查

审查要点:

涵盖的部门预算数量;

提请审查的部门预算收支占本级政府支出的比例。

对部门预算的总体性审查是指对部门预算草案中汇总表的审查,主要审查提请人民代表大会审查的部门预算是否涵盖了所有的政府部门(依据法律需要保密的部门的预算除外),以确定部门预算的全面性。目前在中央政府167个一级预算单位中,提请全国人民代表大会审议的部门预算有98个。因此,有必要进一步推进部门预算改革,除了涉及国家秘密的之外,需要研究进一步增加提请全国人民代表大会审查的部门预算的数量。同时,相应提高提请审查的部门预算收支占本级政府收支的比例。

(二)单个部门预算的整体性审查

审查要点:

与部门职责、任务和事业发展目标的一致性;

基本信息的真实性与完整性;

部门预算安排的合法与合理性。

预算法第三十二条第三款规定,各部门、各单位应当按照国务院财政部门制定的政府收支分类科目、预算支出标准和要求以及绩效目标管理等编制规定,根据其依法履行职能和事业发展的需要以及资产存量情况,编制本部门、本单位预算草案。这也对部门预算草案的审查提出了要求。对单个部门预算的整体性审查,也就是对每一部门的预算从整体上进行审查。主要包括以下几个

方面:第一,部门预算编制程序的合法性、合规性。部门预算的编制是否严格按照法律和法规以及工作流程进行,项目预算是否经过必要的可行性论证程序和审批程序。第二,部门预算与部门的职责、任务和事业发展目标的一致性。即部门预算是否体现部门的职责、工作目标和事业发展的需要,是否与明年工作计划相匹配,是否能够保证部门履行职责的工作需要等。第三,预算单位提交的基本信息的真实性、完整性。如经定编机构审查的编制人数、各类别的实有人数、月均工资数、人员支出标准定额、离退休费标准定额;机构级别、内设机构、领导职数;全额事业单位、差额事业单位、自收自支事业单位的编制及实有人数等。第四,部门预算编制是否符合本级财政预算编制布置工作的要求。如对支出预算编制要求要真实、准确:做到人员经费支出应以单位在职、在编人数和人均定额为基础,公用经费要按规定定员、定额标准执行等。

二、对部门预算收入的审查

审查要点:

收入的完整性;

收入规模的合理性。

目前,在实践中部门预算是综合预算,要求将部门所有的财政性资金都统一编列到该部门的一本预算中,即“一个部门一本预算”。从收入来源看,地方政府的部门收入来源通常包括政府一般公共预算拨款、纳入预算管理的行政事业性收费收入、政府基金性收入、专门核拨的资金收入、事业收入、事业单位经营收入、银行贷款、单位其他收入以及其他相关收入、结转、结余收入等。从中央部门预算草案看,主要包括:

1. 财政拨款收入的审查。财政拨款收入是指财政部门用一般公共预算收入安排的预算部门的资金。审查时,一是看绝对规模是否能够满足部门履行法定职责的需要,可通过和往年拨款规模进行比较看是否有重大变动,如果增减幅度较大,则需要查明原因;二是看一般公共预算拨款收入和其他预算收入数额的比较,看本部门收入结构是否发生大的变化。由于这部分资金由财政部门核定,审查时可通过对所有政府部门公共预算拨款的比较来判断一般公共预算资金在部门间分配的合理性。

2. 政府性基金收入。在审查时,一是看基金征收的依据,即合法性;二是看基金收入确定的合理性,即部门预算确定的基金收入规模是否合适。可根据上年度基金征收情况、基金征收对象的变化情况以及征收标准的调整情况等做出判断,同时与政府性基金预算是否相一致或者相衔接做出判断。

3. 上年结转、结余收入。主要审查结余和结转收入的合法性、真实性和完整性。

4. 按照规定应当列入部门预算的行政事业收入和事业经营性收入等是否完整规范地列入了部门预算。

三、部门预算支出的审查

就部门预算而言,支出预算分为基本支出和项目支出两大类。两大类支出的内容和预算方法有所不同,因此,审查的目的、方法和重点也有所不同。基本支出反映部门的基本运转经费需求,带有明显的刚性色彩。在审查时,主要审查定员定额标准的合理性和支出计算的准确性。项目支出反映预算年度特定活动和事业发展的经费需求。与基本支出相比,项目支出具有数额大、周期长、项目间差异大等特点。在审查时,除了审查项目与部门职能的相关性(公共目的)之外,还要审查项目的合理性,并对项目进行绩效评价或者审查。

(一)基本支出审查

审查要点:

基本支出的规模是否能够满足部门履行职能的需要;

部门基本支出及标准的合法、合规及公平性;

部门基本支出测算的准确性、预算的真实性。

部门基本支出分为人员经费和公用经费。按照政府收支分类科目,部门基本支出的构成情况如下:

部门基本支出项目构成表

基本支出预算分类	具 体 项 目
人员经费支出	基本工资、津补贴及奖金、社会保障缴费、离退休费、助学金、医疗费、住房补贴、其他人员经费等
日常公用经费支出	办公及印刷费、办公用房水电费、邮电费、办公用房取暖费、公务用车运行维护费、差旅费、会议费、福利费、办公用房物业管理费、日常维修费、专用材料费、一般购置费和其他费用等

1. 对部门基本支出规模的审查。可以从两个方面入手:一是是否体现了"综合预算"的原则,是否统筹考虑了所有应当纳入部门预算的预算收入并进行了合理安排;二是是否能够满足部门的合理需要。即是否体现了"优先保障"的原则——首先保障部门、单位基本支出的合理需要,以维持行政事业单位日常工作的正常运转。在此基础上,本着"有多少钱办多少事"的原则,安排各项事业发展所需的项目支出。

2. 对部门基本支出及标准的合法、合规及公平性审查。由于部门基本支出预算实行以定员定额为主的管理方式[①],并结合部门资产占有状况,通过建立实物费用定额标准,实现资产管理与定额管理相结合。根据基本支出的性质,以政府收支分类科目的支出经济性质分类款级科目为基础,进行适当归并,最终确定了构成基本支出的21个定额项目(见上表)。

根据部门预算管理有关规定,基本支出定员定额标准由“双定额”构成,即支出定额和财政补助定额。支出定额是针对综合预算而言的,是财政部门按照人或物核定的部门、单位总体或某个定额项目的大口径支出标准,如财政部核定某部门在职职工人均支出水平5万元/每年。财政补助定额是指财政部门对与其有预算缴拨款关系的部门、单位按人或物核定的财政补助标准,如财政部按某单位在职职工人数人均补助2万元/每年。制定定员定额标准既要依据国家方针政策和财务制度的有关规定,又要考虑实际因素的变化。

在审查时,首先要看标准的合法和合规性。即,第一,人员经费的定额标准是否符合国家的工资制度和有关政策规定的开支范围及开支标准;日常公用经费的标准是否符合相关的财政法规、规章等政策文件的规定等。第二,对定额标准的公平合理性以及部门间基本支出的公平性进行审查。特别是对商品和服务支出的审查。由于部门公用经费标准按照不同类别进行测算,人大要审查部门适用的类档标准,看部门间公用经费预算分配是否公平合理。由于历史及其他方面的原因,部门间公用经费预算存在一定差距,但这种差距应当保持在适当合理的范围内,避免造成严重的不公平。

3. 审查部门基本支出的真实性和准确性。准确性是指是否严格按照核定的标准和要求进行测算。真实性是指基本支出预算是否真实,有无虚假等情况。

完善支出标准和定额体系,是提高部门预算科学性的基础。科学合理的支出标准和定额体系,能够为财政部门与主管部门编制、核定部门预算,考核预算执行情况提供重要依据,保证部门各项财力的统筹安排,真正体现部门预算的公平原则。因此,要制定综合的、切实可行的定额标准,既要体现行业差别,又要科学合理,便于操作执行。同时,要建立健全部门预算基础数据库,加强对预算基础数据的搜集、分析和整理,测算部门支出范围、标准,提高部门预算编制效率。

(二)项目支出的审查

审查要点:

项目支出依据的合法、合规性;

---

① 定额指的是预算分配的定额,有利于规范地分配预算资金。目前下达给部门的定员定额是综合定额,而不是单项定额,但在具体定额标准制定过程中是按照单项定额分因素测算的。

项目支出的完整性、真实性及可执行性；

项目支出的绩效性。

项目支出是政府部门为完成其特定的行政工作任务或者事业发展目标，在基本支出预算之外编制的年度项目支出计划，包括基本建设、有关事业发展专项计划、专项业务费、大型修缮、大型购置、大型会议等项目支出[①]。项目支出预算坚持综合预算、科学论证、合理排序，以及追踪问效等原则。由于项目支出具有一定的不确定性和可选择性，并且数量多、项目支出复杂等因素，人大代表在审查部门预算时，可在全面审查的基础上，突出重点进行审查。一是抓住重点部门，如法律对支出有明确要求的农业、教育、科技、社会保障等重点部门以及一些资金收支量大的、非税收入较多的综合性部门等；二是抓住重点项目，主要是预算数额较大的项目、重要项目以及影响面大的项目等；三是抓住审查的重点方面，如项目的合法性、合理性、可行性以及绩效等。

1. 审查项目支出依据的合法、合规性

在审查时，可以把握两个方面：一是项目支出是否符合国家相关法律、法规的规定、党的方针政策和国民经济和社会发展计划等的要求，也就是项目是否具有法律、法规、党的政策和经济社会发展计划等依据。政府部门是国家法律法规、党的政策和国家经济社会发展计划的执行部门，国家通过法律法规、党的政策以及经济社会发展计划等确定的重点工作和中心工作，需要政府部门结合具体工作职责予以落实。因此，人大代表在审查时，一方面要审查列入部门预算的支出项目是否体现了国家法律法规、党的政策和经济社会发展计划的要求；另一方面也要审查需要由该部门落实的国家法律法规、党的政策和经济社会发展计划等所确定的重点和中心工作是否在预算中做出了充分安排。二是审查项目支出是否符合部门职责。由于政府工作千头万绪，因此，按照职责的不同将政府划分成了不同的部门，并通常通过法律等形式予以确定下来。因此，部门职责具有法定性，部门职责是确定部门支出项目的重要依据。人大代表在审查部门项目支出预算时，要审查项目支出安排是否在该政府部门的职责

① 2007年，政府收支改革后，根据政府收支分类科目改革情况以及管理的需要，预算项目分类主要采取类别分类。通常采用两种方式：一是根据项目的重要性将预算项目分为：国务院已经研究确定的项目、经常性专项业务费项目（指中央部门为维持其正常运转而发生的大型设施、大型设备、大型专用网络运行费和为特定工作任务而持续发生的支出项目）。此类项目需同时具备以下两个条件：(1)已经或者将要连续开支10年和10年以上的；(2)大型设施、设备、网络或者电子系统的运行维护费；"两会"经费；人大立法、监督经费；执法部门办案费；公安、安全特殊支出（正常维持等经费）、常例性的专项检查；监管、监测、审批、审查经费、跨年度支出项目（指除前两项延续的项目之外，须财政部批准并已经确定分年度预算，需在本年继续安排预算的项目和当年新增的需在本年度及以后年度继续安排预算的支出项目）和其他项目。二是为了实现对项目的滚动管理，根据项目的存续时间，分为新增项目和延续项目。

范围之内,与该部门的工作任务是否相一致。凡是超出部门职责范围,不符合部门工作需要的项目,不应当在该部门项目支出预算中安排。

2. 审查项目支出预算的细化程度及真实性、可行性

目前,部门预算项目支出中存在着项目支出预算编制不准确、预算项目安排科学化程度不够等问题。一些预算项目论证不科学,审批不严格,导致项目无法实施;有些单位为了向财政部门争取更多的资金,在编制项目支出时虚报项目多列支出,以致经费安排超过需求,造成资金浪费。有的项目年初预算未细化到具体支出项目,导致预算执行中存在一定的随意性。目前,年初预算到位率低的问题带有一定的普遍性。特别是一些拥有资金"二次分配权"的部门,如国家发改委统管的基建投资、科技部统管的科技经费以及其他项目经费等仍有代编预算,没有完全细化到部门和可执行项目,需在年度中分解下达后才能真正执行。在各部门的预算中也有部分代编的"打捆"项目需在执行中分解下达。正是由于部分项目年度投资计划下达较晚,一些地方和部门缺乏成熟的项目储备,部分项目前期准备不够充分等原因,造成部分项目进展缓慢,项目资金结余和闲置。部分项目多年结转,影响资金使用效益。据国家审计署2010年发布的"56个部门单位2009年度预算执行情况和其他财政收支情况审计结果"公告数据汇总,2009年末,35个部门共结余资金197.3757亿元,其中项目支出结余184.5176亿元,占结余总额的93.5%(国家审计署,2010年)。因此,人大代表在审查时,首先要审查项目支出预算是否细化,是否落实到了每一个具体的项目,特别是对于专项资金的审查,更要看其是否落实到了具体单位和项目,如果仅仅停留在概念上,难以审查其支出的具体目的和方向,难以进行实质性审查,难以判断是否符合部门职责和法律、法规和党的政策要求,难以判断其合理性。其次,审查项目支出的目标是否明确、资金的安排是否统筹考虑了部门的全部收入,是否涵盖了项目的所有支出,对项目支出预算的完整性做出判断;审查项目支出预算的编制过程,了解相关项目的可行性研究报告和立项手续等相关资料,审查是否能够实现预期的目标等,确保项目支出的真实性和可行性。

3. 审查具体支出项目的预期绩效

目前,我国正在开展财政支出绩效评价试点工作,对预算支出特别是项目支出进行绩效评价的范围和比例很有限。科学的绩效评价体系、完备的绩效评价制度和有效的问责机制等尚未建立。影响着我国预算支出特别是项目支出绩效的提高。因此,在明确绩效预算改革发展方向的前提下,利用好目前正在开展的预算支出绩效评价制度,积极推进对项目支出预算的绩效考评,推进编制项目支出绩效预算可以作为提高预算支出绩效的突破口。我国的一些地方

已经开展了项目支出的预算绩效审查工作。其审查主要从以下几个方面入手：一是看项目是否有绩效目标；二是看绩效目标是否合理；三是看预期绩效目标与政策目标的关联度，是否体现了政策的优先顺序，是否有助于政策目标的实现；四是分析项目产出的效率和质量。

专栏5—12　河北省人大审查项目绩效

2006年2月16日上午，代表们拿到《2006年省级及全省政府预算（草案）》后发现，今年的预算编制文件比去年厚了近三分之一。而翻开文本后代表们发现：当年的预算在编制各类发展性支出预算时，第一次围绕项目绩效编制预算，分类项目预算的编制提出了较为详细的年度绩效目标、确保绩效目标实现的主要措施和评价指标。代表们一致认为，这样的预算编制彰显了绩效导向，更加注重各部门资金使用的效果，更有利于把财政资金用在刀刃上。

资料来源：赵志东、王玉亮（2006）[①]。

4. 注意对专项预算资金的审查

由于专项预算具有非定额标准化和不确定性，因此给审查带来相当的难度。其中对于属于不能在标准定额内核定，而又是部门若干年度相对固定发生的经常性专项支出的审查应侧重于：第一，专项经费预算是否符合预算单位的职责和工作任务；第二，审查预算单位项目经费的相关文件和财务资料。对于发展专项的审查应侧重于项目编制的依据，项目立项是否经过充分的可行性论证分析，项目是否有明确的、合理的财政支出绩效目标。

目前，在审查部门项目支出预算时，感到比较欠缺的是项目支出定额标准问题。支出定额标准，也就是申请、审核和安排项目预算资金的依据。这是规范项目支出的最基础性的制度。科学的项目支出预算管理离不开支出定额标准。因此，人大代表在审查批准部门项目支出预算时，需要关注项目支出标准的建设问题。近几年，一些部门和地区从预算管理的实际出发，制定了一些支出定额标准，财政部也制定了一些各部门通用的支出定额标准，如《中央国家机关会议费管理办法》《中央国家机关和事业单位差旅费管理办法》等；也会同有关部门制定了一些对具体支出项目的财务管理办法，其中也涉及了一些支出定额标准。但还没有形成体系规模。2009年，财政部印发了《中央本级项目支出定额标准体系建设实施方案》，明确了项目支出定额标准体系建设的指导思想、基本原则、建设目标、建设任务、实施进度和保障措施等。实施方案列出了研究

① 马骏，李黎明：为人民看好钱袋子．北京：黑龙江人民出版社，2010：107.

制定项目支出定额标准体系、预算项目分类标准体系、资产管理标准体系、推进部门业务标准化工作、建立完善项目支出定额标准管理规范、建设项目支出定额标准管理信息系统六项任务。项目支出定额标准体系建设对于推进预算科学化、精细化管理,推进预算分配公平、公正,实现预算公开、透明等具有重要意义,需要加快推进。预算法明确规定预算支出标准是各部门、各单位编制预算的依据,并明确由国务院财政部门制定或明确要求。因此,全国人大代表应当依法监督支出标准的制定情况,为部门预算的规范化奠定基础。

第六章

预算审查——政府性基金预算、国有资本经营预算和社会保险基金预算

政府性基金预算、国有资本经营预算和社会保险基金预算也是我国政府预算的重要组成部分。在做好对一般公共预算审查工作的同时，也要进一步加强对政府性基金预算、国有资本经营预算和社会保险基金预算的审查，特别是要根据这三本预算的不同特点，研究有效的方法，提高审查质量。

第一节 政府性基金预算的审查

政府性基金预算是对依照法律、行政法规的规定在一定期限内向特定对象征收、收取或者以其他方式筹集的资金，专项用于特定公共事业发展的收支预算。也就是国家通过向社会征收基金以及其他方式（出让土地、发行彩票等）取得收入，并专项用于支持特定基础设施建设和社会事业发展的财政收支预算，是政府预算体系的重要组成部分。各级人民代表大会加强对本级政府性基金预算的审查和批准，是全面履行宪法和法律赋予的职权的内在要求，是加强对全口径政府预算决算审查监督的应有之义，对于规范政府性基金收支行为，提高

资金的使用效益，提高预算的透明度具有非常重要的意义。

一、我国政府性基金预算的建立

政府性基金是指各级人民政府及其所属部门根据法律、行政法规和中共中央、国务院文件规定，为支持特定公共基础设施建设和公共事业发展，向公民、法人和其他组织无偿征收的或通过其他方式筹集的具有专项用途的财政资金。作为政府征收的财政资金纳入政府预算是天经地义的。然而，政府性基金在我国经历了一个由少到多、由不规范到逐步规范的发展过程。初始政府性基金并没有纳入政府预算，报经人民代表大会审查批准。只是在清理整顿和加强规范管理的过程中，政府性基金才逐步纳入预算管理，政府性基金预算制度才逐步建立起来。

专栏6—1　我国政府性基金的历史沿革

改革开放初期（从1980年到上世纪90年代），为缓解基本建设资金短缺的矛盾，国家陆续出台一些基金筹资的政策。起初，全国只有少量基金项目，年收入约为100亿元。后来实行"放权让利"政策，鼓励各部门和单位积极组织收入，基金项目越来越多，数额越来越大。到1995年，全国各种基金有上千项，其中只有40多项是经国务院或财政部批准设立的，其余均为地方、部门越权设立。各类基金收入规模达4500多亿元，相当于同期财政预算收入的45%左右。基金乱设乱收，加重了社会负担，扰乱了正常的财政分配秩序。

1990年，中共中央发布《中共中央国务院关于坚决制止治理乱收费、乱罚款和各种摊派的决定》（中发〔1990〕16号），开始基金清理整顿工作。1996年，国务院进一步严格了基金审批权限，明确基金必须统一报财政部审批，重要的报国务院审批。从1997年至2000年，财政部会同有关部门共取消政府性基金和附加费1175项，每年减轻社会负担约600多亿元。2002年，再次进行全面清理，取消277项，只保留了33项。此后，又陆续取消了一批到期或不适应管理体制要求的基金，并把部分基金改为税收。

资料来源："中国人大网"全国人大常委会预算工委调研报告。

1993年，中共中央办公厅、国务院办公厅明确提出，对基金和收费资金实行"收支两条线"，基金逐步纳入各级财政预算管理。1996年，财政部印发《政府性基金预算管理办法》（财预字〔1996〕435号），明确了将13项数额较大的基金[①]纳入预算管理,并确立了政府性基金预算管理原则、编制办法、科目设置等,初步构建起基金预算制度框架。关于编制办法,明确"在国务院复式预算办法正式颁发前,在财政预算上暂采用单独编列办法。即各级财政部门单独编列一张政府性基金收支预算表,将基金收入与基金支出按照一一对应的原则排列,不计入一般预算收入总计和一般预算支出总计"。也未规定报人民代表大会审查批准[②]。1997 年,国务院将中央政府性基金预算在政府预算中单独编列,提交全国人大审查。2002 年,财政部将公布保留的 33 项基金全部纳入预算管理,并在提请全国人民代表大会审查批准的预算报告中报告了中央政府性基金预算收入和支出数额。2007 年,将土地出让收入全额纳入地方基金预算管理,2008 年,将彩票公益金等纳入基金预算管理。

2009 年,财政部按照全国人大和国务院的要求,制定《关于进一步完善政府性基金预算编制的工作方案》,明确了基金预算编制的主要任务和目标;财政部还颁布了《关于进一步加强地方政府性基金预算管理的意见》(〔财预〕2009 第 376 号),明确要求地方财政部门要及时向本级政府、人大报告基金预算管理情况,明确要求将应当统筹使用的基金统一纳入公共财政预算,将具有专款专用性质且不宜纳入公共财政预算管理的资金纳入基金预算。

2010 年,财政部颁布《政府性基金管理暂行办法》,对政府性基金的性质、审批程序、征收缴库、预决算编制、监督检查、法律责任等进行了明确的规定,基金预算初步走上规范化轨道。特别是在预决算管理一章中明确规定了各级政府性基金预算草案,"经同级人民政府审定后,报同级人民代表大会审查批准"。在往年编制中央基金预算的基础上,这一年,新增编制了全国和地方基金预算,政府性基金正式以完整的预算草案的形式报全国人民代表大会审查批准。

2010 年,政府性基金预算编制有较大程度地改进和提高。一是提高了预算完整性。在往年编制中央基金预算的基础上,编制新增了全国和地方基金预算,更加全面地反映了基金收支总量、结构和管理活动。二是细化了预算编制内容。更加细致地反映了基金收支的具体情况,中央基金支出预算,全部编列到项级科目。三是提高了预算准确性。根据经济形势变化、政策调整等因素,准确预测基金收入。按照"以收定支、专款专用"和"收支平衡、结余结转下年安

① 将养路费、车辆购置附加费、铁路建设基金、电力建设基金、三峡工程建设基金、新菜地开发基金、公路建设基金、民航基础设施建设基金、农村教育费附加、邮电附加、港口建设费、市话初装基金、民航机场管理建设费等 13 项数额较大的政府性基金(收费)(以下统称"基金")纳入财政预算管理。

② 分项基金预算经财政部门按规定程序批准后执行……基金预算按规定的程序报经批准后,由财政部门及时向各部门批复……地方财政部门应当于财政预算年度开始后的 10 日内,将汇总的地方政府性基金预算报财政部。

排使用”的原则,合理安排基金支出。充分论证项目支出,保证项目可执行,提高基金收支预算编制的真实性、准确性。四是增强了预算透明度。在全国预算草案中增加了对每项基金征收使用政策的说明,使人大代表和社会各界充分了解预算数据的政策含义。

近年来,政府性基金预算管理进一步加强。基金预算编制程序更加规范,按照“两上、两下”的程序和要求编制预算。调整细化基金收支科目设置,中央本级支出预算细化到具体项目,中央对地方转移支付预算根据具体情况细化到支出大类或具体支出项目。探索建立基金项目库制度,逐步提高年初预算到位率,减少代编预算规模。全面实施预算指标管理,合理安排基金支出规模和进度。上级财政提前告知对下转移支付预计数,地方各级财政要完整编报上级的各项补助收入,进一步提高基金预算编制的完整性。积极推行基金预算支出绩效考评,建立和完善指标体系,选择重点项目实施试点。建立绩效考评结果公示制度,增强绩效考评的透明度,合理运用考评结果,提高考评效率。修改后的预算法对政府性基金预算及其编制、审查等作出了规定,如政府性基金预算应当根据基金项目收入情况和实际支出需要,按基金项目编制,做到以收定支等。为政府性基金预算的规范和审查提供了法律依据。

二、政府性基金预算的构成和规模

目前,纳入政府性基金预算管理的资金项目包括政府性基金和参照政府性基金管理的非税收入两大类。2013 年,政府性基金有 29 项,参照政府性基金管理的非税收入有 14 项。政府性基金项目主要用于交通、水利、城市基础设施建设和教育、文化、移民扶持等公共事业发展。非税收入用途较为宽泛,其收入主要来源于国有资源、特许经营、行政性收费和国有资产(详见附表)。2012 年,全国政府性基金预算收入 37535 亿元。其中,政府性基金收入 5182 亿元,占政府性基金预算收入的 13.8%;参照政府性基金管理的非税收入 32353 亿元,占政府性基金预算收入的 86.2%,主要是国有土地使用权出让金项目收入 26692 亿元,占全部收入的 71.1%。

按收入归属划分,全国政府性基金预算表中的项目可分为中央收入(15 项)、地方收入(17 项)和中央地方共享收入(11 项)。2012 年,将中央和地方共享收入按比例分成后,中央政府性基金预算收入 3318 亿元,占全部收入的 8.8%;地方政府性基金预算收入 34217 亿元,占全部收入的 91.2%。

专栏(附表)6—2　我国政府性基金预算的项目和分类

一、基础设施建设(17项)			
1	农网还贷资金	政府性基金	共享收入
2	铁路建设基金	政府性基金	中央收入
3	民航发展基金	政府性基金	中央收入
4	海南省高等级公路车辆附加费	政府性基金	地方收入
5	港口建设费	政府性基金	共享收入
6	水利建设基金	政府性基金	共享收入
7	南水北调工程基金	政府性基金	共享收入
8	大中型水库库区基金	政府性基金	共享收入
9	城市基础设施配套费	政府性基金	地方收入
10	国家重大水利工程建设基金	政府性基金	共享收入
11	三峡水库库区基金	政府性基金	中央收入
12	大中型水库移民后期扶持基金	政府性基金	中央收入
13	小型水库移民扶助基金	政府性基金	地方收入
14	城市公用事业附加	政府性基金	地方收入
15	船舶港务费	非税收入	共享收入
16	车辆通行费	非税收入	地方收入
17	长江口航道维护收入	非税收入	中央收入
二、国有资源(4项)			
18	山西省煤炭可持续发展基金	政府性基金	地方收入
19	新增建设用地土地有偿使用费	非税收入	共享收入
20	国有土地使用权出让金	非税收入	地方收入
21	国有土地收益基金	非税收入	地方收入
三、特许经营(2项)			
22	彩票公益金	非税收入	共享收入
23	无线电频率占用费	非税收入	中央收入
四、国有资产(4项)			
24	中央特别国债经营基金	非税收入	中央收入
25	转让政府还贷道路收费权收入	非税收入	地方收入
26	铁路资产变现收入	非税收入	中央收入
27	电力改革预留资产变现收入	非税收入	中央收入

续表

五、特定事业(16项)			
28	散装水泥专项资金	政府性基金	地方收入
29	新型墙体材料专项基金	政府性基金	地方收入
30	旅游发展基金	政府性基金	中央收入
31	文化事业建设费	政府性基金	共享收入
32	地方教育附加	政府性基金	地方收入
33	国家电影事业发展专项资金	政府性基金	中央收入
34	育林基金	政府性基金	地方收入
35	森林植被恢复费	政府性基金	共享收入
36	残疾人就业保障金	政府性基金	地方收入
37	政府住房基金	非税收入	地方收入
38	农业土地开发资金	非税收入	地方收入
39	核电站乏燃料处理处置基金	政府性基金	中央收入
40	可再生能源电价附加	政府性基金	中央收入
41	船舶油污损害赔偿基金	政府性基金	中央收入
42	废弃电器电子产品处理基金	政府性基金	中央收入
43	新菜地开发建设基金	政府性基金	地方收入

资料来源:"中国人大网"全国人大常委会预算工委调研报告(2013年)。

目前纳入政府性基金预算管理的基金共43项。按收入来源划分,向社会征收的基金29项,包括铁路建设基金、民航基础设施建设基金、港口建设费、国家重大水利工程建设基金等。其他收入来源的基金14项,包括国有土地使用权出让收入、彩票公益金、政府住房基金等。按收入归属划分,属于中央收入的基金15项,属于地方收入的基金17项,属于中央与地方共享收入的基金11项。按支出用途划分,用于公路、铁路、民航、港口等建设的基金9项;用于水利建设的基金4项;用于城市维护建设的基金8项;用于教育、文化、体育等事业发展的基金7项;用于移民和社会保障的基金5项;用于生态环境建设的基金5项;用于其他方面的基金5项。

三、政府性基金预算的审查

政府性基金预算由收入预算和支出预算组成,又可分为中央政府性基金预算、地方政府性基金预算和全国政府性基金预算。目前,提请全国人民代表大会审查的预算草案中,包括政府性基金预算表16张和三个说明。因此,在审查收入和支出时,会涉及中央、中央本级、地方和全国不同的口径。

(一)政府性基金预算收入的审查

审查要点:

政府性基金预算收入的合法性;

政府性基金预算收入的完整性;

政府性基金预算收入预测的科学性与合理性。

1. 审查政府性基金收入的合法性

由于我国政府性基金预算是在清理整顿逐步规范的过程中建立起来的。为了防止滥设基金项目乱收费,建立了定期公布政府性基金项目目录制度,凡是没有列入公布的项目目录范围的,不得征收。因此,代表在审查政府性基金预算时,首先要审查政府性基金收入的合法性。合法性审查主要包括两个方面:一是政府性基金收入项目的合法性。即政府性基金项目设立的合法性。1996年《政府性基金预算管理办法》和2010年《政府性基金管理暂行办法》对政府性基金项目的设立、申请和审批程序做出了明确规定。政府性基金实行中央一级审批制度;国务院所属部门、地方各级人民政府及其所属部门申请征收政府性基金,必须以法律、行政法规和中共中央、国务院文件为依据,法律、行政法规和中共中央、国务院文件没有明确规定征收政府性基金的,一律不予审批。并明确要求财政部和省级政府财政部门分别于每年的3月31日、4月30日前,编制截至上年12月31日的全国性政府性基金、在本行政区域范围内实施的政府性基金项目目录,并向社会公布。因此,人大在审查政府性基金预算时,要严格按照最新公布的全国性政府性基金目录,审查列入预算的项目是否在公布的目录之中。按照预算法的规定,政府性基金设立的依据限定为法律、行政法规。这就需要依法对现行基金项目进行清理。没有法律、行政法规作为依据的,是不合法的。

二是预算收入筹集征收的合法性。即政府性基金收入的安排是否严格按照基金征收的标准进行测算,足额纳入预算,是否有违反有关规定擅自减免等情况。2004年,《财政部关于加强政府非税收入管理的通知》(财综〔2004〕53号)规定,符合国家规定审批程序批准设立的行政事业性收费和政府性基金,必须严格按照规定的范围和标准及时足额征收;未经国务院或财政部批准,执收单位不得减免政府性基金。政府性基金预算首先要符合合法性原则,人大在审查时要从基金项目和征收标准是否符合相关规定等方面进行审查。

2. 审查政府性基金预算收入的完整性

按照目前的做法，凡是列入财政部或者省级政府公布的政府性基金项目目录的，就属于合法征收的政府性基金。对于这些政府性基金项目，就应当严格按照征收的范围和标准将收入全部纳入预算，确保政府性基金收入的完整性。人大在审查时，可以从以下两个方面入手：一是收入种类的全面性。即在政府性基金收入的类别方面不应当有遗漏。具体包括：政府性基金项目本身没有遗漏，凡是列入公布目录的政府性基金项目，其收入都应当纳入预算；政府性基金转移性收入应当列入预算[①]；审查利息收入是否列入了预算[②]。二是审查收入数额的完整性。在审查时，可按照不同类别收入分别进行。对于政府性基金项目本身的收入数额，主要审查有无擅自减免或者隐瞒收入的情况。近年来，国有土地使用权出让金收入已经全额纳入政府性基金预算管理，其收入占地方政府收入相当大的比例。根据审计署2008年对11个城市2004年至2006年国有土地使用权出让金的征收、管理、使用以及相关政策执行情况的审计结果，有9个城市存在违规减免、变相减免的现象。因此，应当加强审查监督。对于转移性收入，可按照上级告知转移支付收入的相关文件进行审查。对于利息收入，可依据往年政府性基金结余和相关利息情况的说明，同时结合往年的利息收入数额等情况予以审查。

3. 审查政府性预算收入预测的科学性与合理性

政府性基金预算收入以单独的基金和收费项目为基础，因此，在进行收入预测时，也是以单独基金项目的收入预测为基础的。在审查时，要注意分析预算草案中关于基金收入的预测变化幅度的说明，判断其科学性与合理性。如关于2013年中央政府性基金收入预算（草案）的说明，对每一项基金的收入增长幅度和增长的原因做出了说明。其中：2013年中央农网还贷资金收入预算增长5%，主要根据2013年社会用电量增长以及近几年基金收入的增长情况安排的；2013年新增建设用地土地有偿使用费收入增长10%，主要依据是预计2013年新增建设用地供应量稳定增长；2013年南水北调工程基金收入预算增长66.2%，主要依据是2013年有关部门将采取有效措施加大南水北调工程基金征缴和清欠力度，预计收入相应增加等。在审查时，通常涉及政策的相应变化调整情况、征收对象自身的变化情况、往年的征收及增长变化情况等，需要在综

① 根据2009年《意见》要求，上级财政要提前告知对下转移支付预计数，地方各级财政要完整编报上级的各项补助收入，进一步提高基金预算编制的完整性。

② 《财政部关于政府性基金利息收入财务处理问题的通知》（财工字〔1998〕23号）规定，各单位征收或者代征的政府性基金发生的利息收入应当视同当年的基金收入，及时缴入国库或者有关主管部门的基金收入专户，不能冲减财务费用。在编制基金预、决算时，基金利息收入要按照编报要求在报表中据实予以反映。

合考虑有关因素的基础上做出是否合理的判断。

(二)政府性基金预算支出的审查

审查要点:

审查政府性基金预算支出的合法性;

审查政府性基金预算支出的平衡性;

审查政府性基金预算支出的合理性;

审查政府性基金预算支出的绩效性。

预算法规定,政府性基金应当根据基金项目收入情况和实际支出需要,按基金项目编制,做到以收定支。同时规定,应当与一般公共预算互相衔接。根据《政府性基金管理暂行办法》的规定,政府性基金预算编制遵循“以收定支、专款专用、收支平衡、结余结转下年安排使用”的原则。政府性基金支出根据政府性基金收入情况安排,以收定支。各项政府性基金按照规定用途安排,不得挪作他用。因此,在审查政府性基金预算支出时,应当体现这些要求。

1. 审查政府性基金预算支出的合法性

基金及基金预算最大的特点是“专款专用”,每一项基金都是针对特定的政策目标设立的,其支出必须用于设立基金时所确定的经济、社会事业发展的特定方面,按照规定的用途安排使用,不能挪作他用。否则就违反了设立基金的规定。因此,代表在审查时,首先要了解每一项基金管理的具体办法,掌握其资金来源和用途,然后判断每一项基金支出的方向是否与相关规定用途相一致,进行合法性审查。以确保基金按照法律、法规规定的要求用于特定的经济社会发展事业。需要指出的是,目前的政府性基金预算中,有些不属于严格的基金项目。根据需要,依法可以进行统筹使用,如纳入一般公共预算等。这也是改革完善基金预算制度需要解决的问题。

2. 审查政府性预算支出的平衡性

根据《政府性基金管理暂行办法》的规定,政府性基金支出根据政府性基金收入情况安排,以收定支,单独编列,自求平衡,不编制赤字预算,结余结转下年继续使用,平衡主要是指不能出现赤字。但预算法要求政府性基金预算按项目编制,以收定支。暂行办法的要求与预算法的要求不尽一致。根据新修改的预算法第三十五条的规定,经国务院批准的省级政府“预算中”必需的建设投资的部分资金,可以通过举债的方式筹措。这里讲的“预算”并不仅限于一般公共预算。结合第九条关于政府性基金预算根据实际支出需要编制,以收定支的规定,以及国务院关于2013年中央和地方预算执行情况与2014年中央和地方预算草案的报告提出的,对有一定收益的公益性事业发展举借的专项债务,主要由地方政府通过发行市政债券等专项债券融资,以对应的政府性基金或专项收入偿还(在政府性基金预算中编列)的思路,可以判断,为政府性基金列赤字留下了空间。

3. 审查政府性基金预算支出的合理性

中央政府性基金预算支出通常体现在两张预算表中,一是中央政府性基金支出预算表,主要反映基金在中央本级的支出与对地方的转移支付情况;二是中央本级政府性基金支出预算表,主要反映每一项中央政府性基金在中央本级支出的具体类别,如铁路建设基金支出,主要用于“铁路建设投资、铁路还贷、勘测设计、注册资本金、其他铁路建设基金支出”。由于目前预算还不够细化,不能够真正了解最终用于哪些具体的项目,对其合理性的审查难以深入。特别是数额巨大的“其他支出”的存在,连支出方向也不清楚,更难以判断其支出的合理性。因此,应当进一步细化预算编制,做到“一个基金、一个预算”。

4. 审查政府性基金预算支出的绩效性

虽然目前还难以做到,但是由于政府性基金“专款专用”的特征,使得对其进行绩效考评更具有基础性。国家每年征收大量的政府性基金用于特定经济社会事业发展,并且通常延续的时间非常长,长期的大量的专项资金的投入,主要投到了哪些方面,形成了多少资产,产生了哪些成果,取得了哪些绩效,都应当在预算报告和决算报告中做出说明。作为专项资金,有些基金项目更有条件全面开展绩效预算试点。因此,在细化预算编制的同时,开展绩效预算试点,加强人大对政府性基金预算的绩效性审查,加强对政府性基金的监督。

最后需要说明的是,由于政府性基金是在我国特定阶段产生并延续下来的产物,对资金的性质、功能定位等还不够明确清晰,在预算管理方面也还比较薄弱,存在许多需要进一步规范的地方。是征收依据的法律化,作为筹集政府性收入的一种方式,应当以国家立法机关通过的法律为依据。二是进一步研究基金预算的编制方法,如是否每一项基金都可以编制一本相对独立的预算,即按照基金项目来编制若干个预算。同时要进一步细化预算编制,根据政府性基金预算的特点,研究其科目设置,显示收入具体来源,支出进一步细化落实到具体项目或者用款部门机构。按照全国人大常委会《关于加强中央预算审查监督的决定》的要求,中央预算中基金支出应当包括重大项目表等。三是加强对政府性基金预算的监督和绩效评估,实践中存在一些资金挪用等现象,特别是多年大量结余资金的存在,在加重居民负担的同时,还造成了资金的闲置,影响了资金的使用效益。应当对政府性基金项目定期进行考评,适时调整或者取消一些基金项目。四是关注政府性基金预算制度的完善。希望代表在审查现有政府性基金预算的同时,也从完善预算制度的角度,对政府性基金预算的功能定位、与公共预算等其他预算的关系等方面提出更具建设性的审议意见,如目前纳入预算管理的土地出让收入和彩票发行收入等是否应当纳入公共预算等,以推动我国预算制度的完善。

第二节　国有资本经营预算的审查

国有资本经营预算是对国有资本收益作出支出安排的收支预算。是国家以所有者身份依法取得国有资本收益,并对所得收益进行分配而发生的各项年度收支预计划,是政府预算的重要组成部分。建立国有资本经营预算制度,对实现国有资本收益的全民共享,增强政府的宏观调控能力,完善国有企业收入分配制度,推进国有经济布局和结构的战略性调整,集中解决国有企业发展中的体制性、机制性问题,具有重要意义。2008 年通过的《中华人民共和国企业国有资产法》(以下简称《国有资产法》),明确规定"国有资本经营预算按年度单独编制,纳入本级人民政府预算,报本级人民代表大会批准"。新修改的预算法对国有资本经营预算及其编制、审查等作出了规定。如:国有资本经营预算应当按照收支平衡的原则编列,不列赤字,并安排资金调入一般公共预算。因此,作为政府预算的重要组成部分,审查和批准国有资本经营预算,成为人大审查批准政府预算的一项重要内容。

一、国有资本经营预算制度的建立

我国国有企业的利润上缴,经历了一段从全额上缴,到部分上缴,到完全留存企业不上缴,到实施国有资本经营预算重新开始部分上缴的演变历程。计划经济时期,国有企业没有自主决策权,所有资金由政府统收统支,利润全额上缴国家财政。1978 年实行改革开放以来,国家不断探索国有企业利润分配制度,扩大企业经营自主权,从企业利润留成起步,到两步利改税、企业承包制、股份制试点等,允许企业在上缴一部分利润给国家后,留存一部分利润用于企业自身发展。1994 年分税制改革,对国有企业分配制度实行税利分流改革,立足于从机制上理顺国家与企业的分配关系,明确国有企业利润的一部分要以税收的形式上缴国家,体现国家社会管理者身份;另一部分要以利润形式上缴,逐步建立国有资产投资收益按股分红、按资分利或税后利润上缴的分配制度,体现国家所有者身份。当时,面对国有企业普遍困难的局面,为使国有企业休养生息和扩大再生产,国家做出了国有企业利润暂不上缴的决定。

随着国有企业经营状况和财务状况的好转,为体现国家所有者身份,增强政府宏观调控能力，深化国有企业改革，推进国有经济布局和结构的战略性调整，完善政府预算体系，2007 年，国务院下发《国务院关于试行国有资本经营预算的意见》（国发〔2007〕26 号），决定 2007 年开展国有资本经营预算试点，2008 年开始实施中央本级国有资本经营预算①。中央财政开始试行国有资本经营预算制度，逐步扩大范围，不断提高企业收益上缴比例。2007 年只包括国资委监管的中央企业，2008 年增加了中国烟草总公司，2009 年增加了中国邮政集团公司，2011 年增加了教育部、农业部、文化部、国家广电总局和中国贸促会所属企业以及中国出版集团公司、中国对外文化集团公司。2012 年继续扩大范围，将工信部等 6 个中央部门（单位）所属企业纳入国有资本经营预算实施范围。到 2013 年纳入预算范围的多类一级企业 813 户。中央企业资本收益提取比例在原有基础上普遍提高。中国烟草总公司税后利润收取比例提高至 20%（从 2012 年起），资源垄断性企业为 15%，一般竞争性领域企业为 10%，军工企业、转制科研院所、中国邮政集团公司及新纳入国有资本经营预算范围的企业为 5%，政策性企业免交。2010 年开始，向全国人民代表大会提交中央国有资本经营预算草案。2010 年 5 月，财政部下发《关于推动地方开展试编国有资本经营预算工作的意见》，2011 年地方试编国有资本经营预算，2012 年汇总编制全国国有资本经营预算、地方国有资本经营预算，连同中央国有资本经营预算一起提请全国人民代表大会审查。2010—2013 年，中央国有资本经营预算收入规模逐年扩大，分别为 559 亿元、765 亿元、971 亿元和 1011 亿元，调入公共预算用于社会保障等民生支出的资金也逐年增加，分别为 10 亿元、40 亿元、50 亿元和 65 亿元。

国有资本经营预算制度的建立和发展，是与中央的决定和相关法律法规和制度的建立和逐步完善分不开的。2003 年党的十六届三中全会通过的《中共中央关于完善社会主义市场经济体制若干问题的决定》正式提出“建立国有资本经营预算制度”，2005 年十六届五中全会通过的《中共中央关于制定国民经济和社会发展第十一个五年规划的建议》和 2006 年十届全国人大四次会议通过的“十一五”规划纲要明确要求“加快建立国有资本经营预算制度”。2007 年，国务院颁布《国务院关于试行国有资本经营预算的意见》（国发〔2007〕26 号），明确了试行国有资本经营预算的指导思想和原则、国有资本经营预算的收支范围、编制和审批、执行以及职责分工等基本内容，为试行国有资本经营预算奠定了制度基础。2008 年，全国人大常委会通过的《国有资产法》设立专章对国有

---

① 《意见》要求，各地区国有资本经营预算的试行时间、范围、步骤，由各省、自治区、直辖市和计划单列市人民政府决定，并责成各级财政部门、国资部门和发展改革部门编制预算报本级政府批准后下达各预算单位。

资本经营预算的收支范围、编制及审查批准等做出了规定,使国有资本经营预算有了明确的法律依据。2011 年财政部制定了《中央国有资本经营预算编报办法》,更加全面地规范了中央国有资本经营预算编报工作。同时,财政部还研究制定了《中央企业国有资本收益收取管理办法》《中央国有资本经营预算节能减排专项资金管理暂行办法》《中央国有资本经营预算重大科技创新及产业化资金管理办法》《中央国有资本经营预算境外投资资金管理办法》等。特别是新修改的预算法对国有资本经营预算的规定,为中央国有资本经营预算实施提供了制度保障。

二、国有资本经营预算的审查

《预算法》《国有资产法》《国务院关于试行国有资本经营预算的意见》《中央国有资本经营预算编报办法》以及每年财政部发布的编报国有资本经营预算建议草案的通知等文件,对国有资本经营预算的收入范围、支出的重点等做出了规定或者要求。因此,在审查时可以作为审查批准的依据。同时,由于国有资本经营预算在某种意义上可以说是我国独有的预算形式,再加上制度初建,许多制度还在不断地探索完善过程之中。因此,对其进行审查,还不宜完全按照对成熟的预算进行审查的方法进行。在审查具体预算草案收支的同时,还应当更多地关注制度本身的完善问题。

(一)国有资本经营预算收入的审查

审查要点:

国有资本经营预算收入种类是否齐全;

纳入国有资本经营预算的企业范围是否完整;

纳入国有资本经营预算的国有企业经营收益上缴比例是否适当。

由于目前不可能将国有资本经营的收益全部纳入预算。因此,在审查预算收入的完整性时,应当更多地关注纳入国有资本经营预算收入范围的种类是否齐全、企业的范围是否在逐步扩大、上缴收益的比例是否按照要求在逐步提高等。

1. 审查国有资本经营预算收入的种类是否齐全,应当纳入预算的收入是否已经全部纳入

根据规定,国有资本经营预算收入反映的是当年企业国有资本收益预计入库数额及上年结转收入,主要包括以下几种类型的收入:(一)利润收入,即国有独资企业按规定上缴国家的税后利润;(二)股利、股息收入,即国有控股、参股企业国有股权(股份)享有的股利和股息;(三)产权转让收入,即国有独资企业产权转让收入和国有控股、参股企业国有股权(股份)转让收入以及国有股减持收入;(四)清算收入,即扣除清算费用后国有独资企业清算收入和国有控股、参

股企业国有股权(股份)享有的清算收入;(五)其他国有资本经营收入;(六)上年结转收入。因此,在审查时,首先要按照规定的收入类别,审查相关收入是否已经全部纳入了预算。

2. 审查国有资本经营预算覆盖的范围

审查纳入国有资本经营预算收益上缴范围的国有企业的数量,是否涵盖了所有的或者按规定的应当纳入预算的同级政府及其部门所属的企业。从规范意义或者最终目标来看,所有的国有企业都属于国有资本经营预算的范围,都应当纳入国有资本经营预算。然而,由于我国的国有企业改革还没有完全到位,改革还在逐步进行的过程中,因此,纳入国有资本经营预算的企业范围还不够完整。从中央国有资本经营预算来看,尚未覆盖全部中央国有企业,据审计署的报告,还有约4000户中央部门所属企业未纳入国有资本经营预算。目前,金融行业国有资本经营收益尚未纳入国有资本经营预算,收益上缴形式多样且不够规范。从地方来看,全国还有不少地方尚未建立国有资本经营预算制度,已经建立的一般也仅覆盖国资委直接监管的企业①。因此,人大在审查国有资本经营预算时,应当关注国有资本经营预算范围的扩大和规范问题。通过审查积极推动国有资本经营预算范围的扩大,尽快实现对国有企业的全覆盖。按照“十二五”规划提出的,健全覆盖全部国有企业、分级管理的国有资本经营预算和收益分享制度的要求。结合国有企业改革,按照国有资本“有所为有所不为”的战略性调整要求,稳步推进国有资本经营预算扩围工作,认真清理整合所有政府部门和单位所属企业,实现中央部门与企业脱钩,逐步分类纳入预算管理和监督。此外,还应研究将金融行业国有资本经营收益纳入国有资本经营预算,最终实现全覆盖。

3. 审查纳入国有资本经营预算的企业收益上缴比例

由于我国国有资本经营预算刚刚建立,在初期按照“适度、从低”的原则,中央财政分类对国有企业按一定比例税后利润收取收益。不同类型的企业收取的比例不同,收取的比例也在不断提高。但总体来看,收益上缴的比例仍然偏低。如2013年,中央国有资本经营预算收取中央企业税后利润1001亿元,占2012年这些企业全部净利润11094亿元的9%。如按国有股权应分配利润计算,中央国有资本收益平均上缴比例约为13%,远低于上市公司平均分红水平,这引起了社会高度关注。因此,人大在审查国有资本经营预算时,要注意审查收益收取比例的调整。国务院已经提出要求,“十二五”期间将国有资本收益平均上缴比例再提高5个百分点,综合上缴比例将达到18%。同时,要督促有关

① 审计署2012年审计的18个省本级、45个市本级和54个县中,有3个省本级、22个市本级和49个县没有编制国有资本经营预算。

方面完善收益上缴制度，根据不同类型的企业，根据国民经济发展要求和经济结构调整的需要，确立科学规范的国有企业经营收益上缴办法。

4. 审查国有资本经营预算收入测算的科学性

由于国有资本经营预算安排的是对上年国有企业经营收益收取部分的入库数额。从时间来看，中央国有资本经营预算在提请全国人民代表大会进行审查批准时，已经到了三月份，企业上年的经营状况已经基本明确。因此，对其收益状况的确定应当具备了坚实的基础。此时，根据中央企业年度盈利情况和国有资本收益收取办法确定的收取比例，能够比较准确地计算出企业应当上缴的收益数额。

（二）国有资本经营预算支出的审查

审查要点：

支出规模是否符合法律规定的要求；

支出范围是否符合国家确定的重点方向；

支出结构是否科学合理；

支出绩效。

1. 审查国有资本经营预算规模是否符合法律规定的要求

我国的国有资产法，从预算支出与预算收入关系的角度，对国有资本经营预算的规模做出了限制性规定。即国有资本经营预算支出按照当年的预算收入规模安排，不列赤字。预算法规定国有资本经营预算应当按照收支平衡的原则编制，不列赤字，并安排资金调入一般公共预算。这些规定，也就明确了国有资本经营预算支出规模的上限。因此，在审查国有资本经营预算规模时，首先要确定是否符合法律规定的要求。

2. 审查国有资本经营预算的支出方向是否符合法律、法规和规章等规范性文件的规定

预算法规定国有资本经营预算应当安排资金调入一般公共预算。《国务院关于试行国有资本经营预算的意见》和《中央国有资本经营预算办法》等文件对国有资本经营预算支出的重点或者方向做出了原则性规定。如中央国有资本经营预算支出主要用于：根据产业发展规划、国有经济布局和结构调整、国有企业发展要求以及国家战略、安全需要的支出，弥补国有企业改革成本方面的支出和其他支出。人大在审查时，可以根据这些规定，结合政府工作报告和国民经济和社会发展计划所确定的工作重点等进行审查。同时，财政部在每年发布编报中央国有资本经营预算建议草案的通知时，通常也要明确编制的指导思想和预算支出的重点。在审查时可将有关内容结合在一起统一进行审查。以确定国有资本经营预算支出的方向是否适合。

专栏 6—3　2013 年中央国有资本经营预算编制重点

2013 年中央国有资本经营预算支出，按照“统筹兼顾，留有余地”的原则，重点支持中央企业具有国家战略意义以及关系国计民生的重大项目建设，推动中央企业兼并重组，推动国有经济布局的战略性调整和国有经济产业结构的进一步优化，促进中央企业提高企业自主创新能力，加快转变经济增长方式，开展实施国际化经营，进一步加大对社保等民生的支出力度，实现国民经济可持续发展目标。编制重点包括：

（一）国有经济结构调整支出。用于支持中央企业之间的战略性兼并重组，理顺多元投资主体公司股权关系，保持和增强中央企业对关系国家安全和国民经济命脉重要子企业的控制力，以及解决中央企业历史遗留问题等。

（二）重点项目支出。用于支持中央企业涉及国家安全、国家核心竞争力和综合国力等具有国家战略意义的重大项目支出。

（三）产业升级与发展支出。围绕《国民经济和社会发展十二五规划纲要》《国家中长期科学和技术发展规划纲要（2006—2020 年）》（国发〔2005〕44 号）和《国务院关于加强节能工作的决定》（国发〔2006〕28 号）的精神，用于增强中央企业自主创新能力，推动重大技术创新和科技成果产业化，落实“十二五”节能减排目标任务，支持中央企业节能减排工作，支持中央企业内部产业整合。促进教育、农业、文化等相关产业发展的支出，重点支持关系国家粮食安全的种子产业链发展，关系国防安全的农垦戍边支出等。

（四）境外投资及对外经济技术合作支出。主要支持中央企业收购兼并能够实质控制、具有较好经济效益、国家急需的境外战略性资源，以及拥有关键核心技术且对促进本企业技术创新具有推动作用的境外企业。支持中央企业直接投资实施的境外研发中心项目，装备制造业项目，进入境外经济贸易合作区实施的项目，境外农、林、渔、矿业合作项目。中央企业实施的特许经营类对外承包工程项目、使用中国工程技术标准和以人民币计价的对外承包工程项目等。

（五）困难企业职工补助支出。主要用于支持中央企业进一步完善离退休人员社会保障机制，对困难中央企业离休干部医药费和职工生活费予以补助等。

财政部关于编报 2013 年中央国有资本经营预算建议草案的通知。

3. 审查国有资本经营预算支出结构是否科学合理

从近几年国有资本审查的实践以及学界的研究来看，国有资本经营预算的支出结构主要涉及两个方面的问题：一是国有资本经营预算与一般公共预算等的关系，即国有资本经营预算收入是否可用于一般公共预算支出等；二是在国有资本经营预算支出中，资本性支出与费用性支出的比例。就第一个问题而言，目前，我国国有资本经营预算支出主要在国有企业内部循环，对公共财政预算特别是教育、卫生、社会保障等社会事业和民生领域的支持较少。2013 年，调入公共预算的中央国有资本经营预算资金为 65 亿元，仅占收入总量的 6.4%。由于国有经济在我国国民经济中占主导地位，大量的国有企业经营所获得的收益理应由全体国民共享，而共享的主要方式就是要通过公共预算加大对民生领域的投入。预算法对此已有明确规定，并且党的十八届三中全会决定也提出到 2020 年，上缴一般公共预算的比例要达到 30%。因此，人大在审查国有资本经营预算时，也要关注这些重大的制度问题。

关于用于企业的支出，还存在资本性支出与费用性支出的比例问题。资本性支出，主要指向新设企业注入国有资本金，向现有企业增加资本性投入，向公司制企业认购股权、股份等方面的资本性支出；费用性支出，主要指弥补企业改革成本等方面的费用性支出。从实践来看，有些部门和单位比较注重加快国有企业发展，强调资本预算保值增值作用，对解决国有企业改革及发展中的体制性、机制性问题缺乏关注；资金主要用于扩张性项目支出，对完善国有企业收入分配、解决历史遗留问题支持不足。其结果是国有资本经营预算支持发展的资本性支出多，支持改革调整的费用性支出少。2011 年，中央国有资本经营决算支出 770 亿元。其中，资本性支出 676 亿元，占 87.8%；费用性支出 48 亿元，占 6.2%。而费用性支出的 48 亿元中，还包括中央企业重大科技创新项目的研发费用补助和中央企业重大节能减排项目支出，真正用于改革脱困补助的资金就更少了。作为国有资本经营预算应当立足国有经济改革发展全局，通过集中部分国有资本收益，重点用于推进国有企业深化改革，破解体制机制障碍，解决好离退休人员和困难群体补贴、厂办大集体、企业办社会等历史遗留问题，而不是将其留给公共财政，更不能让企业职工承担改革成本。当前，国企经营形势出现了新一轮困难的苗头，企业亏损面和程度均有扩大之势，应当引导预算编制单位增加国有企业改革调整性支出，促进深化企业改革，使应当退出市场的部分国有企业实现有序退出。在改革力度相对不足的情况下，应严格控制扩张性支出，增加调入公共预算、用于基本公共服务的资金支出，更好地体现国有企业全民所有的性质，形成国有资本经营预算更多支出于改革方面的倒逼机制。人大在审查国有资本经营预算时，可结合预算支出安排对支出结构提出科学合理的政策性建议，促进国有资本经营预算支出结构的优化，提高国有资本经营预算支出的效益。

4. 审查国有资本经营预算支出的绩效

对国有资本经营预算支出绩效的审查，即关注国有资本经营预算支出所取得的实际效果。对绩效的审查可以从不同的层次上进行,从支出的整体来看,是否与国家经济发展的战略重点和产业政策相契合,是否有利于实现国家经济发展战略和促进相关产业的发展。由于目前在安排国有资本经营预算支出时,主要采取企业上报项目、部门审查批复的方式,有些产能过剩行业的企业依然能够获得资金支持。由于提交全国人大审查的国有资本经营预算,支出没有细化到具体企业或项目(2012 年,中央国有资本经营年初预算约有 92% 的资金未细化落实到具体企业和项目),难以看出预算安排的思路和重点,不利于代表审查监督。从 2012 年国有资本经营预算执行的情况看,有 22% 的资金投入了建筑、商业、旅游等非关键领域,还有 11.5 亿元的新兴产业发展支出安排给了不符合条件的企业,有些用于竞争性领域国有企业。这就影响了国有资本经营预算支出的绩效。从具体的资本性支出项目来看,目前国有企业在申请国有资本经营预算资金时,还没有编制项目绩效预算。由于我国国有资本经营预算实施的时间还不长,年初代编情况仍然存在,有时出现执行结果与预算偏离程度较大的情况。因此,为了提高审查的质量,提高国有资本经营预算的绩效,应当积极推进国有资本经营预算的细化工作,将预算支出落实到每一个具体项目,详细反映预算安排的思路和重点;建立科学的国有资本经营预算绩效考核体系,引导预算支出结构的优化。

专栏 6—4　国有资产法关于国有资本经营预算的规定

第六章　国有资本经营预算

第五十八条　国家建立健全国有资本经营预算制度,对取得的国有资本收入及其支出实行预算管理。

第五十九条　国家取得的下列国有资本收入,以及下列收入的支出,应当编制国有资本经营预算:

(一)从国家出资企业分得的利润;

(二)国有资产转让收入;

(三)从国家出资企业取得的清算收入;

(四)其他国有资本收入。

第六十条　国有资本经营预算按年度单独编制,纳入本级人民政府预算,报本级人民代表大会批准。

国有资本经营预算支出按照当年预算收入规模安排,不列赤字。

第六十一条　国务院和有关地方人民政府财政部门负责国有资本经营预算草案的编制工作,履行出资人职责的机构向财政部门提出由其履行出资人职责的国有资本经营预算建议草案。

第六十二条　国有资本经营预算管理的具体办法和实施步骤，由国务院规定，报全国人民代表大会常务委员会备案。

第三节　社会保险基金预算的审查

社会保险基金预算是对社会保险缴款、一般公共预算安排和其他方式筹集的资金，专项用于社会保险的收支预算，即根据国家社会保险和预算管理法律、法规建立并反映各项社会保险基金收支情况的年度计划。2010 年，国务院颁布了《关于试行社会保险基金预算的意见》，决定从 2010 年起，在全国范围内建立统一规范的社会保险基金预算制度。经过三年的试编，2013 年向十二届全国人民代表大会一次会议正式提交了全国社会保险基金预算报告。新修改的预算法对社会保险基金预算及其编制、审查等作出了规定。如第十一条规定，社会保险基金预算应当按照统筹层次和社会保险项目分别编制，做到收支平衡。社会保险基金预算作为我国政府预算体系的重要组成部分，由全国人民代表大会和相应的地方人民代表大会进行审查，对于加强社会保险基金管理，规范社会保险基金收支行为，明确政府责任，增强政府宏观调控能力，强化基金管理和监督，确保社会保险基金安全完整，具有非常重要的意义。

一、社会保险制度与社会保险基金预算制度的建立

(一)社会保险制度的建立

在我国，不同时期对社会保险的具体内容有不同的规定。建国以后为适应计划经济体制而建立的社会保险制度，主要包括国有企业职工的养老保险和劳保医疗制度、机关事业单位的养老保险和公费医疗制度。1951 年，我国施行的《劳动保险条例》内容包括疾病待遇、工伤待遇、死亡待遇、养老待遇、生育待遇等项目。其主要特点是国家出资、单位管理。在实践中其弊端逐渐显现：覆盖面窄，主要局限于国有单位；保障层次单一，国家和用人单位大包大揽，职工不出资，缺乏自我保障意识；企业办社会，分散企业精力，经营亏损时职工权益难以保障等。

随着我国实行改革开放，1984 年，部分地区试行国有企业退休费用社会统筹，揭开了我国社会保险制度改革的序幕。1986 年 4 月通过的《国民经济和社会发展第七个五年计划》在我国首次提出了社会保障的概念，明确要有步骤地建立具有中国特色的社会保障制度，开始了真正意义上的社会保险制度改革。1993 年通过的《关于建立社会主义市场经济体制若干问题的决定》把社会保障

制度列为社会主义市场经济框架的五大环节之一，标志着社会保障制度改革进入体系建设的新时期。期间各项具体的社会保险制度改革分别在推进。

养老保险制度改革。为配合城市经济体制改革和国有企业改革，1986 年我国开始推行退休费社会统筹。1991 年国务院颁布《关于企业职工养老保险制度改革的决定》，提出建立多层次的养老保险体系，规定养老保险实行社会统筹，费用由国家、企业和职工三方负担。1993 年 11 月，国务院发布《关于建立社会主义市场经济体制若干问题的决定》，提出“城镇职工养老和医疗保险由单位和个人共同负担，实行社会统筹和个人账户相结合的制度”。1997 年国务院发布《关于建立统一的企业职工基本养老保险制度的决定》，对统账结合的规模、结构和养老金计发办法做出了明确规定。

医疗保险制度。从 20 世纪 80 年代开始的医疗保险制度改革，首先引入个人分担机制，实行公费、劳保医疗费用与个人挂钩、定额包干的办法，随后引入社会统筹机制。1998 年国务院发布《关于建立城镇职工医疗保险制度的决定》，建立由用人单位和职工共同缴费的机制，切实保障职工的基本医疗，建立基本医疗保险统筹基金和个人账户。

失业保险制度。为配合劳动合同制和企业破产制的推行，1986 年国务院颁布并实施《国营企业职工待业保险暂行规定》，开始建立和完善城镇职工失业保险制度。1993 年国务院颁布《国营企业职工待业保险规定》，扩大了适用范围和享受失业保险的对象范围，调整待遇标准和增加救济的内容。1999 年国务院颁布《失业保险条例》，把失业保险的覆盖面扩大到了城镇所有用人单位及其职工。

2010 年 10 月通过、2011 年 7 月 1 日起施行的《中华人民共和国社会保险法》，是新中国成立以来的第一部社会保险制度综合性法律，确立了中国社会保险体系的基本框架。社会保险法规定国家建立基本养老保险、基本医疗保险、工伤保险、失业保险、生育保险等社会保险制度，明确了各项社会保险制度的基本内容。

我国的社会保险制度改革采取了先试点、后规范、逐步推广的办法。随着各项社会保险制度的逐步建立，社会保险的覆盖范围也在逐步扩大，从国有企业扩大到各类企业，从单位职工扩大到灵活就业人员等。特别是党的十七大确立了建立覆盖城乡居民的社会保障体系的目标，由此，扩大社会保险覆盖面的工作进入了一个新的发展阶段。基本养老、基本医疗逐步向城镇居民、农村居民扩展，社会保障水平不断提高。至 2012 年，新型农村社会养老保险和城镇居民社会养老保险制度实现全覆盖，城乡居民大病保险试点启动，新型农村合作医疗和城镇居民基本医疗保险的政府补助标准提高到每人每年 240 元（2013 年提高到280元)。年末参加城镇基本养老、基本医疗、失业、工伤、生育保险的人数分别为32480万人、53589万人、15225万人、18993万人、15445万人,参加新型农村社会养老保险的人数达到46269万人。

(二)社会保险基金预算制度的建立

随着各项社会保险制度的改革推进,社会保险基金的管理工作也在不断加强。从各单项社会保险制度建立之初,就对保险资金的管理做出了规定,其中包括预算管理方面的内容。1999年由财政部、劳动和社会保障部颁布的《社会保险基金财务制度》(财社字〔1999〕60号),设立专章分别对社会保险基金的预算和决算做出了明确的规定。明确了保险基金预算的编制、审批、执行和调整以及决算的编制、审批和汇总上报等内容。之后,劳动和社会保障部就社会保险基金预算的编报工作发布了一系列通知,财政部也以通知等形式,就进一步加强和完善社会保险基金的预算管理、进一步统一和加强社会保险基金的决算管理等不断提出新的要求。使社会保险基金的预算管理工作在不断加强和规范。

最初由社会保险经办机构编制的社会保险基金预算,通常报同级政府管理部门、由同级人民政府批准,没有要求提请同级人大审议。2005年,广东省率先实施向省级人大常委会报送社会保险基金预算,由此开启了社会保险基金预算由人大审查批准的先例。2010年,国务院在总结前一阶段社会保险基金预算管理工作的基础上,颁布了《国务院关于试行社会保险基金预算的意见》,明确了社会保险基金预算的指导思想和原则、编制范围、编制方法、编制和审批、执行和调整、决算等。提出了全国社会保险基金预算草案由人力资源和社会保障部汇总编制,财政部审核后,由财政部、人力资源和社会保障部联合向国务院报告。同时提出,待条件成熟时,由国务院适时向全国人大报告。之后,社会保险基金预算开始在全国范围内试编,编制工作取得显著进展。一是编报范围逐步扩大并实现全面覆盖,目前包括社会保险法明确的所有9项社会保险基金。二是管理机制逐步健全,初步形成了从编制、审核到报送等各个环节相互衔接的工作机制。三是管理效率不断提高,编制方法逐步完善,执行管理不断强化,信息化建设稳步推进。

2012年3月,第十一届全国人民代表大会第五次会议通过的《第十一届全国人民代表大会财政经济委员会关于2011年中央和地方预算执行情况与2012年中央和地方预算草案的审查结果的报告》明确提出,“2013年向全国人大正式提交社会保险基金预算”,从而使社会保险基金预算的管理和监督进入了进一步制度化、规范化和科学化的新阶段。2013年向十二届全国人民代表大会一次会议提交的预算报告,就全国社会保险基金预算作了简要说明,附表中增加了全国社会保险基金收入预算表、支出预算表和结余预算表等三张表,反映全国9项社会保险基金收入、支出和结余预算的汇总情况。

专栏(附表)6—5 2013年全国社会保险基金预算数据 单位:亿元

项　目	收入	支出	本年结余	滚存结余
全国社会保险基金合计	32828.78	27913.31	4915.47	40943.10
企业职工基本养老保险基金	18791.34	16460.42	2330.93	24009.83
失业保险基金	1144.83	578.99	565.84	3383.46
城镇职工基本医疗保险基金	6189.02	5379.03	809.99	7207.74
工伤保险基金	521.76	435.90	85.86	910.46
生育保险基金	321.18	243.29	77.89	489.38
居民社会养老保险基金	2097.6	1389.73	707.88	3025.85
居民基本医疗保险基金	3763.04	3425.96	337.08	1916.39

二、社会保险基金预算的审查

我国《预算法》《社会保险法》以及国务院颁布的《关于试行社会保险基金预算的意见》、国务院有关部门制定的《社会保险基金财务制度》、《社会保险基金预算编制手册》以及编制年度社会保险基金预算的通知等文件,对社会保险基金预算的收入、支出范围和具体的编制原则、方法等都做出了较为明确的规定。因此,有关法律、法规和相关文件,构成了审查社会保险基金预算的相关依据。但是,需要指出的是,由于社会保险基金预算在预算的构成、收入范围、支出范围、支出原则以及编制的主体和层次等方面与政府公共预算、政府性基金预算等其他几本预算存在诸多不同。因此,在审查社会保险基金预算时,其审查的重点和关注点应当有所区别。

(一)社会保险基金预算收支的合法性审查

审查要点:

社会保险基金的收入和支出是否符合法律、法规规定的基本原则;

社会保险基金的收入和支出是否符合法律、法规规定的征收标准和支出标准;

社会保险基金预算的收入是否符合法律、法规规定的范围及完整性;

社会保险基金预算的支出是否符合法律、法规规定的范围。

合法性审查是对社会保险基金预算进行审查的关键所在。因为预算法规定社会保险资金专项用于社会保险,其预算按照统筹层次和社会保险项目分别编制,做到收支平衡;其他法律法规也明确社会保险基金预算编制的基本原则要求“依法建立,规范统一”“专项基金,专款专用”。即社会保险基金预算必须依据国家法律、法规建立，严格执行国家社会保险政策，按照规定范围、程序、方法和内容编制；社会保险各项基金预算严格按照有关法律、法规规范的收支内容、标准和范围执行，专款专用，不得挤占或挪作他用。因此，社会保险基金预算中的每一项基金费用的征缴都应当严格按照规定的标准进行征缴[①]，而每一项基金的支出，也应当严格按照规定的范围和待遇标准等执行。在审查社会保险基金预算的缴费收入时，应当严格按照规定的标准和预计的缴费人数进行审查；对预算支出也要按照支出的标准和享受保险待遇的人数进行审查。在将来实现缴费标准和待遇标准法定统一的情况下，缴费收入和支出规模的审查取决于人数的变化。

关于社会保险基金预算支出的合法性审查，还要注意基金预算支出的范围是否符合相关法律、法规的规定。如社会保险法规定：社会保险基金专款专用，任何组织和个人不得侵占或者挪用。社会保险基金不得违规投资运营，不得用于平衡其他政府预算，不得用于兴建、改建办公场所和支付人员经费、运行经费、管理费用，或者违反法律、行政法规规定挪作其他用途。各项保险基金预算在安排支出时，必须遵守法律的规定。同时，各项社会保险基金预算支出还要严格遵守相关法律、法规对各单项社会保险基金支出范围的规定。如企业职工基本养老保险基金支出主要包括基本养老金支出、医疗补助金支出、丧葬抚恤补助支出、转移支出、补助下级支出、上解上级支出、其他支出等；失业基金支出主要包括失业保险金支出、医疗补助金支出、丧葬抚恤补助支出、职业培训和职业介绍补贴支出、转移支出、补助下级支出、上解上级支出、其他支出等；城镇职工基本医疗保险基金支出主要包括基本医疗保险待遇支出、转移支出、补助下级支出、上解上级支出、其他支出等；工伤保险基金支出主要包括工伤保险待遇支出、劳动能力鉴定费支出、转移支出、补助下级支出、上解上级支出、其他支出等；生育保险基金支出主要包括生育保险待遇支出、医疗费支出、转移支出、补助下级支出、上解上级支出、其他支出等。

社会保险基金预算收入的审查，也涉及收入的完整性。即法律、法规规定的预算收入项目是否全部体现在预算收入当中。如企业职工基本养老保险基金预算收入主要包括基本养老保险费收入、利息收入、财政补贴收入、转移收入、上级补助收入、下级上解收入、其他收入等；失业保险基金预算收入主要包

① 由于目前我国还没有实现职工基本养老保险的全国统筹，其他社会保险的省级统筹也还未完全实现。因此，社会保险的缴费标准，还没有实现全国统一。但从目前各项社会保险基金的缴费比例平均情况看，大致情况是：职工基本养老保险单位缴费比例为职工工资的20%，个人8%；基本医疗保险单位缴纳6%，个人缴纳2%；失业保险单位缴纳2%，个人缴纳1%；工伤保险单位缴纳1%左右；生育保险单位缴纳0.5%左右。

括失业保险费收入、利息收入、财政补贴收入、转移收入、上级补助收入、下级上解收入、其他收入等；城镇职工基本医疗保险基金预算收入主要包括基本医疗保险费收入、利息收入、财政补贴收入、转移收入、上级补助收入、下级上解收入、其他收入等；工伤保险基金预算收入主要包括工伤保险费收入、利息收入、财政补贴收入、转移收入、上级补助收入、下级上解收入、其他收入等；生育保险基金预算收入主要包括生育保险费收入、利息收入、财政补贴收入、转移收入、上级补助收入、下级上解收入、其他收入等。

（二）社会保险基金预算收支的准确性和科学性审查

审查要点：

预算收入是否全面考虑了相关影响因素及科学性；

预算支出是否全面考虑了相关影响因素及科学性。

在强调社会保险基金预算的合法性审查的同时，也应当对社会保险基金预算进行准确性和科学性审查。因为提高预算编制的准确性和科学性是对预算的基本要求。社会保险基金预算的准确性和科学性取决于其编制的规范性和科学性。国务院关于试行社会保险基金预算的意见，对社会保险基金预算的编制方法提出了要求，可据此予以审查。如社会保险基金收入预算的编制应综合考虑统筹地区上年度基金预算执行情况、本年度经济社会发展水平预测以及社会保险工作计划等因素，包括社会保险参保人数、缴费人数、缴费工资基数等。统筹地区人民政府应根据社会保险基金收支、财政收支等情况，合理安排本级财政对社会保险基金的补助支出。社会保险基金支出预算的编制应综合考虑统筹地区本年度享受社会保险待遇的人数变动、经济社会发展状况、社会保险政策调整及社会保险待遇标准变动等因素。社会保险待遇支出预算应根据上年度享受社会保险待遇对象存量、上年度人均享受社会保险待遇水平等因素确定，同时考虑本年度变动情况等。因此，在审查时应当综合考虑上年度预算执行情况、当年经济社会发展状况以及政策调整、参保人数、缴费人数及待遇标准变动情况等因素，判断预算收入和支出预算的准确性和科学性。

（三）社会保险基金的平衡性审查

审查要点：

当年社会保险基金预算收支的平衡性；

关注长期社会保险基金预算收支的平衡性。

预算法第十一条规定社会保险基金预算应当做到收支平衡；社会保险法第六十五条规定社会保险基金通过预算实现收支平衡。可见，收支平衡是对社会保险基金预算的基本要求。平衡应当首先指的是预算年度收支的平衡。根据相关法律、法规的规定，社会保险基金预算实现当年收支平衡是没有问题的，因为一些社会保险基金的收支缺口由政府公共财政通过补助的形式予以弥补。政府补贴实际上成了社会保险基金特别基本养老、基本医疗等的托底资金。社会保险基金预算要考虑到其可持续性,因此其预算的平衡实际上还有一个平衡区间和基本养老保险基金预算的长期平衡问题。这些问题需要在审查预算时,从长远的角度,从制度建设的角度予以考虑。

对于实行现收现付制的社会保险基金,其主要是实现当期的保障功能。比如工伤保险、失业保险、生育保险都是实行以保障为主的现收现付制度,什么叫平衡,当年收支相等为平衡,还是结存几个月算平衡等,都需要研究。当其滚存结余超过一定规模时,是否可以安排进行长期投资,以及是否应当适当地调整缴费比例[①]等,都是需要考虑的问题。

一些社会保险基金,特别是基本养老保险基金预算还涉及一个长期平衡或者代际平衡的问题。因此,在审查预算时,应当从一个更长的时间来判断保险基金预算的平衡问题。这就需要加强对社会保险基金收支的长期趋势性分析。比如:基金收入增长的趋势、支出变动的趋势、财政补贴规模的变化趋势、当年结余和滚存结余的变化趋势等;还要考虑导致基金收支变动的背后因素变化趋势,如:人口结构的变化趋势、人口老龄化趋势、劳动人口变化趋势、劳动人口收入变化趋势、保障水平变化趋势(基本养老金替代率、医疗费用保险支付比例等)、财政收入增长变化趋势、投资收益率变动趋势等,从而实现长期平衡或者代际平衡。因此,在完善社会保险基金预算年度预算制度的同时,还要研究建立中长期预算制度。

(四)社会保险基金预算的规范性审查

审查要点:

社会保险基金预算的细化程度;

社会保险基金预算基础资料的完备详尽程度。

由于目前提请全国人民代表大会审查的社会保险基金预算,是各项社会保险基金预算的收入、支出和结余预算表,是各项保险基金预算的汇总数字。看不到详细的如分省的具体数据,因此,需要进一步细化。由于目前社会保险基金预算按照统筹层次编制,基本养老保险还没有实现全国统筹、其他社会保险基金还没有实现省级统筹,因此,应当在加快推进提高社会保险基金统筹层次的同时,对社会保险基金预算的细化也应当提出明确要求。

同时,由于社会保险基金预算与其他预算的不同之处在于,其预算的审查

---

① 有学者建议,建立社会保险基金安全存量制度,制定出基金最低存储量和最高存储量标准。一旦连续一定时期,基金的结存量高于最高存储标准或者低于最低存储标准,就应当降低费率、提高待遇或者提高费率、降低待遇,由此形成制度的自适应机制。

需要大量的基础性资料。如各项社会保险的基本资料、主要险种的长期清算或者预测报告等,都应当作为社会保险基金预算的附件,提供给人民代表大会,供代表审查时参考。

此外,应当进一步加快社会保险制度的法定化进程。在提高统筹层次的同时,依法统一社会保险费的征收标准、支出待遇标准以及退休年龄等保险待遇领取条件等基本制度。为社会保险制度的健康稳健运行提供良好的法律基础。

第七章
预算审查的方法

对预算草案进行审查,的确具有一定的专业性。对于我们绝大部分不是专门从事财政工作的代表来说,如何在较短的时间内能够承担起审查预算的法定职责,需要从实际出发,形成和掌握一些适合自己的有效的方法。因此,本章在前面分析如何审查政府预算具体内容的基础上,对审查预算的方法进行一些归纳和提炼,可供代表结合自己的情况选择性地予以适用。

第一节　审查预算草案的一些常用方法

预算草案通过由数字等组成的预算报表来反映政府的收支安排,体现政府的政策意图。因此,通过对这些数字及其意义的分析,通过绝对规模、相对比例以及特定指标等,可以对政府的预算收支安排的科学性合理性等做出判断。

一、通过具体数字分析绝对规模和规模变化情况

审查政府预算,首先要从总体规模上对政府财政收支有一个总体的概念,表现为收入规模、支出规模等,通过绝对数字来体现。如财政总收入、财政总支出、财政

赤字总额、政府债务余额等，通过几个关键数字就能够对政府预算的收支规模和财政状况有一个基本的总体性认识。同时，对于规模的变化情况，还可通过增加或者减少的数额变化来反映。如财政预算收入比上年预算执行数增加或者减少×××亿元，财政赤字规模增加或者减少×××亿元等。这种绝对数字可以反映总体规模和规模上的变化。

常见的还有法律规定的某些领域投入绝对数额的增长。如教育法规定：各级人民政府的教育经费支出，按照事权与财权相统一的原则，在财政预算中单独列项。各级人民政府教育财政拨款的增长应当高于财政经常性收入的增长，并使按在校学生人数平均的教育费用逐步增长，保证老师工资和学生人均公用经费逐步增长。其中，按在校学生人数平均的教育费用、教师工资和学生人均公用经费逐步增长的要求，就属于绝对数额方面的增长要求。在审查时，也是审查的重要指标之一。

二、通过相对比率分析结构及变化情况

1. 通过相对比率可以反映增减变化幅度

在实践中，在反映绝对规模的同时，也采用相对比率等指标来反映结构及变化幅度的大小。如在了解预算总收入、预算总支出、财政赤字、国债余额总规模，以及增减变化绝对数额的情况下，通常也通过相对比率来反映变化情况。如财政收入比上年预算执行数增长或者减少了××%，财政支出增加或者减少了××%，等等。通过增减变化幅度的大小，以及变化的原因分析，可以判断这种变化是否合理。

2. 通过分析一些比率指标来反映相关情况

如通过财政收入占国民收入的比重，可以反映在国民收入分配关系中，政府所占的份额，可以判断政府收入规模是否合理。再如，对于政府债务状况，可通过以下四个指标来判断：

(1)赤字率，即财政赤字占国内生产总值的比重，可以反映赤字规模是否处在相对安全的范围内。如在国际上欧盟要求其成员国将赤字率控制在3%以内。

(2)负债率，又称国债负担率，即政府债务余额占国内生产总值的比重，这可以衡量政府债务的负担程度，表明每百元国内生产总值所承担的债务情况，判断政府债务的风险是否在可控的范围内等。欧盟签订的《马斯特里赫特条约》规定的这一指标为不超过60%。

(3)国债偿债率，是指年度国债还本付息额与当年财政收入的比率，是用来衡量国家偿债能力的重要指标，反映财政还本付息的能力。在典型的市场经济国家，这一指标通常在10%以上。

(4)债务依存度，是指年度国债发行额与当年财政支出的比率，又称国债依存度，是衡量财政本身债务负担能力的一项指标。在我国由于国债主要是由中

央财政借用和偿还的，所以，一般与中央财政支出相比较。在实践中，由于分子、分母口径不同，因此出现了两种计算方法：一是当年国债发行额/（中央财政支出+还本付息支出）[①]；二是当年财政赤字（当年国债发行额-当年国债还本额）/中央财政支出。第二种方法，能够准确反映当年中央财政支出对国债的依赖程度，就是从当年国债发行额中扣除用于偿还国债本金的部分，即用于弥补财政赤字的部分，才能表明当年中央财政支出对国债发行的依存度。

3. 通过计算法律规定的相关比率判断预算安排是否符合法律规定的要求

预算法的规定。如现行预算法规定，各级政府预算应当按照本级政府预算支出额的百分之一至百分之三设置预备费。通过计算预备费预算数额占政府预算支出的比率，可以做出相应判断。

其他法律关于某些领域投入增长比例的规定。前面重点支出部分提到了，在我国的教育法、农业法等相关法律、法规以及一些中央文件中，规定了部分财政支出项目的法定增长比例。如教育法规定“国家财政性教育经费支出占国民生产总值的比例应当随着国民经济的发展和财政收入的增长逐步提高”；“全国各级财政支出总额中教育经费所占比例应当随着国民经济的发展逐步提高”；“各级人民政府教育财政拨款的增长应当高于财政经常性收入的增长”。在法律未进行修改或有新的规定之前，审查相关领域的支出预算时，就要按照要求计算相关的增长比率，并进行比较，看是否符合法律规定的要求。

4. 通过相关比例分析对收入或者支出结构做出判断

比如通过比较预算收入中，税收收入与非税收入的比例关系，可以对预算收入的稳定性和规范性做出相应的判断。通过对预算支出各科目所占的比重以及变化情况，可以判断预算支出结构是否合理，是否符合当年的政府工作要求等。

三、相关预算表栏目及预算表之间横向对比审查

对相关预算表中的数字进行比对审查，主要按照相关预算表格间的勾稽关系[②]，重点审查预算收支平衡关系、相关预算报表之间的一致性及逻辑上是否衔

① 在这种计算方法中，由于国债的还本支出通常是采用借新还旧的做法，它并不构成当年的财政支出，只有付息部分才计入预算经常性支出，因此，国债还本部分在计算债务依存度时应当排除在外。

② 勾稽关系是指相互间存在一种可检查验证的关系。勾稽关系是会计在编制会计报表时常用的一个术语，它是指某个会计报表和另一个会计报表之间以及本会计报表项目的内在逻辑对应关系，如果不相等或不对应，这说明会计报表编制得有问题。会计报表的勾稽关系主要有以下几种：平衡勾稽关系、对应勾稽关系、和差勾稽关系、积商勾稽关系、动静勾稽关系、补充勾稽关系等。勾稽关系是通过设置报表项目间的比较公式，来核对项目数据、检查报表的正确性，它可以用于表间审核，也可以用于项目差异审核，可以审核所有的组织机构的报表。

接等。因此，在审查时，要首先了解预算报表栏目间及预算表之间的逻辑关系。在此基础上，再在数字层面对预算进行审查，通过相关栏目间纵向横向逻辑关系、勾稽关系的审查，看看是否一致或相衔接。

1. 对预算收支平衡的审查

如审查全国公共财政收入和支出预算表时，主要根据收入总量与支出总量间的逻辑关系，审查全国公共财政支出大于收入的差额是否等于支出总量（全国公共财政支出 + 补充中央预算稳定调节基金 + 地方政府债券还本支出 + 地方公共财政结转下年支出）与收入总量（全国公共财政收入 + 调入中央预算稳定调节基金）的差额。如 2013 年全国公共财政支出预算表中，全国公共财政支出 138246.00 亿元，地方政府债券还本支出 1384.00 亿元，补充中央稳定调节基金和地方公共财政结转下年支出均为 0 元，因此，2013 年全国公共财政支出总量为：

138246.00 + 1384.00 = 139630.00 亿元

根据 2013 年全国公共财政收入预算表，全国公共财政收入 126630.00 亿元，调入中央稳定调节基金 1000 亿元，因此，全国公共财政收入总量为：

126630.00 + 1000.00 = 127630.00 亿元

根据收入和支出表的勾稽关系：全国公共财政支出大于收入的差额 = 支出总量 - 收入总量。因此计算出支出大于收入的差额为 12000 亿元。这 12000 亿元将通过发行政府债券来解决。因此，从平衡的角度来看，收入总量加上支出大于收入的差额为 139630.00 亿元，正好与全国财政支出表中的支出总量 139630.00 亿元相一致。

在审查地方财政预算时，根据预算法的规定，地方各级预算按照量入为出、收支平衡的原则编制，除本法另有规定外不列赤字。因此，在审查时，首先要看收入总计数与支出总计数是否平衡（相等）；同时，还要看“预算结余”一栏中，数字是否为正，否则不是真正的平衡。

党的十八届三中全会提出“审核预算的重点由平衡状态、赤字规模向支出预算和政策拓展。”这并不意味着平衡状态审查不再是重点。平衡状态审查仍是需要首先审核的重点之一。这是审查财政预算收支的基础。

2. 审查相关预算表之间相关数字的一致性和协调性

如审查预算收入支出总表与相关收入支出的明细表间的数字是否相一致、相协调等。如全国公共财政收入预算表与中央公共财政收入预算表和地方公共财政收入预算表之间相关数字间的一致性等。再如中央公共财政支出预算表与中央本级预算支出表和中央对地方税收返还和转移支付预算表之间相关数字的一致性和协调性等。

四、对固定项目和连续性项目进行纵向对比审查

针对一些固定的预算收支项目或者连续性预算投入项目，采用将两年或者多年的预算报告中相关数据进行纵向对比的方法，通过数据的增减变化，结合当年的收支政策，就其合理性进行审查。

1. 对一些固定预算收支项目的审查

对一些相对固定的收入或者支出项目，通常在政策没有发生大的调整的情况下，其变化比较平稳，而当政策发生调整时，就会发生较大变化。对于这样的预算收支项目，可以通过纵向比较的办法，通过审查其变化情况，就变化的合理性做出判断。如中央对地方的税收返还当中的增值税与消费税税收返还，在财政体制或者税收政策没有发生调整的情况下，其变化应当体现出与经济发展的正相关性。

2. 对一些连续性预算投入项目的审查

如为了着力解决群众反映较多的“看病难、看病贵”问题，深化医疗卫生体制改革，中共中央、国务院于2009年发布了《关于深化医药卫生体制改革的意见》(中发〔2009〕6号，以下简称《意见》)。2009—2011年重点抓好基本医疗保障制度等五项改革。一是加快推进基本医疗保障制度建设。3年内使城镇职工和居民基本医疗保险及新型农村合作医疗参保率提高到90%以上。2010年，对城镇居民医保和新农合的补助标准提高到每人每年120元，并适当提高个人缴费标准，提高报销比例和支付限额。二是初步建立国家基本药物制度。建立科学合理的基本药物目录遴选调整管理机制和供应保障体系。将基本药物全部纳入医保药品报销目录。三是健全基层医疗卫生服务体系。重点加强县级医院(含中医院)、乡镇卫生院、边远地区村卫生室和困难地区城市社区卫生服务中心建设。四是促进基本公共卫生服务逐步均等化。制定并实施国家基本公共卫生服务项目，从2009年开始，逐步在全国建立统一的居民健康档案。增加公共卫生服务项目，提高经费标准，充分发挥中医药作用。五是推进公立医院改革。2009年开始试点，2011年逐步推开。改革公立医院管理体制和运行、监管机制，提高公立医疗机构服务水平。推进公立医院补偿机制改革，加快形成多元化办医格局。初步测算，为保障上述五项改革，3年内各级政府预计投入8500亿元。在审查政府财政预算时，可以对医疗卫生体制改革方面的投入情况进行连续性的跟踪审查。

结合多年的比较性审查，还可以就某些方面支出项目做出趋势性的判断和分析，通过趋势的变化来分析支出的合理性。

五、对不同部门同一性质的支出进行比较分析审查

这种方法主要是通过同一性质的指标进行多部门的分析比较，通过判断部门间预算支出差异的合理性，来对相关预算部门间的预算支出是否合理做出相应的判断。主要适用于在审查部门预算时，就具有共性的相同性质的预算支出项目进行审查，以判断预算安排的合理性与公平性等。例如，在审查基本支出项的"一般商品和服务支出"项目时，该项目主要包括的是办公费等公用经费支出，在同一性质的部门，其人均标准应该是大致相同的。如果性质相同的不同部门间差异过大，则可能存在预算分配的合理性问题。再如，目前对各部门"三公经费"支出的审查，可通过对部门支出的绝对数额的增减变化、不同部门间人均支出的比较等审查，也能够在一定程度上审查部门"三公经费"支出的合理性。

第二节 审查政府预算可参考使用的一些重要指标

上一节我们介绍了一些审查政府预算的常用方法，结合前面几章关于审查政府预算的一些具体要求，我们进一步归纳出审查政府预算需要特别关注的一些重要指标，这些指标主要包括完整性、合法性、合理性、绩效性四个方面，在每一方面又都包括一些便于操作的具体的指标，可供代表在审查预算时参考。

一、预算的完整性

审查预算的完整性，主要看预算草案是否体现了全口径的要求，预算的收入和支出是否全部纳入了预算。主要包括三个具体指标。

1. 口径的完整性。政府收支是否全面纳入政府预算，一般公共财政预算、政府性基金预算、国有资本经营预算、社会保险基金预算四类预算是否齐全，是否统一纳入政府预算管理并报人民代表大会审查批准。

2. 收支类别的完整性。每一类预算的收入和支出是否按照法律、法规的规定全部纳入了相应的预算当中，类别方面是否有缺漏。

3. 收支数额的完整性。所有的政府收支是否按照法律、法规的规定全部纳入了相应的预算当中。汇总的部门预算相关收支与四类预算收支总额是否有差异及差异的大小（剔除重复计算的因素）。

二、预算的合法性

审查预算的合法性,主要看预算草案的内容即预算的收支安排是否符合相关法律、法规的规定。主要反映预算编制、安排等是否与预算法、其他法律、预算法实施条例等法律、法规所提出的一些明确具体的要求相一致。主要包括五个具体指标。

1. 收支平衡。预算安排是否做到了预算法所规定的量力而行、收支平衡的要求,是否体现了收支平衡这一预算编制的基本原则。(如预算法第十二条规定:各级预算应当遵循收支平衡原则。第三十五条规定:地方各级预算按照量入为出、收支平衡的原则编制,除本法另有规定外不列赤字。)

2. 其他法律规定的重点支出。农业法、教育法、科技进步法等法律对政府投入或者支出标准有量化要求的,如"高于财政经常性收入的增长",是否达到了法律规定增长比例的要求。(如教育法第五十五条规定:各级人民政府教育财政拨款的增长应当高于财政经常性收入的增长,并使按在校学生人数平均的教育费用逐步增长,保证教师工资和学生人均公用经费逐步增长。)

3. 预备费用。预备费用的设置是否符合预算法规定的"预算支出额的1%—3%"的要求。(如预算法第四十条规定:各级一般公共预算应当按照本级一般公共预算支出额的百分之一至百分之三设置预备费,用于当年预算执行中的自然灾害救灾开支及其他难以预见的特殊开支。)

4. 政府举债。地方政府举借债务是否符合预算法的规定。

5. 结转结余。预算结转和结余资金是否按照法律、法规的规定进行结转和安排。(预算法第四十二条规定:各级政府预算上一年预算的结转资金,应当在下一年用于结转项目的支出;连续两年未用完的结转资金,应当作为结余资金管理各部门、各单位上一年预算的结转、结余资金按国务院财政部门的规定办理。)

6. 基本建设支出和基金支出。中央基本建设支出和基金支出是否按要求编列到重大项目。(全国人大常委会关于加强中央预算审查监督的决定规定:中央预算建设性支出、基金支出按类别以及若干重大项目编制……在每个财政年度开始前将中央预算草案全部编制完毕。)

三、预算的合理性

审查预算的合理性,主要看预算的编制、预算收支安排是否符合国家和当地经济社会发展的现实要求,是否体现了国家宏观政策的要求,是否能够满足人民对公共服务的需求,是否符合实际,是否可行等。主要包括以下种类及具体指标。

(一)预算编制总体要求

主要审查编制要求的科学与合理性,即审查预算报告或者草案中关于预算编制的基本原则、指导思想、基本方针、基本要求等是否体现了法律、法规和当年国家宏观经济和政策的相关要求、是否科学与合理。主要包括以下三个具体指标。

1. 预算编制的基本原则。主要看预算编制的基本原则要求是否体现了预算法规定的统筹兼顾、勤俭节约、量力而行、讲求绩效和收支平衡的原则,以及作为预算的基本原则如财政健全等原则性要求。

2. 预算编制的指导思想。主要看预算编制的指导思想是否符合党和国家的路线、方针和政策,是否反映了经济社会发展的现实需求,是否体现了当年工作的重点。

3. 预算编制的基本方针。主要看预算编制是否体现了预算法规定的勤俭节约方针以及统筹兼顾,在保证基本公共服务需要前提下,优先安排国家确定的重点支出等要求。

(二)收入安排

审查政府预算的收入安排,主要审查政府预算收入规模的预测与安排、收入结构是否科学合理,是否与经济发展的现实相一致,收入政策的调整是否科学合理等。主要包括收入规模、收入结构、收入政策三类具体指标。

1. 收入规模。主要审查规模的合理性与测算的科学性。

对政府收入规模合理性的判断,可以采用不同口径的政府收入占 GDP 的比例来进行判断。如:(1)税收收入占 GDP 的比重:可以反映国家的宏观税收负担状况。(2)财政收入占 GDP 的比重:可以反映国家的宏观财政收入(税收收入加上公共预算中的非税收入、政府性基金预算收入和国有资本经营预算收入之和)负担状况。甚至还可考虑有学者提出的更大口径的政府收入(财政收入和财政收入之外的其他收入之和)占 GDP 的比重,也可以反映国家宏观政府收入负担状况。也可以将政府收入、财政收入和税收收入,除以全国人口数,相应得出人均政府收入负担、人均财政收入负担和人均税收收入负担(即"人均税负")等指标。

判断收入预测的科学性与合理性。预测的收入规模的增长率是否与国民经济的发展相适应。对收入规模增长合理性与科学性的判断,可以把握以下几个方面:

(1)增长率与国内生产总值(GDP)和居民消费价格指数(CPI)是否相适应。税收收入(以现价计算)的增长率原则上应当与 GDP 增长率(不变价)和

CPI之和相适应。如GDP增长7%，消费价格指数预期上涨3%，则税收收入理论上应当增长10%。

(2)是否与税收相关性较大的一些经济指标的预期增长情况相协调。如工业增加值的预期增速、固定资产投资额的增速、社会消费品零售总额的增速、工业品出口交货值、应税商品进出口总额增长情况等。

(3)各主要税种的税收收入增长安排是否科学合理。需要根据每一税种所对应的税基的预期变化情况做出判断。如车辆购置税与预期汽车的销售情况、交易印花税与预期的证券交易额的变化情况是直接相关的。

(4)在安排预算增长指标时，是否剔除了上一年度税收收入中的一次性增收的因素。每年在税收收入中可能存在个别的一次性增收的因素，一次性增收因素是不具有可比性的，不可重复性的，因此，在确定下一年度税收收入时，作为增长的基础，应当剔除。

(5)当年税收政策的调整是否合适，因政策调整对税收增减的影响测算是否科学准确。首先审查当年政府预算安排中影响税收收入的相关政策是否科学合理。基于每年的工作重点，税收政策通常会有所调整，这种因政策变化对税收增减造成的影响成为影响税收收入的重要因素。财税部门通常会提出一个测算值，如增加税收多少、减少税收多少等。审查时，政策调整对税收影响是否科学进行判断。

2. 收入结构。主要审查预算收入的结构是否合理。

就中央预算来讲，主要是税收收入与非税收入的比例是否合适；就地方政府预算来讲，还要审查政府本级预算收入与政府间转移支付收入的比例是否合适等。

税收收入与非税收入的比例，可以反映出政府预算收入在多大程度上依靠税收，从而可以对政府收入的稳定做出判断。税收收入与非税收入相比，比值越大，意味着税收收入在预算收入中的比重越高，收入的稳定性越强。

政府本级收入与转移支付收入的比例可以反映出，政府自主收入能力的大小。本级收入占比越高，意味着政府的收入自主性越强，对上级政府的依赖性越低。

3. 收入政策。主要审查收入政策调整变化是否适当。

对收入政策的判断主要从两个方面入手：一是与宏观政策的一致性；二是预期效果的合理性与政策的可行性。

(三)支出安排

审查政府预算的支出安排，主要审查支出政策的科学性、预算支出规模是否合适、支出结构是否科学合理、重点支出是否得到了保障，是否体现了预算法及其他法律、法规关于预算支出的一些要求等。主要包括支出政策、支出规模、支出结构等方面的具体指标。

1. 支出政策。主要看预算支出政策，包括宏观的财政政策、具体的某一领域的支出政策等是否科学合理，是否符合经济社会发展的需要。

宏观财政政策的科学性与合理性。主要体现在财政政策的类型是积极、稳健还是紧缩。积极财政政策意味着支出规模的扩大，稳健则意味着支出规模的相对稳定，紧缩则意味着支出规模的从紧甚至缩减。其是否科学合理，主要看是否与宏观经济发展趋势相协调。

具体支出政策通常体现为政府当年工作的重点的变化，重点支出需优先保障。

2. 支出规模。主要看支出规模是否与宏观财政政策、与收入预测等相协调，增长的幅度是否合理等。还涉及财政赤字的规模等。

3. 支出结构。主要审查支出安排是否贯彻了预算法等法律、法规的要求，如“应当统筹兼顾，在保证基本公共服务合理需要的前提下，优先安排国家确定的重点支出”。是否确保了重点支出，加大了民生领域的投入，是否降低了行政支出等。也就是各类支出间的比例关系是否合适，是否符合经济社会发展的需要，是否契合了人民对公共服务的需求等。主要可以通过以下几个具体的比例关系来进行判断。

(1)本级政府支出与转移支付支出的比例。反映的是预算支出中用于本级政府与用于下级政府支出间的比例关系。通过比例关系，可以对政府支出结构是否合理，进而对政府间的支出责任、事权划分是否合理乃至收入的划分是否合理等做出判断。

(2)预算支出中各类级科目间的比例关系。通过比较各类级科目支出占总支出的比重以及增减的比例，可以对当年政府支出的重点做出判断，进而对支出结构是否合理做出判断。

(3)民生领域的支出规模以及占总支出比重的变化。可以反映预算对民生领域的投入情况，可以判断是否成为支出的重点。民生领域包括了教育、农业、科学、医疗卫生、社会保障和就业等支出的重点领域。特别是对于一些重点领域的投入，相关法律做出规定的，要按照法律的规定来判断支出的合理性，是否满足了法律的相关规定要求。

(4)行政费用的规模、占比和增长的比例。可以反映政府的行政成本的高低和变化情况。其中“三公”经费的支出规模及变化情况单独反映，可以判断其是否符合中央的规定和要求。

(5)经济建设支出或者资本性支出规模、占比及投向。可以反映预算支出中用于建设性支出的规模、变化情况，以及重点投入的项目，可以对支出规模是否合理、是否保障了国民经济和社会发展规划、年度计划中重点项目、重点事项的资金需求做出判断。通过具体投向，可以反映预算安排是否体现了对产业的结构调整，如对战略性新兴产业、支柱产业和第三产业的财政支持。

(6)各类支出内部的结构是否合理，是否能够满足相关领域的发展要求和公共服务的需求。如就教育领域的支出结构而言，还可以进一步审查其内部支出结构是否合理，这表现在三个方面：一是用于各级各类教育的投入比重。义务教育与非义务教育的比例及变化情况或者各自的增长情况；非义务教育中的高等教育、职业教育、高中教育、学前教育的比例及变化情况或者各自的增长情况。二是从用途来看，财政性教育经费用于教师工资、学校运转、校舍建设、设备购置和学生资助的比例及变化情况或者增长情况。三是在地区间的分配情况。从全国来看，如中央财政用于东部、中部、西部地区的教育投入比例及变化情况。

(四)财政转移支付安排

审查转移支付支出是中央政府和地方上级政府预算审查的一项重要内容。主要审查转移支付支出规模、支出结构、支出效果以及支出政策的合理性。是否体现了法律和中央政策的有关要求。主要包括以下四个具体指标。

1. 转换支付规模。主要看本级政府中对下级政府转移支付的数额、比上年增长的比例以及转移支付总体规模占政府预算支出的比例。反映政府预算收入中用于本级政府的支出与用于下级政府的支出的基本情况，可以对政府间收入的划分、支出责任的划分是否科学合理等做出相应的判断。

2. 转移支付的结构。从大的方面主要看，一般性转移支付与专项转移支付的比例关系，可以反映转移支付中地方能够自主支配的资金所占的比重；在一般性转移支付当中，还可以看均衡性转移支付与其他转移支付项目间的比例关系，可以反映在一般性转移支付中，完全由地方可以自主支配、没有限定具体用途的资金所占的比重；在专项转移支付中，可以通过具体投向，反映投入不同领域的专项转移支付间的比例关系。从而在不同层次上对转移支付结构是否合理做出判断。当然也可以根据不同的分析目的，通过对转移支付资金进行新的划分和比较，以判断转移支付的合理性。

需要说明的是，审查转移支付结构是否合理，还要审查转移支付分配的地区结构，即不同地区所获得的转移支付比例关系是否公平合理。由于目前从中央预算还无法看出转移支付的分地区预算表，尚无法进行分析判断。新修改的预算法已明确要求，专项转移支付应当分地区、分项目编制。随着预算编制的进一步细化，应当编制分地区的转移支付预算表。

3. 转移支付的绩效。主要看转移支付资金对均衡地区间财力的贡献程度、对于推进基本公共服务均等化所产生的影响。可以通过对转移支付前后的人均财力的变化情况做出相应判断。这应当成为评价转移支付制度是否科学合理的重要指标。

4. 转移支付政策。主要包括两个层面:一是看当年具体转移支付政策的变化情况,即新增加的转移支付项目是否合理、对原有的转移支付项目在数额或者增长比例方面的调整是否合理等;二是通过总量、结构和绩效等的综合分析,对整个的转移支付政策是否科学合理做出判断。

(五)财政赤字与政府债务

审查预算中财政赤字安排和政府债务(主要就中央预算而言),主要审查数年预算赤字规模是否合理,政府债务余额的规模、结构是否合理,政府的偿债能力如何等,对可能产生的财政风险做出判断。通常主要采用以下几个指标:

1. 赤字规模。主要看赤字率,即赤字占 GDP 的比例。

2. 债务负担率。是指政府债务余额与国内生产总值的比率,表明每百元国内生产总值所承担债务状况,是用来衡量政府债务负担程度的重要指标,欧洲货币联盟签订的《马斯特里赫特条约》规定的这一指标为不高于 60% 。西方发达国家的债务负担率均在 50% 以上。

3. 债务依存度。指年度国债发行额(举借债务额)与当年财政支出的比率,是用来衡量财政本身债务负担能力的一个指标。在我国,由于国债是由中央财政借用和偿还的,所以,一般与中央财政支出相比较。计算方法为:当年财政赤字(当年国债发行额 - 当年国债还本额)/中央财政支出。

4. 偿债率。指年度债务还本付息额与当年财政收入的比率,是用来衡量政府偿债能力的重要指标。在典型的市场经济国家,这一指标通常为 10% 以上。

四、预算的绩效性

审查预算的绩效性,主要审查预算的绩效性导向和要求。主要看在当年的预算编制过程中,有多少预算项目在确定时包含有绩效目标或者是在进行绩效评估后确定的;一些新增重大投资项目的预期绩效如何;有哪些预算项目纳入了当年绩效考评范围等。主要目的是,通过引入绩效预算考评机制和绩效预算的理念,对一些投资项目的和预算支出的合理性从绩效的角度做出判断,提高预算编制的科学性,提高预算资金的效益。

此外,在审查当年(下年)政府预算安排时,也会对上年(当年)财政预算的执行情况进行审查。在具体审查时,也可以参照上面所列的几个方面的具体指标,只是将预算安排情况改变为预算的实际执行情况,然后做出相应的判断。但是作为预算执行情况毕竟与预算安排还是有所不同的。因此,对预算执行情况的审查,还应当增加一些对预算执行过程和执行结果的评价性指标。如预算批复的及时性、预算执行率、预算调整的合法性、预算执行进度的均衡性、预算执行的绩效性、超收收入使用安排和程序的合法性、预算公开的及时性和规范性、人大预算决议的执行情况以及预算执行的真实性与准确性等。从而对政府预算执行情况做出全面准确科学的判断。

第三节　分析借鉴以往审查预算的意见

各级人大每年都要审查政府预算草案,每年都会形成关于审查政府预算草案的审议意见,这些审议意见对于代表特别是新任代表而言应当具有一定的启发和借鉴作用,从中可以发现代表们通常所关注的重点、焦点问题以及进行审查的一些好的方法或者切入的角度。因此,分析借鉴之前代表审查预算草案的意见是一种行之有效的方法。

一、从历年全国人大财政经济委员会向大会主席团提交的预算审查结果的报告中寻找关注的问题

在每年全国人民代表大会审查批准中央预算草案时,财政经济委员会都要向大会主席团做预算审查结果的报告,这一报告会作为会议文件印发大会。报告中归纳了财政经济委员会、其他专门委员会和全国人大代表在审查当年预算草案时所提出的一些具有代表性的意见和建议。从中,我们可以看到预算草案存在的问题、代表的关注点以及代表的建议等。如果通过对多年的报告进行比较,从中我们还可以发现一些需要进一步研究解决的共性问题,这些问题的解决情况如何,下一年预算草案是否对此有所改进等,都可以作为审查的关注点和切入点。如:第十二届全国人民代表大会财政经济委员会关于2012年中央和地方预算执行情况与2013年中央和地方预算草案的审查结果报告,其第三部分提出了做好财政工作、完成预算任务的建议。从中也可以看出代表所关注的一些重点问题。

专栏7—1

十二届全国人大财经委关于2012年中央和地方预算执行情况与2013年中央和地方预算草案的审查结果报告摘要

三、2013年是全面贯彻落实党的十八大精神的开局之年,是实施“十二五”规划承前启后的关键一年。实现今年的预算任务,做好财政工作,意义重大。

为此,财政经济委员会提出以下建议:

(一)完善有利于转方式、调结构的财税政策。要把短期调控政策与长期发展要求有机结合起来,完善有利于转方式、调结构的财税政策。加大结构性减税力度,对科技创新企业和小型微型企业实施税收优惠政策。完善进出口税收政策,促进外贸转型升级和稳定增长。加大对"三农"和"老少边穷"地区的财政扶持力度。优化政府投资结构,防止重复建设,建立政府投资决策问责机制。加大对重点科技领域和关键核心技术的政策支持,提升产品附加值和市场竞争力。支持发展先进装备制造业。充分运用税收调控手段,限制高能耗、高污染企业发展,淘汰落后产能,促进节能减排。加快健全以税收、社会保障、转移支付为主要手段的再分配调节机制,加大居民收入分配调节力度。

(二)注重民生投入的使用绩效。要进一步优化财政支出结构,加大民生和重点支出投入力度。民生支出应当坚持人民群众的眼前利益与长远利益密切结合,做到尽力而为、量力而行,突出重点、统筹兼顾。要更好地发挥财政资金的引导作用,鼓励市场主体和社会组织参与民生事业建设。建立健全民生支出的绩效评价制度,对重点民生支出开展绩效评价,并将评价结果及时向社会公开,绩效评价结果应当作为预算安排的重要依据。加大监督检查力度,确保民生投入用于解决群众反映最强烈、要求最迫切的突出问题。

(三)加强政府全口径预算管理。将所有政府性收入和支出全部纳入预算管理,健全政府公共财政预算和其他各项预算之间功能清晰、有机衔接的政府预算体系,实行科学、统一、规范管理。进一步完善预算科目,细化预算编报内容,增强预算的透明度。细化政府性基金预算,清理政府性基金和收费项目,严格预算管理。完善国有资本经营预算制度,扩大国有资本收益上缴范围,提高中央企业国有资本收益上缴比例,增加用于民生的支出。加强对社会保险基金收支的监督管理。严格控制新增地方政府性债务,坚决制止一些地方违法担保承诺或违规融资行为,将地方政府债务收支分类纳入预算管理。加强债务分析,防范政府债务风险。加快建立公共资源出让收益共享机制,出让收益主要用于公共服务支出。

(四)加快推进财税体制改革。合理界定中央与地方以及地方各级政府间的事权和支出责任,完善财力与事权相匹配的财政体制。进一步规范财政转移支付制度,提高一般性转移支付特别是均衡性转移支付比重,清理整合专项转移支付项目。积极推进营业税改征增值税的改革,研究调整中央与地方的收入划分。完善消费税、资源税和房地产税等制度。健全地方税体系。加快财税立法进程,做好税收征收管理法修改和单行税法立法工作,将条件成熟的税收条例尽快上升为法律。

（五）厉行勤俭节约，反对铺张浪费。加强制度建设，严格预算约束，严守支出标准，严肃财经纪律。各级国家机关要率先垂范，厉行节约，反对浪费。健全基本支出标准体系，完善项目支出定额标准，强化对部门预算中各项收支的管理与监督。审计机关应当加强对会议费、公务接待费、因公出国费、公车购置费和运行费用等的审计监督。进一步推动预算公开，细化公开内容，提高各项财政收支的透明度，自觉接受人民群众的监督。

从上述审查结果的报告所提的建议中，我们可以发现预算审查时需要关注的问题。如财政政策，民生等重点支出的绩效，预算的完整性及预算编制的进一步细化，地方政府债务预算管理，完善转移支付制度、优化转移支付的结构，健全基本支出标准体系、完善项目支出定额标准等。这些可以在审查批准下一年度的政府预算时，作为需要关注的几个重点方面的内容。

二、从历年全国人大代表审查预算报告时所发表的审议意见中，发现代表持续关注的问题

我们通过对近几年全国人大代表审查政府预算草案的意见进行简要的归纳分析，可以看出，代表在审查政府预算报告与政府预算草案时的关注点，以及政府预算中存在的一些共性问题。

专栏7—2　近几年全国人大代表关于预算草案的审议意见

2010年十一届全国人大三次会议
全国人大代表关于财政预算方面的审议意见

——提高预算编制和支出安排的科学性。去年预算执行数和预算差距太大，应当进一步提高预算编制的科学性和准确性。进一步改革和细化预算科目，单列“三公”支出预算科目，保证预算数字准确、真实、可靠。扩大国有资本经营预算范围、细化政府性基金预算、推动编制社会保障预算，形成完整的国家预算。建立滚动预算制度。今年预算支出安排中，存在新增建设用地补偿使用费支出与政府工作报告改革经济发展方式、调整结构不一致，外国留学生补贴过高，军队预算经费比往年降幅过大等问题。预算报告附表5专项转移支付总额（12579.88亿元）与其所列6个分项之和相差5000多亿元，应做出说明。

——改进预算执行，加强预算监督。加快资金拨付和使用进度，防止年底突击花钱，使财政资金真正发挥作用。加大对预算执行中违规行为的惩戒力

度。严格落实关于政府基金预算中土地出让金支出用于农业开发、耕地保有和廉租房建设等规定。提高预算的透明度,预算批准后应及时向社会公开。做好预算执行情况的后评估,加强对重点部门和重点项目预算支出的绩效审计,加强人大的预算监督职能。恢复财政部长向代表大会做预算报告。

——继续深化财税体制改革。完善以绩效为导向的公共财政管理机制。提高一般性转移支付比重,规范一般性转移支付测算和分配,提高分配透明度和公平性。加大中央财政对民族地区、贫困地区的均衡性转移支付力度。降低专项转移支付比重,提高专项转移支付分配的透明度,免除民族地区、贫困地区基础设施建设等资金配套。改革财政核算制度,财政性固定资产投资形成的国有资本应转为国家权益进行核算,全面反映政府负债情况。高度重视,摸清底数,有效控制地方政府债务风险。尽快修订预算法,制定财政转移支付法、政府非税收入管理办法等。研究教育法关于教育支出法定增长规定在经济发达地区的适用问题。

2011年十一届全国人大四次会议
全国人大代表关于财政预算方面的审议意见

——推进财税体制改革。规范转移支付制度,增加一般性转移支付特别是均衡性转移支付的比重,整合压缩专项转移支付项目;转移支付分配应更多地考虑人均财力因素并增加透明度。充实乡镇一级财力,有条件的乡镇可实行实体财政,缺乏条件的应列入转移支付范畴。健全预算管理,提高预算编制的完整性,尽早实现正式编制社会保障预算,将土地出让金等非税收入收支情况纳入预算并向全国人大报告;加快推进预算资金绩效管理制度建设,开展对重点部门、重点项目预算的绩效审计,加强对土地出让金使用情况的审计监督;加大预算公开力度,细化公开内容,推进预算公开。

——加强预算监督和经济工作监督。尽快修改预算法,把政府的一切收入纳入预算,提高预算的公开性和透明度。加强审计监督,明确审计工作的定位,各级人大可以给审计机关交办任务,对审计出的问题要跟踪到底。财政预算与计划的主要指标要相匹配,要尽可能接近实际。社会保障预算编制不能仅停留在试编阶段,要认真总结经验,抓紧编制好。重点加强对政府公共支出的监督力度,让老百姓真正清楚公共资金的使用去向和实际效果。建议恢复宣读预算报告,大会期间对计划和预算报告的专业性内容作解释,闭会期间召开专题通报会,向代表通报预算执行进度等情况,便于代表审查和监督。全国人大常委会要紧紧围绕五中全会确立的主题主线,围绕实施"十二五"规划纲要,一方面加强对专项规划编制情况的监督,另一方面有计划、有重点、分步骤地对"十二五”规划的实施情况加强监督,对于约束性指标和收入分配调整等涉及民生的重大政策项目要全程跟踪,发现问题及时沟通,督促整改,确保“十二五”规划顺利实施。

2012年十一届全国人大五次会议全国人大代表关于财政预算方面的审议意见

——加强预算监督和经济工作监督。提高预算审查的针对性和实效性,在大会召开前对预算草案进行预审,大会期间,召开预算专题审议会,分行业、分领域对预算草案进行专项评估,恢复在大会上宣读预算报告,对其中的专业性内容作出解释。加强预算执行监督,重点加强对财政超收收入使用、重大专项资金、政府“三公”支出等方面的监督,今年要重点关注教育投入,确保财政性教育投入占GDP4%的目标实现,保证把增加的经费用在关键处、花在刀刃上。关注地方政府性债务问题,指导地方各级人大常委会对本级政府举债情况加强监督。

——推进财税体制改革。进一步细化中央和地方政府事权,科学确定各级政府的公共服务责任,确立分项目、按比例的财政支出分担机制,加大财政转移支付特别是一般性财政转移支付的力度。增强地方财力,采取梯度分层办法确定不同地区税收分享比例,提高企业所得税、增值税地方分享比例,对企业集团分支机构的所得税参照独立核算法予以分配,给予地方消费税分成,定期调整地方出口退税基数。改革国库集中收付制度,建立国库单一账户,简化、优化收付流程,清理整顿“财政专户”。理顺税收征管体系,研究合并国税地税。

——落实教育经费保障。严格督促地方按照财政性教育经费占GDP4%的要求安排教育支出,并作为对地方政府考核的约束性指标实行一票否决。按照促进教育公平的原则优化支出结构,重点向中西部地区义务教育、农村教师队伍建设、农民工子女入学等方面倾斜,加大边远贫困地区校舍安全工程建设投入,加强农村学校教师、校长培训,改善教师住房条件和工资待遇。完善教育经费使用监管机制,优化拨款方式,提高经常性经费比例,制定义务教育年生均经费基准定额并按在校学生总数拨付到省,尽量少设或不设新的专项;明确义务教育建校标准和办学标准,在此基础上建立义务教育经费保障机制和经费使用评价管理机制。

——切实改进政风。增强政府公信力,认真落实政府信息公开条例,进一步推进政务公开,公布财政专项资金管理使用情况。进一步缩减行政开支,自上而下严控“三公消费”。加强行政问责机制建设,下决心解决监管不到位、出了问题处理不力的问题。自觉接受人大监督,提请人代会审议的计划、预算草案应进一步细化,尤其要反映重大建设项目及其资金安排。

2013年十二届全国人大一次会议
全国人大代表关于财政预算方面的审议意见

——加强对政府全口径预算决算的审查和监督。修改完善预算法，补充关于全口径预算决算管理及审查监督的内容，将所有政府性收入和支出全部纳入预算管理。加强对政府性基金预算、国有资本经营预算、社会保险基金收支、地方政府性债务、超收收入使用、"三公经费"等方面的审查监督，推动有关部门提高预算编制水平，完善预算科目，细化预算编报，严格预算执行，加强债务管理，提高资金使用绩效。加强跟踪监督，每年年底的常委会会议可安排听取审计查出问题的整改情况报告。提高代表大会审查预算报告和预算草案的质量，恢复全体会议听取预算报告形式。加强财经委、预算工委对计划和预算报告的预审工作，尽早将预审报告和有关材料印发代表，让代表有充足时间审查。

——加快改革财税体制。重点增强地方政府财力，在明确事权及支出责任的基础上，尽早确定地方主体税种，科学划分中央税和地方税，适度调高地方分成比例。完善财政转移支付制度，在提高一般性财政转移支付比例的同时，研究实行分类给付方式，更好地体现科学性和公平性，建立激励性、竞争性转移支付，提高资金效益。推进县级基本财力保障机制的制度化、规范化。完善税收制度，全面推开"营改增"改革，加快煤炭、矿产等资源税改革，尽快开征环境保护税，将企业使用资源环境要素的成本内在化，发挥税收对促进集约发展、绿色发展的引导作用。清理、整合、规范行政收费，建立以税收收入为主、收费为辅、税费并存的财政收入运行机制。坚持税收法定原则，尽快将税收方面的条例或暂行条例上升为法律，出台规范非税收入的法律、法规。加强政府资产和债务管理，编制国家和各级政府资产负债表，明确资产分类、布局、科目，并建立与中长期规划相适应的中长期财务规划模型，加强资产质量分析。加大地方政府性债务信息公开力度，地方政府举债行为应列入政府主要领导离任审计内容，并与转移支付、项目投资、干部考核相挂钩。增加国有企业税后利润上缴财政的比例，扩大上缴覆盖面。

——加强和改善财政工作。做好今年财政工作任务艰巨，企业效益下滑直接影响财政收入，同时公共服务领域刚性支出在持续增长，地方财政收支矛盾更为突出；财政赤字虽在警戒线以下，但地方政府性债务风险不容忽视。加强对财政资金特别是民生领域支出使用的统筹，突出重点，出台新的民生增支政策应考虑地方政府的承受能力。合理规范地方政府举债行为，设定地方政府负债警戒线，将债务纳入预算管理，促进地方政府融资平台健康运行。按照中央八项规定要求强化预算管理，尽快出台公务接待、会议、差旅等方面厉行节约的实施办法，降低行政成本。

通过对以上几次代表大会上，全国人大代表对预算报告的审查意见，可以看出代表在审议时所关注的预算报告本身、预算工作以及财政体制方面存在的问题，对于代表在审查下一年度预算时，需要进一步关注的问题，以及一些多年来一直关注仍然没有解决的问题等，可以从体制机制、工作等多方面分析存在问题的原因，从而提出有针对性的建设性意见和建议。

第四节　将决算报告、审计报告等所反映的问题作为审查预算草案的重点

按照法律的规定，全国人大常委会和地方各级人大常委会每年都要结合审计工作报告对本级政府决算进行审查批准。政府在决算报告中，通常会对预算执行过程中产生的问题进行总结，有些是预算编制中存在的问题；审计工作报告通过对政府预算执行情况的审计，揭示预算编制、预算执行以及预算管理和预算体制存在的问题，人大有关专门委员会通常也会在关于决算审查结果的报告中，就预算工作中存在的问题进行归纳分析。因此，我们通过决算报告、审计工作报告等反映的预算执行的结果以及执行情况来发现预算审查批准时应当予以关注的重点问题。

一、关注决算报告中对预算执行中问题的分析

如在2013年中央决算报告中，关于预算执行中的问题和下一阶段的重点工作如下：

我们也清醒地认识到预算执行中反映出的一些问题：区域性财税优惠政策过多，公共财政预算、政府性基金预算和国有资本经营预算功能界定还不够清晰，专项转移支付项目仍偏多，预算约束力有待增强，财政资金使用绩效需进一步提高，地方政府性债务管理制度不够完善等。这些问题的产生，既有体制机制方面的原因，也与财政预算管理相关。审计情况也表明，2012年中央预算执行情况总体较好，但在预算编制、预算执行、资金使用等方面也存在一些需要研究解决的问题。对此，国务院要求有关部门按照全国人大有关决议要求和审计意见，采取有力措施切实整改。

下一步，重点做好以下工作：

一是牢固树立“过紧日子”的思想，严格支出管理。按照中央厉行节约的要求，坚持勤俭办一切事业，严格控制一般性支出。认真贯彻落实中央八项规定及其实施细则的各项要求，建立健全相关管理制度，严肃财经纪律。严控“三公

经费”支出，强化中央“三公经费”预算执行管理。落实国务院提出的“本届政府任期内，政府性的楼堂馆所一律不得新建”的要求，严格控制修建装修办公楼等楼堂馆所。同时，按照守住底线、突出重点、完善制度的要求，补足短板、健全机制，保障好教育、科技、医疗卫生、社会保障等各项重点支出需求，创新投入方式，扎实开展预算绩效管理工作试点，进一步提高财政支出的绩效。

……

三是减少、合并一批专项转移支付项目，优化转移支付结构。……逐步取消不符合经济社会发展要求的专项转移支付项目，将部分属于地方事权且信息复杂程度较高的专项转移支付项目下放地方管理，对部分使用方向类同、政策目标相近的专项转移支付项目予以整合，进一步提高资金使用效益。

四是加强地方政府性债务管理，有效防范财政金融风险。……健全债权债务人对账机制，推进政府会计改革，加快建立政府财务报告制度，全面动态监控地方政府性债务情况。完善地方政府性债务风险预警机制，加强高风险地区债务管理，严格控制地方政府新增债务。逐步将地方政府债务分类纳入财政预算管理，建立规范的地方政府举债融资机制，切实防范财政金融风险。

二、关注审计工作报告反映的预算编制和执行中的问题

审计署关于预算执行情况的审计报告，能够全面地反映政府预算执行中存在的问题，而有些问题是预算编制不完整或者预算编制不够细化造成的，因此，通过审计报告所揭示的问题，特别是由于预算编制方面的原因所产生的问题，则更需要在审查批准预算草案时，予以重点关注，促成问题从根本上得以解决。

专栏7—3 2013年的审计工作报告所揭示的问题

一、财政管理审计情况

重点审计了公共财政预算、政府性基金预算、国有资本经营预算的执行情况，以及中央财政决算草案的编制等情况。从审计情况看，2012年，财政部和发展改革委等部门注重加强统筹管理，突出民生等重点支出，从严控制一般性支出，推进预算公开和投资项目公示制度，预算和投资管理水平有所提高。但财政管理制度还不够健全，预算执行中变动较多，财政资金的使用绩效也亟须提高。

（一）公共财政预算管理情况

……

2. 年初部分预算仍未落实到项目和单位。据实结算项目中，科技重大专项预算146.46亿元仅列示了总数；批复的部门预算中，有118.92亿元是14个部

门的43个“打捆”项目预算;在部门申报的预算之外,财政部还批复暂列发展改革委和能源局部门预算的项目支出2.5亿元。

3. 部分投资安排给不符合条件的单位或项目。发展改革委向不属于绿色农用生物产品高技术产业化、粮食现代物流专项范围的14个项目下达投资5200万元,向虚构申报材料或不符合条件的6个项目下达投资2420万元,还超出年度计划或补助申请向58个项目下达投资9.77亿元。

4. 有的项目多头安排投资、资金分配过于分散。2012年,发展改革委的两个司在4个专项中对12个锂离子正极材料项目都安排了投资共计9954万元,最低的仅300万元。同时,将12亿元国家服务业发展引导专项投资切块下达给各地的544个项目,平均每个项目220万元,中央投资在地区项目总投资中的占比最低仅1.3%,难以起到引导作用。

5. 未按程序下达投资计划159.64亿元。其中:14个专项的发展规划、具体补助范围或工作方案尚未确定,33个项目的可行性研究报告、初步设计、用地手续、概算调整或资金申请等尚未批复。

6. 部分预算和投资计划下达滞后。在追加的部门预算中有739.02亿元(占51%)、投资计划中有112.37亿元(占2%)未按要求于9月30日前下达;转移支付预算中有10900.7亿元(占27%)未按要求在全国人大批准后的90日内下达。上述情况影响预算执行进度,抽查中央投资安排的12个项目,至2013年3月底有19.37亿元(占55%)未使用,其中3个项目尚未开工。

7. 区域性税收优惠政策较多,影响税收政策的统一性和公平性。至2012年底,已批准并正在执行的区域性税收优惠政策有16种,涉及各主要税种;还有70多个地区以“改革实验示范区”等名义申请区域性税收优惠等待审批。

(二)政府性基金预算管理情况

1. 基金支出预算采取以收定支的方式编制,部分年初预算没有确定项目,与实际支出存在差异。一是中央本级代编的项目预算执行率低,其中8项基金代编预算112.97亿元全部未执行。二是执行中项目调增调减,涉及预算共计734.15亿元,相当于年初预算的60%。三是下达不及时,未提前告知各地基金转移支付预计数,且有88%的转移支付预算是6月30日以后才下达的;12月份还追加中央本级基金预算24.08亿元、追减4.26亿元。

……

3. 国家电影事业发展专项资金需要清理规范。该项资金设立于1991年,目前按电影票房收入的5%收取。2012年收入7.69亿元、支出5.25亿元,其中先征后返各省及相关影院4.27亿元(占81%),补贴电影创作3650万元,至年底累计结余7.28亿元,大量资金未安排使用,对电影事业发展支持作用有限。

（三）国有资本经营预算管理情况

1. 预算范围不完整。至2012年底，还有约4000户中央部门所属企业（资产约占中央非金融企业的11%）未纳入国有资本经营预算。

2. 预算编报和执行不规范。国有资本经营年初预算有804.97亿元（占92%）没有细化落实到具体企业和项目，其中财政部代编183.97亿元，批复国资委的621亿元仅明确了支出分类；批复的56.6亿元预算的项目类型与用途不匹配。从执行看，国有资本经营预算按企业年报利润确定上缴收入再安排支出，受年报公布时间影响，2012年有97%的收入是9月以后入库的，有82%的支出是10月以后下拨的，影响当年预算执行。

3. 预算分配未能充分体现政策要求。按规定，国有资本经营预算主要用于国有经济布局和结构调整、国家战略和国家安全等关键领域及重点行业，但2012年安排企业的862.58亿元中，有22%投入了建筑、商业、旅游等非关键领域，还有11.46亿元新兴产业发展支出安排给不符合条件的企业；部分资金分配较散，预算投入不足1亿元的有662个项目，如安排中国医药集团总公司13个项目的资金合计仅8万元。

（四）财政管理绩效情况

1. 中央本级财政资金闲置较多。2012年，公共财政预算收入中有近5%规定了专项用途，不能统筹安排使用，车辆购置税收入年底累计结余就达37.7亿元；104个部门本级有396.4亿元结余结转资金，其中22个部门项目支出结余结转超过当年预算的35%，最高达189%；政府性基金预算中，新增建设用地有偿使用费、彩票公益金、核电站乏燃料处理处置等基金连年结转，余额累计达339.24亿元。

2. 绩效评价覆盖面较低。中央部门项目绩效评价工作从2006年就开始实施，但2012年开展绩效评价的项目仅381个、涉及资金139.38亿元，仅占部门项目预算的1.5%。

（五）转移支付管理情况

1. 转移支付结构不够合理。2012年，中央转移支付占中央公共财政支出的比重为62.77%；专项转移支付加上一般性转移支付中具有限定用途的5项资金后，实际规定了专门用途的转移支付占中央转移支付的比重为64.42%。

2. 转移支付管理不够完善。285项专项转移支付中，有31项尚未制定管理办法，有25项因投入市场竞争领域、投向交叉重复等需要清理整合；抽查的18个省本级有34%的中央转移支付未编入其年初预算，其中专项转移支付有53%未编入。

3. 部分专项转移支付分配不够规范。有的多头分配，抽查质量技术监督补助等 3 个专项共计 9.8 亿元，由财政部和主管部门切块后分别分配，且分配方法和标准不同。有的资金使用分散，抽查的 2290.31 亿元中央专项转移支付，共分配给 18 个省的 3.7 万多个项目，其中 50 万元以下的项目占 44%。

4. 拨付地方的部分专项转移支付层层结存。抽查能源节约利用、可再生能源和资源综合利用三个款级科目转移支付资金在 18 个省的使用情况发现，至 2012 年底，这些地方当年收到的 420.92 亿元中央专项资金中，有 177.45 亿元（占 42%）结存在各级财政或主管部门。同时，拨付到项目单位的资金有 7.73 亿元（占 1.8%）被虚报冒领、挤占挪用；抽查的 1908 个项目中，有 443 个（占 23%）实施进度慢或建成后未实现目标。

（六）预算收支基础管理情况

1. 公共财政预算、政府性基金预算和国有资本经营预算功能界定尚不清晰。主要是交叉安排资金，如扶贫、医疗救助和防汛、度汛等支出，公共财政预算和政府性基金预算分别安排 577.76 亿元、33.07 亿元；对国资委管理的中央企业，国有资本经营预算、公共财政预算、政府性基金预算分别安排 825.17 亿元、1138.99 亿元、128.19 亿元，其中对 20 户企业的专项补助支持对象相同、项目内容基本类同。

……

4. 金财工程应用支撑平台已验收一年多，仍未通过平台实现中央与省级财政的数据交互和共享，中央预算编制等 3 个核心业务系统未纳入平台，对同一单位的编码不一致，数据库和编码体系不统一。

二、部门预算执行审计情况

此次共审计 58 个中央部门，延伸审计 317 个所属单位；审计预算支出 2742.78 亿元，占这些部门预算支出总额的 27%。审计结果表明，这些部门普遍建立了预算执行进度公示和预算核减机制，预算执行情况总体较好，其中 55 个部门公用经费控制在预算内，45 个部门制定完善会议费、出国费等管理制度 130 多项。但一些部门预算执行仍不到位，预算的约束力有待增强。

（一）预算执行未完全到位，有的单位还虚列支出、以拨作支。由于工作计划与预算安排衔接不够、年初预算未落实到具体项目、资金拨付晚等，此次审计涉及的部门预算有 16% 未执行，形成结转结余 356.34 亿元，其中基本支出结转 25.24 亿元。还有 11 个部门本级和 2 个所属单位将 24.23 亿元预算采取虚列支出等转入项目实施单位，实际并未使用。

（二）一些单位仍存在违反财经制度规定等问题。有 8 个部门本级和 11 个所属单位通过虚报人员或项目等方式多申领财政资金 1.87 亿元，10 个部门本级和 1 个所属单位为非所属预算单位申报预算 1.81 亿元；10 个部门本级和 21 个所属单位套取或挪用 1.15 亿元，用于发放津补贴、修建办公楼等；11 个部门本级和17个所属单位自定项目收费或摊派3.29亿元。此外,还发现57.79亿元非税收入收缴、资产管理和会计核算不规范等问题。

(三)相关预算管理制度与实际不适应,难以有效发挥约束作用。有的支出范围规定过于笼统,特别是基本支出与项目支出划分不清,审计发现在预算科目和支出项目间调剂使用资金13.72亿元,还有4.26亿元基本支出在项目预算中列支。有的支出标准不完善,如国内公务接待无明确标准,外宾接待标准是1998年制定的,一些津补贴仍执行10多年前的标准,形成超标准列支。

……

此外,对中央预算单位是否实行部门预算管理还缺乏具体标准,2012年实行部门预算管理的166个中央一级预算单位中,有11家单位中央财政没有安排基本支出;在不实行部门预算管理的单位中,却有11家单位获得财政安排的基本支出31.14亿元。

摘自审计署关于2013年中央预算执行情况的审计工作报告。

三、关注决算审查结果的报告所反映的问题及建议

各级人大的相关机构在审查决算报告时,通常对政府预算执行中存在的问题进行总结,并提出相应的建议。从中也可以发现预算编制等方面存在的问题,应当在审查批准预算时予以关注。如全国人民代表大会财政经济委员会关于2012年中央决算审查结果的报告,就揭示了预算执行中存在的一些问题,并提出了建议。

专栏7—4

全国人大财经委
关于2012年中央决算审查结果的报告摘要

财政经济委员会认为,2012年中央决算中也反映出一些问题,主要是:部分预算支出调整较多,尤其是政府性基金预算和国有资本经营预算约束力不强;预算管理体制制度不够健全,财政转移支付管理需要进一步规范;一些财政资金使用绩效不高,预算绩效管理需要加强等。建议国务院责成有关部门对存在的问题认真整改,严格问责,并在2013年年底前将整改情况和处理结果向全国人大常委会报告。

针对2012年中央决算反映出的问题,财政经济委员会提出以下建议:

(一)健全决算制度

要加强政府全口径预决算管理,健全决算制度,规范决算编制。……要建

立预算绩效管理制度,反映重点和民生支出的绩效情况。

(二)深化财税改革

健全财力与事权相匹配的财政体制,进一步划分中央和地方的事权和支出责任,改革优化税制,调整政府间财政分配关系。加快推进财税改革,规范财政转移支付管理,预算安排应在清理整合的基础上,大幅度减少、合并中央对地方的财政专项转移支付项目。将适合地方管理的财政专项转移支付的审批权和资金分配权下放地方。要进一步研究提出全口径预决算管理的口径和范围,完善政府公共预算、政府性基金预算、国有资本经营预算和社会保险基金预算制度。推进编制政府财务报告试点工作,建立政府财务报告制度。为增强预算的科学性、规范性和有效性,研究编制三年期滚动预算。

……

(四)加强对地方政府性债务的监管

规范政府职能,充分发挥市场配置资源的基础性作用,严格控制地方政府举债行为,切实采取措施坚决制止地方各级政府及所属机关事业单位、社会团体、融资平台公司违法担保承诺或违规融资行为。明确界定政府性债务范围和种类,抓紧研究制定地方政府性债务监督管理办法,向同级人大报告地方政府性债务规模和管理使用情况。

通过对这些报告中对预算执行中存在问题的揭示,特别是对多年来相关报告的连续跟踪分析,可以发现我国预算编制、预算管理及至预算体制中存在的一些亟待解决的问题,特别是需要从制度上解决的问题。比如,通过对几年来,决算报告、审计报告以及决算审查结果的报告所反映的预算执行中存在问题的分析。我们发现以下问题是连续多年来,各方面反映比较集中的问题。

1. 预算编制仍然不够细化,代编预算规模虽然逐年压缩但仍然较大,部分项目特别是基本建设等支出项目预算年初到位率不高。要进一步细化预算编制,压缩代编预算规模,提高预算年初到位率。

2. 转移支付结构不够合理,均衡性转移支付占比较低,专项转移支付的管理仍然需要加强。要建立规范透明的财政转移支付制度,加强转移支付资金的预算管理。

3. 财政支出绩效评价体系尚需健全。建立健全预算绩效管理制度。加强中央本级和对地方转移支付用于教育、“三农”、医疗卫生、社会保障和保障性住房建设等重点民生支出预算执行的绩效管理。进一步扩大项目支出绩效评价范围,开展对重点项目支出绩效的整体评价。加强绩效评价结果与预算编制、执行的有机衔接,实施绩效问责制度。

4. 国有资本经营预算制度不够完善、政府性基金预算管理不够规范。

5. 进一步推进部门预算制度改革,规范部门预算收支管理。加快完善基本支出定员定额标准体系,合理界定基本支出和项目支出范围。

6. 地方政府性债务规模过大,管理不够严格,财政风险加大等。要严格政府债务管理,科学界定政府债务口径,地方政府举借债务应按照法律规定执行,并报同级人大审批。规范政府投融资行为,清理整合融资平台公司,健全地方政府债务的管理体制,建立政府债务信息披露制度。完善政府债务偿还机制,落实偿债责任,逐步清理化解存量债务,严格控制债务规模,防范财政风险。

7. 加快财税体制改革。健全公共财政制度,科学界定政府支出范围和各级政府的支出责任,加快研究提出建立健全中央和地方财力与事权相匹配的财政体制改革方案。推进政府会计改革,逐步建立政府财务报告制度。

8. 加强财政法制建设。加快修订预算法。研究制订各级政府间财政支出责任划分、财力保障机制、转移支付和政府债务管理等法律、法规。完善超收收入的使用制度、预算稳定调节基金管理制度。

第五节 充分利用预先审查和初步审查的成果

根据法律规定的程序,在代表参加代表大会审查批准政府预算之前,常委会有关工作机构和专门委员会(或者常委会)都要按照法定程序就预算编制等情况与政府有关部门沟通和对预算草案进行初步审查。特别是有关工作机构在前期听取财政部门情况介绍,并听取有关方面意见的基础上,通常都会形成一系列的研究分析报告,并根据提请初步审查的预算报告进行审查,形成参阅材料等供代表审查时参考。这些资料可以为代表审查批准预算提供有益的支持。例如,全国人大常委会预算工作委员会,作为全国人大常委会的工作机构,协助财政经济委员承担全国人民代表大会及其常务委员会审查预决算、审查预算调整方案和监督预算执行方面的具体工作。通常就预算的编制、报送等有关问题与财政部交换意见,就财政经济形势、税收收入预测、海关税收收入预测等情况听取国务院有关部门的意见,围绕重点支出选取一些部门就预算执行情况和下一年度预算安排情况听取部门意见,还听取全国人大各专门委员会就预算安排的意见和建议等。在此基础上形成预算初步分析报告,并以此为基础,在财政经济委员会对预算草案的主要内容进行初步审查的基础上,形成预算初步审查结果的报告稿。预算工作委员会为了向代表审查预算草案提供支持,每年还编制预算概览和预算审查参阅材料。特别是预算审查参阅材料作为代表大会会议参阅资料印发代表。

会议参阅材料通常包括两方面内容:一是预算执行和预算安排中涉及的主要财政政策与财政工作。如2013年参阅材料中具体包括了预算编制总体要求、财政政策基本情况、2012年全国税收收入完成情况及主要税收政策、2013年中央公共财政基本建设投资安排情况、政府全口径预算决算管理、分税制财政管理体制、营业税改征增值税改革情况以及加强预算绩效管理情况等。二是重点支出情况。主要包括了全国教育经费投入情况、中央财政"三农"支出情况、全国科技经费投入情况、全国社会保障支出情况以及全国卫生总费用情况等。特别是重点支出的情况,向代表提供了相关领域多口径、多年度的中央财政、地方政府及全社会的投入情况等,并采取图表等生动直观的形式反映相关领域的投入结构和投入变化情况等。对于代表全面了解重点支出情况非常有帮助。例如:全国卫生经费投入情况(相关内容已经体现在2014年编发的《政府预算解读》中)。

专栏7—5　全国卫生经费投入情况

一、全国卫生总费用

卫生总费用,是指一个国家或地区一定时期内(通常指一年),全社会用于医疗卫生服务所消耗的资金总额。该指标为政府制定和调整卫生经济政策提供宏观经济信息,是评价社会对人类健康重视程度和分析卫生保健体制公平与效率的重要依据。

总体上看,我国卫生总费用保持了持续增长势头。1996—2011年,我国卫生总费用由2709亿元增长到24346亿元,增加了7.99倍,年均增长15.8%;人均卫生总费用由221元增长到1807元,年均增长15.0%。卫生总费用占国内生产总值的比重由3.8%上升到5.2%(参见表一和图一)。

表一:全国卫生总费用情况　　单位:亿元、%

年份	国内生产总值		全国卫生总费用		卫生总费用占GDP比重	人均卫生总费用(元)
	数额	增长速度	数额	增长速度		
1996	71177	10.0	2709	18.1	3.8	221
2002	120333	9.1	5790	14.5	4.8	451
2003	135823	10.0	6584	10.9	4.9	510
2004	159878	10.1	7590	7.8	4.8	584
2005	184937	11.3	8660	9.8	4.7	662
2006	216314	12.7	9843	9.5	4.6	749
2007	265810	14.2	11574	9.2	4.4	876
2008	314045	9.6	14535	16.5	4.6	1095

续表

年份	国内生产总值		全国卫生总费用		卫生总费用占 GDP 比重	人均卫生总费用(元)
	数额	增长速度	数额	增长速度		
2009	340903	9.2	17542	20.7	5.2	1314
2010	401513	10.4	19980	6.8	5.0	1490
2011	472882	9.3	24346	13.1	5.2	1807

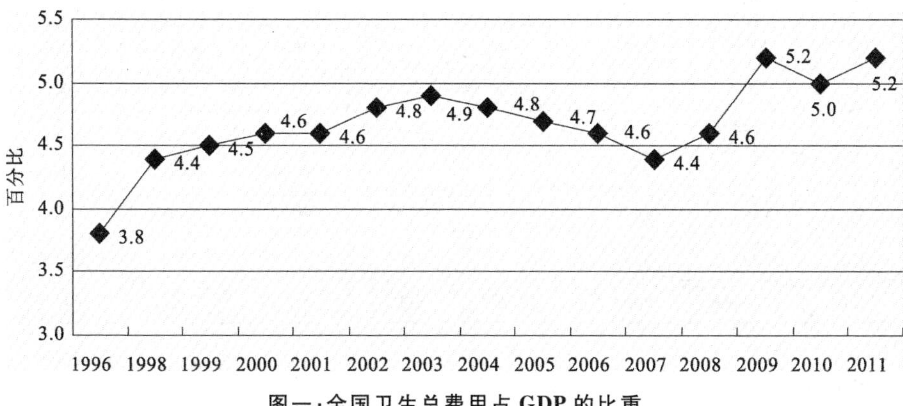

图一:全国卫生总费用占 GDP 的比重

二、全国卫生总费用构成情况

我国卫生总费用由三部分组成:政府预算卫生支出(政府投入)、社会保险及其他卫生支出(社会投入)和个人现金卫生支出(个人投入)。

从我国卫生总费用的构成情况看,由于缺少对医疗费用的控制,导致卫生总费用快速上升,1995—2002 年政府投入和社会投入的绝对数虽然逐年增加,但占卫生总费用的比重却逐年下降,个人投入的绝对数和比重均呈逐年上升趋势。1995 年政府投入和社会投入占卫生总费用的比重分别为 18% 和 35.6%,个人投入占卫生总费用的比重为 46.4%;2001 年政府投入和社会投入占卫生总费用的比重分别进一步下降到 15.9% 和 24.1%,个人投入占卫生总费用的比重则上升到 60%。从 2002 年开始,政府投入和社会投入占卫生总费用的比重逐步上升,个人投入占卫生总费用的比重逐步下降。2011 年政府投入和社会投入占卫生总费用的比重分别为 30.7% 和 34.6%,个人投入占卫生总费用的比重为 34.8%(参见表二和图二)。

表二:全国卫生总费用构成情况 单位:亿元、%

年份	卫生总费用	政府预算卫生支出		社会卫生支出		个人现金卫生支出	
		数额	比重	数额	比重	数额	比重
1995	2155	387	18.0	768	35.6	1000	46.4

续表

年份	卫生总费用	政府预算卫生支出		社会卫生支出		个人现金卫生支出	
		数额	比重	数额	比重	数额	比重
1999	4048	641	15.8	1146	28.3	2261	55.9
2000	4587	710	15.5	1172	25.6	2705	59.0
2001	5026	801	15.9	1211	24.1	3014	60.0
2002	5790	909	15.7	1539	26.6	3342	57.7
2005	8660	1553	17.9	2586	29.9	4521	52.2
2006	9843	1779	18.0	3211	32.6	4854	49.3
2007	11574	2582	22.3	3894	33.6	5099	44.1
2008	14535	3594	24.7	5066	34.9	5876	40.4
2009	17542	4816	27.5	6155	35.1	6571	37.5
2010	19980	5732	28.7	7197	36.0	7051	35.3
2011	24346	7464	30.7	8416	34.6	8465	34.8

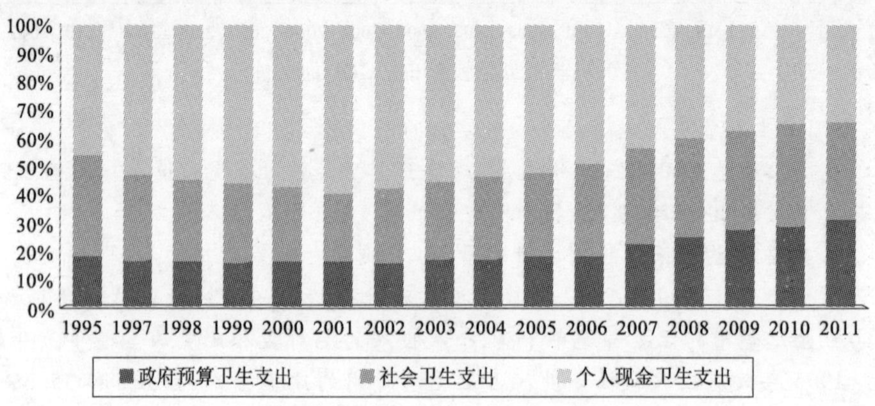

图二:全国卫生总费用构成情况

三、政府预算卫生支出

政府预算卫生支出,是指各级政府财政支出中用于卫生的全部资金投入,包括卫生事业费、中医事业费、计划生育事业费、药品监督管理费、基本建设投资、医学科研经费、卫生行政管理费、政府其他部门卫生经费和由财政支付的行政事业单位医疗经费等。

1996—2011 年,政府预算卫生支出从 462 亿元增长到 7464 亿元,增加了 15.2 倍,年均增长 20%,同期,政府预算卫生支出占 GDP 的比重从 0.65% 提高到 1.58%;占财政支出比重从 5.8% 提高到 6.8%(参见表三)。

表三:政府预算卫生支出情况 单位:亿元、%

年份	政府预算卫生支出	占国内生产总值比重	占卫生总费用比重	占财政支出比重
1996	462	0.65	17.0	5.8
1997	524	0.66	16.4	5.7
1998	590	0.70	16.0	5.5
1999	641	0.71	15.8	4.9
2000	710	0.72	15.5	4.5
2001	801	0.73	15.9	4.2
2002	909	0.75	15.7	4.1
2003	1117	0.82	17.0	4.5
2004	1294	0.81	17.0	4.5
2005	1553	0.84	17.9	4.6
2006	1779	0.82	18.1	4.4
2007	2582	0.97	22.3	5.2
2008	3595	1.14	24.7	5.7
2009	4816	1.41	27.5	6.3
2010	5687	1.43	28.7	6.4
2011	7464	1.58	30.7	6.8

在政府预算卫生支出中,1998—2012年,中央财政医疗卫生支出(包括中央本级和中央补助地方)的金额由18亿元提高到2048亿元,中央财政医疗卫生支出占全国财政医疗卫生支出的比例由4.3%提高到28.4%(参见图三)。

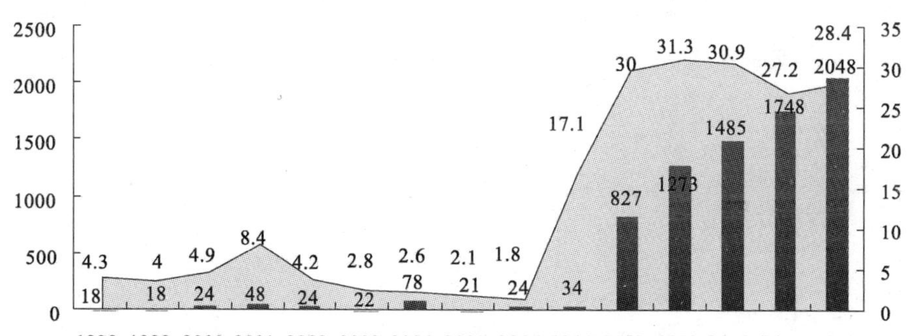

图三:中央政府医疗卫生支出情况

四、农村卫生总费用情况

1998—2011 年,政府农村卫生资金投入由 110 亿元增长到 2879 亿元。其中,基本补助经费由 70 亿元增长到 816 亿元。专项补助经费在 1998—2002 年间略有下降,2002 年仅为 9 亿元;之后呈明显上升趋势,2011 年达到 213 亿元。2003 年后,政府投入变化主要受两方面因素影响:一是新型农村合作医疗政府补助资金增加幅度较大,特别是在 2008 年以来,随着覆盖人口的迅速扩大和筹资水平的不断提高,2011 年政府补助金额增加到 1613 亿元(不含已实行新农合和城乡居民医保地区的政府补助 221 亿元),是当年政府农村卫生投入增量的主要部分;二是 2003 年以来国家卫生资金投入大幅增加,对农村卫生的投入相应逐年加大。

总体上看,农村卫生总费用和农村人均卫生总费用都在不断增长。1998—2011 年,农村人均卫生总费用从 195 元增长到 879 元,年均增长 12.3%,但农村人均卫生总费用仍明显低于城市和全国的人均卫生总费用水平。2011 年全国人均卫生总费用是 1807 元,城市人均卫生总费用是 2697 元,而农村人均卫生总费用只有 879 元,农村人均水平仅相当于全国人均水平的 49%,更是只有城市人均水平的 33%(参见表五)。

表四:人均卫生总费用比较 单位:元

指标	1998 年	2002 年	2003 年	2005 年	2006 年	2007 年	2008 年	2009 年	2010 年	2011 年
全国人均卫生总费用	295	451	509	662	749	876	1095	1314	1490	1807
城市人均卫生总费用	626	987	1109	1126	1248	1516	1862	2177	2315	2697
农村人均卫生总费用	195	259	275	316	362	358	455	562	666	879
城市/全国	2.12	2.19	2.18	1.70	1.67	1.73	1.70	1.66	1.55	1.49
农村/全国	0.66	0.58	0.54	0.48	0.48	0.41	0.42	0.43	0.45	0.49
农村/城市	0.31	0.26	0.25	0.28	0.29	0.24	0.24	0.26	0.29	0.33

附录一
典型国家预算管理基本情况

英国政府间财政关系与预算管理制度

英国位于欧洲西部,由大不列颠岛(包括英格兰、苏格兰、威尔士)、爱尔兰岛东北部和一些小岛组成,面积24.4万平方公里,人口5983.4万,是西方经济发达国家之一。英国实行君主立宪制。议会为最高司法和立法机构,由国王(或女王)、上院(贵族院)和下院(平民院)组成。政府实行内阁制,由国王或女王任命在议会中占多数席位的政党领袖出任首相并组阁,向议会负责。作为伴随对财政权的控制而产生的现代议会的发源地,英国的财政预算管理有其鲜明特色。

一、政府间财政关系

英国是单一制国家,由英格兰、威尔士、苏格兰和北爱尔兰四个地区和大伦敦市组成。长期以来,英国实行高度集权的政治体制,地区一级政府是中央政府的办事机构,只能执行中央政府赋予的一些职能。1997年工党政府进行分权化改革,在苏格兰(1999年)、威尔士

(1999 年)和北爱尔兰(1998 年)三个地区建立了地区议会,地区议会及其行政当局取代了以前作为内阁成员的地区事务大臣的大部分职能。地区下辖若干个郡和区。大伦敦市下设独立的 32 个城区和 1 个金融城。地区以及大伦敦市和郡、区等地方政府由辖区内选民选举产生,各有自己的预算,负责辖区内的事务。

(一)政府间支出责任与收入划分

英国中央与地方政府之间权责比较明确。在支出责任划分上,主要依据公共物品的受益范围。受益范围覆盖全国的支出由中央政府承担,受益范围局限于特定区域的支出则由该地方政府承担。具体来说,中央政府所承担的支出主要有:国防、外交、对外援助、中央政府负责的社会保障、高等教育、中央行政管理、国民卫生保健、住房建设、债务利息支出、对地方的转移支付等。地方所承担的支出主要包括:地方公共设施支出(如住宅、学校、医院和道路等建设投资)、教育支出(主要是中小学教育费用支出)、地方行政管理以及一些由地方政府负责的社会保障项目支出、地方环保等。

在收入划分上,实行彻底的分税制,中央和地方税收收入完全按税种划分,不设共享税,税收也分别由中央和地方各自的税务机关负责征收。其中,绝大部分税种是中央税。具体来说,包括三大类:一是直接税,主要税种有个人所得税、公司所得税、资本利得税、印花税、遗产税和石油收入税,由财政部下设的国内收入局负责征收;二是间接税,主要税种有增值税、消费税、关税、赌博税等,由财政部下设的关税和消费税局负责征收;三是社会保障税及其他税费,社会保障税由社会保障部基金收入局负责征收,其他税费如车辆使用税、投资的利息红利收入、贸易附加收入等,一般委托有关部门代征后上缴财政。地方税包括市政税和营业房产税两种,前者针对居民住宅的房产评估价值课征,纳税人为房产的实际使用者;后者针对非住宅房产征收,纳税对象主要为企业。营业房产税收入要全额上缴中央,再由中央按照各地区的居民数返还给地方。

(二)政府间转移支付制度

英国中央政府掌握全国大部分的财政收入,通常占 90% 以上,并通过对地方政府的转移支付,影响地方政府的行为,实现各地公共服务的均等化。中央政府每年财政转移支付资金通常占地方预算收入的 80% 以上。同时,中央政府对地方政府实行最高限额的奖励制度。允许地方政府支出超出预算的 1% 限额。如严格执行预算或不超出预算的 1%,将在下一年度增加补助;如超出预算的 1%,将削减下一年度的补助;如有结余,并不减少下一年度的补助。

1. 政府间财政关系类型。主要有两种:第一种是中央政府和英格兰地区(包括大伦敦市)所属地方政府的直接财政关系。英格兰人口占联合王国总人口的80%以上,是联合王国最主要的组成部分。英格兰地区没有地区议会,该地区的地方政府直接对中央政府负责,中央政府的转移支付也直接测算到各个地方政府。第二种是中央政府和苏格兰、威尔士和北爱尔兰三个地区所属地方政府的间接财政关系。随着这三个地区议会及其行政当局的成立,中央政府只管辖地区政府一级,不直接管辖这些地区所属地方政府。中央对地方的转移支付也只测算至地区政府,然后再由地区政府根据自己的偏好下拨给所属各地方政府。

2. 转移支付形式。英国中央政府对地方政府的转移支付分为公式化拨款、特定公式拨款和专项拨款三种。前两种拨款均为一般性转移支付,用于弥补地方政府的收支差额,通常占到中央政府转移支付总额的80%以上。其中,公式化拨款是中央政府对地方政府转移支付的主要形式,通过公式计算得出。特定公式拨款是公式化拨款的补充,也是通过一定的公式计算各地的拨款数额,主要解决公式化拨款无法兼顾的那些公共服务项目的拨款问题,中央政府对特定公式拨款的用途也没有限制,地方政府可以自主决定拨款投向。专项拨款只能用于城市公共设施、社会治安、环境保护等中央政府指定的专门用途。

3. 公式化拨款计算公式。某地转移支付数额 = 该地标准支出数额 - 该地按预计全国平均税率征收的市政税数额 - 返还给该地的营业房产税数额。标准支出数额是基于人口、社会结构和其他客观因素计算出的结果。在测算某地的标准支出数额时,把全部考核项目调整为7类,分别是教育、个人社会服务、警察与治安、消防、公路养护、环境保护与文化服务以及资本支出借款还贷。每个考核项目又分为若干个子项目,如教育考核项目具体又包括初等教育、中等教育、5岁以下儿童教育、高额成本学生教育、年轻人和社区教育等8个子项目,分别根据基本费用、贫困费用调整、地区费用调整、其他调整以及缩放比例调整等因素确定支出。各子项目支出加总后形成项目支出,各项目支出加总后即为标准支出。根据英国法律,中央政府对各地的公式化拨款每年至少要有一定程度的增长,拨款应当达到的最小增长率即为"下限";同时,中央政府也规定各地获得的公式化拨款年增长率不能超过一定的程度,即所谓"上限"。如果某地按照公式计算出的拨款增长率小于"下限"(或高于"上限"),则一律按"下限"(或"上限")拨款。由于中央政府每年公式化拨款数额是一定的,因此,弥补增长率低于"下限"的地方政府的拨款只能是增长率高出"上限"的地方政府所匀出的拨款。如果控制"上限"产生的拨款富余不足以弥补"下限"产生的缺口,则拨款增长率介于"下限"和"上限"的地方政府要同比例减少应得到的拨款额,直至弥补"下限"缺口;反之则同比例增加。

二、预算管理

(一)预算程序

1. 预算编制

英国财政年度起讫期从每年4月1日到翌年3月31日。预算编制权属于政府,预算的具体编制由财政部负责。每年编制的预算为3年期滚动预算,其中后2年预算具有概算性质。预算分为支出预算与收入预算。具体程序如下:

(1)预算年度开始后至5月份,财政部在编制支出预算之前,先进行今后3年公共支出的调查,然后提出公共支出调查报告,确定支出预算编制原则,作为各部门编制本部门预算的依据,各部门据此着手本部门支出预算编制。

(2)6月,内阁根据财政部公共支出调查报告,提出下年预算支出总额需求。同时,财政部根据税收部门关于直接税、间接税一系列变化的建议和经济预测机构关于宏观经济指标的预测,着手税收建议的拟定和预算收入的研究分析。

(3)9月,财政部拟定出财税政策建议清单,交由内阁成员研究讨论。

(4)11月,财政部在前段工作的基础上(其中包括与各部门的磋商沟通),财政部拟出《秋季声明》,该声明除了总结上年度预算执行状况外,主要内容包括根据经济预测机构的新报告提出的未来3年公共支出框架(主要是公共支出的关键数额)和下年度税收建议方案(包括征税标准和税收范围的变化及税目废除等内容),该声明因此也被称为"小预算"或"预算前的预算",交内阁讨论通过后由财政大臣向议会下院发表预算演说,借此听取议会及社会各方面的意见和反映。

(5)12月,各部门向财政部提交关于下年度需要议会授权的包括各方面支出细节的部门预算。

(7)次年1—2月,财政部根据各部门提交的部门预算,汇总为总的预算案。其间,财政大臣开始与各部门首长就具体支出计划交换意见。达不成一致的,提交内阁专门委员会协调;还不能达成一致的,则由内阁最后裁决。

(8)次年3月中旬或4月初,预算案经由内阁讨论通过后,财政大臣向议会下院发表题为《财政状况与预算报告》的新财政年度预算案。

2. 预算审查与批准

审查与批准预算是议会的重要职权,包括收入预算与支出预算的审批。下院拥有实质审批权,上院只能对下院通过的预算案表示同意,不能否决。自每年11月份财政大臣在议会下院发表预算演说开始,预算审查程序即开始启动。

关于收入预算的审批。英国财政收入主要来源于税收,收入预算审查的核心内容是对税收建议方案的审查。其具体程序如下：

(1)接受征税动议。11月财政大臣发表演说后，就其中下年度各项税收建议提出动议，下院全院大会对是否接受动议做出决定。如果同意接受，动议便即刻生效。

(2)进行辩论。财政大臣动议被下院接受后，由下院领衔第一反对党领袖发动，各方议员发表意见，展开辩论。

(3)表决各项征税(筹款)决议。经过辩论后，下院全院大会对每一项征税动议分别表决通过决议。征税决议的作用，是追认全院大会通过征税动议后已经启动的征税工作的合法性。

(4)审批财政(筹款)法案。通过各项筹款决议后，下院即着手审批财政法案。财政法案实际上是汇总各项筹款决议的内容，以示对政府征税建议予以正式批准和对政府在新财政年度征税的正式授权。

(5)提交上院审批。下院通过财政法案后即报送上院审批。

(6)最后，财政法案呈送女王批准。这一般在次年5月5日前完成。

关于支出预算审批。英国预算支出项目分为长期项目和年度项目。议会对长期项目已经给予长年授权，无需每年都经议会审批，也不必每年都向议会申请拨款。但年度项目(大多数开支项目属于此类)则必须获得议会的年度授权和拨款许可。每年11月份财政大臣发表演说后，下院就其中支出关键数额即各部门支出的上限部分开始审查，但更实质的审查则在次年3月下旬(或4月初)财政大臣向下院提交《财政状况与预算报告》的新财政年度预算案后。下院逐个审查各部门下一年度具体支出计划并陆续通过若干项拨款法案，授权英国中央银行——英格兰银行支付款项。最后通过的拨款法案一般要到次年8月5日实施。由于英国的财政年度始于4月1日，在拨款法案通过前，政府各部门将按照下院通过的支出上限进行相应的临时支出。

(二)资源会计及预算制度

资源会计及预算制度是英国财政部于1993年11月提出的一种计划、控制和报告政府公共支出的制度。2001—2002财政年度开始在中央政府部门实施，2005—2006财政年度扩展到统一汇总的政府财务报表范围内所有公共部门实施。该制度借鉴企业的会计准则，改变以往政府等公共部门以现金为基础的收付实现制会计，实行以资源为基础的权责发生制会计，按部门以及公共支出与部门目标的关系反映政府的公共支出。该制度最显著的特征是以权责发生制为会计确认原则，代表了当前国际上公共部门预算及会计制度改革的主流，被看作是英国历史上关于公共部门财务管理方面重大的具有里程碑意义的变革。

在权责发生制下，政府部门所耗费的资源要在商品和劳务收到而不是支付时、收入要在取得而不是收到时进行记录。虽然收付实现制在公共部门的运用由来已久，能够直观反映财政预算拨款的使用情况和政府部门的现金流量状况，但其局限也是显而易见的：只提供政府部门当前报告期内现金的来源、现金的使用以及报告期现金余额信息，不能满足诸如政府部门资产与负债、控制的经济资源、提供产品和服务的成本，以及用于评价部门财务状况和经济性、效率性等相关信息需求。这些信息需要权责发生制会计提供。

英国资源会计及预算制度将公共部门的资源会计信息作为计划与控制公共支出的基础，对公共部门的资源消费与资本投资进行区分，把政府的主要政策转化为各部门的战略和预算，要求公共部门提供的服务与其同期的成本相适应，从而提高公共服务的经济性和效率性。该制度的资源会计科目表共5套，分别是：(1)资源需求总表，反映公共部门的资源需求额与现金需要量的估计数与实际数，包括资源需求额向净现金需要量的调整，以及对估计数与实际数差异的解释和对特殊收入项目的分析；(2)运行成本表，反映部门全年的资源耗费状况，包括部门的管理成本和项目成本以及净收入；(3)资产负债表，反映部门年终时的资产、负债和净资产状况；(4)现金流量表，反映部门全年的现金流入、流出情况，包括部门的运营活动、资本支出和融资；(5)部门实现目的和目标所需资源表，反映部门按照实现特定目的和目标的要求所消耗的资源状况。这5套报表相互联系，各有侧重，较全面地反映了部门的财务状况。

注：部分资料摘自全国人大常委会预算工委调研室编《国外预算管理考察报告》，中国民主法制出版社出版。

美国政府间财政关系与预算管理制度

美国位于北美洲中部，领土还包括北美洲西北部的阿拉斯加和太平洋中部的夏威夷群岛。北与加拿大接壤，南靠墨西哥和墨西哥湾，西临太平洋，东濒大西洋。面积962.9万平方公里 。人口3.087亿。美国是联邦制国家，实行联邦、州、地方政府三级架构，实行“立法、行政、司法”三权分立的政治制度。其中，行政和立法部门各有一套参与预算编制和审核的系统，二者各有侧重，互相制约、共同配合，履行政府预算的职能。

一、政府间财政关系

美国政府体系由联邦、州和地方（县市）三级政府组成，各级政府之间事权和财权都划分得比较清晰、明确和规范。一般来讲，联邦政府承担收入再分配和稳定国民经济的职能，各州、县（市）政府的自主权比较大，主要负责有效配置资源、解决市场失灵和外部性问题。按照上述原则，国防、外交、邮政服务、退伍军人福利、社会保障与医疗保险全部由联邦政府负担。州政府主要负责失业救济、高速公路、公共教育、公共福利、监狱的大部分支出；地方（县市）政府主要负责消防、排水、警察服务等项支出。值得一提的是，在美国的教育体制下，联邦财政主要向中小学的特殊学生提供部分资金，如特困生和残疾学生。至于高等教育，联邦政府不是直接提供教育经费，而是着重资助科学研究项目。

与财政支出的职责划分相适应，美国各级政府的税收权限划分也较为明晰。其中，联邦政府主要分享个人所得税、公司所得税、遗产与赠与税、关税以及社会保险收入等；州和县市政府主要分享消费税、财产税、特种物品税以及附加征收的部分所得税。同时，各级政府债务规模由各级根据需要自行掌握，并由市场进行调节。由于政府间财权独立、事权和支出责任界定清晰，地方政府对自身可支配的资源以及应提供的公共产品和服务有相对稳定的预期，这就为地方政府结合实际科学合理地编制和执行预算，以及根据形势变化适时调整财政政策等创造了有利条件。

二、预算管理制度

(一)联邦预算职能机构设置

联邦层面,行政部门参与预算编制的主要角色有:总统、财政部、国民经济委员会、经济建议委员会组成的"经济三角"①,以及总统预算管理办公室(简称OMB)。总统决定预算政策,向国会提交预算报告;向国会提交追加预算的请求和预算修正案;签署或否决收入、授权和其他与预算相关的法律;向国会通报取消或延期支出的项目;必要时,签署停止征收某项预算收入法案等。总统预算管理办公室直接向总统负责,其职责主要是根据各部门、机构提出的预算方案,统一汇编联邦支出预算,交总统审核,然后由总统提交给国会。

在国会,参议院、众议院各有一套审核联邦预算编制的庞大机构,包括国会拨款委员、国会筹款委员会、国会预算委员会、国会预算办公室(CBO)、国会会计总署(GAO)等,其中:国会拨款委员会是国会中负责拨款法案的常设委员会,即为政府部门拨款授权,通过取消拨款的立法,开支结余结转的立法,以及根据国会预算委员会的决定进行新的开支授权,两院的拨款委员会各下设13个小组委员会。国会筹款委员会是国会中专门负责税收法案审议的常设委员会。国会预算委员会是国会中专门对总统的行政预算进行审议的常设委员会,主要职责是加快国会审核预算的进程,并使国会能用专家的眼光来审核总统的行政预算。国会预算办公室是一个专业的、非党派的机构,其职责是为国会两院提供客观、专业、及时、非政治化的分析,没有审批权。国会预算办公室对经济与预算有独立的分析与预计,并独立地编制一整套预算,供国会参考。国会会计总署(GAO)是审计政府财务、使政府财务活动限制在国会批准范围内的机构。

(二)预算编制与审查批准程序

政府预算编制时间跨度较长,年度预算编制、审批工作一般要历时至少18个月,其中政府预算编制阶段一般包括10个多月,国会审批阶段包括8个多月,期间对每个阶段、每个部门的任务和权力都有明确的规定。例如,2013财年联邦政府预算于2011年3月开始着手编制。具体程序如下:

总统预算准备过程:

---

① "经济三角"中,国民经济委员会的主要职责是为总统提供国民经济政策咨询,制定经济政策和预测;经济建议委员会主要是向总统建议税收政策和需要财政投入的重点领域;财政部主要是拟定和建议经济、金融及财政政策,办理国库业务,执行有关预算法令,印铸货币,管理公债、国家政策性银行和国家金银等。同时美国财政部还负责根据历年的收入情况和经济发展预测,编制收入预算,并根据国会批准的预算筹集相应的资金等。

时间	预　算　行　动
2011 年 3 月份	确定 2013 年度预算政策目标（总统、OMB）
2011 年 6—8 月	向政府部门下达预算年度预算指示和政策指导（OMB）
2011 年 9—12 月	各部门提交、OMB 协调汇总、总统协调审定，形成总统预算案
2012 年 2 月第一个星期一之前	总统向国会提交 2013 年度联邦预算草案
国会预算法案颁布 5 日内	OMB 报告国会预算法案的影响，解释与预算估计的不同之处
4 月 15 日—6 月 15 日	总统审查国会的第一个预算决议案
6 月 15 日	总统提交对共同预算决议案的修改意见，更新预算估计
6 月末至 8 月初	OMB 和政府机构讨论预算，为秋季预算评论和决策制定做准备
10 月 1 日	预算年度开始

国会审查批准预算阶段。国会收到总统提出的联邦预算草案后，将其同时提交国会预算办公室、两院预算委员会、两院拨款委员会、其他对支出有管辖权的委员会以及两院筹款委员会审议。具体程序如下：

时　间	预　算　行　动
收到总统提出的联邦预算草案	国会将总统预算草案提交 CBO、两院预算委员会、拨款委员会、其他对支出有管辖权的委员会以及两院筹款委员会审议
2012 年 2 月 15 日	CBO 向两院预算委员会提出预算报告，其内容包括对总统预算的分析、可供选择的财政政策及主要项目的优先次序
收到总统预算案的 6 周内	两院的各专门委员会向预算委员会提交有关预算收支的意见和评估
4 月 15 日	两院预算委员会在考虑其他委员会意见的基础上，提出第一个国会预算决议案，提交两院讨论，并通知总统
6 月 15 日	国会完成立法协调活动
6 月 30 日	众议院完成年度拨款法案
完成预算拨款法案之后	CBO 尽快对拨款法案的影响进行评估
9 月 15 日前	通过规定预算收支总指标的具有约束力的第二个预算决议案，并提交总统。如总统认可，经签署便生效。如否决，国会需经类似的审议过程，并以 2/3 多数反对，则总统的否决才无效
10 月 1 日	预算年度开始

（三）预算执行

预算由国会通过并经总统签署后，就以法律的形式规定下来。总统管理与预算办公室负责支出预算的执行，按进度分季拨款，并按项目类别进行分配。在执行预算过程中，需要追加支出，必须经过国会立法（修正案），行政部门在某些特殊情况下可以推迟或取消某些项目的支出，但必须向国会报告，国会可以同意也可以否决。财政部负责执行收入预算，负责各种国内赋税的征收和国内税收法律的执行。国会预算办公室负责控制预算执行，检查各部门开支是超支还是节余。国会会计总署负责监督联邦预算是否按照国会通过的法案执行。预算执行中的资金调拨由财政部负责。财政部根据预算安排，将资金由收入户划入支出户，办理预算拨付。美国联邦财政支出的40%是通过政府采购的方式，由财政部直接支付给商品和劳务的供应者。当预算资金出现收不抵支时，财政部可以根据国会核定债务额度，按资金缺口的时限和当时的银行利率，灵活地确定债务种类、期限和利率。

（四）预算审计

预算年度结束后，由财政部和总统管理与预算办公室共同编制反映预算年度内的预算收支执行情况的决算报告，经审计机构审核，国会批准后即成为正式决算。国会会计总署负责审查联邦预算的执行结果与国会通过的法案是否相符，并对各部门的预算执行情况进行审计。美国联邦政府预算的监督体系分为内部控制和外部控制两类。每一个联邦部门都有自己的内部控制机构，由本部门的财务首长领导。总统管理与预算办公室也有权检查所有的联邦机构的账目。另外，国会会计总署是对联邦政府预算进行外部控制的专门机构。国会会计总署在每个政府机构内部都设一个总检察官，总检察官有权查阅被审计部门的所有文件。

3

德国政府间财政关系与预算管理制度

德国位于欧洲中部，面积 36 万平方公里，人口 8231 万。德国是一个联邦制国家，有联邦、州和市镇三级政府，有 16 个州和 13552 个市镇。德国联邦议会由联邦议院和联邦参议院组成，联邦议会拥有立法权、财政权和监督权。

一、德国政府间财政关系

德国联邦与各级政府的财政和支出责任是由《德意志联邦共和国基本法》（以下简称《基本法》）规定的。实行分级管理的财政体制。各级政府均有自己独立的预算，即联邦、州、地方三级预算，分别对各自的议会负责。在《基本法》中，除有相应条款对德国的财政体制进行规定外，还对各级政府所承担的公共事务进行了划分，并由此确定了各自财政支出的范围和财力。

（一）政府职责（事权）和支出责任的划分

《基本法》对联邦、州、地方三级政府的职责和支出责任做了原则性规定，即政府的支出和职能应当是一致的，各级政府负责各自支出的使用方向。联邦政府和州政府之间职责与财力界限十分明确。联邦政府主要管理涉及国家利益和整体经济的事务；州政府除管理本级行政事务外，主要负责教育、司法、治安和公共卫生事务；地方政府则负责管理本级行政事务，解决关系到本地公众基本需要的地方事务；另外，还有一些需要联邦和州政府承担的共同事务。

1. 政府职责的划分

联邦政府的主要职责：《基本法》规定"为了普遍的利益必须统一进行处理的事务"由联邦政府负责。联邦政府的主要职责是负责国家安全和武装力量；联邦行政事务、财政管理和国家海关事务；对外交往和国际关系；联邦铁路、公路、水道航运、空中航运和邮电通讯；社会保障，包括失业救济、医疗、退休保险及家庭社会补助、重大科研计划；煤田和矿山等跨区域经济开发等。

州政府的主要职责：在德国的国民经济和区域经济中，州政府的作用十分显著，并且在行政管理和财政领域具有相当大的自主权和独立性。具体来说，州政府负责本州的行政事务和财政管理；环境保护；卫生健康事业及保健设施建设;法律事务和司法管理,包括维护社会治安和公民安全;社会文化和教育事业等。

地方政府的主要职责:负责地方行政事务及行政管理;地方公路建设和公共交通事务;科学文化和教育事业,包括成人教育、学校管理、博物馆和剧院等的管理和维护;水电和能源供应;社会住宅建设和城市发展规划;地方性公共秩序管理;卫生和医疗保障;社会救济等。另外,地方政府还接受联邦和州的委托,承担如公民选举、人口普查等任务。

共担职责:除此以外,《基本法》还规定了若干由联邦和州政府应该共同承担的责任,如扩建和新建高校、地区性经济结构调整、完善和调整农业结构、海岸防护等若干领域。

2. 政府间收入的划分

联邦的财政收入在各级政府之间划分时主要考虑以下因素:一是在数量上与各级政府担负的支出责任大体匹配;二是考虑各种收入的特性,方便宏观调控和征收管理,比如将收入数额大的税种划为联邦独享税和共享税,将适宜基层征收管理的税种和管理收费划归州和地方。各税主要划分如下:

联邦税主要包括石油税、烟草税、关税、烧酒税、咖啡税、遗产税、赠与税、保障税、汇兑税、交易营业税、公路货运税等,约占全部税收收入比重的13%。州税主要包括汽车税、地产购置税、啤酒税、消防税、彩票税和赌场税等,占全部税收收入比重约4%。地方税包括企业营业税、土地税以及地方性的消费和奢侈性开支的税收,如娱乐税、饮料税、养犬税、狩猎和钓鱼税以及酒馆零售税等,占全部税收比重约9%。共享税包括个人所得税、公司所得税、工资税、资本盈利税和增值税等,在德国税收收入结构中占主体地位,约为全部税收的74%。

3. 财政转移支付

根据德国《基本法》的要求,联邦政府还建立了一整套转移支付制度。这一制度包括纵向均衡和横向均衡两个方面。

纵向均衡主要是通过对共享税中联邦和州分配比例的调整来协调联邦与州的财政关系。同时联邦政府也对部分财力特别薄弱的州予以一定的资助,并根据宏观经济政策,采用专项拨款的方式参与州某些特定项目的建设。横向均衡的目的是使那些税收收入达不到联邦平均水平的州获得一定的补偿。具体办法是,人均财力超过全国平均水平的州应拿出一部分财力作为平衡资助基金。人均财力在全国平均水平92%以下的州为接受州,人均财力在全国平均水平的110%以上的州为贡献州。接受州有资格获得平衡基金,以使得其人均财力达到全国平均水平的95%。

二、预算的编制与审查批准程序

(一)预算编制程序

德国联邦和州预算彼此独立,有权各自决定自己的收入和支出。联邦预算的编制、执行由联邦财政部负责。德国联邦年度预算从编制到审批通过,前后约需要 1 年的时间。联邦财政部在审核和调整联邦各部门预算草案的基础上,形成联邦预算草案,提交给联邦议会审议。整个预算编制过程大致可分为发布财政通告、编制部门预算草案、预测税收收入、预算磋商、起草预算草案、提交预算草案等几个阶段。

- 发布财政通告。1 月份,联邦财政部长向各职权部门发布财政通告,描述财政基本状况,对下一年度的预算编制提出基本要求。
- 编制部门预算草案。3 月份,联邦各职权部门根据预算编制要求编制出各自的部门预算草案,提交给联邦财政部进行汇总。
- 预测税收收入。“税收预测工作组”在春季召开会议,对下一年度的税收收入进行预测。5 月份,税收预测工作组完成预测报告,提交给联邦内阁和联邦议会,作为编制和审议预算的参考依据。
- 预算磋商。3 月份至 5 月底,联邦财政部对各部门预算草案进行审查,参考税收收入预测结果,综合考虑整体经济运行情况和其他相关因素,从不同工作层面上与各部门进行磋商,直到基本达成一致意见。
- 起草预算草案。6 月初,联邦财政部完成预算草案的起草工作,报联邦内阁审批。联邦财政部与各部门没有达成一致意见的问题,也交由联邦内阁讨论决定。
- 提交预算草案。7 月初,联邦内阁审批通过联邦财政部起草的预算草案,由联邦总理提交给联邦议院和联邦参议院。

(二)预算审查批准程序

联邦政府有提出预算草案的义务,对预算案的最终决定权掌握在议会。联邦议会对预算案的审查批准流程如下:

- 议员详细阅读预算草案材料。7 月份至 8 月底,是议会夏季休假期,议员在休假前会收到预算草案材料,利用假期仔细研读,为审议预算草案提前做好准备。
- 联邦议院“一读”。9 月份,预算草案在联邦议院进行“一读”,财政部长在联邦议院进行预算演讲,介绍预算的基本原则和财政方针,联邦议员对预算进行原则性审查。“一读”一般需要 4 天时间,审查结果交给预算委员会。
- 联邦议院各专门委员会审查。“一读”之后至 11 月中旬,联邦议院预算委员会成立预算草案审查报告小组,对25个部门的预算草案分别进行审查。审查报告小组各报告人就预算草案同联邦各职权部门分别进行商谈,进行逐项审查,提出修改建议。11月中旬左右,预算委员会完成审议建议书,提交联邦议院。

- 联邦议院“二读”。在“二读”中,联邦议院预算辩论正式开始,对政府各部门预算草案逐个进行审议和投票表决。所有的预算修正案都在这一阶段做出。在联邦议院“二读”之前,由各州代表组成的联邦参议院对预算草案也进行审议,并将修改建议提交给联邦议院。
- 联邦议院“三读”。“三读”主要是对预算草案和预算计划进行整体审定和投票表决。
- 联邦参议院审议表决预算草案。预算草案在联邦议院“三读”表决通过后,交由联邦参议院进行审议表决。
- 预算法案颁布。12月底之前,经两院审批通过的预算法案由联邦财政部长、联邦总理、联邦总统联合签署,在联邦法律公报上以法律的形式予以公布。
- 预算法案生效。次年1月1日,预算法案正式生效。

注:部分资料摘自全国人大常委会预算工委调研室编《国外预算管理考察报告》,中国民主法制出版社出版。

法国的财政体制与预算管理

法国位于欧洲西部,面积55万平方公里,人口6320万。法国是一个单一制国家,有中央、大区、省和市镇四级政府,法国本土划分为22个大区、96个省,共有36679个市镇。法国议会实行国民议会和参议院两院制,议会拥有立法权、财政权和监督权。

一、法国的财政体制

法国实行国家高度集中的财政管理体制。主要特点是:(1)中央财政收入占主要比重。法国中央级预算收支在四级政府总预算中所占的比重大约在66%左右,地方(省和市镇)预算所占的比重在34%左右。(2)税收由财政部及其派驻机构统一征收。法国预算收入主要来源于税收,占90%左右,其他收入占10%左右。所有税收收入都由财政部派驻地方的税务机构和公共会计机构征收。(3)国库由中央财政统一管理。财政部在各地都有派出机构,大区和省为财政厅,省以下为财政所。各级政府的预算收支都必须经财政厅(或所)办理。

法国实行分税制。中央税(国税)包括增值税、个人所得税、石油产品税、公司所得税、其他税收。地方税包括直接税(职业税、居住税、房产税、土地税)和间接税(专利税、演出税、娱乐税、通行税、居住税、矿泉水附加税、广告税和打猎税)。

法国的转移支付制度。法国是一个财权相当集中的国家。中央对地方补助较大,占地方预算收入来源的25%左右,地方对中央有相当大的依赖性。中央政府对地方政府的转移支付主要有以下几种形式:(1)均衡拨款。它是目前法国最主要的转移支付形式。此项拨款由人口、公路长度、学生数、公用设施负担情况、贫富状况等60个因素决定。该项拨款只拨给省和市镇两级,不拨给大区。(2)职能转移和分权综合拨款。这项拨款是由于法国在80年代以后实行了以分权为核心的政治和经济体制改革,因中央和地方政府的职能发生变化而设立的拨款。分为两个渠道:一是将部分中央税改为地方税;二是设立一个综合拨款指标,以弥补因职能转变而增加的地方政府支出。(3)减免税补助。中央政府出台一些减免税政策造成地方收入减少,中央财政给予一定的补助。

(4)贫富调节基金。将一些比较富裕地区的税收直接转移给贫困地区。

二、法国的预算管理

(一)主要预算管理机构

法国财政经济工业部(以下简称财政部)负责管理国家财政、税收、经济发展等。财政部内设经济事务部和预算部。经济事务部由若干个局组成。其中预测局主要负责宏观经济预测,国库局主要负责国有企业和国家债务。

预算部是编制国家财政预算的主要部门,下设预算局、公共会计局、税务总局等。预算局负责编制国家预算,决定国家预算收支平衡和政府开支的优先秩序。预算局下设业务司,分别管理和控制政府各部门的预算,其中有一个司负责综合预算以及编制《预算法案》中的收入和支出项目预算。税务总局负责税收方面的事务,包括税收立法和直接税的征收。公共会计局负责预算执行和管理国库账目、年终财政决算以及间接税的征收。

(二)预算立法

法国宪法对预算程序、预算科目以及预算立法和预算执行机构的职责做出了明确的规定。1982 年,法国议会通过了分权法,并于 1983 年起执行。分权法将中央政府的部分职能交给了地方政府,主要包括教育、土地使用以及社会发展等职能。

法律规定预算支出包括强制性支出和非强制性支出,预算必须首先保证强制性支出。强制性支出主要包括政府公务员工资以及一些社会服务和福利。当这项支出出现缺口时,政府可以向议会申请增加开支。法国法律和欧盟条约(马约)规定政府当年债务不能超过当年 GDP 的 3%,同时,在国库账户上不能出现赤字(发债之后的赤字)。政府每年制定一个《预算法案》,《预算法案》规定政府的各项预算,并由议会通过后执行。

(三)中央政府的预算编制程序

预算编制分为四个阶段:

第一阶段:从上年 12 月 15 日开始至第二年 4 月。由预算局编制下一年度的预算大纲。同时,在假定各项立法和政策不变的情况下,由预算局对下年预算做出预测。根据预测再进行调整,制定预算的总体框架提交给政府。在此基础上,财政部长和总理讨论预算报告,并于 4 月份决定下年度财政预算的总原则(如 1995 年的情况:公务员减少 1.5%;政府的运行成本减少 8% 等)。总理再用正式的信函将这些原则通知各部部长,确定下年度预算的编制方针。

第二阶段:5 月至 6 月。预算局与各部门进行第一次会议。预算局与各部门对传统项目的开支成本和新政策的开支问题进行讨论,就大多数问题达成一致意见,对于不能达成一致意见的问题,交给总理,由总理与各部门协商解决。

最后,总理通过正式信函给各部门规定其支出最高限额。

第三阶段:7 月至 8 月。预算局与各支出部进行新一轮会谈,在支出限额之内决定部门的各项预算。

第四阶段:9 月至 10 月。预算局起草下年度《预算法案》,并交内阁会议讨论通过。内阁会议讨论通过以后,于 10 月份的第一个星期二提交给国民议会。

编制预算时,共和国总统只决定预算的一些“大方向”,同时关心国防和外交政策问题。总理决定其他各项预算政策。总理对各部门预算分歧进行仲裁,签署预算“框架信”,以及“最高限额信”,发给各部部长。内阁在《预算法案》提交议会之前负责对这个法案进行审议。

减少财政赤字是法国目前预算编制最重要的任务。1991 年至 1993 年法国财政出现过大量赤字,经济受到严重影响。政府因此于 1994 年出台了一个《5 年法律指南》,以确保 5 年内财政支出得到有效控制。控制的目的是使财政赤字减少 0.5 个百分点,1997 年达到赤字只占 GDP 的 2.5%。同时规定预算支出必须保持在一个不变的常数水平(根据物价调整)。

(四)预算审议通过程序

政府提交的年度《预算法案草案》首先由议会的财政委员会(Finance Committee)审议,然后再交给部门委员会(Sector Committee)审议。与其他法案不同,《预算法案草案》必须首先经国民议会通过,再经参议院通过。如果在两院通不过,就由两院成立一个联合委员会,与政府共同讨论一个相互妥协的方案。如果联合委员会仍然不能与政府达成一致,最后就由国民议会说了算。议会通过《预算法案》的程序是:

审议通过《预算法案草案》的第一部分。即授权征税和规定主要的支出科目。议员可以改变税法,以保证税收收入不减少。议会讨论通过预算“均衡点”,确定预算缺口和借款额度。

讨论《预算法案草案》的第二部分。讨论通过按现行法律下需要保留的支出预算,投票决定预算科目和部门预算。议会可以降低预算支出水平,减少支出,但议会不能增加预算支出,也不能重新分配预算。

议会必须讨论通过每年的支出预算,包括各项法律规定的预算支出。对于那些指令性的预算支出项目,议会除了讨论通过支出的上限之外,只对支出作一个估计,执行中这些支出在上限范围之内可以超出估计数。

《预算法案草案》在财政年度之前提交给议会。如果国民议会超过了限定的时间没有做出决定,《预算法案草案》就通过一个特定的程序自动提交到参议院。《预算法案草案》经议会通过以后,就被批准为《预算法案》,同时交给宪法委员会,该委员会有权取消法案中的一部分或全部条款。

5

俄罗斯政府间财政关系与预算制度

俄罗斯横跨欧亚大陆，是世界上面积最大的国家，人口1.429亿，实行联邦制，共有三级政府，联邦、联邦主体和地方政府。联邦由83个联邦主体组成，包括21个共和国、9个边疆州、46个州、2个联邦直辖市、1个自治州、4个民族自治区。各级政府的议会为立法机构。联邦议会是俄罗斯的最高立法机构。联邦议会由联邦委员会（上院）和国家杜马（下院）组成，上下两院共同行使立法权。杜马比联邦委员会拥有更大的权力。

一、政府间财政关系

根据俄罗斯联邦预算法典规定，俄罗斯联邦预算体制由三级预算构成：第一级，联邦预算和基金预算；第二级，俄罗斯联邦主体预算和基金预算；第三级，地方自治政府预算。其中，基金预算主要包括公民养老、社会保险、失业保障、健康和医疗救助等。

关于预算收入。俄罗斯的预算收入由各种税收收入、非税收入以及转移支付收入组成。其中税收分为联邦税、联邦主体税和地方税。《联邦税法典》规定，所有税收的立法权都在联邦，但征管权限不同，联邦主体和地方自治政府有权决定是否开征某一税种及具体征管方式。

关于支出责任。俄罗斯划分各级政府支出责任的基本原则有从属原则、区域一致原则、外部效用原则、区域差别原则和规模效用原则等。在此基础上，俄罗斯《联邦宪法》和《联邦预算法典》对各级政府职权范围进行了明确划分。包括只由联邦预算拨款的支出，由联邦预算、联邦主体预算和地方预算共同拨款的支出，只由联邦主体预算拨款的支出和只由地方预算拨款的支出。

关于转移支付。《联邦预算法典》第133条规定，联邦预算对联邦主体预算提供财政援助的方式有：一般性补助，以实现联邦主体最低预算保障水平的均等化；专项补助；预算贷款；提供短期预算借款以弥补联邦主体预算执行中的临时性资金缺口等。其中，一般性补助的具体标准和计算方法由联邦法律确定；专项补助和特殊补贴由下一财政年度联邦预算法确定。第139条还规定了联邦主体向地方预算提供财政援助的形式和程序。

二、预算编制审批程序

联邦财政部是联邦预算的具体编制部门。俄罗斯联邦政府于二月份通过编制预算的决议,正式开始编制预算。三月份俄罗斯联邦总统发布预算咨文,明确俄罗斯联邦下一财政年度的预算政策。具体编制工作分三个阶段。

第一阶段,由联邦政府编制下一财政年度联邦经济运行预测计划和主要宏观经济指标,财政部据此确定下一财政年度联邦预算基本说明书,并按支出功能分类和联邦中期预算确定下一财政年度的联邦预算支出分配方案。通过基本说明书和支出分配方案的两周内,财政部向各部门下达预算控制数,并向联邦主体下达预算资金关系的法律通知。

第二阶段,在 7 月 15 日之前,各部门细化本部门预算的具体项目。

第三阶段,7 月 15 日至 8 月 15 日,联邦政府对预算草案等有关文件进行审查并批准联邦预算草案。

联邦政府于 8 月 26 日之前将下一财政年度预算草案提交国家杜马审查,并提交下年度社会经济发展预测、预算政策和税收政策基本方针、综合财力平衡预测、国有经济和地方政府经济发展计划、联邦预算和各联邦主体预算相互关系的基本方案、联邦专项投资计划草案等一系列文件。国家杜马预算和税收委员会首先对提交的材料按照《联邦预算法典》的要求进行完整性审查,在确认所提交的文件和材料完整后,进入审查程序。

国家杜马通过三读来审查下一财政年度联邦预算草案。

一读在每年的 9 月 26 日之前进行。主要对下年度联邦预算收支、赤字或盈余的总盘子进行审查。一读期间,国家杜马将预算草案分送各专门委员进行审查。各专门委员会要准备好向杜马预算和税收委员会提出有关意见,预算和税收委员会对各专门委员会提出的意见逐条提出自己的看法,一并提交国家杜马全体会议审查。

二读在 10 月 20 日前进行。二读审查时要对预算支出科目按功能分类的类、款、项、目进行审查,同时也一并审查各部门预算、联邦财政对各联邦主体的转移支付资金、联邦预算用于下年度联邦专项发展和专项投资计划拨款的支出等。在二读期间,各专门委员会向预算和税收委员会提出针对具体支出项目的意见,预算和税收委员会在 10 天之内对提交的意见进行审查。预算和税收委员会和相关专门委员会同意后,将预算草案提交国家杜马全体会议审查。

三读在当年的 11 月 15 日前进行。三读审查完整的联邦预算草案,并对预算草案进行整体投票,过半数通过。每年的 12 月 25 日前,下一财政年度预算草案由俄罗斯联邦会议委员会批准、俄罗斯总统签字后正式生效。

三、以绩效为导向的预算改革与中期预算制度

自2004年起,俄罗斯开始实行以绩效为导向的预算改革。通过提高预算过程参与者和预算资金管理者的责任感和独立性,将预算程序的重心从"管理支出"转移到"管理绩效",从而建立高效的预算资金管理体系。主要工作有:一是建立对预算支出绩效的监督机制,着重控制预算的结果;二是根据未来社会经济发展,通过长期预测,合理分配预算资金。

根据联邦预算法典的规定,在编制下一个财政年度预算草案的同时,以社会经济发展中期预测为依据编制三年中期预算,其中第一年为编制预算年,后两年为计划年,每年都要根据新的情况进行修正,并且滚动向前推进一年。中期财政计划不需要经过法定形式批准,其目的在于:为立法机关提供有关经济社会领域中期发展趋势的信息;对制定的改革、规划和法律所带来的财政后果进行综合预测;揭示未来实施财政政策措施的必要性和可行性;扭转长期的消极趋势并及时采取相应措施。因此,中期预算包含了非常丰富的内容,不仅有对未来数年间财政收支状况、国内外宏观政治经济形势的分析和预测,还包括针对国家政策优先战略安排财政政策,以及对年度预算编制的约束等。

6

巴西预算管理基本情况

巴西是总统制的联邦共和国,位于南美洲东南部,总面积 854. 7 万平方公里,总人口 1.69 亿,国土面积的 90% 位于热带地区,森林和草原分别占其总面积的 40% 和 24% 以上。它是南美唯一一个讲葡萄牙语的国家。共有 27 个州,行政上分为联邦、州、市三级。议会实行参、众两院制。财政年度为日历年。巴西是拉美最大的经济实体和世界第八经济大国。巴西实行三级财政,在税收的初次分配中,联邦政府与州政府、市政府税收所占比重分别是 70%、25%、5%,通过转移支付等财政政策、体制调整后,三级税收所占比重分别是 57%、26%、17%。

一、预算编制的主要特点

巴西的预算编制和执行分别由政府的两个部门负责。预算与计划部负责编制预算,其下所设副部级的预算总局根据国家的长期计划、预算方针和预算目标,具体编制预算草案。预算编制中所需要的下年收入预计数字以及上年预算执行情况,由财政部负责提供。除预算编制外,预算与计划部还负责国家的经济社会发展规划和国有企业的管理。巴西财政部负责预算执行,内设税务总局、国库总局、联邦监控总局、国有资产总局等,虽然在预算编制中财政部也要参与意见,与预算和计划部进行协商,但主要工作是预算执行和监督。

多年期预算、预算方针和年度预算。法律规定,总统必须在就任的第二年提出 4 年预算计划(总统任期是四年)。该计划包括未来 4 年的经济展望,财政收入、支出政策和预计,以及重点的支出项目,4 年预算是和总统任期的执政目标紧密结合在一起的,既可以使公众了解总统未来几年采取的重大举措,也是以后制定年度预算的依据。在年度预算提交前,即每年的 4 月 15 日前,总统要向国会提交一个预算方针法案。预算方针法案要对年度预算目标、优先发展方向等预算基本内容和主要项目做出安排。预算方针法案在 6 月底前获得通过后,政府根据这一法案编制年度预算。年度预算草案包括一般财政预算、社会保障预算、联邦国有企业投资预算等几大块,有财政目标、收入估算、支出安排三个基本部分。预算按部门编制,收入和支出预算都非常详细,支出预算要具体到每个项目的支出金额。年度预算草案在上一年的 8 月 31 日前提交国会,年底前获得通过。多年期预算的编制可以使总统从整个任期通盘考虑财政安排,有助于财政政策的连贯性和跨年度项目的统筹安排。预算方针的先行编制和审议通过,将年度预算框架、重大政策和项目确定下来,也有利于年度预算的具体编制。

近些年来,巴西预算编制方面也在不断进行改革。改革的关键是着眼于提高政府工作效率,支出安排具有极强的针对性。支出预算分为一般预算和项目预算。一般预算包括公务人员工资支出,政府运行、机动开支、修缮等行政支出,以及国债利息支出等;项目预算包括固定资产投资以及其他用于特定支出项目的支出。项目预算的编制有一套规范性的要求,审查也非常严格,每一个项目都要明确:该项目要解决什么问题,解决问题达到的目标是什么,实现这个目标需要完成哪些具体的子项目。例如,取消童工项目就包括:反对童工宣传教育、监督童工注册雇用、对适龄儿童提供教育书报等子项目,每个项目都有专人负责。同时,在预算中还注意了区域性规划,也就是为了达到一个共同的目标,将该目标所涵盖的地区作为一个整体纳入预算,而不是单纯的按行政区划来进行预算安排。在预算草案的制定过程中,各职能部门必须首先确定本部门支出的优先目标。通过这些改革,既增加了预算的透明度,又提高了工作效率和财政资金的使用效益,既强化了预算的责任,又强化了部门的责任。

二、议会审查监督预算的主要特点

巴西议会负责制定财政法令、法规,审议和通过预算。议会下设预算委员会,承担预算审查的主要工作。预算委员会有参议员、众议员和顾问等一百多人组成,此外还有大量专家作为工作人员。预算草案送到议会后,首先送交预算委员会,并分发委员会主要成员,部门预算草案分送各有关的参、众议员。预算委员会按行业分 7 ~ 10 个组,分别审议相关部门的部门预算,部门预算审议的重要形式是举行听证会,有关部长要出席听证会,就本部门预算做 20 分钟陈述并回答议员的问题。在审查预算时,议会可以对预算案进行修改,修改以议案的方式提出,法律规定每个议员最多可以提出 20 个议案,其所提议案涉及金额总额不得超过 200 万雷亚尔。也可以以州的名义提出议案,每个州最多可以提出 15 个议案,3 个以上州还可以提出跨行政区的区域性议案。所有议案内容应限制在政府所提预算草案中已涉及的内容,提出增加支出项目的还要相应提出其收入的来源。每一小组设一名撰稿人,负责起草本小组的审查报告,审查报告在小组全体会议上通过后交预算委员会。预算委员会设一名总撰稿人,负责在小组报告的基础上起草总的审查报告,该报告由预算委员会主席认可后,交预算委员会表决通过，再送议会全体会议表决通过，交总统签署执行。总统有权否决议会通过的预算，但如果议会有三分之二多数坚持这一预算，总统不得再行否决。

项目预算是议会审查的一个重点，审查内容详细、具体。如公路项目审查，相对较长的公路不仅要审查到哪一条道路，还要审查到具体路段，并对主管部门与施工单位的合同进行审查。在预算审查过程中，联邦审计法院大约有 400 人左右为预算委员会工作，提供各种专业帮助和专业支持，比如某一建设项目上年预算执行情况的审计结果，预算审查中一些不清楚的问题也可以要求审计法院进行调查。预算执行中，审计法院发现有不正当行为，可向议会作出报告，议会有权停止支付该项目的资金。

预算审查的具体时间表是：每年的 8 月 31 日前政府预算草案提交议会；9 月 19 日以前各小组举行听证会；10 月 3 日讨论结束；10 月 18 日开始个人、州、区域提案；11 月 13 日各小组通过小组审查报告；11 月 28 日形成总的审查报告并提交预算委员会；12 月 15 日前两院通过预算。

7

美国州政府预算管理情况

美国共有50个州,各州政府的预算管理并没有联邦政府的统一规定和约束,仅须遵守本州的宪法及法律。因此,各州的预算管理既有共性,又不尽相同,甚至在某些方面有较大差异。

一、预算周期

美国州政府一般有两种不同的预算:经常性预算(Operating Budget)和资本性预算(Capital Budget)。经常性预算指保证州政府部门或某一政府项目正常运转的预算。资本性预算指取得或建设重要的资本项目的预算。资本项目包括土地、建筑物和大型设备等。资本项目的资金一般来自于经常性预算的预算结余、特种收入或者是债券销售。本文仅介绍经常性预算的预算周期有关情况。

超过一半的美国州政府采用一年制的预算周期,即预算只提供一个财政年度的资金。有20个州采用两年制的预算周期,即预算一次提供两个财政年度的资金。不过,在这20个州当中有14个州的议会每年都召开会议,因此实际上这些州的议会仍然每年都要审议预算。

美国州政府预算编制过程是各州政府在相互竞争的需求中确定优先公共事项的过程。参与预算编制有关各方基于各自的权利和义务也对政府预算的最后形成有较大影响。

预算编制工作流程图

时间 程序	七月	八月	九月	十月	十一月	十二月	一月	二月	三月	四月	五月	六月
发布预算编制说明												
部门递交预算申请												

续表

时间 程序	七月	八月	九月	十月	十一月	十二月	一月	二月	三月	四月	五月	六月
预算审核，预算听证												
州长确定预算建议												
州长递交预算草案												
议会举行预算听证												
议会通过正式预算												

（注：美国除了阿拉巴马、密歇根、纽约和得克萨斯州外，其余各州的财政年度均为 7 月 1 日至次年的 6 月 30 日。）

1. 预算办公室发布预算编制说明，部门递交预算。一个新的预算周期开始于州预算办公室对各部门发布预算编制的说明。预算编制说明一般包括经济和财政方面的预测情况，如支出总量、通货膨胀率及州长优先考虑的项目等方面内容。预算编制说明一般于夏季发布，各部门一般在秋季向州长递交预算申请。预算办公室通过分析全国及该州的有关经济数据来预测该州的经济及财政收入形势。经济及财政收入形势的预测将在整体上指导和影响预算编制和审核。议会也会参与经济及财政收入预测。在有些州，预算办公室和议会分别对经济及财政收入形势做出自己的预计。而在其他州，预算办公室和议会对经济及财政收入形势通过协商后形成一致意见。此外，在议会通过预算法案递交州长签署之前，预算办公室和议会都将对经济及财政收入形势预测进行修正。

2. 预算办公室审核部门预算申请。州预算办公室负责分析和审核各部门递交的预算申请，并将其归纳整理成州预算建议递交给州长。各部门向州长递交预算申请后，预算办公室开始审核预算申请。预算审核包括项目评估、经济和收入分析以及需求分析。预算办公室经常通过召开预算听证会与各部门协调，从而审核明确各部门的支出需求。在一些州，在预算办公室向州长递交预算建议之前，预算建议先与各部门见面。

3. 州长审定预算建议及向议会提交预算草案。在审核各部门的预算申请后，预算办公室向州长提出预算建议。州长审议该预算建议，对预算建议提出修改意见，交预算办公室整理后向议会递交预算草案，同时对优先安排的项目做重点说明。

4. 议会审议和批准。议会的各委员会分别审议州长递交的各部门预算草案。这一阶段,议会也会召集相关政府部门举行预算听证会。预算须经议会的参、众两院分别通过,因此在通常情况下,参、众两院通过的预算之间经常会有差别。这时需要通过召开参、众两院联席会议来解决,并以法案的形式正式批准预算。

5. 州长签署预算法案。议会通过的预算法案经州长签署后方正式生效。如果该州州长有预算部分否决权的话,预算法案可能会被州长否决或部分否决。

二、有关预算的法律规范

1. 预算平衡的法律规范。州长在财政收支上的权利通常被法律所约束。大多数的州政府都被禁止出现财政赤字,不过在各州的法律表述上不尽相同。有些州要求州长递交一份平衡的预算草案;有些州要求议会通过一份平衡的预算法案;而有些州则要求州长签署后生效的预算法案必须是平衡的。这些预算平衡的法律要求迫使预算办公室和议会在预算编制和调整中必须时刻留意预算的平衡问题。但是,这些法律通常并不禁止在某些情况下(如短期内经济形势发生重大变化或发生不可预见的重大支出)预算执行中出现的财政赤字。例如,2001年"9·11"恐怖袭击后,美国不少州都出现了当年的财政赤字。但这些赤字只能是执行中的赤字,州长必须想尽一切办法来平衡预算,因为年终决算必须是收支平衡的。

2. 州长和议会间权利平衡的法律规范。各州的州长和议会在预算制定和执行过程中的权利不尽相同。例如,在35个州,州长可以给部门下达支出限额;在32个州,州长可以未经议会批准即可开支联邦政府临时追加的拨款;在37个州,州长可以未经议会批准即可压减预算支出;在50个州,州长均有预算否决权;在43个州,州长有否决部分预算法案、通过其余部分的权利;在41个州,州长有否决预算法案中某一拨款事项的一部分、通过其余部分的权利;在14个州,州长有否决预算法案条款某一词语、通过其余部分的权利。与此同时,在所有的50个州,议会都可以通过三分之二以上的多数票推翻州长的否决。

3. 债务融资的法律规范。政府可以通过举债来融资,以便在一个较长的时期内使纳税人获益。各州主要通过发行两种债券来融资:一般债务债券和收入债券。一般债务债券是以全州的信誉和信用作担保的债券。因此,所有的政府资金都可以用来偿还债务,并且还可以通过增加税收的方式来偿还。收入债券是指以某种特定的收入来源作担保的债券。由于这种特定的收入来源有可能下降,甚至不能足额偿还债务,因此对债券的购买者而言,收入债券的风险相对较大。而对发行收入债券的州政府而言则需为这较大的风险付出较多的利息。在 39 个发行一般债券的州当中,只有 9 个州没有在法律上对债务总额进行限制,其他 30 个州对一般债券的总额都设置了限额。限额一般是按一定公式计算得来的,如与该州的一般收入或一般拨款挂钩等。而某些州则对一般债务的总额设置了一个固定的金额。

4. 税收和支出的法律规范。为了控制公共支出的过快增长,很多州的宪法或法律都对税收和支出做出了限制性的规定。如,某些州规定税收的增长不能超过该州居民总收入的一定比例;21 个州要求支出的增长不能超过通货膨胀率的一定比例;某些州要求支出的增长不能超过居民收入的增长等。

三、预算编制方法

为了提高财政支出的效率和效益,美国各州采用增量预算、项目预算、零基预算以及绩效预算等方法来编制政府预算。这些预算编制方法各有特点:增量预算强调预算增量的变化和预算拨款的增减趋势;项目预算强调支出项目要达到的目的,在某些情况下也强调项目的绩效和成果;零基预算强调从根本上审查设立每个机构、部门及项目的价值;绩效预算则运用量化的绩效指标来考核预算支出安排。

美国绝大多数州都同时使用上述多种预算编制方法,其中增量预算和项目预算的使用范围最为广泛。相当多的州已经采用了绩效预算,通过设置、收集和利用绩效考核指标来指导预算编制和执行。有 37 个州在支出项目的层面采用了绩效预算,另外有 41 个州的部分部门参与了绩效指标的收集和考核。

为了避免经济形势的恶化或紧急情况下不可预见的财政支出而导致的财政赤字,各州越来越重视预算稳定基金及应急准备金的设立。

预算稳定基金或者称为"雨天基金"可以使各州在经济衰退时能够保持现有支出水平而不必增加或减少税收。换言之,"雨天基金"起到储蓄账户的作用,即当经济景气时,各州节省下一部分财政收入,用于经济不景气时的开支。不过实际上,预算稳定基金往往不足以支付经济不景气时的开支总额,并不能起到应对经济周期波动的作用。但它确实能够在短期内起到缓冲的作用,从而为找到新的财政收入来源及支出结构的调整提供宝贵的时间。现在总共有 45 个州已经设立了预算稳定基金,其中 36 个州通过公式确定该基金的最高额度。某些州直接确定一个具体金额,大多数州把该基金的最高额度设置为预算收入的一定百分比。

除了预算稳定基金之外,大多数州还设立了应急准备金用于支付不可预见的支出及支出事项已经明确但支出金额尚未能确定的支出。应急准备金通常通过拨款来设立,一般在州长的授权后便可支出,通常用于灾后恢复等。共有48个州有应急准备金,金额从最少的州14031美元到最多的州438431815美元不等。

四、计算机运用和预算文本

美国各州的政府部门主要通过计算机网络报送预算申请,这些预算申请直接进入预算数据库,经过计算机的处理后生成预算工作文件。同时,预算办公室拥有使用本州各种重要预算信息的技术手段。例如,他们实现了与审计、人事、税务、议会等部门的计算机联网,可以通过网络调用有关信息。现在各州预算办公室均在着力开发高度集成的预算管理信息系统,从而实现用同一系统对预算信息、会计信息、工资发放、人员变动等信息的集中统一处理。

各州预算办公室也利用计算机技术增加公民了解政府的渠道,从而增强公民的参政、议政的意识。现在,美国各州预算办公室均有自己的网站,从这些网站上能下载有关预算信息甚至是全套的正式预算文件。

在计算机系统的帮助下,各州均编制了大量的预算文本以规划、评估及监控政府财政收支。这些预算文本包括预算编制说明、部门预算申请、州长递交的预算草案、议会通过的预算法案等。正如我们前面所提到的,美国州政府预算分为经常性预算和资本性预算,预算文本也分为经常性预算文本和资本性预算文本。

1. 经常性预算文本

州长将经常性预算草案递交议会时一般为一个大本或分部门的几个小本,一般都有数百甚至上千页,细分到了各部门的二级单位及每个支出项目。预算文本对经济形势分析、收入预测、各部门职责、各项目情况等都有详细的介绍,而且对各部门和项目设立的法律依据、人员情况、工作量、绩效考核目标等一一说明。经常性预算文本内容非常严谨、详尽,为预算的严格执行打下了扎实的基础。

2. 资本性预算文本

各州通常将资本性预算与经常性预算区分开来单独列报,并单独制作资本性预算文本。资本性预算文本对政府的主要资本投资及资本建设项目进行详细的说明。资本性预算可能只包括一个财政年度,但大多数情况下资本性预算包含了今后几个财政年度(一般为4年)的有关资本支出的情况。在很多州,资本性预算的确定由预算办公室和其他部门共同承担,如公共事务局、基础设施建设局等。

五、预算执行与调整

预算生效后便进入执行阶段。预算办公室在预算执行中仍处于主导地位。预算办公室主要通过用款额度来控制各部门预算支出的进度，而在这一点上议会没有发言权。各部门即使有支出预算，但是如果没有预算办公室批准的用款额度，仍然不能进行支付。在大部分州，每季度各部门就本季度用款额度提出申请，预算办公室根据收入情况及支出的轻重缓急进行审批。但在收入形势比较紧张的情况下，用款额度的申请和审批会改为每月一次。

政府的各种支出都必须在支出预算的框架内进行，但在某些情况下支出预算必须进行一些必要的调整。在预算调整方面，各州的规定也不尽相同。所有州都允许同一部门的同一支出项目内部进行预算调整，通常这种调整不需经过批准或者只需预算办公室同意即可。45 个州允许在同一部门的不同支出项目之间进行预算调整，通常这种调整需要经过预算办公室或议会的同意。25 个州允许在不同的部门之间进行预算调整，通常这种调整需要经过议会的同意。

注：摘自财政部网站。

附录二

宪法、预算法及与预算相关的法律、法规和规章选编

1

中华人民共和国宪法(节选)

(2004 年修正文本)

第六十二条 全国人民代表大会行使下列职权:

……

(十)审查和批准国家的预算和预算执行情况的报告;

第六十七条 全国人民代表大会常务委员会行使下列职权:

……

(五)在全国人民代表大会闭会期间,审查和批准国民经济和社会发展计划、国家预算在执行过程中所必须作的部分调整方案;

第八十九条 国务院行使下列职权:

……

(五)编制和执行国民经济和社会发展计划和国家预算;

第九十一条 国务院设立审计机关,对国务院各部门和地方

各级政府的财政收支,对国家的财政金融机构和企业事业组织的财务收支,进行审计监督。

审计机关在国务院总理领导下,依照法律规定独立行使审计监督权,不受其他行政机关、社会团体和个人的干涉。

第九十九条 ……

县级以上的地方各级人民代表大会审查和批准本行政区域内的国民经济和社会发展计划、预算以及它们的执行情况的报告;有权改变或者撤销本级人民代表大会常务委员会不适当的决定。

第一百一十七条 民族自治地方的自治机关有管理地方财政的自治权。凡是依照国家财政体制属于民族自治地方的财政收入,都应当由民族自治地方的自治机关自主地安排使用。

中华人民共和国预算法

（1994年3月22日第八届全国人民代表大会第二次会议通过　1994年3月22日中华人民共和国主席令第二十一号公布　自1995年1月1日起施行 根据2014年8月31日第十二届全国人民代表大会常务委员会第十次会议《全国人民代表大会常务委员会关于修改〈中华人民共和国预算法〉的决定》修正　自2015年1月1日起施行）

第一章　总　　则

第一条　为了规范政府收支行为，强化预算约束，加强对预算的管理和监督，建立健全全面规范、公开透明的预算制度，保障经济社会的健康发展，根据宪法，制定本法。

第二条　预算、决算的编制、审查、批准、监督，以及预算的执行和调整，依照本法规定执行。

第三条　国家实行一级政府一级预算，设立中央，省、自治区、直辖市，设区的市、自治州，县、自治县、不设区的市、市辖区，乡、民族乡、镇五级预算。

全国预算由中央预算和地方预算组成。地方预算由各省、自治区、直辖市总预算组成。

地方各级总预算由本级预算和汇总的下一级总预算组成；下一级只有本级预算的，下一级总预算即指下一级的本级预算。没有下一级预算的，总预算即指本级预算。

第四条　预算由预算收入和预算支出组成。

政府的全部收入和支出都应当纳入预算。

第五条　预算包括一般公共预算、政府性基金预算、国有资本经营预算、社会保险基金预算。

一般公共预算、政府性基金预算、国有资本经营预算、社会保险基金预算应当保持完整、独立。政府性基金预算、国有资本经营预算、社会保险基金预算应当与一般公共预算相衔接。

第六条　一般公共预算是对以税收为主体的财政收入，安排用于保障和改善民生、推动经济社会发展、维护国家安全、维持国家机构正常运转等方面的收支预算。

中央一般公共预算包括中央各部门（含直属单位，下同）的预算和中央对地方的税收返还、转移支付预算。

中央一般公共预算收入包括中央本级收入和地方向中央的上解收入。中央一般公共预算支出包括中央本级支出、中央对地方的税收返还和转移支付。

第七条 地方各级一般公共预算包括本级各部门(含直属单位,下同)的预算和税收返还、转移支付预算。

地方各级一般公共预算收入包括地方本级收入、上级政府对本级政府的税收返还和转移支付、下级政府的上解收入。地方各级一般公共预算支出包括地方本级支出、对上级政府的上解支出、对下级政府的税收返还和转移支付。

第八条 各部门预算由本部门及其所属各单位预算组成。

第九条 政府性基金预算是对依照法律、行政法规的规定在一定期限内向特定对象征收、收取或者以其他方式筹集的资金,专项用于特定公共事业发展的收支预算。

政府性基金预算应当根据基金项目收入情况和实际支出需要,按基金项目编制,做到以收定支。

第十条 国有资本经营预算是对国有资本收益作出支出安排的收支预算。

国有资本经营预算应当按照收支平衡的原则编制,不列赤字,并安排资金调入一般公共预算。

第十一条 社会保险基金预算是对社会保险缴款、一般公共预算安排和其他方式筹集的资金,专项用于社会保险的收支预算。

社会保险基金预算应当按照统筹层次和社会保险项目分别编制,做到收支平衡。

第十二条 各级预算应当遵循统筹兼顾、勤俭节约、量力而行、讲求绩效和收支平衡的原则。

各级政府应当建立跨年度预算平衡机制。

第十三条 经人民代表大会批准的预算,非经法定程序,不得调整。各级政府、各部门、各单位的支出必须以经批准的预算为依据,未列入预算的不得支出。

第十四条 经本级人民代表大会或者本级人民代表大会常务委员会批准的预算、预算调整、决算、预算执行情况的报告及报表,应当在批准后二十日内由本级政府财政部门向社会公开,并对本级政府财政转移支付安排、执行的情况以及举借债务的情况等重要事项作出说明。

经本级政府财政部门批复的部门预算、决算及报表,应当在批复后二十日内由各部门向社会公开,并对部门预算、决算中机关运行经费的安排、使用情况等重要事项作出说明。

各级政府、各部门、各单位应当将政府采购的情况及时向社会公开。

本条前三款规定的公开事项,涉及国家秘密的除外。

第十五条 国家实行中央和地方分税制。

第十六条 国家实行财政转移支付制度。财政转移支付应当规范、公平、公开,以推进地区间基本公共服务均等化为主要目标。

财政转移支付包括中央对地方的转移支付和地方上级政府对下级政府的转移支付,以为均衡地区间基本财力、由下级政府统筹安排使用的一般性转移支付为主体。

按照法律、行政法规和国务院的规定可以设立专项转移支付,用于办理特定事项。建立健全专项转移支付定期评估和退出机制。市场竞争机制能够有效调节的事项不得设立专项转移支付。

上级政府在安排专项转移支付时,不得要求下级政府承担配套资金。但是,按照国务院的规定应当由上下级政府共同承担的事项除外。

第十七条 各级预算的编制、执行应当建立健全相互制约、相互协调的机制。

第十八条 预算年度自公历1月1日起,至12月31日止。

第十九条 预算收入和预算支出以人民币元为计算单位。

第二章 预算管理职权

第二十条 全国人民代表大会审查中央和地方预算草案及中央和地方预算执行情况的报告;批准中央预算和中央预算执行情况的报告;改变或者撤销全国人民代表大会常务委员会关于预算、决算的不适当的决议。

全国人民代表大会常务委员会监督中央和地方预算的执行;审查和批准中央预算的调整方案;审查和批准中央决算;撤销国务院制定的同宪法、法律相抵触的关于预算、决算的行政法规、决定和命令;撤销省、自治区、直辖市人民代表大会及其常务委员会制定的同宪法、法律和行政法规相抵触的关于预算、决算的地方性法规和决议。

第二十一条 县级以上地方各级人民代表大会审查本级总预算草案及本级总预算执行情况的报告;批准本级预算和本级预算执行情况的报告;改变或者撤销本级人民代表大会常务委员会关于预算、决算的不适当的决议;撤销本级政府关于预算、决算的不适当的决定和命令。

县级以上地方各级人民代表大会常务委员会监督本级总预算的执行;审查和批准本级预算的调整方案;审查和批准本级决算;撤销本级政府和下一级人民代表大会及其常务委员会关于预算、决算的不适当的决定、命令和决议。

乡、民族乡、镇的人民代表大会审查和批准本级预算和本级预算执行情况的报告;监督本级预算的执行;审查和批准本级预算的调整方案;审查和批准本级决算;撤销本级政府关于预算、决算的不适当的决定和命令。

第二十二条 全国人民代表大会财政经济委员会对中央预算草案初步方案及上一年预算执行情况、中央预算调整初步方案和中央决算草案进行初步审查,提出初步审查意见。

省、自治区、直辖市人民代表大会有关专门委员会对本级预算草案初步方案及上一年预算执行情况、本级预算调整初步方案和本级决算草案进行初步审查,提出初步审查意见。

设区的市、自治州人民代表大会有关专门委员会对本级预算草案初步方案及上一年预算执行情况、本级预算调整初步方案和本级决算草案进行初步审查,提出初步审查意见,未设立专门委员会的,由本级人民代表大会常务委员会有关工作机构研究提出意见。

县、自治县、不设区的市、市辖区人民代表大会常务委员会对本级预算草案初步方案及上一年预算执行情况进行初步审查,提出初步审查意见。县、自治县、不设区的市、市辖区人民代表大会常务委员会有关工作机构对本级预算调整初步方案和本级决算草案研究提出意见。

设区的市、自治州以上各级人民代表大会有关专门委员会进行初步审查、常务委员会有关工作机构研究提出意见时,应当邀请本级人民代表大会代表参加。

对依照本条第一款至第四款规定提出的意见,本级政府财政部门应当将处理情况及时反馈。

依照本条第一款至第四款规定提出的意见以及本级政府财政部门反馈的处理情况报告，应当印发本级人民代表大会代表。

全国人民代表大会常务委员会和省、自治区、直辖市、设区的市、自治州人民代表大会常务委员会有关工作机构，依照本级人民代表大会常务委员会的决定，协助本级人民代表大会财政经济委员会或者有关专门委员会承担审查预算草案、预算调整方案、决算草案和监督预算执行等方面的具体工作。

第二十三条 国务院编制中央预算、决算草案；向全国人民代表大会作关于中央和地方预算草案的报告；将省、自治区、直辖市政府报送备案的预算汇总后报全国人民代表大会常务委员会备案；组织中央和地方预算的执行；决定中央预算预备费的动用；编制中央预算调整方案；监督中央各部门和地方政府的预算执行；改变或者撤销中央各部门和地方政府关于预算、决算的不适当的决定、命令；向全国人民代表大会、全国人民代表大会常务委员会报告中央和地方预算的执行情况。

第二十四条 县级以上地方各级政府编制本级预算、决算草案；向本级人民代表大会作关于本级总预算草案的报告；将下一级政府报送备案的预算汇总后报本级人民代表大会常务委员会备案；组织本级总预算的执行；决定本级预算预备费的动用；编制本级预算的调整方案；监督本级各部门和下级政府的预算执行；改变或者撤销本级各部门和下级政府关于预算、决算的不适当的决定、命令；向本级人民代表大会、本级人民代表大会常务委员会报告本级总预算的执行情况。

乡、民族乡、镇政府编制本级预算、决算草案；向本级人民代表大会作关于本级预算草案的报告；组织本级预算的执行；决定本级预算预备费的动用；编制本级预算的调整方案；向本级人民代表大会报告本级预算的执行情况。

经省、自治区、直辖市政府批准，乡、民族乡、镇本级预算草案、预算调整方案、决算草案，可以由上一级政府代编，并依照本法第二十一条的规定报乡、民族乡、镇的人民代表大会审查和批准。

第二十五条 国务院财政部门具体编制中央预算、决算草案；具体组织中央和地方预算的执行；提出中央预算预备费动用方案；具体编制中央预算的调整方案；定期向国务院报告中央和地方预算的执行情况。

地方各级政府财政部门具体编制本级预算、决算草案；具体组织本级总预算的执行；提出本级预算预备费动用方案；具体编制本级预算的调整方案；定期向本级政府和上一级政府财政部门报告本级总预算的执行情况。

第二十六条 各部门编制本部门预算、决算草案；组织和监督本部门预算的执行；定期向本级政府财政部门报告预算的执行情况。

各单位编制本单位预算、决算草案；按照国家规定上缴预算收入，安排预算支出，并接受国家有关部门的监督。

第三章 预算收支范围

第二十七条 一般公共预算收入包括各项税收收入、行政事业性收费收入、国有资源（资产）有偿使用收入、转移性收入和其他收入。

一般公共预算支出按照其功能分类，包括一般公共服务支出，外交、公共安全、国防支出，农业、环境保护支出，教育、科技、文化、卫生、体育支出，社会保障及就业支出和其他支出。

一般公共预算支出按照其经济性质分类，包括工资福利支出、商品和服务支出、资本性支出和其他支出。

第二十八条 政府性基金预算、国有资本经营预算和社会保险基金预算的收支范围，按照法律、行政法规和国务院的规定执行。

第二十九条 中央预算与地方预算有关收入和支出项目的划分、地方向中央上解收入、中央对地方税收返还或者转移支付的具体办法，由国务院规定，报全国人民代表大会常务委员会备案。

第三十条 上级政府不得在预算之外调用下级政府预算的资金。下级政府不得挤占或者截留属于上级政府预算的资金。

第四章 预算编制

第三十一条 国务院应当及时下达关于编制下一年预算草案的通知。编制预算草案的具体事项由国务院财政部门部署。

各级政府、各部门、各单位应当按照国务院规定的时间编制预算草案。

第三十二条 各级预算应当根据年度经济社会发展目标、国家宏观调控总体要求和跨年度预算平衡的需要，参考上一年预算执行情况、有关支出绩效评价结果和本年度收支预测，按照规定程序征求各方面意见后，进行编制。

各级政府依据法定权限作出决定或者制定行政措施，凡涉及增加或者减少财政收入或者支出的，应当在预算批准前提出并在预算草案中作出相应安排。

各部门、各单位应当按照国务院财政部门制定的政府收支分类科目、预算支出标准和要求，以及绩效目标管理等预算编制规定，根据其依法履行职能和事业发展的需要以及存量资产情况，编制本部门、本单位预算草案。

前款所称政府收支分类科目，收入分为类、款、项、目；支出按其功能分类分为类、款、项，按其经济性质分类分为类、款。

第三十三条 省、自治区、直辖市政府应当按照国务院规定的时间，将本级总预算草案报国务院审核汇总。

第三十四条 中央一般公共预算中必需的部分资金，可以通过举借国内和国外债务等方式筹措，举借债务应当控制适当的规模，保持合理的结构。

对中央一般公共预算中举借的债务实行余额管理，余额的规模不得超过全国人民代表大会批准的限额。

国务院财政部门具体负责对中央政府债务的统一管理。

第三十五条 地方各级预算按照量入为出、收支平衡的原则编制，除本法另有规定外，不列赤字。

经国务院批准的省、自治区、直辖市的预算中必需的建设投资的部分资金，可以在国务院确定的限额内，通过发行地方政府债券举借债务的方式筹措。举借债务的规模，由国务院报全国人民代表大会或者全国人民代表大会常务委员会批准。省、自治区、直辖市依照国务院下达的限额举借的债务,列入本级预算调整方案,报本级人民代表大会常务委员会批准。举借的债务应当有偿还计划和稳定的偿还资金来源,只能用于公益性资本支出,不得用于经常性支出。

除前款规定外,地方政府及其所属部门不得以任何方式举借债务。

除法律另有规定外,地方政府及其所属部门不得为任何单位和个人的债务以任何方式提供担保。

国务院建立地方政府债务风险评估和预警机制、应急处置机制以及责任追究制度。国务院财政部门对地方政府债务实施监督。

第三十六条 各级预算收入的编制,应当与经济社会发展水平相适应,与财政政策相衔接。

各级政府、各部门、各单位应当依照本法规定,将所有政府收入全部列入预算,不得隐瞒、少列。

第三十七条 各级预算支出应当依照本法规定,按其功能和经济性质分类编制。

各级预算支出的编制,应当贯彻勤俭节约的原则,严格控制各部门、各单位的机关运行经费和楼堂馆所等基本建设支出。

各级一般公共预算支出的编制,应当统筹兼顾,在保证基本公共服务合理需要的前提下,优先安排国家确定的重点支出。

第三十八条 一般性转移支付应当按照国务院规定的基本标准和计算方法编制。专项转移支付应当分地区、分项目编制。

县级以上各级政府应当将对下级政府的转移支付预计数提前下达下级政府。

地方各级政府应当将上级政府提前下达的转移支付预计数编入本级预算。

第三十九条 中央预算和有关地方预算中应当安排必要的资金,用于扶助革命老区、民族地区、边疆地区、贫困地区发展经济社会建设事业。

第四十条 各级一般公共预算应当按照本级一般公共预算支出额的百分之一至百分之三设置预备费,用于当年预算执行中的自然灾害等突发事件处理增加的支出及其他难以预见的开支。

第四十一条 各级一般公共预算按照国务院的规定可以设置预算周转金,用于本级政府调剂预算年度内季节性收支差额。

各级一般公共预算按照国务院的规定可以设置预算稳定调节基金,用于弥补以后年度预算资金的不足。

第四十二条 各级政府上一年预算的结转资金,应当在下一年用于结转项目的支出;连续两年未用完的结转资金,应当作为结余资金管理。

各部门、各单位上一年预算的结转、结余资金按照国务院财政部门的规定办理。

第四十三条 中央预算由全国人民代表大会审查和批准。

地方各级预算由本级人民代表大会审查和批准。

第四十四条 国务院财政部门应当在每年全国人民代表大会会议举行的四十五日前,将中央预算草案的初步方案提交全国人民代表大会财政经济委员会进行初步审查。

省、自治区、直辖市政府财政部门应当在本级人民代表大会会议举行的三十日前，将本级预算草案的初步方案提交本级人民代表大会有关专门委员会进行初步审查。

设区的市、自治州政府财政部门应当在本级人民代表大会会议举行的三十日前，将本级预算草案的初步方案提交本级人民代表大会有关专门委员会进行初步审查，或者送交本级人民代表大会常务委员会有关工作机构征求意见。

县、自治县、不设区的市、市辖区政府应当在本级人民代表大会会议举行的三十日前，将本级预算草案的初步方案提交本级人民代表大会常务委员会进行初步审查。

第四十五条 县、自治县、不设区的市、市辖区、乡、民族乡、镇的人民代表大会举行会议审查预算草案前，应当采用多种形式，组织本级人民代表大会代表，听取选民和社会各界的意见。

第四十六条 报送各级人民代表大会审查和批准的预算草案应当细化。本级一般公共预算支出，按其功能分类应当编列到项；按其经济性质分类，基本支出应当编列到款。本级政府性基金预算、国有资本经营预算、社会保险基金预算支出，按其功能分类应当编列到项。

第五章 预算审查和批准

第四十七条 国务院在全国人民代表大会举行会议时，向大会作关于中央和地方预算草案以及中央和地方预算执行情况的报告。

地方各级政府在本级人民代表大会举行会议时，向大会作关于总预算草案和总预算执行情况的报告。

第四十八条 全国人民代表大会和地方各级人民代表大会对预算草案及其报告、预算执行情况的报告重点审查下列内容：

（一）上一年预算执行情况是否符合本级人民代表大会预算决议的要求；

（二）预算安排是否符合本法的规定；

（三）预算安排是否贯彻国民经济和社会发展的方针政策，收支政策是否切实可行；

（四）重点支出和重大投资项目的预算安排是否适当；

（五）预算的编制是否完整，是否符合本法第四十六条的规定；

（六）对下级政府的转移性支出预算是否规范、适当；

（七）预算安排举借的债务是否合法、合理，是否有偿还计划和稳定的偿还资金来源；

（八）与预算有关重要事项的说明是否清晰。

第四十九条 全国人民代表大会财政经济委员会向全国人民代表大会主席团提出关于中央和地方预算草案及中央和地方预算执行情况的审查结果报告。

省、自治区、直辖市、设区的市、自治州人民代表大会有关专门委员会，县、自治县、不设区的市、市辖区人民代表大会常务委员会，向本级人民代表大会主席团提出关于总预算草案及上一年总预算执行情况的审查结果报告。

审查结果报告应当包括下列内容：

（一）对上一年预算执行和落实本级人民代表大会预算决议的情况作出评价；

（二）对本年度预算草案是否符合本法的规定，是否可行作出评价；

（三）对本级人民代表大会批准预算草案和预算报告提出建议；

（四）对执行年度预算、改进预算管理、提高预算绩效、加强预算监督等提出意见和建议。

第五十条 乡、民族乡、镇政府应当及时将经本级人民代表大会批准的本级预算报上一级政府备案。县级以上地方各级政府应当及时将经本级人民代表大会批准的本级预算及下一级政府报送备案的预算汇总，报上一级政府备案。

县级以上地方各级政府将下一级政府依照前款规定报送备案的预算汇总后，报本级人民代表大会常务委员会备案。国务院将省、自治区、直辖市政府依照前款规定报送备案的预算汇总后，报全国人民代表大会常务委员会备案。

第五十一条 国务院和县级以上地方各级政府对下一级政府依照本法第四十条规定报送备案的预算，认为有同法律、行政法规相抵触或者有其他不适当之处，需要撤销批准预算的决议的，应当提请本级人民代表大会常务委员会审议决定。

第五十二条 各级预算经本级人民代表大会批准后，本级政府财政部门应当在二十日内向本级各部门批复预算。各部门应当在接到本级政府财政部门批复的本部门预算后十五日内向所属各单位批复预算。

中央对地方的一般性转移支付应当在全国人民代表大会批准预算后三十日内正式下达。中央对地方的专项转移支付应当在全国人民代表大会批准预算后九十日内正式下达。

省、自治区、直辖市政府接到中央一般性转移支付和专项转移支付后，应当在三十日内正式下达到本行政区域县级以上各级政府。

县级以上地方各级预算安排对下级政府的一般性转移支付和专项转移支付，应当分别在本级人民代表大会批准预算后的三十日和六十日内正式下达。

对自然灾害等突发事件处理的转移支付，应当及时下达预算；对据实结算等特殊项目的转移支付，可以分期下达预算，或者先预付后结算。

县级以上各级政府财政部门应当将批复本级各部门的预算和批复下级政府的转移支付预算，抄送本级人民代表大会财政经济委员会、有关专门委员会和常务委员会有关工作机构。

第六章 预算执行

第五十三条 各级预算由本级政府组织执行，具体工作由本级政府财政部门负责。

各部门、各单位是本部门、本单位的预算执行主体，负责本部门、本单位的预算执行，并对执行结果负责。

第五十四条 预算年度开始后，各级预算草案在本级人民代表大会批准前，可以安排下列支出：

（一）上一年度结转的支出；

（二）参照上一年同期的预算支出数额安排必须支付的本年度部门基本支出、项目支出，以及对下级政府的转移性支出；

（三）法律规定必须履行支付义务的支出，以及用于自然灾害等突发事件处理的支出。

根据前款规定安排支出的情况，应当在预算草案的报告中作出说明。

预算经本级人民代表大会批准后，按照批准的预算执行。

第五十五条 预算收入征收部门和单位，必须依照法律、行政法规的规定，及时、足额征收应征的预算收入。不得违反法律、行政法规规定,多征、提前征收或者减征、免征、缓征应征的预算收入,不得截留、占用或者挪用预算收入。

各级政府不得向预算收入征收部门和单位下达收入指标。

第五十六条 政府的全部收入应当上缴国家金库(以下简称国库),任何部门、单位和个人不得截留、占用、挪用或者拖欠。

对于法律有明确规定或者经国务院批准的特定专用资金,可以依照国务院的规定设立财政专户。

第五十七条 各级政府财政部门必须依照法律、行政法规和国务院财政部门的规定,及时、足额地拨付预算支出资金,加强对预算支出的管理和监督。

各级政府、各部门、各单位的支出必须按照预算执行,不得虚假列支。

各级政府、各部门、各单位应当对预算支出情况开展绩效评价。

第五十八条 各级预算的收入和支出实行收付实现制。

特定事项按照国务院的规定实行权责发生制的有关情况,应当向本级人民代表大会常务委员会报告。

第五十九条 县级以上各级预算必须设立国库;具备条件的乡、民族乡、镇也应当设立国库。

中央国库业务由中国人民银行经理,地方国库业务依照国务院的有关规定办理。

各级国库应当按照国家有关规定,及时准确地办理预算收入的收纳、划分、留解、退付和预算支出的拨付。

各级国库库款的支配权属于本级政府财政部门。除法律、行政法规另有规定外,未经本级政府财政部门同意,任何部门、单位和个人都无权冻结、动用国库库款或者以其他方式支配已入国库的库款。

各级政府应当加强对本级国库的管理和监督,按照国务院的规定完善国库现金管理,合理调节国库资金余额。

各级政府应当加强对本级国库的管理和监督。

第六十条 已经缴入国库的资金,依照法律、行政法规的规定或者国务院的决定需要退付的,各级政府财政部门或者其授权的机构应当及时办理退付。按照规定应当由财政支出安排的事项,不得用退库处理。

第六十一条 国家实行国库集中收缴和集中支付制度,对政府全部收入和支出实行国库集中收付管理。

第六十二条 各级政府应当加强对预算执行的领导,支持政府财政、税务、海关等预算收入的征收部门依法组织预算收入,支持政府财政部门严格管理预算支出。

财政、税务、海关等部门在预算执行中,应当加强对预算执行的分析;发现问题时应当及时建议本级政府采取措施予以解决。

第六十三条 各部门、各单位应当加强对预算收入和支出的管理,不得截留或者动用应当上缴的预算收入,不得擅自改变预算支出的用途。

第六十四条 各级预算预备费的动用方案,由本级政府财政部门提出,报本级政府决定。

第六十五条 各级预算周转金由本级政府财政部门管理,不得挪作他用。

第六十六条 各级一般公共预算年度执行中有超收收入的,只能用于冲减赤字或者补充预算稳定调节基金。

各级一般公共预算的结余资金,应当补充预算稳定调节基金。

省、自治区、直辖市一般公共预算年度执行中出现短收,通过调入预算稳定调节基金、减少支出等方式仍不能实现收支平衡的,省、自治区、直辖市政府报本级人民代表大会或者其常务委员会批准,可以增列赤字,报国务院财政部门备案,并应当在下一年度预算中予以弥补。

第七章 预算调整

第六十七条 经全国人民代表大会批准的中央预算和经地方各级人民代表大会批准的地方各级预算,在执行中出现下列情况之一的,应当进行预算调整:

(一)需要增加或者减少预算总支出的;

(二)需要调入预算稳定调节基金的;

(三)需要调减预算安排的重点支出数额的;

(四)需要增加举借债务数额的。

第六十八条 在预算执行中,各级政府一般不制定新的增加财政收入或者支出的政策和措施,也不制定减少财政收入的政策和措施;必须作出并需要进行预算调整的,应当在预算调整方案中作出安排。

第六十九条 在预算执行中,各级政府对于必须进行的预算调整,应当编制预算调整方案。预算调整方案应当说明预算调整的理由、项目和数额。

在预算执行中,由于发生自然灾害等突发事件,必须及时增加预算支出的,应当先动支预备费;预备费不足支出的,各级政府可以先安排支出,属于预算调整的,列入预算调整方案。

国务院财政部门应当在全国人民代表大会常务委员会举行会议审查和批准预算调整方案的三丨日前,将预算调整初步方案送交全国人民代表大会财政经济委员会进行初步审查。

省、自治区、直辖市政府财政部门应当在本级人民代表大会常务委员会举行会议审查和批准预算调整方案的三十日前,将预算调整初步方案送交本级人民代表大会有关专门委员会进行初步审查。

设区的市、自治州政府财政部门应当在本级人民代表大会常务委员会举行会议审查和批准预算调整方案的三十日前,将预算调整初步方案送交本级人民代表大会有关专门委员会进行初步审查,或者送交本级人民代表大会常务委员会有关工作机构征求意见。

县、自治县、不设区的市、市辖区政府财政部门应当在本级人民代表大会常务委员会举行会议审查和批准预算调整方案的三十日前,将预算调整初步方案送交本级人民代表大会常务委员会有关工作机构征求意见。

中央预算的调整方案应当提请全国人民代表大会常务委员会审查和批准。县级以上地方各级预算的调整方案应当提请本级人民代表大会常务委员会审查和批准;乡、民族乡、镇预算的调整方案应当提请本级人民代表大会审查和批准。未经批准,不得调整预算。

第七十条 经批准的预算调整方案,各级政府应当严格执行。未经本法第六十九条规定的程序,各级政府不得作出预算调整的决定。

对违反前款规定作出的决定,本级人民代表大会、本级人民代表大会常务委员会会或者上级政府应当责令其改变或者撤销。

第七十一条 在预算执行中,地方各级政府因上级政府增加不需要本级政府提供配套资金的专项转移支付而引起的预算支出变化,不属于预算调整。

接受增加专项转移支付的县级以上地方各级政府应当向本级人民代表大会常务委员会报告有关情况;接受增加专项转移支付的乡、民族乡、镇政府应当向本级人民代表大会报告有关情况。

第七十二条 各部门、各单位的预算支出应当按照预算科目执行。严格控制不同预算科目、预算级次或者项目间的预算资金的调剂,确需调剂使用的,按照国务院财政部门的规定办理。

第七十三条 地方各级预算的调整方案经批准后,由本级政府报上一级政府备案。

第八章 决 算

第七十四条 决算草案由各级政府、各部门、各单位,在每一预算年度终了后按照国务院规定的时间编制。

编制决算草案的具体事项,由国务院财政部门部署。

第七十五条 编制决算草案,必须符合法律、行政法规,做到收支真实、数额准确、内容完整、报送及时。

决算草案应当与预算相对应,按预算数、调整预算数、决算数分别列出。一般公共预算支出应当按其功能分类编列到项,按其经济性质分类编列到款。

第七十六条 各部门对所属各单位的决算草案,应当审核并汇总编制本部门的决算草案,在规定的期限内报本级政府财政部门审核。

各级政府财政部门对本级各部门决算草案审核后发现有不符合法律、行政法规规定的,有权予以纠正

第七十七条 国务院财政部门编制中央决算草案,经国务院审计部门审计后,报国务院审定,由国务院提请全国人民代表大会常务委员会审查和批准。

县级以上地方各级政府财政部门编制本级决算草案,经本级政府审计部门审计后,报本级政府审定,由本级政府提请本级人民代表大会常务委员会审查和批准。

乡、民族乡、镇政府编制本级决算草案,提请本级人民代表大会审查和批准。

第七十八条 国务院财政部门应当在全国人民代表大会常务委员会举行会议审查和批准中央决算草案的三十日前,将上一年度中央决算草案提交全国人民代表大会财政经济委员会进行初步审查。

省、自治区、直辖市政府财政部门应当在本级人民代表大会常务委员会举行会议审查和批准本级决算草案的三十日前,将上一年度本级决算草案提交本级人民代表大会有关专门委员会进行初步审查。

设区的市、自治州政府财政部门应当在本级人民代表大会常务委员会举行会议审查和

批准本级决算草案的三十日前,将上一年度本级决算草案提交本级人民代表大会有关专门委员会进行初步审查,或者送交本级人民代表大会常务委员会有关工作机构征求意见。

县、自治县、不设区的市、市辖区政府财政部门应当在本级人民代表大会常务委员会举行会议审查和批准本级决算草案的三十日前,将上一年度本级决算草案送交本级人民代表大会常务委员会有关工作机构征求意见。

全国人民代表大会财政经济委员会和省、自治区、直辖市、设区的市、自治州人民代表大会有关专门委员会,向本级人民代表大会常务委员会提出关于本级决算草案的审查结果报告。

第七十九条 县级以上各级人民代表大会常务委员会和乡、民族乡、镇人民代表大会对本级决算草案,重点审查下列内容:

(一)预算收入情况;

(二)支出政策实施情况和重点支出、重大投资项目资金的使用及绩效情况;

(三)结转资金的使用情况;

(四)资金结余情况;

(五)本级预算调整及执行情况;

(六)财政转移支付安排执行情况;

(七)经批准举借债务的规模、结构、使用、偿还等情况;

(八)本级预算周转金规模和使用情况;

(九)本级预备费使用情况;

(十)超收收入安排情况,预算稳定调节基金的规模和使用情况;

(十一)本级人民代表大会批准的预算决议落实情况;

(十二)其他与决算有关的重要情况。

县级以上各级人民代表大会常务委员会应当结合本级政府提出的上一年度预算执行和其他财政收支的审计工作报告,对本级决算草案进行审查。

第八十条 各级决算经批准后,财政部门应当在二十日内向本级各部门批复决算。各部门应当在接到本级政府财政部门批复的本部门决算后十五日内向所属单位批复决算。

第八十一条 地方各级政府应当将经批准的决算及下一级政府上报备案的决算汇总,报上一级政府备案。

县级以上各级政府应当将下一级政府报送备案的决算汇总后,报本级人民代表大会常务委员会备案。

第八十二条 国务院和县级以上地方各级政府对下一级政府依照本法第六十四条规定报送备案的决算,认为有同法律、行政法规相抵触或者有其他不适当之处,需要撤销批准该项决算的决议的,应当提请本级人民代表大会常务委员会会审议决定;经审议决定撤销的,该下级人民代表大会常务委员会会应当责成本级政府依照本法规定重新编制决算草案,提请本级人民代表大会常务委员会会审查和批准。

第九章 监督

第八十三条 全国人民代表大会及其常务委员会会对中央和地方预算、决算进行监督。

县级以上地方各级人民代表大会及其常务委员会会对本级和下级预算、决算进行监督。

乡、民族乡、镇人民代表大会对本级预算、决算进行监督。

第八十四条 各级人民代表大会和县级以上各级人民代表大会常务委员会会有权就预算、决算中的重大事项或者特定问题组织调查，有关的政府、部门、单位和个人应当如实反映情况和提供必要的材料。

第八十五条 各级人民代表大会和县级以上各级人民代表大会常务委员会会举行会议时，人民代表大会代表或者常务委员会会组成人员，依照法律规定程序就预算、决算中的有关问题提出询问或者质询，受询问或者受质询的有关的政府或者财政部门必须及时给予答复。

第八十六条 国务院和县级以上地方各级政府应当在每年六月至九月期间向本级人民代表大会常务委员会报告预算执行情况。

第八十七条 各级政府监督下级政府的预算执行；下级政府应当定期向上一级政府报告预算执行情况。

第八十八条 各级政府财政部门负责监督检查本级各部门及其所属各单位预算的编制、执行，并向本级政府和上一级政府财政部门报告预算执行情况。

第八十九条 县级以上政府审计部门依法对预算执行、决算实行审计监督。

对预算执行和其他财政收支的审计工作报告应当向社会公开。

第九十条 政府各部门负责监督检查所属各单位的预算执行，及时向本级政府财政部门反映本部门预算执行情况，依法纠正违反预算的行为。

第九十一条 公民、法人或者其他组织发现有违反本法的行为，可以依法向有关国家机关进行检举、控告。

接受检举、控告的国家机关应当依法进行处理，并为检举人、控告人保密。任何单位或者个人不得压制和打击报复检举人、控告人。

第十章 法律责任

第九十二条 各级政府及有关部门有下列行为之一的，责令改正，对负有直接责任的主管人员和其他直接责任人员追究行政责任：

（一）未依照本法规定，编制、报送预算草案、预算调整方案、决算草案和部门预算、决算以及批复预算、决算的；

（二）违反本法规定，进行预算调整的；

（三）未依照本法规定对有关预算事项进行公开和说明的；

（四）违反规定设立政府性基金项目和其他财政收入项目的；

（五）违反法律、法规规定使用预算预备费、预算周转金、预算稳定调节基金、超收收入的；

（六）违反本法规定开设财政专户的。

第九十三条 各级政府及有关部门、单位有下列行为之一的，责令改正，对负有直接责任的主管人员和其他直接责任人员依法给予降级、撤职、开除的处分：

（一）未将所有政府收入和支出列入预算或者虚列收入和支出的；

（二）违反法律、行政法规的规定，多征、提前征收或者减征、免征、缓征应征预算收入的；

（三）截留、占用、挪用或者拖欠应当上缴国库的预算收入的；

（四）违反本法规定，改变预算支出用途的；

（五）擅自改变上级政府专项转移支付资金用途的；

（六）违反本法规定拨付预算支出资金，办理预算收入收纳、划分、留解、退付，或者违反本法规定冻结、动用国库库款或者以其他方式支配已入国库库款的。

第九十四条 各级政府、各部门、各单位违反本法规定举借债务或者为他人债务提供担保，或者挪用重点支出资金，或者在预算之外及超预算标准建设楼堂馆所的，责令改正，对负有直接责任的主管人员和其他直接责任人员给予撤职、开除的处分。

第九十五条 各级政府有关部门、单位及其工作人员有下列行为之一的，责令改正，追回骗取、使用的资金，有违法所得的没收违法所得，对单位给予警告或者通报批评；对负有直接责任的主管人员和其他直接责任人员依法给予处分：

（一）违反法律、法规的规定，改变预算收入上缴方式的；

（二）以虚报、冒领等手段骗取预算资金的；

（三）违反规定扩大开支范围、提高开支标准的；

（四）其他违反财政管理规定的行为。

第九十六条 本法第九十二条、第九十三条、第九十四条、第九十五条所列违法行为，其他法律对其处理、处罚另有规定的，依照其规定。

违反本法规定，构成犯罪的，依法追究刑事责任。

第十一章　附　　则

第九十七条 各级政府财政部门应当按年度编制以权责发生制为基础的政府综合财务报告，报告政府整体财务状况、运行情况和财政中长期可持续性，报本级人民代表大会常务委员会备案。

第九十八条 国务院根据本法制定实施条例。

第九十九条 民族自治地方的预算管理，依照民族区域自治法的有关规定执行；民族区域自治法没有规定的，依照本法和国务院的有关规定执行。

第一百条 省、自治区、直辖市人民代表大会或者其常务委员会根据本法，可以制定有关预算审查监督的决定或者地方性法规。

第一百零一条 本法自 1995 年 1 月 1 日施行。1991 年 10 月 21 日国务院发布的《国家预算管理条例》同时废止。

3

全国人民代表大会常务委员会关于加强中央预算审查监督的决定

（1999年12月25日第九届全国人民代表大会常务委员会第十三次会议通过）

为履行宪法赋予全国人民代表大会及其常务委员会的职责，贯彻依法治国的基本方略，规范预算行为，厉行节约，更好地发挥中央预算在发展国民经济、促进社会进步、改善人民生活和深化改革、扩大开放中的作用，必须加强对中央预算的审查和监督。为此，特作如下决定：

一、加强和改善预算编制工作。要坚持先有预算，后有支出，严格按预算支出的原则，细化预算和提前编制预算。各部门、各单位应当按照预算法的要求编好部门预算和单位预算，有关部门要按时批复预算、拨付资金。积极创造条件做到：中央本级预算的经常性支出按中央一级预算单位编制，中央预算建设性支出、基金支出按类别以及若干重大项目编制，中央财政对地方总的补助性支出按补助类别编制。在每个财政年度开始前将中央预算草案全部编制完毕。

二、加强和改善中央预算的初步审查工作。对中央预算的审查，应当按照真实、合法、效益和具有预测性的原则进行。国务院财政部门应当及时向全国人民代表大会财政经济委员会和全国人民代表大会常务委员会预算工作委员会通报有关中央预算编制的情况，在全国人民代表大会会议举行的一个半月前，将中央预算初步方案提交财政经济委员会，由财政经济委员会对上一年预算执行情况和本年度中央预算草案的主要内容进行初步审查。国务院财政部门应积极创造条件，做到提交审查的材料包括：科目列到类、重要的列到款的预算收支总表和中央政府性基金预算表，中央各预算单位收支表，建设性支出、基金支出的类别表和若干重大的项目表，按类别划分的中央财政返还或补助地方支出表，中央财政对农业、教育、科技、社会保障支出表等，以及有关说明。

三、全国人民代表大会会议期间，财政经济委员会根据各代表团和有关专门委员会的意见对中央及地方预算草案进行审查，并提出审查结果报告。全国人民代表大会关于中央及地方预算的决议，国务院应当贯彻执行。

四、加强对预算超收收入使用的监督。中央预算超收收入可以用于弥补中央财政赤字和其他必要的支出。中央预算执行过程中，需要动用超收收入追加支出时，应当编制超收收入使用方案，由国务院财政部门及时向财政经济委员会和预算工作委员会通报情况，国务院应向全国人民代表大会常务委员会作预计超收收入安排使用情况的报告。

五、严格控制不同预算科目之间的资金调剂，各部门、各单位的预算支出应当按照预算科目执行。中央预算安排的农业、教育、科技、社会保障预算资金的调减，须经全国人民代表大会常务委员会审查和批准,以后根据需要还可以逐步增加新的项目。

六、加强对中央预算调整方案的审查工作。因特殊情况必须调整中央预算时,国务院应当编制中央预算调整方案,并于当年7月至9月之间提交全国人民代表大会常务委员会。国务院财政部门应当及时向财政经济委员会和预算工作委员会通报中央预算调整的情况,在常务委员会举行会议审批中央预算调整方案的一个月前,将中央预算调整方案的初步方案提交财政经济委员会,由财政经济委员会进行初步审查。

七、中央决算草案应当按照全国人民代表大会批准的预算所列科目编制,按预算数、调整或变更数以及实际执行数分别列出,变化较大的要作出说明。中央决算草案应在全国人民代表大会常务委员会举行会议审查和批准的一个月前,提交财政经济委员会,由财政经济委员会结合审计工作报告进行初步审查。

八、加强对中央预算执行的审计。国务院审计部门要按照真实、合法和效益的要求,对中央预算执行情况和部门决算依法进行审计,审计出的问题要限时依法纠正、处理。国务院应当向全国人民代表大会常务委员会提出对中央预算执行和其他财政收支的审计工作报告,必要时,常务委员会可以对审计工作报告作出决议。

九、加强对中央预算执行情况的监督。在全国人民代表大会及其常务委员会领导下,财政经济委员会和预算工作委员会应当做好有关工作。国务院有关部门应及时向财政经济委员会、预算工作委员会提交落实全国人民代表大会关于预算决议的情况,对部门、单位批复的预算,预算收支执行情况,政府债务、社会保障基金等重点资金和预算外资金收支执行情况,有关经济、财政、金融、审计、税务、海关等综合性统计报告、规章制度及有关资料。

十、加强对预算外资金的监督。要采取措施将中央预算外资金纳入中央预算,对暂时不能纳入预算的要编制收支计划和决算。预算外资金的收支情况要向全国人民代表大会常务委员会报告。

十一、要依法执行备案制度。国务院应将全国人民代表大会授权其制定的经济体制改革和对外开放方面有关预算的暂行规定或条例,中央预算与地方预算有关收入和支出项目的划分、地方向中央上解收入、中央对地方返还或者给予补助的具体办法,省、自治区、直辖市政府报送国务院备案的预算的汇总,以及其他应报送的事项,及时报送全国人民代表大会常务委员会备案。

十二、预算工作委员会是全国人民代表大会常务委员会的工作机构,协助财政经济委员会承担全国人民代表大会及其常务委员会审查预决算、审查预算调整方案和监督预算执行方面的具体工作,受常务委员会委员长会议委托,承担有关法律草案的起草工作,协助财政经济委员会承担有关法律草案审议方面的具体工作,以及承办本决定第十一条规定的和常务委员会、委员长会议交办以及财政经济委员会需要协助办理的其他有关财政预算的具体事项。经委员长会议专项同意,预算工作委员会可以要求政府有关部门和单位提供预算情况,并获取相关信息资料及说明。经委员长会议专项批准,可以对各部门、各预算单位、重大建设项目的预算资金使用和专项资金的使用进行调查,政府有关部门和单位应积极协助、配合。

中华人民共和国各级人民代表大会常务委员会监督法(节选)

(2006年8月27日第十届全国人民代表大会常务委员会第二十三次会议通过　2006年8月27日中华人民共和国主席令第五十三号公布　自2007年1月1日起施行)

第三章　审查和批准决算，听取和审议国民经济和社会发展计划、预算的执行情况报告，听取和审议审计工作报告

第十五条　国务院应当在每年六月，将上一年度的中央决算草案提请全国人民代表大会常务委员会审查和批准。

县级以上地方各级人民政府应当在每年六月至九月期间，将上一年度的本级决算草案提请本级人民代表大会常务委员会审查和批准。

决算草案应当按照本级人民代表大会批准的预算所列科目编制，按预算数、调整数或者变更数以及实际执行数分别列出，并作出说明。

第十六条　国务院和县级以上地方各级人民政府应当在每年六月至九月期间，向本级人民代表大会常务委员会报告本年度上一阶段国民经济和社会发展计划、预算的执行情况。

第十七条　国民经济和社会发展计划、预算经人民代表大会批准后，在执行过程中需要作部分调整的，国务院和县级以上地方各级人民政府应当将调整方案提请本级人民代表大会常务委员会审查和批准。

严格控制不同预算科目之间的资金调整。预算安排的农业、教育、科技、文化、卫生、社会保障等资金需要调减的，国务院和县级以上地方各级人民政府应当提请本级人民代表大会常务委员会审查和批准。

国务院和县级以上地方各级人民政府有关主管部门应当在本级人民代表大会常务委员会举行会议审查和批准预算调整方案的一个月前，将预算调整初步方案送交本级人民代表大会财政经济委员会进行初步审查，或者送交常务委员会有关工作机构征求意见。

第十八条　常务委员会对决算草案和预算执行情况报告，重点审查下列内容：

(一)预算收支平衡情况；

(二)重点支出的安排和资金到位情况；

(三)预算超收收入的安排和使用情况；

(四)部门预算制度建立和执行情况；

(五)向下级财政转移支付情况；

（六）本级人民代表大会关于批准预算的决议的执行情况。

除前款规定外，全国人民代表大会常务委员会还应当重点审查国债余额情况；县级以上地方各级人民代表大会常务委员会还应当重点审查上级财政补助资金的安排和使用情况。

第十九条 常务委员会每年审查和批准决算的同时，听取和审议本级人民政府提出的审计机关关于上一年度预算执行和其他财政收支的审计工作报告。

第二十条 常务委员会组成人员对国民经济和社会发展计划执行情况报告、预算执行情况报告和审计工作报告的审议意见交由本级人民政府研究处理。人民政府应当将研究处理情况向常务委员会提出书面报告。常务委员会认为必要时，可以对审计工作报告作出决议；本级人民政府应当在决议规定的期限内，将执行决议的情况向常务委员会报告。

常务委员会听取的国民经济和社会发展计划执行情况报告、预算执行情况报告和审计工作报告及审议意见，人民政府对审议意见研究处理情况或者执行决议情况的报告，向本级人民代表大会代表通报并向社会公布。

国务院关于实行分税制财政管理体制的决定

国发〔1993〕85号

各省、自治区、直辖市人民政府,国务院各部委、各直属机构:

根据党的十四届三中全会的决定,为了进一步理顺中央与地方的财政分配关系,更好地发挥国家财政的职能作用,增强中央的宏观调控能力,促进社会主义市场经济体制的建立和国民经济持续、快速、健康的发展,国务院决定,从一九九四年一月一日起改革现行地方财政包干体制,对各省、自治区、直辖市以及计划单列市实行分税制财政管理体制。

一、分税制改革是发展社会主义市场经济的客观要求

改革财政管理体制是经济体制改革的重要内容。现行财政包干体制,在过去的经济发展中起过积极的作用,但随着市场在资源配置中的作用不断扩大,其弊端日益明显,主要表现在:税收调节功能弱化,影响统一市场的形成和产业结构优化;国家财力偏于分散,制约财政收入合理增长,特别是中央财政收入比重不断下降,弱化了中央政府的宏观调控能力;财政分配体制类型过多,不够规范。从总体上看,现行财政体制已经不适应社会主义市场经济发展的要求,必须尽快改革。

根据建立社会主义市场经济体制的基本要求,并借鉴国外的成功做法,要理顺中央与地方的分配关系,必须进行分税制改革。分税制改革的原则和主要内容是:按照中央与地方政府的事权划分,合理确定各级财政的支出范围;根据事权与财权相结合原则,将税种统一划分为中央税、地方税和中央地方共享税,并建立中央税收和地方税收体系,分设中央与地方两套税务机构分别征管;科学核定地方收支数额,逐步实行比较规范的中央财政对地方的税收返还和转移支付制度;建立和健全分级预算制度,硬化各级预算约束。

二、分税制财政体制改革的指导思想

(一)正确处理中央与地方的分配关系,调动两个积极性,促进国家财政收入合理增长。既要考虑地方利益,调动地方发展经济、增收节支的积极性,又要逐步提高中央财政收入的比重,适当增加中央财力,增强中央政府的宏观调控能力。为此,中央要从今后财政收入的增量中适当多得一些,以保证中央财政收入的稳定增长。

(二)合理调节地区之间财力分配。既要有利于经济发达地区继续保持较快的发展势头,又要通过中央财政对地方的税收返还和转移支付,扶持经济不发达地区的发展和老工业

基地的改造。同时,促使地方加强对财政支出的约束。

(三)坚持统一政策与分级管理相结合的原则。划分税种不仅要考虑中央与地方的收入分配,还必须考虑税收对经济发展和社会分配的调节作用。中央税、共享税以及地方税的立法权都要集中在中央,以保证中央政令统一,维护全国统一市场和企业平等竞争。税收实行分级征管,中央税和共享税由中央税务机构负责征收,共享税中地方分享的部分,由中央税务机构直接划入地方金库,地方税由地方税务机构负责征收。

(四)坚持整体设计与逐步推进相结合的原则。分税制改革既要借鉴国外经验,又要从我国的实际出发。在明确改革目标的基础上,办法力求规范化,但必须抓住重点,分步实施,逐步完善。当前,要针对收入流失比较严重的状况,通过划分税种和分别征管堵塞漏洞,保证财政收入的合理增长;要先把主要税种划分好,其他收入的划分逐步规范;作为过渡办法,现行的补助、上解和有些结算事项继续按原体制运转;中央财政收入占全部财政收入的比例要逐步提高,对地方利益格局的调整也宜逐步进行。总之,通过渐进式改革先把分税制的基本框架建立起来,在实施中逐步完善。

三、分税制财政管理体制的具体内容

(一)中央与地方事权和支出的划分

根据现在中央政府与地方政府事权的划分,中央财政主要承担国家安全、外交和中央国家机关运转所需经费,调整国民经济结构、协调地区发展、实施宏观调控所必需的支出以及由中央直接管理的事业发展支出。具体包括:国防费,武警经费,外交和援外支出,中央级行政管理费,中央统管的基本建设投资,中央直属企业的技术改造和新产品试制费,地质勘探费,由中央财政安排的支农支出,由中央负担的国内外债务的还本付息支出,以及中央本级负担的公检法支出和文化、教育、卫生、科学等各项事业费支出。

地方财政主要承担本地区政权机关运转所需支出以及本地区经济、事业发展所需支出。具体包括:地方行政管理费,公检法支出,部分武警经费,民兵事业费,地方统筹的基本建设投资,地方企业的技术改造和新产品试制经费,支农支出,城市维护和建设经费,地方文化、教育、卫生等各项事业费,价格补贴支出以及其他支出。

(二)中央与地方收入的划分

根据事权与财权相结合的原则,按税种划分中央与地方的收入。将维护国家权益、实施宏观调控所必需的税种划为中央税;将同经济发展直接相关的主要税种划为中央与地方共享税;将适合地方征管的税种划为地方税,并充实地方税税种,增加地方税收入。具体划分如下:

中央固定收入包括:关税,海关代征消费税和增值税,消费税,中央企业所得税,地方银行和外资银行及非银行金融企业所得税,铁道部门、各银行总行、各保险总公司等集中交纳的收入(包括营业税、所得税、利润和城市维护建设税),中央企业上交利润等。外贸企业出口退税,除一九九三年地方已经负担的20%部分列入地方上缴中央基数外,以后发生的出口退税全部由中央财政负担。

地方固定收入包括:营业税(不含铁道部门、各银行总行、各保险总公司集中交纳的营业税），地方企业所得税（不含上述地方银行和外资银行及非银行金融企业所得税），地方企业上交利润，个人所得税，城镇土地使用税，固定资产投资方向调节税，城市维护建设税（不含铁道部门、各银行总行、各保险总公司集中交纳的部分），房产税，车船使用税，印花税，屠宰税，农牧业税，对农业特产收入征收的农业税（简称农业特产税），耕地占用税，契税，遗产和赠予税，土地增值税，国有土地有偿使用收入等。

中央与地方共享收入包括：增值税、资源税、证券交易税。增值税中央分享75%，地方分享25%。资源税按不同的资源品种划分，大部分资源税作为地方收入，海洋石油资源税作为中央收入。证券交易税，中央与地方各分享50%。

（三）中央财政对地方税收返还数额的确定

为了保持现有地方既得利益格局，逐步达到改革的目标，中央财政对地方税收返还数额以一九九三年为基期年核定。按照一九九三年地方实际收入以及税制改革和中央与地方收入划分情况，核定一九九三年中央从地方净上划的收入数额（即消费税+75%的增值税－中央下划收入）。一九九三年中央净上划收入，全额返还地方，保证现有地方既得财力，并以此作为以后中央对地方税收返还基数。一九九四年以后，税收返还额在一九九三年的基数上逐年递增，递增率按全国增值税和消费税的平均增长率的1∶0.3系数确定，即上述两税全国平均每增长1%，中央财政对地方的税收返还增长0.3%。如若一九九四年以后中央净上划收入达不到一九九三年的基数，则相应扣减税收返还数额。

（四）原体制中央补助、地方上解以及有关结算事项的处理

为顺利推行分税制改革，一九九四年实行分税制以后，原体制的分配格局暂时不变，过渡一段时间再逐步规范化。原体制中央对地方的补助继续按规定补助。原体制地方上解仍按不同体制类型执行：实行递增上解的地区，按原规定继续递增上解；实行定额上解的地区，按原确定的上解额，继续定额上解；实行总额分成的地区和原分税制试点地区，暂按递增上解办法，即按一九九三年实际上的解数，并核定一个递增率，每年递增上解。

原来中央拨给地方的各项专款，该下拨的继续下拨。地方一九九三年承担的20%部分出口退税以及其他年度结算的上解和补助项目相抵后，确定一个数额，作为一般上解或一般补助处理，以后年度按此定额结算。

四、配套改革和其他政策措施

（一）改革国有企业利润分配制度。根据建立现代企业制度的基本要求，结合税制改革和实施《企业财务通则》《企业会计准则》，合理调整和规范国家与企业的利润分配关系。从一九九四年一月一日起，国有企业统一按国家规定的33%税率交纳所得税，取消各种包税的做法。考虑到部分企业利润上交水平较低的现状，作为过渡办法，增设27%和18%两档照顾税率。企业固定资产贷款的利息列入成本，本金一律用企业留用资金归还。取消对国有企业征收的能源交通重点建设基金和预算调节基金。逐步建立国有资产投资收益按股分红、按资分利或税后利润上交的分配制度。作为过渡措施，近期可根据具体情况，对一九九三年以前注册的多数国有全资老企业实行税后利润不上缴的办法，同时，微利企业缴纳的所得税也不退库。

(二)同步进行税收管理体制改革。建立以增值税为主体的流转税体系,统一企业所得税制。从一九九四年一月一日起,在现有税务机构的基础上,分设中央税务机构和地方税务机构。在机构分设过程中,要稳定现有税务队伍,保持税收工作的连续性,保证及时足额收税。

(三)改进预算编制办法,硬化预算约束。实行分税制之后,中央财政对地方的税收返还列中央预算支出,地方相应列收入;地方财政对中央的上解列地方预算支出,中央相应列收入。中央与地方财政之间都不得互相挤占收入。改变目前中央代编地方预算的做法,每年由国务院提前向地方提出编制预算的要求。地方编制预算后,报财政部汇总成国家预算。

(四)建立适应分税制需要的国库体系和税收返还制度。根据分税制财政体制的要求,原则上一级政府一级财政,同时,相应要有一级金库。在执行国家统一政策的前提下,中央金库与地方金库分别向中央财政和地方财政负责。实行分税制以后,地方财政支出有一部分要靠中央财政税收返还来安排。为此,要建立中央财政对地方税收返还和转移支付制度,并且逐步规范化,以保证地方财政支出的资金需要。

(五)建立并规范国债市场。为了保证财税改革方案的顺利出台,一九九四年国债发行规模要适当增加。为此,中央银行要开展国债市场业务,允许国有商业银行进入国债市场,允许银行和非银行金融机构以国债向中央银行贴现融资。国债发行经常化,国债利率市场化,国债二级市场由有关部门协调管理。

(六)妥善处理原由省级政府批准的减免税政策问题。考虑到有的省、自治区、直辖市政府已经对一些项目和企业作了减免税的决定,为了使这些企业有一个过渡,在制止和取缔越权减免税的同时,对于一九九三年六月三十日前,经省级政府批准实施的未到期地方减免税项目或减免税企业,重新报财政部和国家税务总局审查、确认后,从一九九四年起,对这些没有到期的减免税项目和企业实行先征税后退还的办法。这部分税收中属中央收入部分,由中央财政统一返还给省、自治区、直辖市政府,连同地方收入部分,由省、自治区、直辖市政府按政策规定统筹返还给企业,用于发展生产。这项政策执行到一九九五年。

(七)各地区要进行分税制配套改革。各省、自治区、直辖市以及计划单列市人民政府要根据本决定制定对所属市、县的财政管理体制。凡属中央的收入,不得以任何方式纳入地方收入范围。在分税制财政体制改革的过程中,各地区要注意调查研究,及时总结经验,解决出现的问题,为进一步改进和完善分税制财政管理体制创造条件。

国务院

一九九三年十二月十五日

6

国务院关于分税制财政管理体制税收返还改为与地区增值税和消费税增长率挂钩的通知

国发〔1994〕47 号

各省、自治区、直辖市人民政府,国务院各部委、各直属机构:

《国务院关于实行分税制财政管理体制的决定》(国发[1993]85 号)规定:“一九九四年以后,税收返还额在一九九三年的基数上逐年递增,递增率按全国增值税和消费税的平均增长率的 1∶0.3 系数确定,即上述两税全国平均增长 1%,中央财政对地方的税收返还增长 0.3%”。为了调动地方政府发展生产、培植财源的积极性,支持国税局加强税收征管,促进增值税和消费税的合理增长,根据今年 8 月全国财政工作会议上,各省、自治区、直辖市协商一致的意见,国务院决定,中央财政对地方税收返还额的递增率改为按本地区增值税和消费税增长率的 1∶0.3 系数确定。特此通知。

国务院

一九九四年八月二十四日

国务院关于印发所得税收入分享改革方案的通知

国发〔2001〕37 号

各省、自治区、直辖市人民政府，国务院各部委、各直属机构：

为了促进社会主义市场经济的健康发展，进一步规范中央和地方政府之间的分配关系，建立合理的分配机制，防止重复建设，减缓地区间财力差距的扩大，支持西部大开发，逐步实现共同富裕，国务院决定从 2002 年 1 月 1 日起实施所得税收入分享改革。现将《所得税收入分享改革方案》印发给你们，请认真遵照执行。

国务院
二〇〇一年十二月三十一日

所得税收入分享改革方案

国务院决定，改革现行按企业隶属关系划分所得税收入的办法，对企业所得税和个人所得税收入实行中央和地方按比例分享。改革方案的指导思想、基本原则和主要内容如下：

一、改革的必要性

随着社会主义市场经济的发展，现行按企业隶属关系划分中央和地方所得税收入的弊端日益显现。主要是制约了国有企业改革的逐步深化和现代企业制度的建立，客观上助长了重复建设和地区封锁，妨碍了市场公平竞争和全国统一市场的形成，不利于促进区域经济协调发展和实现共同富裕，也不利于加强税收征管和监控。

随着政府机构改革的全面推进，企业新财务制度的顺利实施和分税制财政体制的平稳运行，目前已经基本具备了进行所得税收入分享改革的必要条件。通过实施这项改革，不仅有助于消除现行所得税收入划分办法不科学给国民经济发展带来的消极影响，而且有助于缩小地区间发展差距，促进社会稳定、民族团结，实现国家长治久安。

二、改革的指导思想和基本原则

改革的指导思想是：遵循邓小平同志关于沿海地区和内地发展“两个大局”的战略构想和江泽民同志“三个代表”的重要思想，根据社会主义市场经济发展的客观要求，并借鉴国际通行做法和经验，在保持分税制财政体制基本稳定的前提下，进一步规范中央与地方的财政分配关系，为企业改革发展和公平竞争创造良好环境，促进地区之间协调发展和经济结构合理调整,维护社会稳定,逐步实现共同富裕。

改革的基本原则是:第一,中央因改革所得税收入分享办法增加的收入全部用于对地方主要是中西部地区的一般性转移支付。第二,保证地方既得利益,不影响地方财政的平稳运行。第三,改革循序渐进,分享比例分年逐步到位。第四,所得税分享范围和比例全国统一,保持财政体制规范和便于税收征管。

三、改革的主要内容除少数特殊行业或企业外,对其他企业所得税和个人所得税收入实行中央与地方按比例分享。中央保证各地区2001年地方实际的所得税收入基数,实施增量分成。

(一)分享范围。除铁路运输、国家邮政、中国工商银行、中国农业银行、中国银行、中国建设银行、国家开发银行、中国农业发展银行、中国进出口银行以及海洋石油天然气企业缴纳的所得税继续作为中央收入外,其他企业所得税和个人所得税收入由中央与地方按比例分享。

(二)分享比例。2002年所得税收入中央分享50%,地方分享50%;2003年所得税收入中央分享60%,地方分享40%;2003年以后年份的分享比例根据实际收入情况再行考虑。

(三)基数计算。以2001年为基期,按改革方案确定的分享范围和比例计算,地方分享的所得税收入,如果小于地方实际所得税收入,差额部分由中央作为基数返还地方;如果大于地方实际所得税收入,差额部分由地方作为基数上解中央。具体计算办法由财政部另行通知。

(四)跨地区经营、集中缴库的中央企业所得税等收入,按相关因素在有关地区之间进行分配。具体办法由财政部另行制定。

四、转移支付资金的分配与使用中央财政因所得税分享改革增加的收入,按照公平、公正的原则,采用规范的方法进行分配,对地方主要是中西部地区实行转移支付。具体办法由财政部另行制定。

地方所得的转移支付资金由地方政府根据本地实际,统筹安排,合理使用。首先用于保障机关事业单位职工工资发放和机构正常运转等基本需要。

五、改革的配套措施

(一)关于所得税的征收管理。为了保证改革的顺利实施,防止所得税征管脱节,改革方案出台后,现行国家税务局、地方税务局征管企业所得税、个人所得税(包括储蓄存款利息的个人所得税)的范围暂不做变动。自改革方案实施之日起新登记注册的企事业单位的所得税,由国家税务局征收管理,具体办法由国家税务总局另行制定。

(二)关于税收优惠政策的处理。中央统一制定的所得税优惠政策,原则上由中央和地方按分享比例分别承担,但改革方案实施前已出台的对中央企业先征后返政策清理后确需保留的,改革后仍由中央财政继续承担。各地不得自行出台所得税优惠政策,否则,一经发现,将如数扣回影响中央的财政收入,并按规定追究有关人员责任。

(三)关于违反税收征管规定的处理。凡属地方违反税收征管规定,人为抬高收入基数,或将应属中央的所得税收入混入地方国库等,一经查出,相应扣减中央对地方的基数返还。改革方案实施后,如果某省(区、市)以后年度的所得税收入完成数达不到2001年数额,中央将相应扣减对该地方的基数返还或调增该地方的基数上解。

（四）各省、自治区、直辖市和计划单列市人民政府要相应调整和完善所属市、县的财政管理体制，打破按企业隶属关系分享所得税收入的做法。中央增加对地方一般性转移支付后，各有关地区要建立和完善规范的财政转移支付制度，管好、用好转移支付资金，切实解决基层的财政困难。

六、改革方案的实施时间。本方案自2002年1月1日起执行。自执行之日起，征收机关征收的企业所得税和个人所得税，按改革方案规定的分享比例分别缴入中央国库和地方国库。

国务院关于明确中央与地方所得税收入分享比例的通知

国发〔2003〕26号

各省、自治区、直辖市人民政府，国务院各部委、各直属机构：

所得税收入分享改革实施以来，中央与地方政府之间的分配关系得到了进一步规范，中央增加了对地方的一般性转移支付，地区间财力差距扩大的趋势有所减缓，改革初步达到了预期目标。为促进区域经济协调发展和深化改革，国务院决定，从2004年起，中央与地方所得税收入分享比例继续按中央分享60%，地方分享40%执行。

各地区、各部门要进一步完善财政分配体制，为促进经济社会全面、协调和可持续发展创造良好的环境。

国务院

二〇〇三年十一月十三日

国务院批转财政部关于完善省以下财政管理体制有关问题意见的通知

国发〔2002〕26 号

各省、自治区、直辖市人民政府,国务院各部委、各直属机构:

国务院同意财政部《关于完善省以下财政管理体制有关问题的意见》,现转发给你们,请认真贯彻执行。

国务院

二〇〇二年十二月二十六日

关于完善省以下财政管理体制有关问题的意见

(财政部　2002 年 12 月 9 日)

根据《国务院关于印发所得税收入分享改革方案的通知》(国发〔2001〕37 号)要求,各省、自治区、直辖市和计划单列市人民政府要结合所得税收入分享改革,完善所属市、县的财政管理体制(含省会城市的财政管理体制,以下简称省以下财政管理体制)。结合近年来省以下财政管理体制运行情况,现对完善省以下财政管理体制有关问题提出如下意见:

一、完善省以下财政管理体制的目标和原则

1994 年实行分税制财政管理体制以来,各地比照中央对地方的分税制模式,陆续调整了省以下财政管理体制,配套建立了转移支付制度。总体上看,现行省以下财政管理体制调动了各级地方政府发展经济和组织收入的积极性,基本保证了各级地方政府正常运转和各项事业发展的资金需要。但是,受多种因素的影响,省以下财政管理体制也存在一些问题,如按企业隶属关系划分收入妨碍了企业的公平竞争,地区间财力差距呈扩大趋势,一些基层政府财政运转困难等。彻底解决这些问题,治本之策是促进地区经济均衡发展,转变政府职能,调整财政支出结构,量力而行办各项事业。从财政工作看,需要结合所得税收入分享改革,进一步完善省以下财政管理体制。

近期内,完善省以下财政管理体制的目标是:充分调动各级政府增收节支的积极性,切实保证机关事业单位工作人员工资的及时足额发放和基层政权的正常运转,逐步缩小辖区内地区间财力差距,促进国民经济及各项事业的持续快速健康发展。

完善省以下财政管理体制应坚持以下原则:一是突出重点,适当增强财政困难县(含县级市、旗,下同)、乡(含镇、苏木,下同)的财力;二是积极稳妥,在采取有效措施完善省以下财政管理体制的同时,保证各级地方财政的平稳运行,省以下财力调整主要通过增量进行;三是简明规范,在确保完善财政管理体制目标实现的前提下,办法力求简单透明,统一规范,便于操作。

二、合理界定省以下各级政府的事权范围和财政支出责任

各地要按照建立公共财政框架的基本要求,依法界定各级政府的事权范围,进一步明确省以下各级政府的财政支出责任。

在明确划分各级政府财政支出责任的基础上,各级政府要各负其责,严格实行行政执法责任制。凡属省、市(指地级市、州、盟,以下简称市级)政府承担的财政支出,省、市级财政应积极筹措资金加以保障,不得以任何形式转嫁给县、乡财政。省、市级政府委托县、乡政府承办的事务,要足额安排对县、乡财政的专项拨款,不留资金缺口,不得要求县、乡财政安排配套资金。属于共同事务,应根据各方受益程度,并考虑县、乡财政的承受能力,确定合理的负担比例,积极探索共同事务的经费负担办法。

三、合理划分省以下各级政府财政收入

各地要根据各级政府的财政支出责任以及收入分布结构,合理确定各级政府财政收入占全省财政收入的比重。省以下地区间人均财力差距较小的地区,要适当降低省、市级财政收入比重,保证基层财政有稳定的收入来源,调动基层政府组织收入的积极性;省以下地区间人均财力差距较大的地区,要适当提高省、市级财政收入比重,并将因此而增加的收入用于对县、乡的转移支付,调节地区间财政收入差距。省、市级财政不得将因完善体制增加的收入用于提高本级财政支出标准或增加本级财政支出。

省以下各级政府间财政收入的划分,要按照完善省以下财政管理体制的原则,结合各地实际,采用按税种或按比例分享等规范办法,打破按企业隶属关系划分收入的做法,为推进企业的改组改制、兼并重组和建立现代企业制度创造条件。为了降低县、乡财政收入的风险,保证县、乡财政收入的稳定,应当在兼顾税收征管效率的前提下,将年度间波动幅度大、流动性强、地区之间税基分布悬殊的税种作为省、市级财政收入或主要由省、市级财政分享。

四、进一步规范省以下转移支付制度

省、市级财政要采取有效措施,切实帮助解决县、乡财政困难。在明确划分省以下各级政府财政收入和财政支出的基础上,建立规范的财政转移支付制度。

省级财政要按照有关客观因素和开支标准,合理测算所属市级、县级机关事业单位工作人员工资和政权正常运转等基本财政支出需求。对县、乡财政收入不能满足基本财政支出需求部分，省、市级财政要通过增加一般性转移支付的方式逐步加以解决。由市级政府确定县、乡财政管理体制的地区，省级财政要督促市级财政参照省级财政测算出的各县基本财政支出需求，出台弥补各县基本财政支出缺口的具体办法，并报省级财政部门备案。

省、市级政府要承担起分级管理的应尽职责，除了中央财政下达的转移支付资金外，要通过优化财政支出结构，压缩本级支出和专项拨款等方式，积极筹措资金，增加一般性转移支付资金规模，加大对财政困难县、乡的支持力度。

转移支付资金的分配要力求公平、公正和合理，要通过公式化方式分配转移支付资金，尽量减少中间环节。转移支付的形式要力求简化并相对稳定。对原体制补助、原体制上解等较为确定的转移支付要进行归并。省、市级财政要采取措施保证中央安排的转移支付资金落实到县、乡。

五、根据乡经济状况合理确定乡财政管理体制

各地要根据乡经济状况，区别对待，合理确定乡财政管理体制，妥善处理县与乡的财政分配关系，避免向乡财政转嫁支出。对经济欠发达、财政收入规模较小的乡，其财政支出可由县财政统筹安排，以保障其合理的财政支出需要；对经济较为发达、财政收入规模较大、财政收入增长能够满足自身支出需要的乡，可实行相对规范的财政管理体制，以调动其发展经济和增加收入的积极性。要进一步加强对乡财政的管理，约束乡政府行为。乡财政要严格执行国家有关规定，除接受中央转贷外，不得举债或为企业、建设项目出具担保。

六、强化财政预算管理，提高财政资金使用效率

（一）要按照建立公共财政框架的要求并区别轻重缓急，调整支出结构，合理确定财政支出顺序。要确保基层机关事业单位职工工资、离退休人员离退休费和基本养老金以及国有企业下岗职工基本生活费等按时足额发放。在基层政权基本财政支出需要没有充分保证的情况下，不得将财政资金投入到其他领域，更不能用于安排一些“形象工程”、“政绩工程”。对按国家规定由财政安排的机关事业单位职工工资性支出，各级财政要足额安排，并全部纳入财政在国库开设的工资专户，专门用于工资发放。

（二）要进一步规范财政资金供给范围，解决财政供养人口过多、包揽过宽的问题。行政事业单位要严格实行定编定员，对超编人员，要采取措施，限期清理辞退。要加强对事业单位的管理，改进事业经费的拨付办法，科学核定对事业单位的拨款数额。

（三）要稳步推进预算管理改革，强化预算管理。通过实行部门预算、国库集中收付和政府采购制度等改革措施，提高财政资金使用效率。

10

中央本级基本支出预算管理办法

（财预〔2007〕37号）

第一章　总　　则

第一条　为加强中央部门基本支出预算管理，规范基本支出预算分配行为，保障中央部门正常运转的资金需要，根据《中华人民共和国预算法》，制定本办法。

第二条　中央本级基本支出预算由中央各部门基本支出预算组成。本办法所称“中央部门”，是指与财政部直接发生预算缴款、拨款关系的国家机关、军队、政党组织和社会团体以及企业和事业单位。

第三条　中央部门的行政单位（包括参照《公务员法》管理的事业单位）的行政运行经费和事业单位的事业运行（或机构运行等）经费等基本支出的预算管理，适用本办法。

第四条　基本支出预算是部门预算的组成部分，是中央部门为保障其机构正常运转、完成日常工作任务而编制的年度基本支出计划，按其性质分为人员经费和日常公用经费。

第五条　中央部门在基本支出之外为完成其特定行政任务和事业发展目标所发生的支出作为项目支出预算管理。

第六条　编制基本支出预算的原则

（一）综合预算的原则。在编制基本支出预算时，对当年财政拨款和以前年度结余资金，预算内和预算外资金，要统筹考虑、合理安排。

（二）优先保障的原则。财力安排首先应当保障单位基本支出的合理需要，以保证中央部门的日常工作正常运转。

（三）定额管理的原则。基本支出预算实行以定员定额为主的管理方式，同时结合部门资产占有状况，通过建立实物费用定额标准，实现资产管理与定额管理相结合。对于基本支出没有财政拨款的事业单位，其基本支出预算可以按照国家财务规章制度规定和部门预算编制的有关要求，结合单位的收支情况，采取其他方式合理安排基本支出预算。

第二章　制定定额标准的原则和方法

第七条　定员、资产和定额是测算和编制中央部门基本支出预算的重要依据。

定员，是指国家机构编制主管部门根据中央部门的性质、职能、业务范围和工作任务所下达的人员配置标准。

资产，是指中央部门占有、使用的，依法确认为国家所有的公共财产。包括国家调拨的资产、用国家财政性资金形成的资产、按照国家规定组织收入形成的资产、以单位名义接受捐赠形成和其他依法确认为国家所有的资产等,其表现形式为办公用房、车辆、专用设备等固定资产。

定额,是指财政部根据中央部门机构正常运转和日常工作任务的合理需要,结合财力的可能,对基本支出的各项内容所规定的指标额度。

第八条 制定定额标准的原则

(一)制定定额标准要以公平为前提,兼顾单位的实际支出水平。

(二)制定定额标准要量力而行,以财力可能为基础,切合实际,具有可行性。

(三)制定定额标准要规范化,制定方法要具有科学性。

第九条 制定定额标准的方法

(一)依据国家有关的方针、政策,财力状况,社会物价水平及单位的业务性质、工作量、人员、资产等数据资料制定定额标准。

(二)根据基本支出的特点,对政府收支分类中的支出经济分类款级科目进行合理调整、归并,形成若干基本支出定额项目。

(三)基本支出定额项目包括人员经费和日常公用经费两部分。人员经费包括政府收支分类的支出经济分类科目中的"工资福利支出"和"对个人和家庭的补助"。具体定额项目包括:基本工资、津补贴及奖金、社会保障缴费、离退休费、医疗费、助学金、住房补贴和其他人员经费等。日常公用经费包括政府收支分类的支出经济分类科目中的"商品和服务支出"和"其他资本性支出"中属于基本支出内容的支出。具体定额项目包括:办公及印刷费、水电费、邮电费、取暖费、物业管理费、交通费、差旅费、日常维修费、会议费、专用材料费、一般购置费(包括一般办公设备购置费、一般专用设备购置费、一般交通工具购置费、一般装备购置费等)、福利费和其他公用经费等。

(四)为规范定额分配行为,根据中央部门承担的职能、行业及业务特点,将中央部门分为若干类型。在核准同类单位工作量、占用的资源和相关历史数据资料的基础上,以人或实物作为测算对象,确定各类单位各定额项目的单项基准定额。基本支出日常公用经费定额项目中,水电费、取暖费、物业管理费、交通费等可采取人员定额和实物费用定额相结合的方式确定。

(五)确定同类单位单项基准定额的基础上,确定同类单位的分档定额标准,最后确定各单位所应执行的各个单项定额标准。

(六)各个单项定额标准的总和构成单位基本支出的综合定额。

第十条 定额标准的调整

定额标准的执行期限与预算年度一致;定额标准的调整在预算年度开始前进行;定额标准一经下达,在年度预算执行中不作调整,影响预算执行的有关因素,在确定下一年度定额标准时,由财政部统一考虑。

第三章 基本支出预算的编制与审批

第十一条 中央部门根据财政部编制年度部门预算的要求,在规定时间内,组织编制本部门申报基本支出预算的基础数据和相关资料,按照规定格式报送财政部。

第十二条 财政部对中央部门报送的基础数据和相关资料进行审核,按照定额标准及有关依据,结合中央部门基本支出结余情况,测算并下达基本支出预算控制数(包括人员经费和日常公用经费,下同)及财政拨款补助数。

第十三条 中央部门在财政部下达的基本支出预算控制数额及财政拨款补助数额内,根据本部门的实际情况和国家有关政策、制度规定的开支范围及开支标准,在人员经费和日常公用经费各自的支出经济分类款级科目之间,自主调整编制本部门的基本支出预算,在规定的时间内报送财政部。

第十四条 财政部依法将审核汇总后的中央部门预算上报国务院审定。经全国人民代表大会批准后,在规定时间内向中央部门批复。

第四章 基本支出预算的管理与监督

第十五条 基本支出预算按人员经费和日常公用经费分别核算管理。人员经费严格按照国家相关政策安排;日常公用经费应与部门占有的资产情况相衔接,未按相关规定报批或超过配置标准购置的实物资产,一律不安排日常维护经费。

第十六条 基本支出预算中按照规定属于政府采购的支出,应当同时编入政府采购预算,并按照国家有关政府采购的规定执行。

第十七条 中央部门要严格执行批准的基本支出预算。执行中发生的非财政补助收入超收部分,原则上不再安排当年的基本支出,可报经财政部批准后,安排项目支出或结转下年使用;发生的短收,中央部门应当报经财政部批准后调减当年预算,当年的财政补助数不予调整。如遇国家出台有关政策,对预算执行影响较大,确需调整基本支出预算的,由中央部门报经财政部批准后进行调整。

第十八条 基本支出结余应按照财政部有关结余资金管理规定使用,中央部门应加强对基本支出结余资金的管理,将年度预算安排与基本支出结余资金统筹考虑。

第十九条 财政部对中央部门基本支出预算执行情况进行检查监督,对违反国家有关法律、法规和财务规章制度的,依法进行处理。

第五章 附 则

第二十条 本办法由财政部负责解释。

第二十一条 中国人民解放军、中国人民武装警察部队可以参照本办法规定的原则,另行制定管理办法。

第二十二条 本办法自印发之日起施行。《财政部关于印发〈中央部门基本支出预算管理试行办法〉的通知》(财预〔2002〕355号)同时废止。

11

中央本级项目支出预算管理办法

财预〔2007〕38 号

第一章　总　　则

第一条　为规范和加强中央部门项目支出预算管理,提高资金使用效益,根据《中华人民共和国预算法》,制定本办法。

第二条　中央本级项目支出预算由中央各部门项目支出预算组成。本办法所称"中央部门",是指与财政部直接发生预算缴款、拨款关系的国家机关、军队、政党组织和社会团体以及企业和事业单位。

第三条　本办法适用于中央部门的项目支出预算管理。

第四条　项目支出预算是部门支出预算的组成部分,是中央部门为完成其特定的行政工作任务或事业发展目标,在基本支出预算之外编制的年度项目支出计划。包括基本建设、有关事业发展专项计划、专项业务费、大型修缮、大型购置、大型会议等项目支出。

第五条　项目支出预算管理应遵循以下基本原则:

(一)综合预算的原则。项目支出预算要体现预算内外资金,当年财政拨款和以前年度结余资金统筹安排的要求。

(二)科学论证、合理排序的原则。申报的项目应当进行充分的可行性论证和严格审核,分轻重缓急排序后视当年财力状况择优进行安排。

(三)追踪问效的原则。财政部和中央部门对财政预算资金安排项目的执行过程实施追踪问效,并对项目完成结果进行绩效考评。

第二章　项　目　库

第六条　项目库是对项目进行规范化、程序化管理的数据库系统。

第七条　项目库管理应遵循统一规划的原则。由财政部统一制定中央部门项目库管理的规章制度、项目申报文本,统一设计计算机应用软件。

第八条　项目库分为中央部门项目库和财政部项目库。中央部门和财政部按照规定对各自设立的项目库实行管理。

中央部门项目库,由中央部门按照申报项目支出预算的要求,结合本部门特点,对所属单位申报的项目进行筛选排序后设立。

财政部项目库,由财政部根据项目支出预算管理的需要,结合财力可能,对中央部门所报项目进行筛选排序后设立。

第九条 中央部门项目库由中央部门负责本部门预算管理工作的财务主管机构进行具体管理。

中央部门可以按照本办法规定的原则,结合本部门业务工作的需要设立项目分库。

第十条 财政部项目库由财政部负责总预算的机构进行具体管理。

第十一条 项目库中的项目应当按照轻重缓急进行合理排序,并实行滚动管理。

第三章 项目申报

第十二条 申报条件

申报的项目应当同时具备以下条件:

(一)符合国家有关方针政策;

(二)符合财政资金支持的方向和财政资金供给的范围;

(三)属于本部门履行行政职能和促进事业发展需要安排的项目;

(四)有明确的项目目标、组织实施计划和科学合理的项目预算,并经过充分的研究和论证。

第十三条 中央部门要根据履行行政职能的需要、事业发展的总体规划,合理安排新项目的立项,要从立项依据、可行性论证等方面对新项目进行严格审核,申报规模要均衡。

第十四条 按政府收支经济分类编制项目预算的试点部门,其项目申报要根据财政部有关规定要求,同时按照政府收支分类科目功能分类和经济分类编制预算。

第十五条 项目申报分为新增项目和延续项目。

新增项目,是指本年度新增的需列入预算的项目。

延续项目,是指以前年度已批准,并已确定分年度预算,需在本年度及以后年度预算中继续安排的项目。延续项目必须明确项目的起止年限,未经财政部批准,部门不得自行变更项目名称、内容。

第十六条 项目按照部门预算编报要求分为国务院已研究确定项目,经常性专项业务费项目,跨年度支出项目(以下统称“前三类支出项目”)和其他项目四种类别。

国务院已研究确定项目,是指国务院已研究确定需由财政预算资金重点保障安排的支出项目。包括党中央、国务院文件中明确规定中央财政预算安排的项目、党中央和国务院领导明确批示需由中央财政予以安排的项目等。

经常性专项业务费项目,是指中央部门为维持其正常运转而发生的大型设施、大型设备、大型专用网络运行费和为完成特定工作任务而持续发生的支出项目。如执法部门办案费;常例性的专项检查经费;监管、监测、审批、审查经费等。

跨年度支出项目,是指除以前年度延续的国务院已研究确定项目和经常性专项业务费项目之外,经财政部批准并已确定分年度预算,需在本年继续安排预算的项目和当年新增的需在本年度及以后年度继续安排预算的支出项目。

其他项目,是指除“前三类支出项目”之外,中央部门为完成其职责需安排的支出项目。

第十七条 项目申报文本由项目申报书、项目可行性报告(编写提纲)和项目评审报告组成。

第十八条 项目申报文本的填报要求

(一)中央部门申报当年预算时,应按照财政部规定,填写项目申报书并附相关材料。国家发展和改革委员会等有预算分配权的部门通过财政拨款安排的基本建设项目和科学技术项目,按照有关规定进行申报。

(二)新增项目中预算数额较大或者专业技术复杂的项目,应当填报项目的可行性报告、项目评审报告。

(三)延续项目中项目计划及项目预算没有变化的,可以不再填写项目的可行性报告和项目评审报告;延续项目中项目计划及项目预算发生较大变化的,应当重新填写项目可行性报告和项目评审报告。

(四)中央部门应当按照财政部规定的时间报送项目申报材料,项目申报材料的内容必须真实、准确、完整。

第十九条 项目申报程序

(一)项目单位应当按照预算管理级次申报项目,不得越级上报。

(二)中央部门对申报的项目审核后,将符合条件的项目纳入中央部门项目库。

(三)根据年度部门预算编制的要求,中央部门对其项目库中的项目,择优排序后统一向财政部申报。

第二十条 中央部门购置有规定配备标准或限额以上资产的,按照行政、事业单位国有资产管理的有关规定,应先报财政部审批。财政部审批同意后,中央部门将资产购置项目列入年度部门预算,在进行项目申报时,将资产购置批复文件和相关材料一并报送财政部。中央部门国有资产管理实施办法由财政部另行制定。

第四章 项目审核

第二十一条 项目审核的内容主要包括:

(一)项目单位及所申报的项目是否符合规定的申报条件;

(二)项目申报书是否符合规定的填报要求,相关材料是否齐全等;

(三)项目的申报内容是否真实完整;

(四)项目的规模及开支标准是否符合规定;

(五)资产购置项目是否已按规定经财政部审批;

(六)项目排序是否合理等。

第二十二条 财政部对中央部门申报的项目进行审核后,对符合条件的项目,经商中央部门后,排序纳入财政部项目库。

第二十三条 中央部门和财政部可以组织专家或者委托中介机构对以下项目进行专项评审:

(一)延续项目中项目计划和项目预算发生较大变化的;

(二)新增项目预算数额较大的;

(三)专业技术复杂的;

(四)其他需要进行评审的。

第五章　项目排序

第二十四条　排序原则

(一)"前三类支出项目"中的延续项目予以优先排序;

(二)其他项目按照项目的轻重缓急、择优遴选后进行排序。

第二十五条　排序方式

(一)中央部门对申报的项目按照政府收支分类科目功能分类的类(款)在项目库中进行排序。

(二)财政部对中央部门申报的项目按照政府收支分类科目功能分类的类(款)在项目库中分部门进行排序。

第六章　项目支出预算的核定与项目实施

第二十六条　财政部根据国家有关方针、政策和中央部门履行职能、事业发展目标,确定当年项目安排的原则和重点,并根据年度财力状况和项目排序,结合中央部门以前年度项目资金结余情况,统筹安排项目支出预算,列入中央部门年度预算。

第二十七条　财政部依法对中央部门报送的预算建议数进行审核汇总,上报国务院审定。经全国人民代表大会批准后,在规定时间内向中央部门批复预算。

第二十八条　项目支出预算一经批复,中央部门和项目单位不得自行调整。预算执行过程中,如发生项目变更、终止的,必须按照规定的程序报批,并进行预算调整。

第二十九条　中央部门应当按照批复的项目支出预算组织项目的实施,并责成项目单位严格执行项目计划和项目支出预算。

第三十条　中央部门和财政部应按照结余资金管理的有关规定,加强对项目支出结余资金的管理,将当年项目支出预算申报及安排与项目支出结余资金情况相结合,统筹安排使用财政资金,提高财政资金使用效益。

第三十一条　财政部对列入部门预算的经常性专项业务费项目,应当明确项目的支出范围,并会同中央部门根据项目的具体情况制定专门的管理办法。

第三十二条　按照规定属于政府采购的项目,应当编入政府采购预算,并按照政府采购制度的有关规定执行。

第七章　项目清理与滚动管理

第三十三条　为推动项目滚动管理,在当年部门预算批复后,下一年度部门预算编制开始前,中央部门要按照部门预算编制规程规定的要求,对上年度预算批复的项目进行清理,即从上年度预算已批复项目中,确定下年度预算需继续安排的延续项目。

第三十四条　中央部门项目清理工作要严格按照财政部规定的项目类别划分标准进行,对一次性项目和执行年限到期的延续项目予以清除;对到期后需继续安排预算的项目,视同其他项目类的新增项目,按照规定程序重新申报。

第三十五条　对延续项目,要严格按照立项时核定的分年度预算逐年编报。编报延续项目预算时,项目的名称、编码、项目的使用方向不得变动,如发生变动,视同其他项目类的新增项目,按照规定程序重新申报。

第三十六条 中央部门年度预算项目清理后的延续项目，在报经财政部批准后，滚动转入以后年度项目库，并与下年新增项目一并申请项目支出预算。

第八章 机动经费项目的管理

第三十七条 机动经费是为解决实行定员定额试点中央行政单位（包括定员定额试点参照公务员法管理事业单位）和部分垂直管理部门在年度预算执行过程中的零星支出和临时性开支，减少预算执行中的调整，而设立的专项经费。

第三十八条 机动经费实行项目预算管理，可调剂用于基本支出，主要用于编制内增人、增编等支出，但不得擅自用于提高人员待遇；机动经费也可调剂用于其他项目支出。

第三十九条 机动经费动用时应按以下顺序安排支出：编制内增人、增编增加的支出，当年执行中新增不可预见的项目支出，当年预算已安排项目执行中出现的缺口等。

第四十条 机动经费动用时，实行审批和备案两种管理方式。

（一）垂直管理部门动用机动经费时，应报财政部批准同意后方可动用。

（二）实行定员定额试点中央行政单位（包括定员定额试点参照公务员法管理事业单位）动用机动经费时，可根据本部门实际需要，安排用于相关基本支出和项目支出，每年11月底前将动用情况报财政部备案。

第四十一条 机动经费规模较大的垂直管理部门可根据本办法规定的原则，单独制定本部门的机动经费管理办法。

第九章 项目的监督检查与绩效考评

第四十二条 财政部、中央部门以及项目单位应当对项目的实施过程和完成结果进行监督、检查。对违反有关法律、行政法规和财务规章制度的，依法进行处理。

第四十三条 项目完成后，项目单位应当及时组织验收和总结，并将项目完成情况报中央部门；中央部门应当将项目完成情况汇总报送财政部。

第四十四条 按照财政部关于开展项目支出绩效考评工作的有关规定，财政部负责统一制定绩效考评的规章制度，指导、监督、检查中央部门的绩效考评工作，中央部门负责组织实施本部门的绩效考评工作。

第四十五条 中央部门应当将项目绩效考评结果报送财政部，财政部应当将绩效考评结果作为加强项目管理及安排以后年度项目支出预算的重要依据。

第十章 附　　则

第四十六条 国家发展和改革委员会等有预算分配权的部门，用财政拨款安排的基本建设项目和科学技术项目，按照国家有关规定及本办法规定的原则进行管理，并纳入财政部项目库。

第四十七条 中国人民解放军、中国人民武装警察部队可以参照本办法规定的原则，另行制定管理办法。

第四十八条 本办法由财政部负责解释。

第四十九条 本办法自发布之日起实施。财政部《关于印发〈中央本级项目支出预算管理办法（试行）〉的通知》（财预〔2004〕84号）同时废止。

12

政府性基金预算管理办法

财预字〔1996〕435号

根据国务院《关于加强预算外资金管理的决定》(国发〔1996〕29号)要求,从1996年起,将养路费、车辆购置附加费、铁路建设基金、电力建设基金、三峡工程建设基金、新菜地开发基金、公路建设基金、民航基础设施建设基金、农村教育费附加、邮电附加、港口建设费、市话初装基金、民航机场管理建设费等13项数额较大的政府性基金(收费)(以下统称"基金")纳入财政预算管理。为了做好政府性基金的预算管理工作,特制定本办法。

一、关于预算管理原则与预算级次划分

纳入预算管理的政府性基金管理总原则是:基金全额纳入预算管理,实行收支两条线,收入全额上缴国库,先收后支,专款专用;在预算上单独编列,自求平衡,结余结转下年继续使用。

基金的预算级次划分为中央基金预算收入、地方基金预算收入和中央与地方共享基金收入。在未作出新的调整之前,有关收入的划分暂以原规定为准,即目前属于中央政府的收入,仍作为中央基金预算收入;目前属于地方政府的收入,仍作为地方基金预算收入;目前作为中央与地方政府共享的收入,仍作为中央与地方共享基金收入。

地方财政部门按国家规定收取的各项税费附加,根据国务院〔1996〕29号文件要求纳入地方财政预算后,也视同地方政府的基金收入,预算级次为地方预算收入。

二、关于预算编制

1. 根据《中华人民共和国预算法》要求,由国务院规定复式预算编制办法。上述基金收支预算在国务院复式预算办法正式颁发前,在财政预算上暂采用单独编列办法。即各级财政部门单独编列一张"政府性基金收支预算表",将基金收入与基金支出按照一一对应的原则排列,不计入一般预算收入总计和一般预算支出总计。

2. 各基金征收部门和使用部门应于每年第四季度根据财政部门的部署,汇总编报下年度的分项基金预算。分项基金预算经财政部门按规定程序批准后执行。

3. 基金预算内容包括年度基金收入预算与基金支出预算,以前年度基金结余也应在基金预算中反映。基金收入预算根据上年度征收任务完成情况和本年度征收任务及征收标准调整变化情况等确定;基金支出预算根据基金收入情况,按规定的用途、支出范围和支出标

准编列。属于基本建设项目应按基本建设投资管理的有关规定编报基本建设支出预算。

基金预算按规定的程序报经批准后,由财政部门及时向各部门批复。

地方财政部门应于预算年度开始后的10日内,将汇总的地方政府性基金预算报财政部。

三、关于预算科目设置

各部门、各单位在办理基金收入缴库时,适用1997年政府性基金预算收入科目;各级财政部门办理基金支出时,适用1997年政府性基金预算支出科目。政府性基金收支科目具体内容由我部另行规定。

四、关于预算执行

(一)关于基金缴库

政府性基金纳入预算管理后,应按《中华人民共和国国库条例》办理收入缴库。各项纳入预算管理的政府性基金除农村教育费附加由税务或财政部门负责征收管理外,其余各项基金由财政部驻各地专员办事机构同级财政部门或经同级财政部门委托的部门负责征收管理。为做好收入的征收管理工作,原则上仍按现行管理办法收缴,即原由财政部驻各地专员办事机构就地监缴的中央基金预算收入仍由专员办监缴入库,原由中央主管部门集中收缴的基金,仍由中央主管部门征收,并根据基金收缴情况每月分次办理缴库。原由地方部门收缴的基金,仍由地方收缴。缴库时应按基金所属预算级次分别缴入中央国库或地方国库,即属于中央基金预算收入的全部缴入中央总金库,属于地方基金预算收入的全部缴入地方金库,属于中央与地方共享的基金预算收入由地方收款部门按规定的比例分别将留归地方的收入缴入地方金库,属于中央收入的部分,汇解中央主管部门集中缴库。对于规定缴纳税款的基金收入,在扣除应缴税款后办理缴库。

为加强基金收入缴库的管理,防止出现混库,各中央主管部门与地方收款部门或单位之间应建立健全基金收入上划和缴库对账制度,特别是要严密共享收入汇解的对账。

基层收款单位及主管部门对应缴国库的基金收入应严格管理,并应在国家银行开立待缴款专户,将每日收取的收入全部送存专户。任何单位、部门不得将应缴专户的资金转为储蓄存款或混入本单位的经费存款账户。专户的资金应在规定的期限内清缴,不得坐支、截留。

基金收入的缴库一律使用"一般缴款书"。缴款书所列各项内容必须填列完整、正确。其中:缴入中央金库的,填写方法如下:"财政机关"栏填写"财政部","预算级次"栏填写"中央级";"预算科目"栏按财政部制发的"基金预算收入科目"填写。缴入地方国库的按相应的财政机关、预算级次和财政部制发的"基金预算收入科目"填写。

(二)关于支出管理

基金的支出本着"先收后支"的原则办理。财政部门办理各项基金支出的拨付,应根据核定的支出预算及基金收入入库的进度办理,并应保证用款单位的用款需要。部门和单位使用基金时,应严格按资金渠道,在规定的开支范围与开支标准内使用,不得与单位其他资金和正常经费混淆,也不得擅自改变支出用途。

各级财政、各部门、各单位应加强对基金支出的管理,建立健全财务制度,严格会计核算程序,确保基金按规定的用途合理使用。

(三)各基金征收部门和基金使用部门与单位应按同级财政部门的要求及时报送有关基金收入、支出情况的报表和文字说明材料

财政部驻各地监察专员办事处负责监督检查基金收入的征收缴库情况及使用管理情况。各基金收入部门和基金使用部门应按要求如实提供有关资料。对查出的违纪问题,专员办按财政部有关规定就地处理,对检查发现的混库问题,应就地及时予以调库,个别因特殊情况无法就地更正的问题,按财政部《关于改进中央预算收入对账办法的通知》(财监字〔1995〕87 号)文件中有关规定上报,由财政部通过财政结算扣回。

五、关于决算编报

各基金征收部门和使用部门于每一预算年度终了时,应根据财政部门的要求及时编报基金决算草案。基金决算草案应在对全年基金收入和基金支出进行清理核对的基础上进行,不得随意调整收支数字,转移资金。基金决算各项数字必须以经过核实的基层单位会计数字为准,汇总编报,不得由主管部门估列代编。一个部门管理使用多项基金的,应分别基金项目逐一编报。

各单位应当按照主管部门的布置,认真编制本单位的基金决算草案,在规定期限内上报。

各部门在审核所属各单位决算草案的基础上,汇总编制本部门决算草案,并附决算草案详细说明,经部门行政领导签章后,在规定期限内报同级财政部门审核。

六、财政总预算会计核算科目设置

为了核算基金收支余存,在财政部 1988 年制发的《财政机关总预算会计制度》核算预算资金部分增设以下会计科目:在资金来源类增设“基金收入”一个总账科目,用于反映各项基金的收缴入库及结存情况,总账下按基金种类分设明细科目;在资金运用类增设“基金支出”一个总账科目,用以反映各项基金的拨付使用情况。基金收入根据同级国库报来的入库情况记账;基金支出按实际拨付数记账。

七、其他

本办法自 1997 年 1 月 1 日起执行。

1996 年各项基金按我部规定已纳入预算管理的,继续执行原规定。1996 年尚未纳入预算管理的,各基金征收部门和单位应在清理核实的基础上,将截至 1996 年 12 月 31 日止应纳入预算管理的基金滚存余额,于 1997 年 1 月 30 日前足额缴入同级国库。

有关各项基金的征收使用监督管理办法,由同级财政部门另行制定。

地方财政部门可以根据本办法制定地方基金管理的具体规定。

我部及各有关部门过去制定的政策和规定凡与本办法不一致的,一律以本办法为准。

财政部关于进一步加强地方政府性基金预算管理的意见

财预〔2009〕376 号

各省、自治区、直辖市、计划单列市财政厅(局):

近年来,随着深化部门预算、综合预算等改革,地方财政部门对政府性基金(以下简称基金)预算管理越来越重视,基金预算管理水平不断提高。但由于体制机制等方面的原因,目前地方基金预算管理仍不尽科学规范,存在基金预算编制比较粗放,基金预算编制范围不够完整,基金预算约束力不强,基金预算与公共财政预算之间缺乏协调和衔接等问题。为加快建立完整的政府预算体系,提高财政管理绩效,按照推进财政科学化精细化管理的要求,现就进一步加强地方基金预算管理提出以下意见:

一、统一思想,充分认识基金预算管理的重要性

加强基金预算管理,编制科学、规范的基金预算,有利于健全政府预算体系,提高财政预算的统一性和完整性;有利于增强财政对各类资金的统筹调配能力和管理监督水平,应对当前财政经济形势;有利于推进财政科学化精细化管理,更好地支持国家重点建设和社会事业发展。加强基金预算管理,对于更好地发挥财政职能作用,做好新形势下财政工作,具有十分重要的意义。地方各级财政部门要充分认识加强基金预算管理的重要性,统一思想和行动,将基金预算管理与公共财政预算管理摆在同等重要的位置,主动开展相关工作,切实采取有效措施,稳步提升地方基金预算管理水平。

二、深化改革,提高基金预算编制的精细化水平

地方各级财政部门要对本地区基金项目进行全面清理规范,按照财政部的统一规定,已明确取消和违反审批管理规定越权设立的基金项目要坚决停止征收,应纳入基金预算管理的要全部纳入基金预算编制范围。继续深化部门预算改革,细化基金预算编制,严格按照修订后的基金预算收支科目编制基金预算,全面准确反映各项基金收入来源,清晰反映基金支出总量、结构与方向。建立和完善预算分配机制,严格基金预算编制程序,延长预算编制时间,不断提高预算编制的规范性、准确性。基金收入预算要根据经济形势变化和政策调整情况做出科学、准确的预测,为统筹安排年度支出打好基础;基金支出预算要按照"以收定支、专款专用"的原则合理安排,解决好事业发展需求与收入可能的关系。基本支出预算要如实、准确地反映预算单位机构编制、人员、经费类型等基础数据及变化情况。项目支出预算

要细化到项目和具体活动，并对项目进行充分论证，确保项目的科学性、合理性和规范性。合理安排基金收支，不得编制赤字预算。明确基金预算编制各环节工作重点和任务目标，严格按照规定时间完成基金预算编制工作。

三、加强管理，加大基金预算统筹安排力度

正确处理好基金预算与公共财政预算之间的关系，按各自功能和定位，将应当统筹使用的资金统一纳入公共财政预算，将具有专款专用性质且不宜纳入公共财政预算管理的资金纳入基金预算。按照综合预算管理的要求，合理安排公共财政预算和基金预算资金，根据经济社会发展和政府宏观调控的需要，逐步加大对基金预算的统筹调配力度，通过基金预算编制增强资金合力，不断提高财政资金使用效益。上级财政要提前告知对下转移支付预计数，地方各级财政要完整编报上级的各项补助收入，进一步提高基金预算编制的完整性。积极推行基金预算支出绩效考评，建立和完善指标体系，选择重点项目实施试点。建立绩效考评结果公示制度，增强绩效考评的透明度，合理运用考评结果，提高考评效率。

四、周密部署，积极扎实地推进基金预算管理工作

加强基金预算管理，是财政部门深入学习贯彻科学发展观的重要体现，是推进财政科学化精细化管理的重要举措，地方各级财政部门要高度重视，周密部署，狠抓落实。地方财政部门要加强对基金预算编制工作的领导，健全工作机制。结合实际情况，制订工作方案，明确工作目标和任务，切实采取有效措施，确保各项工作落到实处。按照基金预算编制要求，进一步明确财政部门内部职责分工，加强财政部门内部、财政部门与预算单位之间的沟通协作，形成工作合力。遇到问题，及时沟通解决，确保各项工作顺利推进。地方财政部门要及时向同级政府、人大报告基金预算管理情况，争取理解和支持。通过各级财政部门的共同努力，保质保量地完成基金预算管理各项任务，使财政预算管理水平再上新台阶。

财政部

二〇〇九年十月十日

中华人民共和国企业国有资产法(节选)

(2008年10月28日第十一届全国人民代表大会常务委员会第五次会议通过 2008年10月28日中华人民共和国主席令第五号公布 自2009年5月1日起施行)

第六章 国有资本经营预算

第五十八条 国家建立健全国有资本经营预算制度,对取得的国有资本收入及其支出实行预算管理。

第五十九条 国家取得的下列国有资本收入,以及下列收入的支出,应当编制国有资本经营预算:

(一)从国家出资企业分得的利润;

(二)国有资产转让收入;

(三)从国家出资企业取得的清算收入;

(四)其他国有资本收入。

第六十条 国有资本经营预算按年度单独编制,纳入本级人民政府预算,报本级人民代表大会批准。

国有资本经营预算支出按照当年预算收入规模安排,不列赤字。

第六十一条 国务院和有关地方人民政府财政部门负责国有资本经营预算草案的编制工作,履行出资人职责的机构向财政部门提出由其履行出资人职责的国有资本经营预算建议草案。

第六十二条 国有资本经营预算管理的具体办法和实施步骤,由国务院规定,报全国人民代表大会常务委员会备案。

15

国务院关于试行国有资本经营预算的意见

国发〔2007〕26号

各省、自治区、直辖市人民政府,国务院各部委、各直属机构:

国有资本经营预算,是国家以所有者身份依法取得国有资本收益,并对所得收益进行分配而发生的各项收支预算,是政府预算的重要组成部分。建立国有资本经营预算制度,对增强政府的宏观调控能力,完善国有企业收入分配制度,推进国有经济布局和结构的战略性调整,集中解决国有企业发展中的体制性、机制性问题,具有重要意义。国务院决定试行国有资本经营预算,现提出以下意见:

一、试行国有资本经营预算的指导思想和原则

(一)试行国有资本经营预算,要以邓小平理论和“三个代表”重要思想为指导,坚持科学发展观,通过对国有资本收益的合理分配及使用,增强政府的宏观调控能力,完善国有企业收入分配制度,促进国有资本的合理配置,推动国有企业的改革和发展。

(二)试行国有资本经营预算,应坚持以下原则:

统筹兼顾,适度集中。统筹兼顾企业自身积累、自身发展和国有经济结构调整及国民经济宏观调控的需要,适度集中国有资本收益,合理确定预算收支规模。

相对独立,相互衔接。既保持国有资本经营预算的完整性和相对独立性,又保持与政府公共预算(指一般预算)的相互衔接。

分级编制,逐步实施。国有资本经营预算实行分级管理、分级编制,根据条件逐步实施。

二、国有资本经营预算的收支范围

(三)国有资本经营预算的收入是指各级人民政府及其部门、机构履行出资人职责的企业(即一级企业,下同)上交的国有资本收益,主要包括:

1. 国有独资企业按规定上交国家的利润。

2. 国有控股、参股企业国有股权(股份)获得的股利、股息。

3. 企业国有产权(含国有股份)转让收入。

4. 国有独资企业清算收入(扣除清算费用),以及国有控股、参股企业国有股权(股份)分享的公司清算收入(扣除清算费用)。

5. 其他收入。

(四)国有资本经营预算的支出主要包括:

1. 资本性支出。根据产业发展规划、国有经济布局和结构调整、国有企业发展要求,以及国家战略、安全等需要,安排的资本性支出。

2. 费用性支出。用于弥补国有企业改革成本等方面的费用性支出。

3. 其他支出。

具体支出范围依据国家宏观经济政策以及不同时期国有企业改革和发展的任务,统筹安排确定。必要时,可部分用于社会保障等项支出。

(五)国家依法收取企业国有资本收益,具体办法由财政部门会同国有资产监管机构等有关部门制订,报本级人民政府批准后施行。

三、国有资本经营预算的编制和审批

(六)国有资本经营预算单独编制,预算支出按照当年预算收入规模安排,不列赤字。

(七)各级财政部门为国有资本经营预算的主管部门。各级国有资产监管机构以及其他有国有企业监管职能的部门和单位,为国有资本经营预算单位(以下统称预算单位)。

(八)试行期间,各级财政部门商国资监管、发展改革等部门编制国有资本经营预算草案,报经本级人民政府批准后下达各预算单位。各预算单位具体下达所监管(或所属)企业的预算,抄送同级财政部门备案。

四、国有资本经营预算的执行

(九)国有资本经营预算收入由财政部门、国有资产监管机构收取、组织上交。企业按规定应上交的国有资本收益,应及时、足额直接上交财政。

(十)国有资本经营预算资金支出,由企业在经批准的预算范围内提出申请,报经财政部门审核后,按照财政国库管理制度的有关规定,直接拨付使用单位。使用单位应当按照规定用途使用、管理预算资金,并依法接受监督。

(十一)国有资本经营预算执行中如需调整,须按规定程序报批。年度预算确定后,企业改变财务隶属关系引起预算级次和关系变化的,应当同时办理预算划转。

(十二)年度终了后,财政部门应当编制国有资本经营决算草案报本级人民政府批准。

五、国有资本经营预算的职责分工

(十三)财政部门的主要职责是:负责制(修)订国有资本经营预算的各项管理制度、预算编制办法和预算收支科目;编制国有资本经营预算草案;编制国有资本经营预算收支月报,报告国有资本经营预算执行情况;汇总编报国有资本经营决算;会同有关部门制定企业国有资本收益收取办法;收取企业国有资本收益。财政部负责审核和汇总编制全国国有资本经营预、决算草案。

(十四)各预算单位的主要职责是:负责研究制订本单位国有经济布局和结构调整的政策措施,参与制订国有资本经营预算有关管理制度;提出本单位年度国有资本经营预算建议草案;组织和监督本单位国有资本经营预算的执行;编报本单位年度国有资本经营决算草案;负责组织所监管(或所属)企业上交国有资本收益。

六、试行国有资本经营预算的组织实施

(十五)中央本级国有资本经营预算从2008年开始实施,2008年收取实施范围内企业2007年实现的国有资本收益。2007年进行国有资本经营预算试点,收取部分企业2006年实现的国有资本收益。各地区国有资本经营预算的试行时间、范围、步骤,由各省、自治区、直辖市和计划单列市人民政府决定。

(十六)建立国有资本经营预算制度,是完善社会主义市场经济体制的一项重大制度建设,涉及面广,政策性强。各地区、各部门要充分认识建立国有资本经营预算制度的重要意义,高度重视,加强领导,精心组织,积极稳妥地做好此项工作。财政部要会同国资委等有关部门抓紧制订有关配套制度和办法。各预算单位和有关企业要认真执行国有资本经营预算的各项制度和办法。有关部门、单位和企业要加强沟通,积极配合,确保试行工作的顺利进行。

国务院

二〇〇七年九月八日

16

关于推动地方开展国有资本经营预算工作的通知

财企〔2011〕83 号

各省、自治区、直辖市、计划单列市财政厅(局):

为落实全国人大提出的“2011 年地方试编国有资本经营预算”和“2012 年汇总编制全国国有资本经营预算”要求,进一步推进地方国有资本经营预算工作,完善政府预算管理体系,现就有关事项通知如下:

一、地方国有资本经营预算工作总体进展顺利

2010 年 5 月,财政部下发《关于推动地方开展试编国有资本经营预算工作的意见》(财企〔2010〕83 号)以来,在各地政府的高度重视下,通过各地财政部门的不懈努力,全国已有 31 个省(自治区、直辖市、计划单列市,以下简称省区市)出台了实施国有资本经营预算的意见或办法,多数省区市已经开始编制国有资本经营预算,部分省区市已延伸到地市级。地方国有资本经营预算工作总体进展顺利。

二、目前存在的主要问题

(一)工作进展不平衡。从目前情况看,地方国有资本经营预算工作进展不平衡,部分省区市进度缓慢。仍有 11 个省区市未能编制 2011 年国有资本经营预算,5 个省区市还未出台实施国有资本经营预算的意见或办法。

(二)一些地方预算编制执行不够规范。一些省区市虽然已经建立国有资本收益收取制度,但没有单独编制国有资本经营预算,而将全部国有资本收益纳入公共财政预算统一安排支出。有的没有严格按照财政部发布的国有资本经营预算收支科目编制预算,与公共财政预算收支科目混用。

(三)个别地方的工作关系尚未理顺。根据《国务院关于试行国有资本经营预算的意见》(国发〔2007〕26 号)文件规定,财政部门是国有资本经营预算的主管部门,国有资产监管部门是预算单位。国发〔2007〕26 号文件下发后,地方财政部门与国资监管部门积极协调效果良好,绝大多数省区市按照国务院文件的要求开展工作,也有个别地方工作关系仍未理顺。

三、推进和完善地方国有资本经营预算工作的要求

（一）高度重视，加强领导。国有资本经营预算是政府预算的重要组成部分，对增强政府的宏观调控能力，规范国家与国有企业的分配关系，深化国有企业改革，推进国有经济结构和布局的战略性调整，具有十分重要的意义。各级地方财政部门应当高度重视，加强领导，主动向当地政府报告有关情况，争取政府领导的支持。从健全我国政府预算体系的全局高度，精心组织，主动沟通协调，切实把国有资本经营预算作为一项重要工作来抓，切实做到本地区国有资本经营预算工作不留空白，不影响全国工作的开展。

（二）尽快完善相关制度，积极推进预算编制全覆盖。尚未开展国有资本经营预算工作的地方，财政部门要加大工作力度，提出切实可行的国有资本经营预算实施意见，大力推进国有资本经营预算制度的有效实施。已经开展国有资本经营预算工作的地方，要积极推进预算编制的全面覆盖，合理确定国有资本收益收取比例，制定并完善相关管理制度和办法，确保相关制度办法落到实处。要切实按照国务院文件及财政部有关要求，理顺财政预算主管部门与预算单位之间的关系，共同促进国有资本经营预算工作。

（三）规范预算编报，做好全国国有资本经营预算汇总编制工作。为顺利实现2011年试编、2012年汇总编制全国国有资本经营预算的目标，各地要严格按照财政部制定的国有资本经营预算收支科目，单独编报预算，同时，积极配合并按照规定时间完成预算上报工作。

建立国有资本经营预算制度是我国公共财政制度的一项重大改革，符合我国基本经济制度的本质特征。十一届全国人大四次会议通过的“国民经济和社会发展第十二个五年规划纲要”和《关于2010年中央和地方预算执行情况与2011年中央和地方预算草案的报告》，都提出了明确的要求。全面推动国有资本经营预算工作，是我部2011年财政企业工作的重点之一。财政部将定期通报地方工作进展情况，对工作力度大、成效好，表现突出的省区市予以表扬，对进展慢的省区市予以督促。各地财政部门要足够重视，上下联动，加强协调，克服困难，扎实工作，确保国有资本经营预算工作如期推进。

财政部

二〇一一年四月二十五日

17

中华人民共和国社会保险法(节选)

(2010 年 10 月 28 日第十一届全国人民代表大会常务委员会第十七次会议通过 2010 年 10 月 28 日中华人民共和国主席令第三十五号公布 自 2011 年 7 月 1 日起施行)

第八章　社会保险基金

第六十四条　社会保险基金包括基本养老保险基金、基本医疗保险基金、工伤保险基金、失业保险基金和生育保险基金。各项社会保险基金按照社会保险险种分别建账,分账核算,执行国家统一的会计制度。

社会保险基金专款专用,任何组织和个人不得侵占或者挪用。

基本养老保险基金逐步实行全国统筹,其他社会保险基金逐步实行省级统筹,具体时间、步骤由国务院规定。

第六十五条　社会保险基金通过预算实现收支平衡。

县级以上人民政府在社会保险基金出现支付不足时,给予补贴。

第六十六条　社会保险基金按照统筹层次设立预算。社会保险基金预算按照社会保险项目分别编制。

第六十七条　社会保险基金预算、决算草案的编制、审核和批准,依照法律和国务院规定执行。

第六十八条　社会保险基金存入财政专户,具体管理办法由国务院规定。

第六十九条　社会保险基金在保证安全的前提下,按照国务院规定投资运营实现保值增值。

社会保险基金不得违规投资运营,不得用于平衡其他政府预算,不得用于兴建、改建办公场所和支付人员经费、运行费用、管理费用,或者违反法律、行政法规规定挪作其他用途。

第七十条　社会保险经办机构应当定期向社会公布参加社会保险情况以及社会保险基金的收入、支出、结余和收益情况。

第七十一条　国家设立全国社会保障基金,由中央财政预算拨款以及国务院批准的其他方式筹集的资金构成,用于社会保障支出的补充、调剂。全国社会保障基金由全国社会保障基金管理运营机构负责管理运营,在保证安全的前提下实现保值增值。

全国社会保障基金应当定期向社会公布收支、管理和投资运营的情况。国务院财政部门、社会保险行政部门、审计机关对全国社会保障基金的收支、管理和投资运营情况实施监督。

18

国务院关于试行社会保险基金预算的意见

国发〔2010〕2号

各省、自治区、直辖市人民政府，国务院各部委、各直属机构：

为加强社会保险基金管理，规范社会保险基金收支行为，明确政府责任，促进经济社会协调发展，国务院决定试行社会保险基金预算。现就有关问题提出以下意见：

一、社会保险基金预算的指导思想和原则

社会保险基金预算是根据国家社会保险和预算管理法律法规建立、反映各项社会保险基金收支的年度计划。社会保险基金预算坚持以科学发展观为指导，通过对社会保险基金筹集和使用实行预算管理，增强政府宏观调控能力，强化社会保险基金的管理和监督，保证社会保险基金安全完整，提高社会保险基金运行效益，促进社会保险制度可持续发展。社会保险基金预算应遵循以下基本原则：

依法建立，规范统一。依据国家法律法规建立，严格执行国家社会保险政策，按照规定范围、程序、方法和内容编制。

统筹编制，明确责任。社会保险基金预算按统筹地区编制执行，统筹地区根据预算管理方式，明确本地区各级人民政府及相关部门责任。

专项基金，专款专用。社会保险各项基金预算严格按照有关法律法规规范收支内容、标准和范围，专款专用，不得挤占或挪作他用。

相对独立，有机衔接。在预算体系中，社会保险基金预算单独编报，与公共财政预算和国有资本经营预算相对独立、有机衔接。社会保险基金不能用于平衡公共财政预算，公共财政预算可补助社会保险基金。

收支平衡，留有结余。社会保险基金预算坚持收支平衡，适当留有结余。

二、社会保险基金预算编制范围

社会保险基金预算按险种分别编制，包括企业职工基本养老保险基金、失业保险基金、城镇职工基本医疗保险基金、工伤保险基金、生育保险基金等内容。根据国家法律法规建立的其他社会保险基金，条件成熟时，也应尽快纳入社会保险基金预算管理。

企业职工基本养老保险基金预算包括基金收入预算和基金支出预算。基金收入主要包括基本养老保险费收入、利息收入、财政补贴收入、转移收入、上级补助收入、下级上解收入、

其他收入等;基金支出主要包括基本养老金支出、医疗补助金支出、丧葬抚恤补助支出、转移支出、补助下级支出、上解上级支出、其他支出等。

失业保险基金预算包括基金收入预算和基金支出预算。基金收入主要包括失业保险费收入、利息收入、财政补贴收入、转移收入、上级补助收入、下级上解收入、其他收入等;基金支出主要包括失业保险金支出、医疗补助金支出、丧葬抚恤补助支出、职业培训和职业介绍补贴支出、转移支出、补助下级支出、上解上级支出、其他支出等。

城镇职工基本医疗保险基金预算包括基金收入预算和基金支出预算。基金收入主要包括基本医疗保险费收入、利息收入、财政补贴收入、转移收入、上级补助收入、下级上解收入、其他收入等;基金支出主要包括基本医疗保险待遇支出、转移支出、补助下级支出、上解上级支出、其他支出等。

工伤保险基金预算包括基金收入预算和基金支出预算。基金收入主要包括工伤保险费收入、利息收入、财政补贴收入、转移收入、上级补助收入、下级上解收入、其他收入等;基金支出主要包括工伤保险待遇支出、劳动能力鉴定费支出、转移支出、补助下级支出、上解上级支出、其他支出等。

生育保险基金预算包括基金收入预算和基金支出预算。基金收入主要包括生育保险费收入、利息收入、财政补贴收入、转移收入、上级补助收入、下级上解收入、其他收入等;基金支出主要包括生育保险待遇支出、医疗费支出、转移支出、补助下级支出、上解上级支出、其他支出等。

三、社会保险基金预算编制方法

社会保险基金预算编制采用科学、规范的方法,提高预算编制的预见性、准确性、完整性和科学性。

社会保险基金收入预算的编制应综合考虑统筹地区上年度基金预算执行情况、本年度经济社会发展水平预测以及社会保险工作计划等因素,包括社会保险参保人数、缴费人数、缴费工资基数等。统筹地区人民政府应根据社会保险基金收支、财政收支等情况,合理安排本级财政对社会保险基金的补助支出。

社会保险基金支出预算的编制应综合考虑统筹地区本年度享受社会保险待遇人数变动、经济社会发展状况、社会保险政策调整及社会保险待遇标准变动等因素。社会保险待遇支出预算应根据上年度享受社会保险待遇对象存量、上年度人均享受社会保险待遇水平等因素确定,同时考虑本年度变动情况;社会保险非待遇性支出预算要严格执行社会保险政策和管理制度规定。

四、社会保险基金预算编制和审批

统筹地区社会保险基金预算草案由社会保险经办机构编制,经本级人力资源社会保障部门审核汇总,财政部门审核后,由财政和人力资源社会保障部门联合报本级人民政府审批。社会保险费由税务机关征收的,社会保险基金收入预算草案由社会保险经办机构会同税务机关编制。

统筹地区财政和人力资源社会保障部门将社会保险基金预算草案报本级人民政府审批后，报上一级财政和人力资源社会保障部门。省级财政和人力资源社会保障部门将本省（区、市）社会保险基金预算草案报本级人民政府后，报财政部和人力资源社会保障部。

全国社会保险基金预算草案由人力资源社会保障部汇总编制，财政部审核后，由财政部和人力资源社会保障部联合向国务院报告。待条件成熟时，由国务院适时向全国人大报告。

五、社会保险基金预算执行和调整

社会保险基金预算草案经统筹地区人民政府批准后，由财政和人力资源社会保障部门批复，社会保险经办机构具体执行。社会保险经办机构应严格按照批准的预算和规定的程序执行，并定期向本级人力资源社会保障和财政部门报告。社会保险费由税务机关征收的，社会保险基金收入预算批复税务机关和社会保险经办机构，税务机关应严格按照批准的预算和规定的程序执行，并定期向本级财政和人力资源社会保障部门报告。

社会保险基金预算不得随意调整。在执行中因特殊情况需要增加支出或减少收入，应当编制社会保险基金预算调整方案。社会保险基金预算调整由统筹地区社会保险经办机构提出调整方案，经人力资源社会保障部门审核汇总，财政部门审核后，由财政和人力资源社会保障部门联合报本级人民政府批准。社会保险费由税务机关征收的，社会保险费收入预算调整方案由社会保险经办机构会同税务机关提出。

六、社会保险基金决算

年度终了，统筹地区社会保险经办机构应按有关规定编制年度社会保险基金决算草案，经人力资源社会保障部门审核汇总，财政部门审核后，由财政和人力资源社会保障部门联合报本级人民政府审批。

统筹地区财政和人力资源社会保障部门将社会保险基金决算草案报本级人民政府审批后，报上一级财政和人力资源社会保障部门。省级财政和人力资源社会保障部门将本省（区、市）社会保险基金决算草案报本级人民政府后，报财政部和人力资源社会保障部。

全国社会保险基金决算草案由人力资源社会保障部汇总编制，财政部审核后，由财政部和人力资源社会保障部联合向国务院报告。

七、社会保险基金预算的组织实施

各地区要根据本意见并结合本地实际，编制2010年度社会保险基金预算，同时，进一步做好社会保险基金预算执行、调整和决算等工作。统筹地区人民政府要建立社会保险基金预算绩效考核和激励约束机制，推进预算工作组织实施。统筹地区社会保险经办机构编制及调整社会保险基金预决算的情况，应及时报上级社会保险经办机构。财政和人力资源社会保障部门要抓紧制定有关配套制度和办法，加强指导，积极稳妥地推进此项工作。

建立社会保险基金预算，是完善社会保险基金管理的一项重大制度建设，涉及面广，政策性强。各级人民政府要充分认识建立社会保险基金预算制度的重大意义，高度重视，加强领导，精心组织。财政、人力资源社会保障等部门要认真执行社会保险基金预算的各项制度和办法，积极配合，确保试行社会保险基金预算工作的顺利开展；同时，在基金预算编制过程中加强与有关部门的信息交流和沟通，逐步建立健全社会保险基金预决算信息公开制度。

国务院

二〇一〇年一月二日

参考文献

1. 中国社会科学院财政与贸易经济研究所:《人大代表政府预算知识 200 题》,中国民主法制出版社,2008 年版。
2. 李燕:《政府预算》,经济科学出版社,2012 年版。
3. 马国贤:《政府预算》,上海财经大学出版社,2011 年版。
4. 彭成洪:《政府预算》,经济科学出版社,2010 年版。
5. 王东京、李莉:《与官员谈财政税收》,中国青年出版社,2003 年版。
6. 靳继东:《预算政治学论纲》,中国社会科学出版社,2010 年版。
7. 王全斌、马蔡琛:《公共预算手册》,中国发展研究会。
8. 四川省人大财经委等:《预算审查监督知识读本》。
9. 马骏、刘亚平:《美国进步时代的政府改革及其对中国的启示》,格致出版社、上海人民出版社,2010 年版。
10. 王绍光:《美国进步时代的启示》,中国财政经济出版社,2002 年版。
11. 阿伦·威尔达福斯基、内奥米·凯顿著,邓淑莲、魏陆译:《预算过程中的新政治学》,上海财经大学出版社,2006 年版。
12. 刘积斌:《我国财政体制改革研究》,中国民主法制出版社,2008 年版。
13. 吴俊培:《中国地方政府预算改革研究》,中国财政经济出版社,2012 年版。
14. 李建人:《英国税收法律主义的历史源流》,法律出版社,2012 年版。
15. 马国贤:《政府预算理论与绩效政策研究》,中国财政经济出版社,2008 年版。
16. 外国政府预算编制研究课题组:《美国政府预算编制》,中国财政经济出版社,2002 年版。
17. 牛美丽:《中国地方政府的零基预算改革》,中央编译出版社,2010 年版。
18. 王淑杰:《政府预算的立法监督模式研究》,中国财政经济出版社,2008 年版。
19. 彭健:《政府预算理论演进与制度创新》,中国财政经济出版社,2006 年版。
20. 财政部预算司:《中央部门预算编制指南(2013 年)》,中国财政经济出版社。
21. 刘佐:《中国税制概览(2011 年)》,经济科学出版社。

22. 楼继伟:《中国政府间财政关系再思考》,中国财政经济出版社,2013 年版。
23. 罗伯特·黑勒著,赵阳译:《德国公共预算管理》,中国政法大学出版社,2013 年版。
24. 全国人大常委会预算工委调研室:《国外预算管理考察报告(第二辑)》,中国民主法制出版社,2012 年版。
25. 涂子沛:《大数据》,广西师范大学出版社,2012 年版。
26. 赵雯:《地方人大预算审查监督简明读本》,复旦大学出版社,2008 年版。
27. 马骏、李黎明:《为人民看好"钱袋子"》,黑龙江人民出版社,2010 年版。
28. 黄振平:《人大代表如何进行预算审查与监督》,中国财政经济出版社,2009 年版。
29. 高培勇主编:《实行全口径预算管理》,中国财政经济出版社,2009 年版。
30.【美】托马斯·D·林奇著:《美国公共预算》,中国财政经济出版社,2002 年版,
31. 贾康、苏明:《部门预算编制问题研究》,经济科学出版社,2004 年版。
32. 熊伟:《财政法基本问题》,北京大学出版社,2012 年版。
33. 湖北省人大常委会预算工作委员会:《地方人大预算审查监督手册》,湖北人民出版社,2011 年版。
34. 马蔡琛:《变革世界中的政府预算管理》,中国社会科学出版社,2010 年版。
35. 贾康、赵全厚:《中国经济改革 30 年——财政税收卷》,重庆大学出版社,2008 年版。
36. 高培勇:《中国财税体制改革 30 年研究》,经济管理出版社,2008 年版。
37. 蒋洪:《公共财政决策与监督制度研究》,中国财政经济出版社,2008 年版。
38. 世界发展战略研究部主办:中国社会体制比较研究。
39. 吴敬琏主编:《比较》,中信出版社,2006 年版。
40. 中国人民大学报刊复印资料——财政与税务。